2010

Beijingshirenkouhejihuashengyunianjian

北京市人口和计划生育年鉴

中国人口出版社

2009年8月7日，原全国人大常委会副委员长顾秀莲（右二）在国家人口计生委主任李斌（右一）和市人口计生委主任邓行舟（左一）的陪同下，参观全国计划生育生殖健康新技术新产品博览会北京展区。

2009年7月10日，国家人口计生委李斌主任（右三）一行视察顺义区马坡镇贴息贷款扶持户刘朝霞加工厂。

2009年9月5日，省部级领导干部人口计生专题研讨班学员一行到顺义区调研参观。

2009年12月26日，国家人口计生委副主任王培安出席北京市创建人口和计划生育示范村居总结大会暨人口计生系统干部新年慰问演出活动并致辞。

2009年3月20日，国家人口计生委副主任崔丽（右三）在市政府副秘书长侯玉兰（右一）等领导的陪同下调研北京市人口和计划生育工作。

北京市副市长丁向阳在北京市计划生育药械市场专项整治行动动员大会上讲话。

北京市计划生育药械市场整治行动动员大会现场。

北京市人口计生委召开北京市健康生育计划经验交流会，副市长丁向阳等领导出席会议。

北京市人口计生委主任邓行舟（左三）参加“大学生性与生殖健康教育座谈会”。

北京市人口计生委正局级委员李芸莉（右一）向内蒙古太仆寺旗人口计生委赠送手术床等医疗设备。

北京市人口计生委副主任耿玉田（右二）到密云县检查计划生育药械市场整治情况。

北京市人口计生委副主任彭彧华在"我与国策共成长"演讲比赛活动上讲话。

2009年春节期间，北京市人口计生委纪检组长李红文（右一）慰问怀柔区贫困计生家庭。

北京市人口计生委副主任丁勇主持2009年人口与发展论坛。

北京市2009年人口和计划生育工作大会会场。

2009年12月，北京市人口计生委目标管理考核评估组深入各区县逐一检查区县工作完成情况。

北京市人口计生委主持召开京津冀人口发展功能区项目结题评审会。

2009年5月22日，北京市人口计生系统第一届趣味运动会召开。

2009年人口计生系统“文化科技卫生”三下乡宣传服务活动在延庆县张山营镇举行。

2009年东城区人口和计划生育领导小组会议现场。

东城区人口计生系统学习型组织创建活动暨“阳光计生行动”启动仪式现场。

东城区社区计划生育督导员深入社区指导计划生育工作。

东城区人口计生整体形象标识——东城人口文化印正式启用。

东城区举办“准妈妈俱乐部”优生大课堂，推行健康生育计划，提高出生人口素质。

东城区人口计生委和河南省信阳市人口计生委共同召开“北京市东城区河南省信阳市流动人口计划生育双向管理服务工作交流会”。

东城区拓宽宣传途径，利用公交车站的灯箱进行大范围的社会公益宣传。

北京当代女子医院计划生育协会成立大会暨美丽风采展示活动。

北京市健康生育计划经验交流会召开，重点推广西城区提高出生人口素质，预防出生缺陷——社区健康生育全程服务模式，副市长丁向阳（前排右三）出席并作了重要讲话。

西城区2009年人口和计划生育领导小组工作会议现场。区长张建东（左四）和市人口计生委主任邓行舟（右四）参加。

西城区人大常委会第30次主任会议听取区政府关于西城区出生缺陷预防工作情况专题报告。

西城区召开“人口·环境·健康”论坛，国家人口计生委、国家环保部和国家科委的领导以及市人口计生委、市科委、市环保局的相关领导出席了会议。

西城区人口计生委举办人口计生知识竞赛。

西城区“三心行动”启动仪式。

“关爱生命全程，构建幸福家庭”万人读书启动仪式现场。

西城区在全区公交站点宣传人口计生工作。

2009年10月16日，崇文区召开2009 年计划生育领导小组会。

2009年5月15日，崇文区作为北京市独生子女意外伤害保险试点召开了启动仪式。

2009年8月25日，崇文区举办全员人口管理服务系统四级培训。

2009年8月19日，崇文区举办人口文化园开园剪彩仪式。

崇外街道举办“阳光早教”启动仪式——宝宝爬行比赛。

天坛街道聘任社区计划生育宣传员。

龙潭街道绿景苑城南驿站聘请保健医师为育龄群众提供咨询服务。

崇外街道人口文化元宵灯会。

宣武区每年召开人口和计划生育责任书签订大会。

宣武区部署人口计生基础信息核查工作。

协调困难企业落实计划生育一次性奖励费。

举办宣武青年与国策同行系列活动。

宣武区社区计生干部初任培训班授课现场。

宣武区青春期性健康教育论坛现场。

宣武区大力关爱特殊群体的生殖健康，组织开展残疾妇女的生殖健康检查。

宣武区积极承接国际项目，开展国际交流活动。

朝阳区召开2009年人口和计划生育领导小组会议。区委常委、区纪委书记、区人口领导小组副组长宋连娣就2009年全区人口和计划生育工作向领导小组成员单位提出了具体要求。

朝阳区召开2009年人口和计划生育工作会议。会议全面部署了2009年工作任务，公布了2008年度街、乡及计划生育综合治理部门考核评估结果，并签订了2009年人口和计划生育目标管理责任书。

朝阳区人口计生委举办以“同庆和谐盛世 共创美好朝阳”为主题的庆祝中华人民共和国成立60周年暨纪念《公开信》发表29周年活动。

朝阳区举办以“统筹人口发展，推进民生改善”为主题的第三届“朝阳人口与发展论坛”。

朝阳区举办“我与国策共成长”征文演讲比赛活动。

朝阳区举办以“同庆祖国60华诞，共建朝阳筑和谐”为主题的宣传《流动人口计划生育工作条例》暨流动人口才艺展示活动。

朝阳区人口计生委举办了《华诞六十载，新风晟朝阳》人口文化成果展。

朝阳区计生协会举办“生育关怀，慈善献爱”一元捐主题活动，全区累计捐款50万元。

2月25日，2009年海淀区人口和计划生育工作会召开，区长与相关部门签订目标管理责任书。

2009年7月8日，海淀区举办纪念7·11世界人口日20周年文艺演出，区人大、区政府、区政协主管领导参加活动。

2009年11月20日，海淀区人口计生委开发的电子杂志与网上抽奖调查系统启动仪式现场。

海淀区独生子女家庭意外伤害保险启动仪式现场。

海淀区举办第三届人口与发展论坛。

海淀区人口计生委干部参加全区庆祝新中国成立60周年歌咏比赛。

海淀区万场计生科普片进居村启动仪式现场。

海淀区新任居村计生专干培训会现场。

丰台区2009年人口和计划生育工作大会现场。

丰台区召开2009年人口和计划生育领导小组会。

丰台区开展“幸福家庭之星”评选表彰活动。

丰台区召开幸福家庭工程“科学育儿行动”启动仪式。

丰台区委、区政府举办第二届人口与发展论坛。

丰台区进京创业青年代表领取《流动人口计划生育工作条例》。

丰台区召开统筹解决人口问题协调会，共商人口发展大计。

孟加拉国卫生部长到丰台考察人口计划生育和妇幼保健工作。

在2009年石景山区人口和计划生育工作会上，区长周茂非（右一）与部队代表签订目标管理责任书。

5·29流动人口计划生育协会大型宣传活动中，市人口计生委副主任耿玉田（右二）、区委常委副区长付生柱（右一）接受现场访谈。

石景山区人口计生委在纪念9·25公开信发表29周年纪念活动中，为区人口计生委历任老主任颁发荣誉奖和聘书。

在优质服务企业行活动启动仪式上，市、区人口计生委和企业代表共同按下启动器。

为迎接祖国60华诞，区人口计生委年轻干部向祖国庄严承诺。

石景山区举办男性健康走进北京军区大型宣传活动。计生干部为官兵们带来男性健康书籍，并解答男性健康问题。

在“我与国策共成长”演讲征文活动中，来自八角街道的一名身残志坚的独生子女进行演讲。

石景山区计生协在京源学校举办青春健康校园行活动，在“男女同学如何交往”讲座中，陈萱老师和现场的同学进行互动。

门头沟区每年召开人口计生工作大会。

门头沟区每年召开人口计生领导小组会。

门头沟区连续四年举办京西人口文化节。

和谐计生靓京西。

门头沟区举办第二届京西人口与发展论坛。

门头沟区举办人口计生基础信息核查培训动员会，夯实基础工作。

门头沟区举办面向流动人口的“爱在你身边”宣传服务活动”。

门头沟区举办的“京西女孩亮京西”活动现场。

房山区召开2009年人口和计划生育工作会。

房山区人口计生委召开“亲情牵手暖人心 暖心工程促和谐”生育关怀推广会暨“暖心工程—特扶对象享受养老保险补贴”项目启动会。

区人口计生委在燕山迎风街道举办人口文化图书屋揭牌仪式。

房山区人口计生委举行捐款活动，全体干部职工积极为贫困母亲捐款。

房山区人口计生委举办“我与国策共成长”主题演讲比赛。

房山区人口计生委举办“辉煌中国60载，和谐计生30年‘国策杯’全国漫画大赛”作品评选活动。

房山区窦店镇开展“宏志启航实现梦想——青春期健康教育进校园”活动。

房山区人口计生委和城关街道邀请房山区第一医院专家在中煤北京煤机公司举办男性健康知识讲座。

大兴区每年召开人口和计划生育工作大会。

大兴区举办创建计划生育优质服务先进区领导干部培训班。

大兴区政府召开药械市场整治协调会。

大兴区人口计生委与宣武区开展“手拉手”青春健康宣传教育活动。

大兴区基层开展计划生育药具柜及宣传展板发放仪式。

大兴区人口计生委在7·11世界人口日期间开展宣传活动。

大兴区基层街道开展送健康进大学校园——同伴教育活动。

大兴区计生协召开计生协基层评估认定工作会。

北京市人口计生委主任邓行舟在副区长刘淑华的陪同下，慰问台湖镇计生专干。

通州区区长邓乃平为荣获2008 年度人口计生工作先进村代表颁发奖牌。

通州区召开2008年度工作总结会和2009年工作研讨会。

2009年底，通州区召开人口计生2010年研讨会。

通州区开展我与国策共成长演讲比赛。

通州区开展纪念7·11世界人口日街头宣传活动。

通州区人口计生委邀请专家到基层为群众提供优质服务。

通州区召开计生文艺唱响运河人家暨《流动人口计划生育工作条例》启动仪式。

国家人口计生委举办的纪念世界人口日主题活动暨全国争当计划生育家庭妇女创业之星活动仪式在顺义区启动。国家人口计生委主任李斌（右四）等领导出席纪念活动。

顺义区人口工作大会现场。

2009年顺义区人口与发展论坛会议现场。

2009年9月29日，顺义区人口文化园开幕。

顺义区召开奖励扶助工作总结会。

顺义区北小营镇村级专干岗位竞聘考试现场。

顺义区北务镇计生办主任为离任专干王文英发放月补贴。

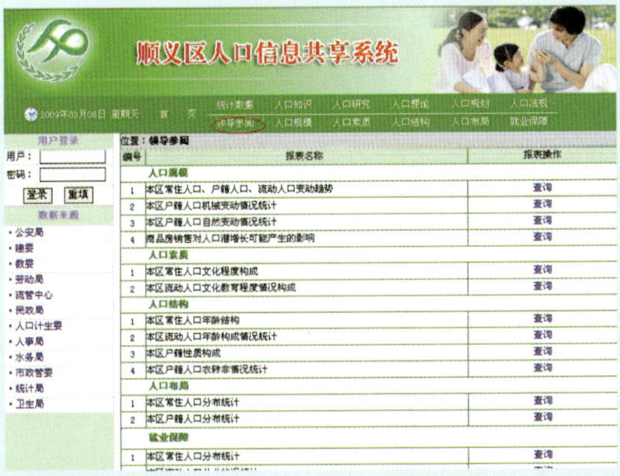

顺义区开通人口信息共享系统，整合12个部门人口数据。

昌平区2009年度工作会现场。

昌平区人口计生委举办人口与发展论坛。

昌平区政协视察区人口计生委的青春健康教育工作。

昌平区人口计生委精心打造人口文化园。

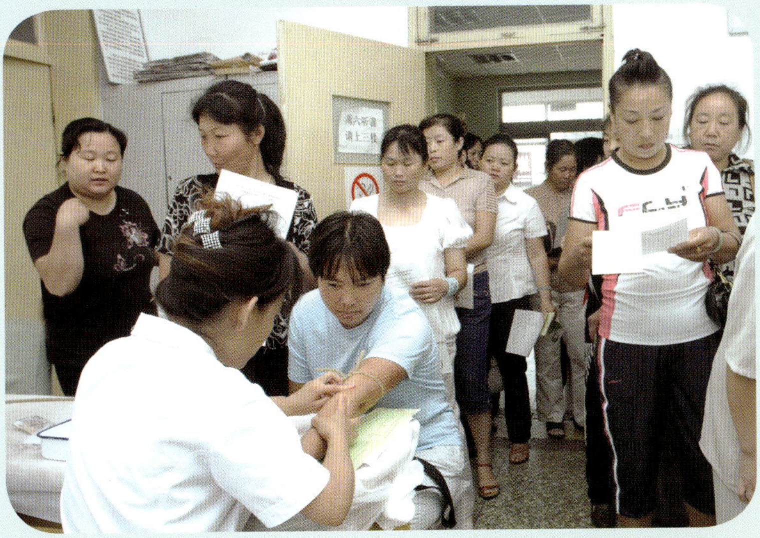

昌平区人口计生委开展为育龄群众检查身体等优质服务活动。

昌平区人口计生委举办《流动人口计划生育工作条例》知识竞赛。

昌平区人口计生委聘请人口计生特约监督员。

昌平区人口计生委出版《昌平人口》杂志。

平谷区召开2009年人口和计划生育工作大会。

平谷区举办统筹解决人口问题计生干部职业化培训班。

平谷区人口计生委举办“纪念公开信发表29周年暨婚育文明靛桃乡书画展”。

近年来，平谷区每年开展婚育文明靓桃乡人口文化宣传活动。

平谷区召开2009年人口计生调研工作会。

平谷区举办计生干部持证上岗考试。

平谷区计划生育宣传员竞聘现场。

平谷区举办计划生育宣传员培训班。

2009年3月20日，国家人口计生委副主任崔丽等领导在市政府副秘书长侯玉兰、市人口计生委主任邓行舟等陪同下考察怀柔区人口计生工作。

中国曲艺家协会主席刘兰芳，分党组书记、副主席姜昆，著名作曲家李昕，著名作词家车行及曲协精品创作班学员等50余名艺术家到怀柔采风。

怀柔区2009年人口和计划生育工作会现场。

怀柔区召开人口计生优质服务工作推进会。

怀柔区生殖健康技术服务中心建成并正式投入使用。

怀柔区开展"阳光计生行动"，重点实施五项实效工程。

怀柔区人口计生委在区人口学校召开"怀柔区人口问题研究报告会"。

怀柔区2009年"农村长效节育户籍已婚育龄群众健康体检项目"正式启动。

2009年密云举全县之力，创建国家计划生育优质服务先进县。3月9日，在县会议中心召开创国优动员大会。

北京市人口计生委正局级委员李芸莉（左二）到密云县石城镇检查计划生育贴息贷款使用情况。

密云县实施惠及计生家庭的民生工程，对北京市奖励扶助政策未包含的一非一农计生家庭的农民，对独生子女伤残、死亡家庭等给予特别扶助。

密云县建成国家标准的计划生育生殖健康技术服务中心。

为全面推进“国优”创建工作，县人口计生委组织多层次创优工作培训班。图为5月27日在县委党校举办的大型培训班，有400多乡镇村干部接受了培训。

密云县人口计生委积极开展青春期教育。图为巨各庄中学举办青春期健康知识讲座现场。

纪念7·11世界人口日暨密云县人口文化园揭幕仪式。

密云县人口计生委制作集生殖健康、避孕节育和优生优育知识为一体的“新婚大礼包”5000余个发放到新婚夫妇手中。

北京市人口计生委领导亲自带队到延庆县指导检查工作。

延庆县召开创国优动员大会。

“高校专家延庆行，生育关怀进乡村”活动现场。

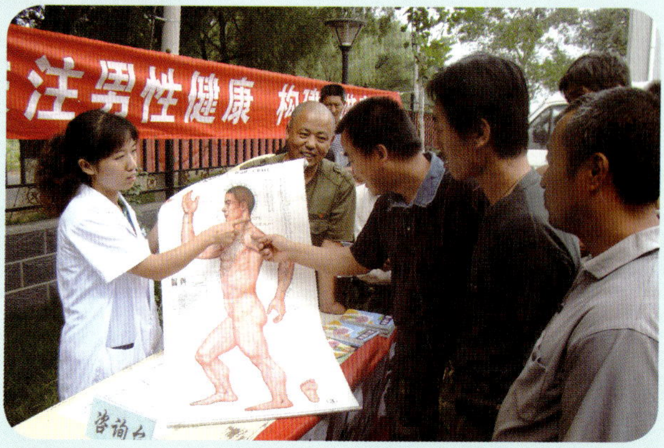

延庆县人口计生委开展宣传活动，关注男性健康。

延庆县向基层配发生殖健康服务车。

延庆县人口计生委积极开展青春期健康教育。

延庆县人口计生部门开展关爱女孩行动，发放独生子女升学奖。

延庆县为独生子女母亲办理医疗保险。

2009年10月1日，由首都人口计生工作者和医疗卫生工作者共同组成的“人口卫生”方阵参加群众游行活动。

出版说明

人口问题始终是首都现代化进程中面临的重大问题，是影响首都经济社会又好又快发展的关键因素。多年来，全市人口和计划生育系统坚持以邓小平理论和“三个代表”重要思想为指导，认真落实科学发展观，把握机遇、奋发有为、扎实工作、开拓创新，“依法管理、村（居）民自治、优质服务、政策推动、综合治理”的长效工作机制不断推进，低生育水平长期稳定，统筹解决首都人口问题的格局初步建立，为构建社会主义和谐社会首善之区创造了良好的人口环境。

为深入贯彻落实中央《决定》，2007 年 9 月，市委、市政府从首都事业发展的全局出发，结合实际，制定下发了《关于深入贯彻落实科学发展观 统筹解决人口问题的决定》。这一指导当前和今后一个时期全市人口和计划生育工作的纲领性文件，标志着全市人口和计划生育工作进入了稳定低生育水平、统筹解决人口问题、促进人的全面发展的新阶段。为全面、真实地记录全市人口和计划生育工作的历史发展进程，市人口计生委决定，自 2007 年始，每年编辑《北京市人口和计划生育年鉴》（以下简称《年鉴》）并公开出版发行。《年鉴》由市人口计生委主办，由委员会各处室和各区县人口计生委共同参与编撰。《年鉴》作为全市人口和计划生育系统的资料性工具书和重要的历史文献，旨在通过真实地记录历史，进一步总结工作经验、增进交流、推动工作，从而达到“存史、资政、教化”的作用。

2010 卷《年鉴》是全市人口和计划生育系统的第四部年鉴。本《年鉴》共 12 篇，约 60 万字，力求全面、系统、准确地记载 2009 年度全市人口和计划生育工作的重大事件、法规文件、领导讲话、重要研究成果等。第一篇为工作综述篇，包括全市人口计生工作综述和人口形势分析报告；第二篇为人口和计划生育大事记，简单记录了市级发生的人口计生重大事件；第三篇为领导讲话篇，主要收录了国家人口计生委、市委市政府及市人口计生委有关领导的重要讲话；第四篇为法规与重要文件篇，主要收录了本市年度内产生的重要法规及文件；第五篇为整体工作篇，主要收录了市级人口计生重要工作及各项业务工作进展情况；第六篇为社会团体和研究机构篇，介绍了市计划生育协会和本市具有代表性的人口研究机构；第七篇为论述篇，选录了有关专家学者关于人口计生问题的研究成果；第八篇为区县工作篇，是管窥各区县工作成绩的一个窗口；第九篇为北京市国民经济和社会发展相关统计资料篇，选编了与人口相关的重要统计资料；第十篇为荣誉篇，主要收录了获得市级以上重要荣誉称号的先进集体和个人；第十一篇为人口计生组织机构和名录篇，介绍了市、区两级的人口计生机构；第十二篇为附录，选编了一些区县出台的特色文件。另外，《年鉴》还配有42页彩色图片，生动再现了各级领导参加全市人口和计划生育活动以及各级、各部门开展的各项特色工作情况。

2010卷《年鉴》由市、区人口计生委有关干部共同编撰，由市人口计生委办公室负责编审，内容、资料和数据力求全面、真实、准确、客观。但因编辑部人力、水平和时间有限，编校工作中的疏漏和差错在所难免，恳请读者理解和支持并提出宝贵意见。

《北京市人口和计划生育年鉴》编辑部

二〇一〇年十月

目　录

四、法规与重要文件篇

五、整体工作篇

六、北京市人口计生社会团体和研究机构介绍

七、论述篇

八、区县工作篇

九、北京市2009年国民经济和社会发展相关统计资料

十、荣誉篇

十一、北京市人口和计划生育组织机构和名录篇

十二、附录：区县出台的特色文件选编

一、工作综述篇

2009年北京市人口和计划生育工作综述

2009年是新中国成立60周年，也是全国人民团结一心、拼搏奋斗的一年。在国家人口计生委的正确指导下，在市委、市政府的坚强领导下，全市各级党委、政府和人口计生系统以科学发展观为指导，服从服务于保增长、保民生、保稳定大局，围绕“稳定低生育水平、统筹解决人口问题”这一主线，突出区域功能定位，加大统筹协调力度，更加重视人口问题成为各级领导干部的共识。各区县圆满完成了与市长签订的人口计生目标管理责任书的各项指标，全年出生人口13.7万人，自然增长率3.5‰，计划生育率95.32%，低生育水平继续保持稳定，总体工作水平全面提升并继续走在全国前列。

（一）市委市政府高度重视，人口计生工作跨上新的平台

2009年11月，市政府专题会、市委常委会分别听取了全市人口和计划生育工作情况的汇报。两次会议充分肯定了人口计生工作取得的成绩，深刻分析了人口计生工作面临的形势和任务，对当前和今后一个时期的工作提出了明确要求。批准通过了北京市人口计生委的“三定”方案，新增和拓展了三项职能并增加了一个处室。新的职能要求人口计生委加强人口问题的战略性、前瞻性研究，协调推动统筹解决人口问题目标和任务的实施，负责人口和计划生育工作的综合协调和综合治理。

重新调整了北京市人口和计划生育领导小组成员单位和职能。根据新形势下统筹解决首都人口问题的需要，对人口计生领导小组成员单位进行了调整，相应增加了统筹解决人口问题的职能，领导小组研究决定有关人口发展重大问题。新的领导小组由郭金龙市长任组长，丁向阳副市长任副组长，成员由15个单位“一把手”组成，明确了各自的职责和任务。

2003~2009年，18个区县先后被评为全国计划生育优质服务先进单位，北京市在全国率先实现“国优”全覆盖，人口计生工作跨上新的平台。从2009年12月对全市18区县人口计生工作考核评估结果看，全市人口计生工作取得了可喜成绩，统筹解决人口问题迈出了新步伐。有11个区被评为模范区县，7个区县被评为先进区县。

（二）“大人口”探索推进，统筹解决首都人口问题的格局正在形成

全市对“大人口”问题的综合研究进一步加强。市人口计生委积极开展人口战略研究，举办了以“人口发展与城市竞争力”为主题的第五届人口论坛，牵头组织了市政协重点调研课题《新时期首都人口规模调控问题调研》。注重发挥信息化在统筹解决人口问题中的支撑作用，按照国家人口计生委和市经信委的要求，着手建立全员人口数据库。指导区县结合区情开展调控人口规模的研究。有些区县领导亲自参与人口战略研究课题，将统筹解决人口问题的任务写进责任书，将控制人口规模纳入对乡镇街道的考核内容。在市区两级的积极探索下，全市“大人口”工作不断推进，统筹解决人口问题的格局正在形成。

（三）深化优质服务，民生工程各项任务圆满完成

生殖健康优质服务不断深化。落实北京市“十一五”时期人口和计划生育服务体系建设规划，并将网络建设纳入全市医药卫生体制改革方案之中。提高出生人口素质，构建了与卫生、民政、残联等部门服务相衔接的出生缺陷综合干预平台，启动了“健康生育计划”，向全市已婚待孕和怀孕3个月内的准妈妈免费发放叶酸工作进展顺利。“生殖健康伴你行”活动深入开展，计卫联手，深入基层，为育龄群众提供免费健康体检和生殖健康服务。积极关注青少年身心健康，扎实推进“青春健康”项目。启动“首都市民生命全周期生殖健康教育活动”和“青春健康”高校行活动，编印了面向首都高校学生的《爱的透视窗——大学生情感故事》80万册，发放到各大高校学生手中。

利益导向政策体系进一步完善。农村部分计划生育家庭奖励扶助工作有序进行，独生子女死亡、伤残家庭特别扶助工作顺利开展。利用财政贴息贷款资助困难独生子女家庭发展生产工作继续推进，全年完成贷款近2.5亿元，资助6743户。各区县积极探索推进有利于计划生育家庭的各项优惠政策和帮扶措施。顺义区建立了计生家庭四级养老保障制度；崇文、海淀开展了计划生育家庭意外伤害保险试点；昌平等区县在农村集体经济产权制度改革中给予计生家庭奖励股；怀柔、密云将农村奖扶对象扩大到一非一农户。此外，全市各级计生协会为“幸福工程”募集捐款283万元，目前在全国18个省市、26个区县建立了幸福工程对口援助项目点，援助经费达578万元；在本市11个区县投入项目经费1000万元，有力推动了计划生育家庭利益导向工作。

流动人口服务和管理不断强化。深入宣传和贯彻落实国务院《流动人口计划生育工作条例》。强化系统内部协调和外部协作，实施流动人口和人户分离人员计划生育工作“一盘棋”工作方案，启动环渤海区域三省两市“一盘棋”工作。部分区县探索建立了跨地区合作机制和工作流程，

并积极配合流出地省市开展异地联合执法，取得成功经验。开展全市人在户不在育龄妇女登记和现居住地建档工作，细化了现居住地考核评估细则。启动全员流动人口数据库建设。在全市建立流动人口在京出生监测点153个。开展关怀关爱流动人口活动，推进在流动人口集聚地建立协会工作，建立200个流动人口图书角。

（四）优化环境，依法行政，促进了首都的平安稳定

贯彻落实平安北京建设和维护国庆稳定的各项任务。认真落实《信访条例》和《关于深入开展人口计生系统“平安北京”建设的意见》，通过各种渠道了解民情民意、化解矛盾、解决问题。对2001年以来的违法生育人员进行清查，解决了一些历史遗留问题。按照首都国庆60周年群众游行总指挥部安排，与市卫生局配合，圆满完成了“人口卫生”方阵的演练和彩车游行等任务。启动了新农村百家“人口文化活动室”和人口文化园建设。配合国庆60周年宣传活动的要求，举办“我与国策共成长”征文演讲比赛活动，在基层掀起了宣传国策、理解国策、支持国策的热潮。

（五）干部队伍和党风廉政建设进一步加强

加大干部培训力度，探索了与首都知名高校联合举办综合素质培训班的新途径。着眼基层基础，开展街乡镇主管领导和计生办主任的业务轮训及统计练兵等培训和竞赛活动。加强村级计划生育干部队伍职业化建设，队伍的研究能力、服务能力、协调能力和创新能力不断增强，整体水平不断提高。落实干部作风建设年各项要求，党风廉政建设继续加强，廉政风险防范管理工作稳步推进，民主评议政风行风和“阳光计生”行动不断深入，“三进两促”主题实践活动全面展开，得到上级机关充分肯定。北京市人口计生委被授予“首都文明单位标兵”称号。

（赵艳侠）

2009年北京市人口和计划生育形势分析

2009年，在全市建设“人文北京、科技北京、绿色北京”的理念指导下，北京市人口和计划生育工作以科学发展观为指导，着眼于稳定低生育水平、统筹解决人口问题的大局，深化改革、创新机制、依法管理、优质服务，各项工作取得了新进展。2009年北京市人口和计划生育形势的基本特点概括如下。

一、人口计划执行情况①

2009年北京市常住人口出生13.7万

① 本特点数据来源：出生率、自然增长率来自2010年统计公报，其他数据来自市人口计生委统计年报。

人，略高于2008年的13.4万人；出生率8.17‰，自然增长率3.5‰；计划生育率95.32%，育龄妇女综合避孕率85.69%。较好地完成了年度全市人口出生计划。

二、北京人口和计划生育发展形势的基本特点

（一）“十一五”以来出生增幅较大，生育高峰进入平缓期①

“十一五”以来，全市常住人口出生呈逐年递增趋势（见图1），从2006年的9.33万人，逐年增长，2007年增幅较大，2008年增幅继续增加，2009年达到13.74万人。“十一五”前四年累计出生48.22万人，“十一五”人口规划的五年出生目标将被突破②。2009年常住人口自然增长率为3.5‰，四年年均人口自然增长率2.5‰左右，突破了“十一五”人口规划的自然增长率目标③。尽管北京市人口出生数量一直在增长，但2008年、2009年两年出生增速趋于减缓。

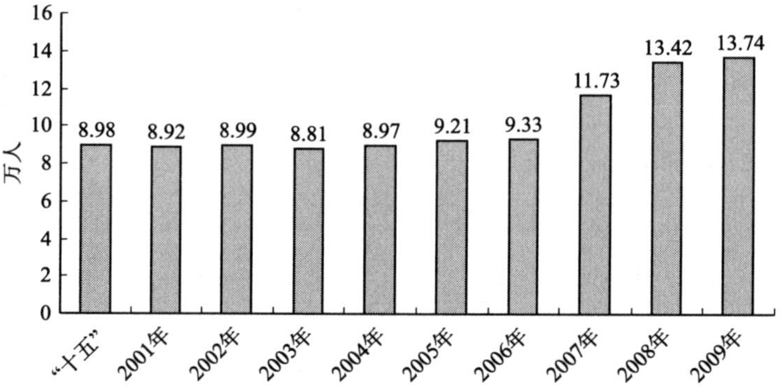

图1　北京市2001～2009年与“十五”时期常住人口出生比较

数据来源：北京市2006～2008年统计公报

（二）户籍人口生育水平总体处于提高中④

1. 一般生育率上升，2007年达到10年水平的峰值。2000～2009年北京市户籍人口一般生育率除2003年受多种因素影响降低外，10年期间基本呈波动上升趋势（见图2）。

2. 年龄别生育率总体上升，总和生育率接近1。生育旺盛期育龄妇女年龄别生育率呈较大幅度的上升趋势。2007年峰值时户籍育龄妇女总和生育率为1.04，多年来

---

① 本特点数据来源：市人口计生委统计年报。

② 北京市“十一五”人口规划指标明确规定，“十一五”时期北京市“5年内常住人口新出生人数控制在57万人以内”。

③ 北京市“十一五”人口规划指标明确规定，“十一五”时期北京市常住人口“自然增长率不超过1.6‰”。

④ 本特点数据来源：2009年北京市人口和计划生育基础信息核查数据。

首次超过1。按此生育水平推算，2009 年全年总和生育率接近1。

3. 生育旺盛期后移，生育峰值年龄提高。育龄妇女生育旺盛期年龄向后推移，2000 年为 24 ~29 岁，2007 年达到 26 ~31 岁。生育峰值年龄也向后推移，2000 年为 26 岁，2007 年长到 28 岁。峰值年龄生育率处于上升中，2007 年达到 114.9‰，比 2000 年上升了 23.3 个千分点。生育旺盛期的育龄妇女的生育率均在 85‰以上。

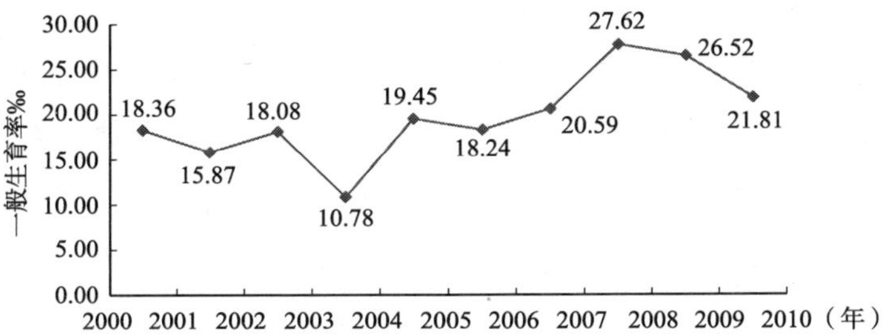

图2　2000 ~2009 年 10 月北京市户籍人口一般生育率趋势

数据来源：2009 年市人口计生委信息核查数据及市公安局百岁表（内部）

（三）低生育水平保持稳定，计划生育工作成绩显著

1. 计划生育率继续保持高水平[①]。2009 年北京市常住人口计划生育率为 95.32%，与 2007 年、2008 年基本持平，持续稳定在 95%以上的较高水平。各年度户籍人口计划生育率均高出常住人口 1 个百分点（见表1），反映出外来人口计划外生育对常住人口计划生育率的影响较大。

2. 各孩次构成率趋势平稳，二孩及多孩率降低[②]。“十一五”期间，一孩比重提高，二孩比重下降，各孩次构成趋势保持平稳态势。2001 ~2009 年 10 年间户籍人口一孩率有所提高，二孩率有所下降，多孩率稳中略降，但 2009 年计划外二孩及多孩出生占二孩及多孩出生的比重有所增加。

表1　2005 ~2009 年北京市计划生育率情况

年份	计划生育率（%）	
	常住人口	户籍人口
2005	96.89	98.22
2006	96.65	97.76
2007	95.87	97.53
2008	95.6	97.68
2009	95.32	97.32

数据来源：市人口计生委统计报表

3. 综合避孕率始终保持在较高水平，长效措施使用比例继续减少[③]。2005 ~2009 年北京市常住人口育龄妇女综合避孕率虽

① 本特点数据来源：人口计生部门报表统计。
② 本特点数据来源：人口计生部门报表统计。
③ 本特点数据来源：人口计生部门报表统计。

呈现逐年略有下降态势，但仍在85%以上，继续保持在较高水平。常住人口使用长效、短效措施避孕比重继续呈反向变化，使用宫内节育器的比例逐年下降，2009年为38.37%，比2005年下降12.51个百分点；短效避孕措施的比例逐年增加，仅使用避孕套避孕的比重同比增加了13.12个百分点，2009年升至53.03%。避孕套使用增多使城市群众的服务需求逐渐发生两个转变：从计生部门为主，转向接受社会市场；从简单的发放主渠道产品，转向市场提供的多样化、个性化产品①。

4. 外来人口子女的流入地构成明显②。本市的外来人口子女，遍及除北京外的全国29个省、自治区、直辖市。外来人口子女在京登记最多的是河北省，占21.48%；河南省次之，占19.06%；其次是山东省，占10.93%。三个省所占比重高达51.47%，占总量的半数以上。流入人口较多，排列四至十位的分别为安徽、四川、湖北、黑龙江、内蒙古、浙江和山西。

5. 计划生育惠民服务、公共服务力度逐年增大③。农村部分计划生育家庭奖励扶助制度自2005年1月1日实施以来，全市发放奖励扶助金额从2005年的432.8万元，增长到2009年的1503.1万元，累计发放4402.9万元，受益人群达1.25万人。计划生育家庭特别扶助制度自2008年9月实施到2009年4月30日为止，共发放2439.6万元，有5500人受益。市财政计划生育贴息贷款项目④自2002年实施以来，8年贴息6638.7万元，贷款9.6亿元，共扶植了3.97万户农村计划生育家庭。“北京市健康生育计划”⑤自2009年实施以来，市财政出资300万元，共发放叶酸增补剂28.9万瓶，有5万个家庭受益。“农村长效节育户籍已婚育龄群众免费健康体检项目”⑥自2008年实施以来，市财政投入3000万元，两年受益群众高达42万人。

（四）人口结构变化趋势明显，应继续引起重视

1. 户籍人口出生性别比正常，外来人口出生性别比偏高的形势不容忽视。2005～2009年北京市常住人口出生性别比均高于户籍人口，且高出正常范围⑦。户籍人口出生性别比10年来均属正常范围，而外来人口出生性别比均在120以上，明显高出正常值范围⑧，直接影响了北京市常住人口的出

① 本结论来源：2009年北京市人口计生考核评估入户访谈调查资料。

② 本特点数据来源：2009年北京市人口计生考核评估入户访谈调查资料。

③ 本特点的内容均为北京市财政统一投入项目。数据来源：市人口计生委相关处室报表统计。

④ 市政府多年的折子工作之一。

⑤ “北京市健康生育计划”的主要内容是，市政府出资，采购叶酸增补剂统一下发区县，用于北京市已婚待孕人员和怀孕3个月内的育龄群众免费领取，预防新生儿神经缺陷。

⑥ 本项目为2008年、2009年两年市政府为市民办实事之一。

⑦ 数据来源：人口计生部门报表统计。

⑧ 数据来源：2009年北京市人口和计划生育基础信息核查登记统计。

生性别比的高低。

2. 劳动适龄人口规模庞大，劳动力年龄结构趋于老化。由于非本市劳动适龄人口的大量涌入，全市劳动适龄人口（15 ~ 59 岁）占总人口的比重平稳略有增加。从年龄结构上看，近一半的劳动力年龄在 35 岁及以上；50 ~ 59 岁高龄组劳动力所占人口比重增幅明显，2001 年为 9.4%，2005 年为 12.8%，至 2008 年增加到 14.7%[①]。这种日趋老化的劳动人口结构将与未来首都社会经济快速发展的要求不相适应。

3. 户籍老年人口持续增长，老龄化程度将进一步加剧。2001 年以来北京市的老年人口处于持续增长中：北京市 60 岁及以上的常住老年人口所占比重 2001 年为 12.7%，2005 年增加到 14.6%，2008 年为 14.2%[②]。60 岁及以上户籍老年人口所占比重 2007 年为 17.3%，2008 年增长到 17.6 %；户籍人口老年抚养系数为 24.3%，比上年增加 0.7 个百分点[③]。

从图 3 中可以看出，伴随着 20 世纪 50 年代、60 年代两次生育高峰中出生人口（目前 45 ~ 49 岁组和 50 ~ 54 岁组）步入老龄，户籍老年人口规模将出现一个大幅度的持续增长，届时全市老龄化程度将进一步加剧。

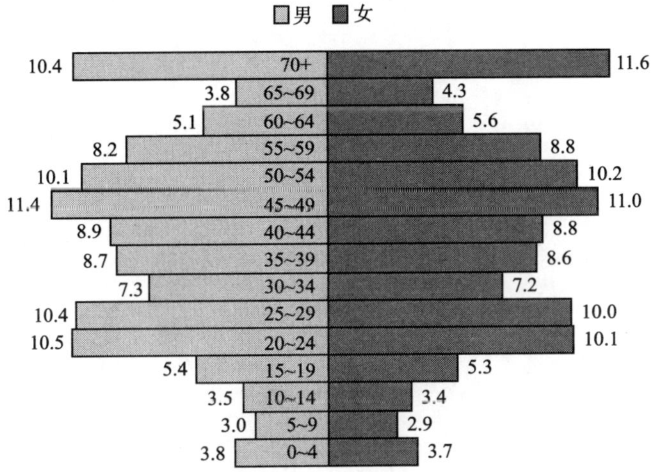

图 3　2009 年北京市户籍人口年龄金字塔

数据来源：市公安局统计数据

① 数据来源：市统计局人口变动抽样调查。

② 数据来源：市统计局相关统计。

③ 数据来源：北京市老龄委《北京市 2008 老年人口信息和老龄事业发展状况报告》。

（五）人口总量持续快速增长，外来人口增长依然是主导

1. 常住人口继续呈持续增长态势，且近两年增幅高达60万人以上①。2009年北京市常住人口达到1755万人，常住人口已突破1700万人。全市常住人口的快速增长趋势不减：2008年、2009年每年的增量都不低于60万人；环比增长速度从2001年的1.58%增长到2009年的3.54%。照此速度发展下去，北京城市总体规划2020年1800万人的目标，将于2010年提前实现。

2. 外来人口总量增长势头不减，依然是全市人口增长的主要来源②。在2001～2009年全市常住人口年度增量中，户籍人口增量比较稳定，每年增长量在十五六万人；外来人口增量逐年加大，增长势头不减，2001～2004年年增量为20多万人，2005年以后年增量加大，年增量从2005年的36.3万人，逐年增长，到2009年达到年增长44.1万人，占到全市常住人口总增加量60万人的73.5%。说明全市常住人口增长过快主要原因在于外来人口的过快增长。

（崔佳）

① 本特点数据来源：市统计局相关统计。
② 本特点数据来源：市公安局、统计局相关统计。

二、人口和计划生育工作大事记

1月15～16日，国家人口计生委在北京召开全国人口和计划生育干部队伍职业化建设工作会议，北京市人口计生委党组书记、主任邓行舟代表北京市作了题为《坚持以人为本，全面加强干部队伍建设》的经验报告。

1月18～19日，市人口计生委召开2009年人口计生工作会。

2月5～6日，市人口计生委召开2009年区县人口调研工作会，总结了区县调研工作，交流了经验，研究了下一步工作重点，会后下发《2009年人口问题研究工作要点》。

2月5～7日，市计生协召开生育关怀行动师资培训暨志愿者研讨会，30名亲情牵手志愿者代表和100名青春健康师资就项目发展进行了交流研讨和培训。中国计划生育协会国际部部长洪苹，北京市计生协常务副会长邓行舟、副会长耿玉田参加会议。

2月20日，全市财政贴息贷款项目工作会召开，市人口计生委办公室、政法处、行财处、监察处、市计生协以及10个项目区县人口计生委分管副主任、计生协秘书长和项目负责人参加会议。会议总结了2008年财政贴息贷款工作，就政府督查、资金管理、工作管理规范等进行了培训。耿玉田副会长参加会议。

2月23日，市人口计生委协调市委组织部等13个部门，会签印发了《关于转发中组部、国家人口计生委等11部委〈关于加强人口和计划生育工作若干政策措施的通知〉的通知》。通知要求，对党员、干部违法生育的，除依法征收社会抚养费外，还应当书面通报其组织关系所在地和工作单位，建议给予相应的党纪政纪处分。

2月25日，市人口计生委召开“北京市人户分离人口计划生育工作研讨会”。研讨会由正局级委员李芸莉作工作报告，报告分析了全市人户分离人口的基本特征及人户分离人口计划生育情况，指出年度人户分离人口计划生育工作应把握注重信息采集、加强内部合作、强化属地管理三个重点，西城区人口计生委、朝阳区人口计生委、通州区人口计生委、昌平区人口计生委分别从不同的角度分析了各地区人户分离人口计划生育工作的现状、经验、困难及解决办法等，会议还对人户分离人员计划生育应把握的几个方向性问题达成共识。

2月26日，市人口计生委组织机关、事业单位干部及离退休党员120人在广安会议中心召开学习实践科学发展观活动总结大会。市人口计生委党组书记、主任邓行舟，副主任彭彧华、纪检组长李红文、副主任丁勇出席会议。市委第六检查指导组李军副组长讲话，认为市人口计生委学习实践科学发展观活动取得了实效。

3月18日，市政府召开2009年北京市人口和计划生育工作大会。市人口计生委主任邓行舟作全市人口和计划生育工作报告。副市长丁向阳出席大会并讲话。

3月19～20日，杭州市人口计生委到北京市调研。市人口计生委与宣武、西城区人口计生委共同安排并参与调研活动，市人口计生委正局级委员李芸莉、副主任丁勇参与调研。

3月20日，国家人口计生委副主任崔丽、宣教司司长张建一行到北京市怀柔区调研人口计生工作，市人口计生委主任邓行舟、副主任彭彧华陪同调研。

3月23日，市人口计生委发布《2009年人口发展战略研究课题招标公告》、《2009年人口发展战略研究课题招标指南》等文件，并在市人口计生委网站上进行网上公开招标。

3月27日，市委干部教育培训工作检查考核组依据《北京市干部教育培训考核工作管理办法（试行）》，对北京市人口计生委教育培训工作进行了全面考核，给予较高评价。测评满意率为95.7%（全市重点考核单位平均满意率为93.5%）。

4月20日，国家人口计生委宣教司张建司长一行到平谷区调研宣传教育工作，市人口计生委副主任彭彧华陪同调研。

4月28日，北京市人口计生委在西城区召开预防出生缺陷——北京市健康生育计划经验交流会。重点推广了西城区提高出生人口素质，预防出生缺陷——社区健康生育全程服务模式。

4月28日上午，为了解农民工朋友在工作之余文化知识的学习情况，使人口计生系统“关怀关爱”活动更加深入，市人口计生委会同中国人口出版社、人生杂志社等单位在北京建工集团六建公司通州区台湖建筑工地举办了迎“五一”送知识慰问劳动者座谈会。

4月至11月，北京市开展了计划生育药械市场整治行动工作。

5月15日，市计划生育协会常务副会长邓行舟与中国人寿保险股份有限公司北京市分公司总经理徐海峰签署了计划生育家庭意外伤害保险合作协议书，这标志着北京市计划生育家庭意外伤害保险试点工作正式开始。

5月20～24日，市人口计生委在南京人口国际培训中心举办人口知识培训班，城八区部分街乡镇主管领导和计生办主任约70人参加培训。通过培训，提高了街乡镇主管领导和计生办主任对统筹解决人口问题的认识与理解，增强了应对新形势、新任务的工作能力。

5月22日，市人口计生委出台了加快形成流动人口计划生育全市“一盘棋”格局的工作方案（京人口发〔2009〕19号）。强调“一盘棋”工作应重点做好“健全统筹管理保障机制、完善便民利民服务网络、建好信息共享平台、加快区域协作发展进程、细化双向考评配套制度”等五项重点工作。

5月22日，市人口计生委出台了《关于流动已婚育龄妇女采取长效避孕节育措施享受一次性奖励规定》，对在京生育并采取长效避孕节育措施的已婚育龄妇女实施一次性奖励，体现了首都人民对流动人口的关怀关爱。

5月26日，北京市计生协联合清华大学、北京大学等20多所高校在中国人民大学启动“青春健康高校行”，推动青春健康项目在高校的实施。中国计生协会长姜春云发来贺信，中国计生协常务副会长潘贵玉、北京市计生协常务副会长邓行舟、副会长耿玉田等参加活动。

6月3～5日，市人口计生委举办全市流动人口计划生育服务管理培训班。参加人员包括各区县人口计生委主管主任、流管科长及流动人口计划生育管理干部70余人。培训内容为全国流动人口计划生育工作形势任务及工作要求、《流动人口计划生育工作条例》解读、北京市流动人口服务管理工作部署及本年度工作要求等。

6月11日，市政府组织召开了全市计划生育药械市场整治行动动员大会，副市长丁向阳到会并讲话，要求市工商局、卫生局等各部门按照“谁审批谁负责、谁主管谁负责、谁属地谁负责”的原则，确保此次整治行动取得实效。

6月28～30日，市人口计生委在清华大学举办领导干部综合素质培训班。参加培训的人员有市人口计生委机关处室和直属事业单位负责人、区县人口计生委主任（党组书记）、局总公司大组组长共60余人。市人口计生委领导邓行舟、李芸莉、耿玉田、彭彧华、李红文、丁勇、阿扎提古·卡力参加了培训。

7月3日，市人口计生委举办“我与国策共成长”暨7·11世界人口日征文演讲比赛总结表彰会。

7月20～22日，国家人口计生委村级计划生育干部队伍建设调研组到北京市进行专题调研。调研组听取了北京市村级计划生育干部队伍建设情况汇报，查阅了相关资料，分赴昌平区、顺义区实地考察，对北京市村级计划生育干部队伍整体建设情况和一些经验做法给予充分肯定。

7月22～26日，市人口计生委举办人口战略研究研修班，邀请陆杰华、程文浩、刘爽等5位教授，就区县人口研究重点及相关理论和方法对区县主管领导和调研干部进行培训，并就落实新“三定”方案中的“大人口”职责进行研讨。

7月30日，经过村居、乡镇、区县三级资格确认、审核和村级三次公示，以及市级20%的资格认定抽查确认，全市受奖励扶助的计划生育家庭每人1200元的奖励扶助金已拨付到奖励扶助对象个人账户。

年内，全市10个涉农区县新增奖励扶助对象2006人，退出631人，受奖励扶助总人数增加到1.25万人。

8月7～18日，北京市采取多阶段与规模成比例抽样结合的方法，以流动人口规模为抽样标志，选取40个乡镇街道80个行政村居委会，每个行政村（居委会）抽取50户流动人口家庭，对企事业单位集体户样本以150人户进行抽取，最终获得4820户流动人口家庭样本。

8月8日，北京市政府办公厅印发《北京市人口和计划生育委员会主要职责内设机构和人员编制规定》（京政发〔2009〕63号），市人口计生委主要职责内设机构和人员编制取得较大进展。

9月5日，国家人口计生委领导、机关司局长和直属联系单位负责人、全国省部级领导干部人口与计划生育工作专题研讨班学员、全国省级主任研修班学员约100人，赴顺义区考察人口计生工作。市人口计生委党组书记、主任邓行舟和顺义区区长刘剑作人口计生工作情况汇报。国家人口计生委党组书记、主任李斌在听取汇报和实地考察后，对北京市人口计生工作给予充分肯定，并提出了具体要求。

10月，北京市计划生育家庭意外伤害保险试点单位（海淀区计生协和崇文区计生协）完成年度试点工作，共筹集资金160多万元，为4.1万个计划生育家庭办理了计划生育家庭意外伤害保险，惠及12.5万人。

10月，独生子女伤残家庭特别扶助制度在全市全面开展。市人口计生委与市财政局联合下发《北京市独生子女伤残家庭特别扶助制度实施方案》，以市残联在全市普遍换发的第二代《残疾人证》为依据，独生子女三级以上残疾，女方年满49周岁的，夫妇双方每人每月享受160元的特别扶助，直到死亡或者子女康复为止。

10月21日，财政贴息贷款工作接受了市政府重大政策落实暨绩效管理工作专项检查组的实地考察，并得到充分肯定。

10月26日～11月1日，市人口计生委在南京人口国际培训中心举办人口知识培训班，远郊区县部分街乡镇主管领导约70人参加培训。通过培训，提高了街乡镇主管领导对统筹解决人口问题的认识与理解，增强了应对新形势、新任务的工作能力。

11月12日，市人口计生委、市人口学会联合举办第五届首都人口与发展论坛。论坛主题为“人口发展与城市竞争力”，旨在研究探讨人口要素与城市发展相互关系，从人口发展角度提出增强首都竞争力的政策思路。

11月20日，市人口计生委接待泰国人口与社区发展协会在北京的访问。泰国友人与西城区计生协进行了扶贫开发、青少年服务、健康生育等方面的交流，中国计划生育协会秘书长李艳秋、国际部部长洪苹，市计生协常务副会长邓行舟、副会长耿玉田等参加活动。

12月26日，市人口计生委举办了北京市创建人口和计划生育示范村居总结大会暨人口计生系统干部新年慰问演出。出席大会的有国家人口计生委副主任王培安及各司局负责人、全市各级人口计生系统干部、1000名示范村居专干等1700余人。

年内，市人口计生委作为第二轮《人口志》的承编单位正式启动该项工作。第二轮《人口志》将承接第一轮《人口志》的下限1994年，全面记述1995年至2010年北京人口的发展变化过程。

12月，财政贴息贷款项目申报国家级人口和计划生育创新奖，并获此奖项。

12月，北京市在全国率先实现优质服务先进区县全覆盖目标。

三、领导讲话篇

国家人口计生委副主任王培安在北京市创建人口和计划生育示范村居总结大会暨人口计生系统干部新年慰问演出上的讲话

（2009 年 12 月 26 日）

很高兴参加今天北京市的创建示范村居总结大会暨人口计生系统干部新年慰问演出。首先向刚才四位同志的精彩演讲表示祝贺！同时，向北京市的基层计生干部们表示崇高的敬意！借此机会，向北京市各级人口计生干部的辛勤工作表示亲切的慰问！向大家做出的贡献表示衷心的感谢！

从 2004 ~ 2008 年，北京市人口计生委在全市开展了创建人口和计划生育工作示范社区和示范村活动，每年评选示范社区和示范村各 100 个。五年来，共评选出了 1000 个示范村居，约占北京全市村居总数的 1/7。

社区和村是我国最基础、最重要的基层组织，是建设和谐社会的基石。在社会转型的关键时期，社会结构、组织形式、利益格局、思想观念发生深刻变化，村居日益成为各种利益关系的交会点、各种社会矛盾的聚焦点、各项社会建设的着力点和党在基层执政的支撑点。北京市开展的这项创建活动，针对基层村居建设，提出了创建“领导重视好、制度规范好、队伍建设好、宣传教育好、群众自治好、优质服务好”的“六好”村居的目标，基本涵盖了基层人口和计划生育工作各个方面的要求。开展创建示范村居活动，发挥典型示范，以点带面的作用，很有创意，很有意义。

为探索做好基层人口和计划生育工作、稳定低生育水平的有效途径，11 月初，国家人口计生委和中国计生协下发了《人口和计划生育基层群众自治万村（居）示范活动实施方案》，决定从 2009 ~ 2014 年，在全国开展一万个示范村居的评选和表彰活动。北京市这一千个示范村居都很有基础，要进一步加强基层基础工作，做好人口和计划生育基层群众自治，奋发进取，再创佳绩，争取早日跨入全国示范村居的行列！让我们携起手来，共同开创人口计生事业更加美好的明天！

值此新年之际，向同志们及家属表示最诚挚的问候和新年的祝福，祝大家健康快乐，工作顺利，阖家幸福！

丁向阳副市长在北京市2009年人口和计划生育工作大会上的讲话

（2009年3月18日）

今天的大会，对于贯彻落实北京市和全国“两会”精神，做好新时期人口计划生育工作，实现“保增长、保民生、保稳定”的目标，具有重要意义。刚才邓主任的报告做得很好，希望大家会后学习、落实。两个区县的经验介绍也很好，希望大家学习、参考、借鉴。

人口、资源、环境是我们国家高度关注的问题，党中央、国务院每年都在年初召开高层会议进行专门研究。而在三个重要问题中，总是把人口问题放在第一个方面，由此可见党中央、国务院对人口问题和人口工作的高度重视。在党中央、国务院的高度重视下，我们在人口发展方面取得了长足的进步。首先是人口总量得到了相当程度的控制，其次是人口质量得到了一定程度的提高，这两项成就得到了全世界的普遍认可。中国能把人口控制到现在这个程度，应该说我们计生队伍做出相当程度的努力。首都人口的控制，人口质量的提高，大家有目共睹。多年以来，人口的自然增长严格控制在计划指标范围之内，人口质量一年比一年提高，这些工作应该说都是我们今天在座的各位辛勤劳动的结果。人口计生工作做起来很不容易，难度相当大，也非常复杂，取得今天这样的成绩，就是靠你们的责任心、敬业精神和默默无闻的奉献。借此机会，我代表市政府向全市计生战线的干部职工表示衷心的感谢和诚挚的问候。

下面，我再讲二点意见。

一、充分认识统筹解决人口问题在首都科学发展中的基础性作用

做好首都的人口计生工作，首先要了解北京的市情。近年来，在市委市政府领导下，全市上下深入贯彻落实科学发展观，以发展助奥运，以奥运促发展，开拓进取，扎实工作，首都改革开放和现代化建设取得了显著成绩。2008年，全市人均地区生产总值超过9000美元，标志着首都发展进入了一个新的阶段。在全面总结奥运会、残奥会成功经验的基础上，市委市政府提出要加快建设“人文北京、科技北京、绿色北京”，明确了今后的发展思路和方向，必将进一步推动北京向国际发达城市迈进的步伐。

但是，我们也要清醒地认识到，在首都发展过程中，仍然存在一些亟待解决的重大现实问题，其中，人口问题具有十分重要的战略性、全局性地位。

一是人口规模的持续快速增长加剧了人口资源环境矛盾。一个时期以来，北京市常住人口数量呈现出持续加快增长的势头。“十五”期间全市常住人口年均增长34.9万人，“十一五”前三年年均增长52.3万人，2008年增长62万人，常住人口总量达到1695万人。北京目前有四百多万流动人口，还不包括一些即时性人口进入，一共五六百万。首都水资源、能源等大部分是靠外地输入，比如煤炭、电力、石油、天然气等基本是80%到90%，有的甚至是100%来自外地，资源一定要与人口相协调、平衡，要处理好这个关系，这是个科学发展的矛盾体。同时，北京市土地、水资源短缺，大气污染治理的任务仍然十分艰巨，人口资源环境的矛盾非常突出，其中，人口规模的快速扩张是矛盾的主要方面。

二是稳定低生育水平面临潜在的反弹风险。尽管北京的计划生育工作扎实，但由于群众的生育意愿与生育政策存在差距，部分普惠政策客观上削弱了计划生育利益导向机制的作用，流动人口计划外出生较为突出，市内人户分离人员增多，以及服务管理体制不适应社会结构多元化需求等因素，导致计划生育工作难度加大，稳定低生育水平的任务仍然十分繁重。

三是人口健康素质难以满足首都现代化建设的需要。人口素质是国家竞争力的象征。目前，北京人的健康素质还有不少问题亟待解决。刚才邓主任已经介绍了我们北京市出生的这些新生儿里，因为遗传因素、生殖健康的教育、不良习惯和环境等影响而发生的出生缺陷率在逐年下降，但实际上与10年前比，我们北京市的新生儿出生缺陷率提高了一倍，2008年户籍人口出生缺陷有1388例。成人中，慢性病患者占30%，也就是说我们三个人里就有一个有慢性病，还不算慢性病中的前端人群，以及肥胖的、超重的。去年我们对近20万农村长效避孕措施育龄妇女进行健康体检，有近1/3的受检妇女存在不同程度的妇科疾病。这些指标与国外大都市相比存在差距，提高市民健康水平迫在眉睫。

四是人口老龄化进程加快。北京比全国提前10年进入老龄社会，人口老龄化起步早速度快。2008年，全市60岁及以上老年人口已经达到263.9万，占常住人口总量的15.6%，成为全国老龄化程度最高的地区之一。老年人老有所养、医疗保健、生活照料、精神慰藉、社会参与等问题日益突出，劳动适龄人口负担逐渐加大。

这些问题的出现，既有全国城市化步伐加快、城乡区域差距尚未得到根本扭转的大背景，又是北京在迈向现代化的过程中必然面临的新挑战。人口资源环境、人口规模结构素质分布等众多问题交织在一起，势必影响到首都经济社会的全面协调可持续发展，引起了市委市政府的高度关注。此次学习实践科学发展观活动中，市委常委会和市政府党组的检查分析报告，都把破解人口资源环境难题作为制约我市科学发展的重大问题加以研究。2009 年市政府工作报告，也明确提出了“调控人口规模，创新流动人口服务和管理方式”以及“稳定低生育水平，提高人口素质”的任务。前几年，市发改委、市人口计生委、市民政局、市流管办等部门，都对这些问题进行了研究，提出了一些具体措施；部分区县也进行了有益的探索，并取得了初步成效。希望各部门、各区县，以学习实践科学发展观为契机，站在全局和战略的高度，继续加大人口问题的研究力度，为缓解人口资源环境矛盾，推动首都科学发展上水平贡献力量。

二、新时期人口计生工作必须主动融入关注民生改善民生的工作大局

在国际金融危机持续蔓延的背景下，针对今年面临的严峻形势，中央提出要全力以赴“保增长、保民生、保稳定”。人口计生工作覆盖面广，涉及千家万户，直接关系群众切身利益，历来都是民生问题的重要内容，在“保民生”工作中会大有作为。对于我们今后的工作，应该要重点把握住以下几个方面：

一是要管好“一出一入”。北京市居民人口每年出生的新生儿大约在9 万人，还有外地流动人口出生的新生儿大约在 3 万人，加起来一年出生大约是 12 万人。每年去世的人口是 7 万人，一加一减净增 5 万左右，这是北京市人口增长的“出口”。

关于“出口”，要特别关注新生儿出生缺陷率提高的问题。影响出生缺陷的因素有大龄产妇增加、小龄产妇增加和婚前体检取消等。研究表明，20 岁以前怀孕和 35 岁以后怀孕，新生儿出生缺陷率都很高，所以计生部门要把这个信息传送出去，让想生小孩的妇女同志最好选择在20 至29 岁之间生育，就会在一定程度上减少新生儿的出生缺陷率。我们人口计生工作一定要有的放矢地去做，对老百姓（包括流动人口）进行宣传教育和健康促进，就会减少这些问题的出现。这几年有一个问题值得我们关注：新生儿缺陷里排在第一位的是先天性心脏病，比 10 年前增加了 8 ～ 9 倍。这件事我已经请医疗部门和专家进行研究，服用叶酸了，解决了一些新生儿的缺陷问题，那么这个缺陷问题怎么解决？是什么样的机理影响新生儿有这样的缺陷？要进行研究，请专家提出建议。这就叫健康教育和健康促进，就是我们通常讲的普及健康知识，要有效地进行一级预防。

长期以来自然增长我们控制得很好。但是要引起重视的是“入口”，即流动人口问题。按照今年政府工作安排，相关部门要深入区县联合开展调查研究，总结区县在调控人口规模方面的好做法，探索建立人口规模调控责任制，提出调控人口规模的途径和措施。各区县和相关部门，要充分发挥职能作用，运用经济、法律、管理和服务等综合措施，优化人口结构，引导人口合理分布，提高服务管理水平，努力做到人口增长与经济社会发展相适应。我们一定要处理好这个关系。人口密度大，容易出现传染病、流行病，会给资源环境造成负担，比如水资源，未来如果北京不在水资源上找出解决的办法，就会制约首都人口、经济、社会的发展，因此我们要控制人口的数量。作为中国的首都，我们在人口的调控、服务和管理等方面，要有前瞻性的思路，这方面人口计生部门要提出一些政策性的、战略性的建议。

管好“一人”，还有另一项重要工作，就是要为外来人口服务好，为他们创造工作环境，为他们解决就业问题和生活问题。社会劳保部门最近要为农民工出台一些政策，力争通过培训提高他们的技能。因为目前北京就业结构中在建筑业、家政服务业、批发零售业中的产业大军已经90%甚至100%是农民工，所以要为他们服务好，要提高他们的素质，对他们进行培训。今年北京市政府要拿出一亿元资金对外来农民工进行培训，以提高他们的劳动技能。

二是要关心好“一老一小”。北京市有260万老龄人口，有近百万大、中、小学生，这是北京市人口结构中的两部分重要构成，从某种意义上讲他们属于特殊群体，需要我们关注，要关心好“一老一小”。目前在学生中存在着婚前性行为、未婚先孕的现象，而我们对孩子们的教育还远远不够，学校相关教育还往往停留在形式及表面，教育方法不够恰当，教育程度不够深，教育效果不明显。与之相反，孩子们受网络及社会的影响更多，学了很多他们所谓时尚的行为，导致了一些问题的出现。家长又不好对孩子们在这方面进行教育，因此，人口计生委要与教委和卫生局联手对青少年进行相关的教育。这个问题关系到我们的人口质量，特别是身心健康，因此相当重要。

北京有260万老龄人口，我们要为老龄人口服务，体现社会文明，社会发展成果要惠及这个群体。要加快建立多层次养老保障体系，提高农村养老保障水平。大力发展老年产业和服务业，推动老龄政策体系建设，改进和强化社区老龄服务功能，加强老年维权组织建设，满足老年人口在卫生保健、生活照料、文化娱乐、精神慰藉等方面的需求，不断提高社会养老服务水平。市委和市政府高度重视老龄工作，大家知道我们先后出台了几个政策措施，一是为没有保障的60岁以上的老人每人每月发放200元的福利养老金，解决了57万农村及城市无保障老人的后顾之忧。二是为65岁以上的老人发放老人优待卡，让他们免费进公园、乘公交。这是党和政府对他们的关爱。对于老年人养老问题，在全市提出“9064”这一概念。通过调查，90%的老人喜欢居家养老，愿意和子女在一起，6%的老人希望在社区养老，4%的老人希望集中养老。因此我们要为他们创造环境，创造一定的幸福生活空间。我们人口计生部门应该做什么？我们要对他们进行健康方面的教育，特别是精神健康方面的教育。

三是统筹好“一城一乡”。北京市农村人口近300万。过去我们制定政策时存在城乡差别。以前农村居民看病要自己花钱，从前年开始，对于农民看病，北京市政府每年给每人在个人账户上存入100元钱，一直到2010年，一直提高到520元钱，个人缴费不多，都是政府公共财政的转移。当然我们的财力有限，因此在尽可能节约，尽可能低成本，尽可能统筹的前提下，提出这样一个标准。农村的养老社会保障过去没有，从去年开始，北京市建立了农民养老制度：个人养老账户加基础养老金，个人连续缴费15年，一年交年收入的10%，到了60岁时，政府每月给个人280元钱，加上个人缴存部分，每个月可以拿400～700元。这些政策有利于家庭和睦、社区和睦、社会和谐。所以构建和谐社会就是靠我们一点一滴做起，从每件事、每个项目具体做起。人口计生系统要全面实施计划生育家庭奖励扶助、特别扶助等制度，围绕优生优育、子女成才、抵御风险、生殖健康、家庭致富和养老保障等方面，不断完善有利于计划生育家庭的利益导向政策措施，确保计划生育家庭的优先优惠。统筹协调相关经济社会政策，做好城乡最低生活保障、社会救助、征地补偿等普惠政策与计划生育政策的衔接，注重发挥公共政策导向作用，运用公共政策破解工作难题。

按照管理好“一出一入”，关心好“一老一小”，统筹好“一城一乡”的思路，具体做好以下四项工作。

第一，针对新生儿的出生缺陷比10年前提高一倍这一情况，相关职能部门配合，研究提出新的婚前健康的咨询和检查的措施与办法，逐步完善和提高婚前健康教育管理的办法及水平。今年民政部门将在婚登处设立医生咨询窗口，为登记结婚的新人宣传婚前检查的重要性。倡导有生育意愿的妇女服用叶酸，预防新生儿缺陷的发生。

第二，宣传倡导在青少年中拒绝婚前性行为，减少因婚前性行为引起的妇科疾病、生殖系统疾病以及其他一些心理疾病。药监局、卫生局及公安部门要共同采取各种手段坚决打击取缔“地下医院”、“黑诊所”、“黑药店”等非法医疗机构。千方百计地防止婚前性行为的发生，特别防止未婚先孕。

第三，要通过社会、社区、学校、家庭，在大、中、小学生中全方位地进行性和生殖健康知识的普及。把大家联手编著的婚前教育的书发到孩子及家长们的手里，开展家长答题、孩子答题，进行互动，全方位促进性和生殖健康的教育，确保北京市人口质量能够在这个方面得到保障和提高。政府要管健康，不仅仅是管看病，预防和治疗的成本是1∶100的关系，所以我们增强健康教育，加强疾病预防，让居民少得病。

第四，全力推进全社会健康教育和促进。人的健康水平是人口素质的第一内容。健康是一个国家、一个民族战略性的问题，是决定一个国家和地区竞争力的第一指标，我们要高度重视这个问题，人口计生部门要配合卫生、劳保和财政部门，普及健康知识，参与健康行动，提供健康保障，延长健康寿命。要针对北京市存在的慢性病问题，进行社区干预。一是“普及健康知识”，大家都要知道，都要了解健康知识。所以发书给你们看。二是“参与健康行动”，就是每个人都要运动。我们新的十年规划提出，每人每周至少要运动三次，每次不少于30分钟。十年健康促进计划要求每人坚持参与健康行动，从“瘦腰、亮眼、健口和控制体重”等几个方面做起。三是加强社区保健，政府将在社区办几件实事，吸引市民到社区参加初级保健。现在很多市民掉了牙不去医院，会影响肠胃功能，随即引起慢性疾病；不注意控制体重，不测量血压，不检查血糖，到一定时候就得高血压。今年要在社区开展以下健康促进活动：镶上牙齿，摘下眼镜，稳定血压和调控体重，争取把北京市老百姓的慢性病问题在一定程度上解决。在各社区装备口腔保健器具，委派口腔医院的医生下社区，让社区百姓能就近看口腔，社区看不了的，再到医院治疗，加强口腔保健。所有的药店、社区卫生服务站都要配备血压测量仪，不能算小账，要算大账。你想，北京市人口健康素质提高了，人口素质不就提高了吗，竞争力不就提高了吗，民族不就有希望了吗？四是政府将要提供社会保障制度，提供设施环境，提供好的、专科性及综合性的高精尖医院和现代化的医疗服务队伍，药品供应体系，从今年开始将实行基本药物目录和同城同价。

三、加强对人口计生工作的领导，构建统筹解决人口问题的新机制

统筹解决人口问题是中央和市委从贯彻落实科学发展观的高度，对我们提出的新任务。各级党委、政府、各部门必须把人口发展工作摆上重要议事日程，纳入经济社会发展总体规划，进一步加强领导，做到认识到位、责任到位、措施到位，为统筹解决人口问题提供坚实的组织保证。

一要加强统筹兼顾。人口问题的本质是发展问题，具有长期性、复杂性的特征。统筹解决人口问题，要求各级党委政府牵头，各部门相互配合、密切协作、明确责任、共同推进，形成长效工作机制。当前，要以人口计生领导小组为平台，充分发挥各成员单位的积极性，研究决定有关人口发展的重大问题；组织落实市委、市政府有关统筹解决人口问题的主要任务；加强人口和计划生育工作的综合协调和综合治理；努力实现人口规模、素质、结构、分布相协调，人口发展与经济社会发展、资源环境承载相适应。

二要落实目标责任。继续坚持党政一

把手亲自抓负总责，坚持层层签订人口和计划生育目标管理责任书，认真实行“一票否决”制度。加大考核评估和督查力度，把人口计生工作完成情况列入政府督办内容，人口计生工作成效作为考核各区县、各部门工作实绩和干部政绩的重要内容，建立有效的激励约束机制。

三要加强政策协调。有关部门要进一步提高思想认识，真正把人口计生工作当成自己的“分内事”，完善工作机制，加强信息沟通，搞好政策协调，形成工作合力。各部门在制定有关政策时，应体现对计划生育家庭的优先优惠。人口计生部门要充分发挥协调、服务、组织联系和督促落实的作用。

四要加强队伍建设。在新一轮政府机构改革中，要按照中央《决定》、市委《决定》的要求，不得随意撤并和改变机构性质，确保人口计生机构、队伍稳定。稳定村居计划生育干部队伍，逐步提高待遇。借助“作风建设年”的有利契机，加大教育培训力度，加强思想作风建设，努力打造一支政治上靠得住、工作上有能力、作风上过得硬、人民群众信得过的高素质计生干部行队伍。

同志们，做好人口计划生育工作意义重大，任重道远。我们一定要深入学习实践科学发展观，以科学的态度、创新的精神、务实的作风，攻坚克难、奋力拼搏，努力开创我市人口计划生育工作的新局面，为建设人文北京、科技北京、绿色北京做出应有的贡献！

丁向阳副市长在“中国人口60年成就展暨第五届生殖健康技术产品博览会”开幕式上的致辞

（2009 年 8 月 7 日）

在全市上下喜迎新中国成立60周年的欢庆时刻，由国家人口计生委主办的“中国人口60年成就展暨第五届生殖健康技术产品博览会”在北京展览馆隆重开幕，我代表北京市人民政府对此次博览会的召开表示热烈的祝贺！对出席博览会的联合国人口基金、人口与发展南南合作伙伴组织、世界卫生组织驻华代表处、联合国艾滋病规划署驻华代表处、帕斯适宜卫生技术组织和玛利斯特普国际组织的代表，以及莅临开幕式的各位领导以及各省、自治区、直辖市的嘉宾表示诚挚的欢迎！

本届博览会的主题是“发展、健康、和谐”。这个主题十分准确地切合了我国及世界各国大力倡导的发展路线和战略目标——人类和国家要科学发展，人民和环境要确保健康，人际和社会要全面和谐。近年来，北京市紧紧抓住筹办奥运会等契机，在这三个方面做了大量工作，初步实现了首都经济社会平稳健康发展，环境质量和人民健康水平逐步提升，和谐社会首善之区建设稳步推进。同时，在国家人口计生委的大力指导和支持下，在市委和市政府的正确领导下，北京市人口和计划生育工作也取得了显著成绩。北京市充分发挥北京国际化大都市的资源优势，积极加强与国际组织和非政府组织以及兄弟省市的合作，不断吸取借鉴国际人口与发展的先进理念和成功经验，积极实施生殖健康/计划生育国际合作项目。不断加强政府在人口与发展领域的社会管理和公共服务职能，努力完善计划生育生殖健康服务体系，大力开展计划生育生殖健康优质服务及出生缺陷预防等工作，市民健康水平不断提高。积极关注民生，努力帮扶困难计划生育家庭，确保计划生育家庭优先分享改革发展成果。经过持续不断的努力，初步实现了首都人口与经济社会的协调发展和可持续发展。

自2001年首届中国生殖健康技术产品博览会以来，五届博览会中，四次都是在北京举办，这是北京的荣幸和骄傲。凭借这次盛会的东风，相信我市的人口和计划生育工作将再上新的台阶。我们将继续努力，进一步推动人口和计划生育工作的科学发展，不断提升人民健康水平，为促进人的全面发展、推动和谐社会建设做出新的贡献！

预祝“中国人口60年成就展暨第五届生殖健康技术产品博览会”取得圆满成功！

北京市人口计生委党组书记、主任邓行舟在2009年人口和计划生育工作大会上的报告

（2009年3月18日）

2008年，是我们国家很不平凡的一年。在国家人口计生委的大力指导下，在市委市政府的正确领导下，全市人口计生系统坚持以邓小平理论和“三个代表”重要思想为指导，深入贯彻落实科学发展观，认真落实《中共中央 国务院关于全面加强人口和计划生育工作统筹解决人口问题的决定》和《中共北京市委北京市人民政府关于深入贯彻落实科学发展观统筹解决人口问题的决定》精神，人口和计划生育事业取得新的可喜进展。低生育水平进一步稳定，以人的全面发展统筹解决人口问题在探索中前进，为成功举办“有特色、高水平”的奥运会和残奥会，为首都经济社会

又好又快发展提供了有利的人口环境。

一、2008 年全市人口和计划生育工作主要进展

2008 年，全市人口计生系统致力于稳定低生育水平，推动人口问题的统筹解决，开拓进取，扎实工作，圆满完成各项工作任务。年末全市常住人口 1695 万人，全市常住人口出生率 8.17‰，自然增长率 3.42‰。全年重点完成了以下几项工作：

（一）抓住重点，明确方向，统筹解决首都人口问题取得阶段性成果

人口发展战略研究取得新的进展。“组织有关人口与计划生育重大问题的综合性、前瞻性研究，提出本市人口发展战略”是市委、市政府赋予市人口计生委的重要职能之一。根据这一职能，依托首都特有的文化、人才、智力优势，抓住重点和难点，推动开展了人口发展重大问题的战略研究工作，并及时总结经验，加以推广。注重引导各区县把人口问题与本地区经济社会发展相结合，开展研究，并及时把研究成果转化为相应政策。各区县认真贯彻落实中央和北京市《决定》精神，多数区县以党委、政府的名义出台了本地区的贯彻意见，并通过人口发展论坛等形式，集思广益，为全区人口发展献计献策。

统筹解决人口问题取得阶段性成果。根据统筹解决人口问题的任务需要，市、区两级调整并完善了人口计生领导小组成员单位和职责，并积极推动各成员单位在统筹解决人口问题中发挥各自作用。人口问题在各部门和各区县的工作中进一步得到重视。崇文区从“住宅”这一新的角度重新审视论证“十一五”人口规划控制目标，在摸清全区住宅总量、分类、分布等情况的基础上，科学预测出 2010 年全区住宅可容纳人口数量的极限。宣武区注重人口老龄化问题，立足区域实际，提出双管齐下、分步推进的策略，从各个层面积极应对日益严重的老龄化和高龄化。朝阳区、海淀区建立了区域人口信息预警服务系统。顺义区在流动人口规模调控方面进行了切实可行的探索并取得初步成效。为认真总结全市统筹解决人口问题的经验和成果，2008 年 11 月，以市政府名义召开了“北京市统筹解决人口问题经验交流会”，丁向阳副市长在会上分析了统筹解决首都人口问题面临的形势并明确了下一步努力方向，国家人口计生委领导到会并充分肯定了我市的工作。

（二）依法行政，优质服务，低生育水平继续保持稳定

依法行政工作进一步加强。认真贯彻《北京市人口和计划生育依法行政“十一五”规划》，健全行政执法责任制，严格规范执法行为。针对全市人户分离增多、困难企业独生子女父母奖励落实难、高校在校学生生育、办理子女随父进京入户等新情况、新问题，加强研究力度，积极提出应对措施、建议和破解办法，陆续制定出台了相关政策措施。制定了《北京市人口计生委政府信息公开指南》等配套文件，

开通了“12356”阳光计生热线，计划生育全程办事代理制度更加科学规范。

计划生育优质服务水平进一步提升。与市发改委联合印发了《北京市“十一五”时期人口和计划生育服务体系建设规划》。根据《规划》内容，今后几年，全市将逐步建成以市级计划生育生殖健康指导中心为龙头，以区县人口和计划生育服务中心为骨干，以社区计划生育综合服务站为基础的服务体系。2008 年，门头沟、房山和通州三个区跨入“全国优质服务先进单位”行列，至此，全市“国优”区县已达 15 个。连续五年开展了创建人口计生工作示范社区、示范村活动，这些示范居（村）发挥了很好的典型示范作用。市财政出资 1500 万元，对农村约 21 万名采取长效避孕节育措施的已婚育龄群众开展了免费健康体检。向待孕妇女免费发放叶酸工作顺利启动，“健康生育计划”顺利实施，出生缺陷一级预防工作稳步推进。进一步推进了计划生育药具工作改革，启动“避孕药具普惠易得”工程，免费药具受益人群不断扩大。

（三）提高标准，拓展范围，利益导向政策体系逐步健全

在各级党委、政府的大力支持下，以政府为主、社会补充的人口和计划生育利益导向政策体系不断完善，使计划生育家庭优先享受到了更多的改革发展成果。市财政贴息 1400 万元，贷款 2 亿元，扶持 6000 户困难独生子女家庭发展生产的为民办实事工程顺利完成。7 年来市财政共贴息 5040 万元，贷款 7.1 亿元，约 3.8 万户农村计生家庭享受到了此项优惠政策并提高了收入。农村部分计划生育家庭奖励扶助制度的市级标准逐年提高，2008 年提高到每人每年 1200 元，全市共有 1.1 万余人领到了奖励扶助金。从 2008 年起，对独生子女死亡家庭每人每年发放 2400 元的特别扶助金。这两项扶助标准均比国家规定的最低标准高一倍。各区县和局（总公司）也不同程度地提高了扶助标准，努力拓展计划生育家庭的实际利益。

（四）“倡导婚育文明，构建和谐家庭”，具有首都特色的宣传教育新格局初步形成

以“倡导婚育文明，构建和谐家庭”为核心，围绕媒体体系、环境体系、文艺体系和资源体系建设，创新宣教理念，拓宽宣教工作领域，努力增强宣教工作的广泛性、针对性和实效性，宣传教育工作新格局初步形成。积极推进“农家书屋”建设，规范人口学校的教育活动，发挥三级人口学校的网络作用，为“新农村新家庭”建设购买图书及补助人口学校资金 180 万元。针对当前首都大学生性健康教育存在的问题，完成了《大学生性健康教育读本》的编写工作。投资 1800 万元，结合区域经济、社会、人口文化发展特点，指导区县开展了人口文化园建设工作。创新北京电视台 BTV－3 的《生命 生育 生活》和《祝你健康》栏目，以及北京人民广播电台的《人口直通车》、《都市夜心情》栏目，

并利用遍布全市的公交车、北广传媒等平台不断加大宣传教育力度。

（五）抓住重点，加强合作，流动人口和人户分离人员计划生育服务管理工作稳步推进

进一步完善了流出地和流入地协作网络机制建设，区域合作、联合执法初显成效。对街乡流动人口协管员队伍进行了培训，增强了管理者依法服务的意识。着眼于提高流动人口文化素质，在全市流动人口聚集区建立了100个流动人口图书角。配合市流管办在全市范围内开展了“一普三查”活动，更准确地掌握了流动人口计划生育最新基础数据。对市内人户分离人员计划生育管理服务难点和重点问题进行了广泛调研。在流动人口聚集区建立协会工作进一步发展。

（六）健全网络，廉政勤政，干部队伍面貌蓬勃向上

干部队伍建设迈出新步伐。举办系列培训班，进一步提升了市区两级人口计生干部的“大人口”理念和综合素质。加强基层基础工作，全面落实“强基”工程，建立健全市、区县、街乡、村居、宣传员人口计生队伍网络。在提高基层专干补贴标准、为村居计生专干每两年免费健康体检的基础上，配齐约7万名村居计划生育宣传员并每人每年给予200元补贴。与市农委联合下发《关于加强北京市村级计划生育干部队伍职业化建设的意见》，对村级专干任职资格、工作职责、工作待遇、考核奖惩等进行统一规范，并由市财政出资，平均每人每年增加4000元补贴。

反腐倡廉建设进一步加强。认真落实党风廉政责任制，推进了廉政风险防范工作。初步构建起人口计生系统惩防体系，有效预防了职务犯罪和违纪。加强党纪政纪和勤政廉政教育、警示教育和政治思想理论教育。人口计生系统干部的思想、组织、作风和制度建设进一步加强。

（七）项目带动，创新发展，各级计生协会的作用不断加强

北京市现有1.1万个基层协会，14.17万人的协会会员和志愿者队伍。各级协会组织形式不断创新，组织建设继续加强。市计生协会协助成立的“北京地区高校计划生育协会联合会”已经发展到56所高等院校加入。同时，以项目带动活动，促进各项工作的健康发展。一是以“亲情牵手活动”为突破口，把“生育关怀行动”逐渐引向深入，打造成全市的品牌项目。二是积极开展“幸福工程”救助贫困母亲的活动，多方募集资金，救助贫困母亲。2008年共募集幸福工程捐助款约200万元。三是开展好青春健康国际合作项目。目前，针对青少年生殖健康教育的青春健康项目正继续向全市各个区县延伸。四是大力开展预防艾滋病项目。在十个区县建立了“预防艾滋病项目点”。

（八）大局为重，全力以赴，平安奥运和抗震救灾等工作圆满完成

按照市委、市政府平安奥运行动的各

项要求，市人口计生委成立了北京市人口计生“平安奥运行动”领导机构，并在全市人口计生系统层层签订了“平安奥运”责任书，做到任务、目标、责任明确，确保了平安奥运行动各项要求的全面落实及各项任务的圆满完成。重点围绕如何有效应对境外媒体等问题，制定详细预案，印发《平安奥运人口计生宣传教育知识读本》等宣传册，开展层层培训，对奥运场馆周边地区的人口计生专干和宣传员进行重点培训，培训人次总计达16万。筹办奥运期间，人口计生系统未发生一例严重突发事件。

在南方部分省份冰雪灾害和四川汶川特大地震发生后，全市人口计生系统积极组织多次捐款捐物和慰问受灾地区在京农民工活动。按照市委市政府统一部署，积极开展北京对口支援的地震重灾区四川省什邡市计划生育技术服务站的援建工作，2008年已拨付148万元。

同志们，在刚刚过去的不平凡的2008年，全市人口计生系统取得了有目共睹的成绩。这些成绩的取得是国家人口计生委大力指导的结果，是各级党委政府正确领导、相关部门积极配合、社会各界大力支持和人民群众广泛参与的结果，更是人口计生系统全体干部职工辛勤工作、不懈努力的结果。在此，我代表市人口计生委向各级人口计生工作者及你们的家属表示亲切的问候！向所有关心支持人口计生工作的各界人士表示衷心的感谢！

在肯定成绩的同时，我们也必须清醒地认识到当前人口和计划生育工作面临的亟须解决的问题：一是北京人口规模增长较快；二是统筹解决人口问题的体制机制仍需探索；三是流动人口计划生育管理难度加大，服务手段欠缺；四是低生育水平面临的反弹压力仍未缓解。面对这些问题，我们要认清形势，积极应对，努力推动人口和计划生育工作持续健康发展。

二、2009年人口和计划生育总体思路和重点工作

2009年总体工作思路：深入贯彻落实科学发展观，全面落实中央和北京市《决定》精神，坚持以人为本，制度创新，围绕“稳定低生育水平、统筹解决人口问题”这一工作主线，努力保持首都低生育水平的稳定，着力探索统筹解决人口问题的体制机制，为落实中央及市委市政府提出的“保增长、保民生、保稳定”目标和建设“人文北京、科技北京、绿色北京”营造良好的人口环境。

（一）努力稳定低生育水平

中央《决定》和北京市《决定》都明确提出新时期人口和计划生育工作的首要任务是稳定低生育水平。尽管首都低生育水平已连续多年保持稳定，但绝不能掉以轻心，要努力构建稳定低生育水平的长效工作机制。各区县和局（总公司）党政领导要进一步加大对人口和计划生育工作的重视力度。积极推进考核评估改革，制定并实施2008～2009年度考核评估方案。全面落实“十一五”人口发展规划和事业发展规划并及早做好“十二五”规划的前期研究。坚持稳定和完善现行生育政策，继续坚持“一票否决”制度和层层签订责任书。进一步完善人口和计划生育法规体系。严格执法，健全行政执法责任制，开展行政执法监督检查。落实政府信息公开和政务公开，继续开展和完善计划生育全程办事代理。制定《北京市计划生育有奖举报办法》。要进一步加大对人口计生事业发展的投入力度，并加强资金管理，厉行节约，切实做到专款专用。

（二）继续探索统筹解决人口问题的体制机制

确定市人口和计划生育领导小组成员单位职能，建立定期协商等相关制度，会同有关部门提出相关部门在统筹解决人口问题中的政策建议，发挥好领导小组办公室的协调、服务作用。深化综合改革，进一步完善综合解决首都人口问题的宏观调控机制、计划生育长效工作机制和支持保障机制三大机制体系。继续深化人口发展战略研究工作，科学选题，重点攻关，注重实效。借助“首都人口与发展论坛”等平台，交流和发布人口研究成果。各区县要按照已经出台的贯彻北京市《决定》的《意见》要求，根据区县功能定位，结合学习实践科学发展观活动，继续探索本地区统筹解决人口问题的新途径。

（三）积极建设与国际化大都市相适应的人口计生公共服务体系

不断研究和适应新形势下首都人民日益增长的对健康知识和服务的迫切需求，加快建设与国际化大都市相适应的人口计生公共服务体系。按照国家人口计生委提出的“全面推进计划生育优质服务提质提速”的要求，进一步优化服务设施，完善服务项目，提升服务能力和水平，为首都人民提供更加优良的公共服务。按照与市发改委联合下发的《北京市“十一五”时期人口和计划生育服务体系建设规划》的要求，加强对区县服务中心的技术指导和督促检查。总结优质服务活动经验，进一步提升优质服务水平，召开北京市健康生育计划经验交流会。与相关部门加强合作，全力推进免费婚检和孕前优生保健，继续向待孕妇女免费发放叶酸制剂。启动“北京市民生命全周期性与生殖健康教育行动”规划。继续做好对采取长效避孕节育措施的农村已婚育龄群众的健康体检。全面推进计划生育药具工作改革，扩大免费药具受益人群，努力实现计划生育药具服务全覆盖。

（四）着力促进计划生育利益导向机制建设

人口和计划生育事业是重大的民生问题，是“保民生”的内容之一。各区县、各单位一定要认真研究和解决计划生育家庭的困难，千方百计解除独生子女父母的后顾之忧。继续做好农村部分计划生育家庭奖励扶助和计划生育家庭特别扶助工作，并鼓励基层提高扶助标准。努力拓宽奖励范围和力度，支持区县通过建立特困家庭基金、计生家庭意外伤害保险等方式，探索对城市计划生育家庭的奖励和资助。召开“北京市计划生育利益导向机制大会”，总结区县开展计划生育利益导向机制的经验。

（五）进一步加强流动人口和人户分离人员计划生育服务和管理

认真落实国家人口计生委提出的实现流动人口“一盘棋”“三年三步走”的工作目标，以完善工作机制、推进体制创新为重点，进一步加强流动人口和人户分离人员计划生育服务管理工作。配合发改委、公安、流管办等部门，推动全市流动人口发展规模宏观调控协调机制的探索和建立。着重研究进一步加强流动人口聚居区和人户分离人员计划生育服务和管理办法，探索制定科学合理的内部协调机制和考核评估机制，努力缩小服务管理的空白和盲区。扎实推进人户分离人员的计划生育服务与管理。继续推进与人口流入大省的跨区域协作，探索流动人口违法生育执行难的解决办法。

（六）继续建设符合首都人民需求的人口文化宣传教育体系

继续以“倡导婚育文明，构建和谐家庭”为核心，围绕提升人口健康水平，整合宣教资源，突出发展创新，体现首都特色，推进宣传教育工作统筹发展。深化媒体体系建设，围绕全市重点工作策划一批有特色的宣传活动。加强和完善环境体系建设，加快建成统一规划、统一设计、统一标志、文化内涵和艺术特色并重的人口文化公园群。强化资源体系建设，不断深化多部门联动的工作机制，充分发挥首都特有的资源优势。加强市、区两级党校人口理论方面的干部教育。丰富人口文化体系建设，加强和完善软、硬件设施，积极探索人口学校开展有效活动的新途径、新方法。进一步深入开展婚育新风进万家活动和关爱女孩行动。根据教育部发布的《中小学健康教育指导纲要》精神，积极主动地配合相关部门做好性健康教育进校园工作。

（七）注重研究和解决城乡一体化背景下的人口计生问题

按照中央统筹城乡发展的要求，北京市提出了要在加快推进城乡一体化进程上取得新进展，率先形成城乡发展一体化新格局。人口计生系统要主动适应城乡一体化的要求，科学预测各种问题和挑战并及早应对。密切关注集体林权制度改革试点、农村土地流转征用补偿、宅基地置换等公共政策对计划生育家庭利益的影响，尽力协调相关的农村改革发展政策与人口和计划生育政策相适应、相衔接、相促进，注重运用公共政策破解人口难题，切实维护农村群众实行计划生育的合法权益。城乡结合部地区尤其要高度关注、主动配合、科学谋划，尽最大努力争取人口计生工作的主动权，切实保障基本国策的法定地位和计划生育家庭的最大利益。

（八）进一步加强干部队伍和反腐倡廉建设

今年是全市“领导干部作风建设年”。要以能力建设为核心，以作风建设为基础，以制度建设为保障，全面推进人口计生系统干部队伍职业化建设。完善干部队伍的知识和专业结构，继续提升领导干部在“大人口”方面的知识与能力。加强干部的交流力度，增强队伍活力。落实“强基提质工程”，加强基层基础工作，稳定和加强区县、镇（乡）街道人口计生管理和服务机构，切实减轻基层负担并注重提高基层干部待遇。做好生殖健康咨询师职业资格培训和考试试点工作，加快人口和计划生育干部队伍职业化建设步伐。严格落实党风廉政建设责任制，全面实施廉政风险防范管理机制，深入开展“阳光计生行动”，进一步加强反腐倡廉建设。

（九）扎实推进信息化建设和统计工作

进一步注重信息采集、信息利用和共享，积极推动市、区常住育龄人口数据库及人口信息资源共享交换平台建设，推进与公安、民政、卫生等部门的信息资源共享。全面推进“北京市育龄妇女管理与服务系统（WIS）”四级建设，有针对性地制定指导意见和技术规范，加快推进全员人口信息管理。继续推进统计改革，建立统计练兵长效机制，着力提高统计信息质量。

（十）继续支持计划生育协会开展好工作

有效发挥计划生育协会这一群众团体在网络、人才等方面的优势，努力拓展服务领域，充实完善服务项目。扎实推进“生育关怀”、“青春健康”、“预防艾滋病”、“幸福工程”以及“贴息贷款”等项目。继续加强协会组织建设，推进市级示范会员之家创建活动和在流动人口集聚区建立协会组织工作。召开市计生协第五次会员代表大会。

今年是新中国成立60周年，首都“保增长、保民生、保稳定”的任务繁重。全市人口计生系统要按照“平安北京”的各项要求，继续巩固平安奥运成果，健全应急反应机制，认真落实维护首都和谐稳定的各项任务。要重视信访工作，加大信访排查督查力度，坚决避免因计划生育引发的群体性事件和恶性案件。

同志们，加快建设“人文北京、科技北京、绿色北京”，需要更加良好的人口环境作保障。形势不容乐观，任务依然艰巨。我们要科学把握形势，积极应对挑战，切实增强忧患意识和紧迫感，继续深入贯彻落实科学发展观，更加努力、更加扎实地做好人口和计划生育各项工作，为建设繁荣、文明、和谐、宜居的首善之区做出更大贡献！

北京市人口计生委党组书记、主任邓行舟在接待省部级干部人口与计生专题研讨班会议上的讲话

（2009 年 9 月 5 日）

近些年来，在市委、市政府的正确领导下，在国家人口计生委的指导下，北京市人口计生工作坚持以科学发展观为统领，以中央《决定》精神为指引，把人口发展纳入经济社会发展全局，坚持一把手“亲自抓、负总责”，突出由“一个中心、两大服务①”向“小人口②”不放松、“大人口③”努力探索推进的转变，突出由行政手段为主向法律、经济、行政、宣传等综合施治的转变，继续把建立健全长效工作机制放在重中之重、总揽全局的位置，不断完善有利于计划生育家庭的优先优惠政策，加快建立流动人口计划生育工作服务管理新体制，切实加强基层人口计生管理服务体系建设、信息化建设和干部队伍建设，为稳定低生育水平、统筹解决人口问题作出了新的成绩，为“建首善、创一流”目标的实现作出了新的贡献。

当前，北京市人口机械增长快，流动人口多，高素质人口集中，首都人口与经济政治、社会文化有着更为紧密的联系。需要从全方位和大范围的角度出发，提出完善人口与发展的大政策。需要从北京首都促进政治发展、国家稳定、社会和谐的战略高度，建立完善服务首都人口的政策体系。这就需要不断探索有效的工作措施、建立完善协调的政策体系，促进全面协调可持续发展。在积极探索统筹解决首都人口问题的工作中，我们主要从以下几个方面做了一些工作。

一、坚持整合资源，稳步推进人口发展战略研究

北京作为首都，人口发展有着不同于其他大城市的特殊性。需要从前瞻和国际的大视野出发，深入研究北京大人口与大发展的本质关系。进一步加强北京与国际大都市的比较研究，借鉴国际大都市经济、政治、文化、社会与人口发展的经验和教训，研究产业结构提升带动人口发展的具体路径和模式。从城市定位的要求出发，深入探究城市功能与人口发展的内在规律，

---

① 一个中心即稳定低生育水平，两大服务即生殖健康服务和利益导向服务。

② “小人口”即稳定低生育水平。

③ “大人口”即中央《决定》和市委《决定》中除稳定低生育水平外的其他任务。

有利于科学研究制订保持人口长期均衡发展、推动人口合理有序布局、统筹区域协调发展的政策措施。

2003年更名以来，为适应履行新职责的需要，我市充分发挥首都大学、科研院所集聚和各类专家资源丰富的优势，围绕市委、市政府的发展规划，坚持“大人口”战略，突出理论和体制机制创新，健全管理制度，推进人口发展研究，为市委、市政府科学决策提供科学依据，为探索统筹解决人口问题提供指导。

第一，加强研究机构建设。一是在委内成立研究室，大部分区县人口计生委也相应成立了调研科或研究室。二是成立了由首都著名专家和政府部门人员组成的市人口和计划生育委员会战略研究课题领导小组。三是与市委党校共建北京市人口研究所和北京人口发展研究中心。

第二，探索建立长效机制。一是制定课题管理办法。对课题的立项、管理、评估、论证提出明确要求。二是建立了课题专家库。三是制定了课题招投标制度，探索了利用市场机制，凝聚社会各方智慧，共同参与研究和谋划人口发展战略的新模式。四是整合力量，注重发挥市委、市政府有关部门和专家学者的作用。经过近年来的探索，初步建立了由我委牵头组织、相关部门配合、专家积极参与的人口发展战略研究机制，形成通力合作的工作格局。

第三，开展重点课题研究。围绕首都人口与经济社会资源环境协调发展的目标和人口计生工作面临的重大问题，结合城市功能定位和空间布局的重新规划，开展人口规模、素质、结构、分布和迁移的课题研究。每年确定20个课题，通过招标方式委托首都科研院所的专家研究，同时相关委办局也参与进来。在区域人口战略研究方面，牵头组织了“京津冀人口发展战略研究”和“京津冀人口发展功能区研究”，参与《北京城市总体规划修编》。这些课题研究成果，为促进未来首都人口与经济社会资源环境的协调发展提供了理论基础，为市政府综合解决人口问题提出了具体对策建议。

第四，创立“首都人口与发展论坛”。“首都人口与发展论坛”围绕首都人口发展的重大问题确定主题，至今已举办了4届。2004年的主题为“人口发展战略与现代化国际大都市”、2005年为“人口发展·和谐社会·首善之区”，2006年为“人口流迁与宜居城市”。2007年，我们与天津、河北联合举办论坛，将主题定为“京津冀一体化与区域人口发展”。多学科的专家、政府官员、实际工作者，围绕主题开展研讨和交流，提升了社会各届对首都人口问题的关注度。今年11月将举办以“人口发展与城市竞争力”为主题的第五届首都人口与发展论坛。

第五，指导区县开展专题研究。北京市委、市政府《关于深入贯彻落实科学发展观统筹解决人口问题的决定》提出了六大任务，《北京市“十一五”时期人口全面发展规划》明确了“十一五”时期控制人口数量、提高人口素质、开发人力资源、调整人口结构、改善人口分布、解决人口就业等主要任务。根据这些任务要求，积极指导区县结合本地实际开展有关人口发展专题工作研究。朝阳区区长牵头开展了人口承载力研究，宣武区区委书记牵头开展了人口老龄化问题研究，顺义区委区政府在调控人口规模、促进地区发展方面进行了“以业立城、以房管人”的研究和实践。崇文区通过专题研究，提出调整土地使用性质、调整房地产开发方向等措施调控人口规模，并已形成区委、区政府的共识。

二、关注民生、情系百姓，不断健全计划生育利益导向政策体系

人口计生从发展的角度可以说就是生计，是一项重要的民生工作。市委市政府将人口计生纳入改善民生的重要内容，在加快建立社会保障制度的基础上，不断完善政府为主、社会补充的人口计生利益导向政策体系，使计划生育家庭优先享受到了更多的改革发展成果。

第一，市财政全部承担各项人口计生家庭奖扶经费。在实施农村计划生育家庭奖励扶助制度和独生子女家庭特别扶助制度时，对符合条件的农村独生子女父母每人每月发放100元奖励扶助金，对独生子女死亡家庭父母每人每月发放200元特别扶助金，两项发放标准均比国家规定高出近一倍。从2005年开始，共向4.92万人次发放奖励扶助款4402.9万元。从2008年开始，向1.02万人次发放特别扶助款2439.6万元。目前正在开展向独生子女伤残家庭发放特别扶助款的工作。

第二，利用市财政贴息贷款帮扶计划生育家庭发展生产致富。从2002年开始，市财政共贴息5000多万元，发放贷款7.1亿元，扶持了4万户农村计生困难家庭发展种植、养殖、民俗旅游接待等项目，使这些家庭经济收入有了不同程度的增加。

第三，积极探索形式多样的计划生育政策优惠措施。在首都社会主义新农村建设中，大力争取相关部门出台的支农、惠农政策注意与计划生育奖励优惠政策相协调，在农村产权制度改革、旧村改造拆迁中，给予独生子女家庭增加一个奖励股，使独生子女家庭的实际利益不减少。各区县和相关部门积极探索，建立有利于计划生育家庭的优惠政策，顺义、昌平等区在农村集体产权制度改革中对计生家庭给予奖励股，海淀区为独生子女家庭购买了意外伤害保险。

三、借势用势、整体推进，大力提升流动人口计划生育服务管理水平

北京市流动人口数量庞大、高素质人群集中，同城异动频繁、个性需求多元，服务管理任务重、要求高。2006年，市委、市政府将流动人口和出租房屋管理体制合一，明确提出建立党委政府统一领导，专门机构统一协调，各部门分工负责，条块结合、以块为主的属地工作体制，形成市、区（县）、街道（乡镇）、社区（村）四级工作网络。北京市人口计生部门抓住机遇，主动争取，积极协调，流动人口计划生育服务管理得到加强。据市流管办统计，2008年在京居住半年以上的流动人口高达761.3万人，流动人口快速增长成为北京市人口规模膨胀的主要因素。

第一，借势用势，在落实党政统一领导中加大力度。一是纳入责任制考核。市委、市政府将流动人口服务管理作为全市人口计生工作的重点和难点，纳入责任制考核，制定以常住人口为基数的现居住地目标管理考评指标体系。二是健全管理服务机构。2001年经市编办批准，市人口计生委增设了流动人口管理处。全市12个区县人口计生委设立了流动人口管理科。其中，流动人口比较多的区县均已正式纳编。三是实现经费稳步增长。从2004年开始，流动人口服务管理经费就纳入财政预算，市委进一步要求建立免费技术服务分级负担、管理经费合理增长的保障机制。区县年度投入，由市人口计生委核定，写入市长与区县长签订的目标管理责任书中，由区县财政具体落实。2004～2008年，全市仅区县这一级投入的管理经费累计达1.2亿多元。

第二，及早谋划，在落实统筹协调中实现整体纳入。在体制机制调整启动之初，我们及早准备工作方案，主动介入体系构建，积极参与制度完善，实现了流动人口计划生育工作的整体纳入。一是工作职责纳入。将查验、登记、代办婚育证明及告知孕检等流动人口计划生育基层基础工作内容，统一纳入到新成立的流动人口村（居）服务站和管理员的职责之中，缓解了长期制约基层人力不足的矛盾。二是任务部署纳入。把流动人口计划生育主要工作纳入全市流动人口和出租房屋管理委员会年度整体工作之中，统一部署，并与相关部门协力推进，避免了综合治理与计划生育“两张皮”。三是信息采集纳入。把计划生育基本信息“嵌入”全市流动人口基本信息采集卡，使流动人口婚育信息与其他信息同采集，解决了信息多头采集的弊端。四是考评督导纳入。把流动人口计划生育工作要求纳入市流动人口和出租房屋管理整体考核工作中，积极参与流动人口年终评估检查、专项重点活动督察，克服了系统内部考评的不足。

第三，加强综合协调，在落实分工负责中拓展协作平台。流动人口计划生育服务管理是流动人口综合治理的一项重要内容，相比其他工作或部门，对综合治理的需求更大，与相关部门的协调更多。为此，我们明确了综合协调的两大目标。一是促进部门资源共享。从2006年开始，我们与卫生、劳动保障、公安、流管办等部门密切协作，先后启动了流动人口在京出生动态监测、为企业职工办理生育保险、联合培训基层派出所户籍民警等工作，取得了预期的成效。3年来，在全市167家有助产资质的医院共监测流动人口在京新生儿27万余人，逐步摸清了流动人口在京生育底数。二是促进基层管理成效提高。依托综合治理平台和社会力量，多次召开基层服务管理工作现场会，组织工作成果展示会，及时推广有效经验。如规范市场一条街、流动人口大院式管理、公寓集中式管理、封闭住宅小区管理、地下空间管理等具有都市区域特色的服务管理模式正逐步形成，较好地体现了市民化待遇、亲情化服务的理念和要求。

四、立足于“四个实现”，积极探索提高出生人口素质的新途径

提高出生人口素质是涉及千家万户切身利益与家庭和谐，是关系长远发展的大事，也是公共服务的重要内容，需要政府主导、部门联合、社会协同、公众参与。经过多年探索，初步形成了“政府推动、部门合作、社团参与、专家指导、立足社区、面向家庭”的预防出生缺陷社区干预模式，为进一步提升政府的公共管理服务水平，提高群众的生活品质起到了促进作用。

第一，在思路谋划上，立足于统筹融合，实现由部门工作向纳入公共服务体系转变。我们将这项工作作为一项重要内容纳入到经济与社会发展的总体规划之中，纳入到以“发展创新、富民强市”为主题，以“全面、均衡、公平、基础”为目标的政府公共服务体系建设之中，与卫生、教育、文化、民政、保障、科普等社会公共事业建设和改革同步筹划，同步推进。

第二，在工程实施上，立足于服务集成，实现由部门任务向整合吸纳行政社会资源共同参与转变。通过强化政府各部门大融合、大网络、大服务，成立领导机构和办事机构，制定《实施方案》和《实施细则》，明确职责任务，建立决策、沟通、协调制度，统合了计生、卫生、科委、教委、民政、妇联、残联等部门的公共服务资源、服务网络和服务手段，围绕健康生育服务链共同打造公共服务平台。

第三，在服务模式上，立足于全程介入，实现由传统出生缺陷干预向综合预防模式的转变。传统的出生缺陷干预主要是“围产”模式，即孕期保健和产后筛查。我们将“关口前移”，突出出生缺陷“围孕”干预和一级预防，即将婚前、孕前和孕早期的保健作为预防的“源头”和起点。按照出生缺陷三级预防联动、重在一级干预的工作理念，探索出生缺陷干预由医疗卫生技术干预模式向社会化综合服务干预模式的转变。围绕生命孕育、培育的全过程，探索建立全程化、个性化的动态监测体系，对社会生命质量和健康指数进行系统干预。实践证明，这样做成本低、效益高。

第四，在工作机制上，立足于持续发展，实现生命准备期和生命成长期的无缝衔接。不断强化政府各部门大人口、大服务和互联互通、共促共享的工作理念和运行模式，大力实施“社区健康生育全程服务”工程。在生命准备期，人口计生部门将该工程作为完善计划生育优质服务体系的主要载体；卫生部门将工程“嵌入”完善妇幼保健服务新机制；民政部门将工程作为“婚姻文化工程”；残联部门将新生残疾儿的早发现、早诊断、早康复纳入社区大康复体系建设。

五、部门协同、综合治理，努力构建统筹解决人口问题大格局

统筹解决人口问题是一项复杂的系统工程，需要党委政府的坚强领导和各部门的大力合作，需要全社会的共同努力。我们按照“国家首都，国际城市，文化名城，宜居城市”的新北京城市定位，从人口发展的战略出发，着力推动北京全市统筹规划、部门配合协作、区县协调有序、政策衔接互补的统筹解决首都人口问题新格局。

第一，坚持党政一把手亲自抓、负总责，综合治理人口问题。各级党委和政府坚持层层签订责任书，严格实行“一票否决”制度。市长与区县长连续19年签订人口和计划生育目标管理责任书，并纳入市政府每年督查范围。各级人口和计划生育领导小组成员单位充分发挥各自职能作用，相互配合，齐抓共管，就人口计生工作中遇到的新情况、新问题进行探讨，有力地保证了人口计生各项工作的顺利开展。

第二，坚持齐抓共管，促进形成统筹协调工作机制。北京市“三定”方案规定了人口计生委协调各部门的职责，新调整的人口和计生领导小组明确了各自职责。各级人事部门和有关部门在选拔任用干部，推荐人大代表、政协委员、评选各类劳动模范和先进个人时，都要征求人口计生部门意见。在具体工作中，“计卫连手”共同开展生殖健康服务；“计教连手”共同开展青少年青春健康教育；“计宣连手”共同开展计生法律法规、优生优育等宣传教育等。各区县也把统筹解决人口问题的各项任务分解到各有关部门，定期汇报检查。结合大都市的特点，初步建立了“以宣传教育为先导、依法管理、村（居）民自治、优质服务、政策推动、综合治理”的人口计生工作新机制。

第三，加强督查考核，不断夯实基层基础工作。市委、市政府将人口计生工作纳入年度重大事项督查范围，与各项奖励绩效评估相结合，有力地促进了人口发展领域重点难点问题的统筹解决。同时，注重加强人口计生基层基础工作。按照城市每100户/名，农村每50户/名的标准，市财政出资1300万元，配齐六万多名村居计划生育宣传员并每人每年给予200元补贴。人口计生委与农委联合下发《关于加强北京市村级计划生育干部队伍职业化建设的意见》，对村级专干任职资格、工作职责、工作待遇、考核奖惩等进行统一规范，并由市财政出资，平均每人每年增加4000元补贴。

北京市人口计生工作虽然取得了一些

成绩，但与兄弟地区相比，还有不小的差距。希望各位在京期间，多给我们提出宝贵的意见和建议。也祝愿各位在京期间，生活愉快、身体健康。

北京市人口计生委党组书记、主任邓行舟
在2009年全市人口计生系统反腐倡廉建设会议上的讲话

（2009年3月12日）

这次会议的主要任务是学习贯彻胡锦涛总书记在中央纪委十七届三次会议上的重要讲话、北京市纪委十届五次会议暨全市党风廉政建设工作会议和全国人口计生系统反腐倡廉工作电视电话会议精神，研究部署全市人口计生系统反腐倡廉建设任务。耿玉田、彭彧华和丁勇同志分别传达了中纪委十七届三次全会、市纪委五次全会暨全市党风廉政建设工作会议以及全国人口计生系统反腐倡廉工作会议精神。红文同志代表市人口计生委党风廉政建设和纠风工作领导小组作了工作报告。下面，我就做好今年全系统党风廉政建设和纠风工作讲几点意见。

一、认真学习贯彻胡锦涛总书记重要讲话、中纪委三次全会和市纪委五次全会等会议精神，增强反腐倡廉建设的自觉性和坚定性

在中央纪委十七届三次全会上，胡锦涛总书记作了重要讲话，从四个方面分析了当前防腐倡廉建设的新情况新问题。强调了当前的主要任务，是深入贯彻落实科学发展观，坚持“十六字”方针，以完善体系建设为重点，以抓好《工作规划》的落实，严格执行责任制，重点抓好四方面主要工作。从宗旨观念、实践能力、责任意识、政绩观、利益观和党的纪律观念等六个方面阐述了加强领导干部党性修养，树立和弘扬优良作风的重要性，要求我们要把加强领导干部党性修养、树立和弘扬优良作风作为重大政治任务抓紧抓好。

市纪委十届五次全会上，刘淇同志重点从围绕推动首都经济平稳较快发展加大监督力度、加强对领导干部的教育监督和管理、坚决查办各类违纪违法案件、切实纠正损害群众利益的不正之风、做好廉政风险防范管理工作、加强基层党风廉政建设等六个方面提出明确要求。全国计生系统反腐倡廉建设电视电话会议上，李斌主任要求各级领导干部要在宗旨意识、责任意识、忧患意识和纪律观念四个方面为广大人口计生工作者做出表率。

全市人口计生系统各级党组织和广大党员干部一定要认真学习胡锦涛总书记的

重要讲话精神，深刻领会、坚决贯彻。要把学习贯彻讲话精神作为推进反腐倡廉建设的一项重要的基础性工作，始终贯穿于《北京市建立健全惩治和预防腐败体系2008－2012年工作规划》的贯彻落实之中。通过学习，坚定理想信念，牢记根本宗旨；加强党性修养，发扬优良传统；坚持党内民主，严明政治纪律；强化制度落实，加强作风建设。在学习领会精神上要注重从三个方面加以思考：

一是深刻理解胡锦涛同志重要讲话的重大现实意义和深远历史意义。

胡锦涛同志指出，当今世界国际局势复杂多变，国内改革发展任务艰巨繁重，面对世界经济危机影响加剧、我国经济社会建设举步维艰的严峻考验，加强反腐倡廉建设，成为了新时期新阶段党带领人民群众进行改革发展建设、构建和谐社会的重大政治任务，我们必须坚持不懈地加强党性修养，始终保持共产党人的政治本色，发扬党的光荣传统和优良作风，各级党组织和领导干部要树立和坚持正确的事业观、工作观、政绩观，以优良作风带领广大党员、群众迎难而上、锐意改革、共克时艰，为党的事业兴旺发达、改革开放顺利推进、人民安居乐业、社会长治久安、国家繁荣富强创造良好的人口环境而努力工作。

二是充分认识党性修养是加强党的先进性建设的需要，增强反腐倡廉建设的自觉性和坚定性。

加强党性修养，树立和弘扬良好作风，是党的执政能力建设和先进性建设的重要内容，是每一个领导干部改造主观世界的终生课题，也是一个常抓常新的长期任务，不可能一劳永逸，党性修养无止境，作风建设无穷期。因此，要特别注意防止一些同志产生麻痹、懈怠和厌战情绪。全市人口计生委系统的每一名同志必须在思想认识上保持高度清醒和统一，不断适应首都人口发展新形势，应对人口计生工作新挑战，夺取反腐倡廉和行风建设新进展。

三是各级党委和基层党组织要加强党员干部的反腐倡廉教育，端正作风，纯洁党性。

在党的纪律中，政治纪律是最高的纪律。全系统各级党组织要高度重视政治纪律，深入开展政治纪律教育，促使广大党员干部增强政治意识、责任意识、危机意识，始终同党中央在思想上、政治上、行动上保持高度一致，纪检监察部门要加强对政治纪律执行情况的监督检查，增强党的纪律观念，切实维护党的团结统一。通过扎实有效的教育，加强党员干部的党性修养，树立和弘扬良好作风，保持共产党员的政治本色，忠实履行岗位职责，在思想上筑起反腐倡廉的坚固堤坝。

二、认清形势，端正作风，扎实做好2009年市人口计生系统反腐倡廉工作

今年是全面贯彻胡锦涛总书记重要讲话和中纪委十七届三次全会精神的开局之年，结合推动首都统筹实现解决人口问题实现新突破，要重点抓好以下几个方面的工作。

一是领导干部带头加强党性修养，在全系统内树立和弘扬良好作风。

今年，要在全体党员干部中集中开展一次以“加强党性修养，树立和弘扬良好作风”为主题的党性党风党纪教育，争取在六个方面初见成效，一要增强宗旨意识，在服务群众上见成效；二要理论联系实际，在提高实践能力上见成效；三要强化责任意识，在履职尽责上见成效；四要树立正确政绩观，在求真务实上见成效；五要树立正确的利益观，在艰苦奋斗上见成效；六要增强纪律观念，在严于律己上见成效。

二是围绕“稳定低生育水平、统筹解决人口问题”的主线，加大监督检查工作力度。

为了应对国际金融危机的影响，中央研究制定了一系列加大投资力度、扩大内需的政策和措施。市委市政府今明两年安排政府投资1400亿元，预计带动社会投资10000亿元。按照市委市政府部署，加大对什邡市计生服务站建设投入3000万元资金的全过程监督，确保不出任何问题，是今年纪检监察工作的重点。紧紧围绕人口计生政策措施落实、项目规划立项、审批建设程序、资金管理使用、工程建设等方面重点开展监督检查，关口前移，全程跟进，健全监督检查制度，及时发现问题，采取有效措施，认真加以解决。

三是关注民生，推动“阳光计生”，切实纠正损害群众利益的不正之风。

坚定不移地把民生工作放在重要位置来抓，不断完善政府为主、社会补充的人口计生利益导向政策体系，坚持问政于民、问需于民、问计于民，关注群众呼声，把群众需要作为工作目标，把群众满意作为最高标准，让计划生育家庭优先分享更多的改革发展成果。以完善人口和计划生育政务公开、民主评议、社会监督为重点，深入开展“阳光计生行动”，以公开带动“阳光管理”、以评议推动“阳光服务”、以监督保障“阳光维权”，让权力在阳光下运行，尊重和保障人民群众的知情权、参与权、表达权、监督权，充分依靠人民群众，着力解决计生系统的突出问题，加大纠风工作力度，不断提高依法管理和优质服务水平，建设人民群众满意的服务型政府部门及公共服务行业，促进人口统筹发展，促进首都社会和谐。

四是进一步加强对计生系统领导干部的教育、监督和管理，坚决查办计生行业各类违纪违法案件。

加强教育是全市计生系统反腐倡廉的基础性工作，结合学习实践活动，深入开展思想政治教育、党性党风教育、勤政廉政教育和党纪国法教育，引导党员干部树立正确的权力观、利益观、政绩观，增强党的纪律观念，认真贯彻民主集中制，发扬党内民主，严格执行党内监督各项制度，不断完善监督机制，认真落实领导干部廉洁自律各项规定，坚决查处各类违纪行为。坚持惩治和预防两手抓，严肃查处领导机关和领导干部中滥用职权、贪污贿赂、腐化堕落、失职渎职的案件。要加强对办案工作的领导，旗帜鲜明地支持纪检监察部门履行职责，为纪检组织办案创造条件。纪检监察职能部门要认真履行职责，充分发挥组织协调作用，加强与各业务处（科）室、协会和信访机构的协作配合，积极协助人口计生委抓好查办案件各项工作的落实。要深入剖析典型案件，针对案件暴露出来的体制机制方面的问题，举一反三，及时建章立制，堵塞漏洞，充分发挥查办案件的治本作用。同时，要利用典型案件，教育和警示广大党员干部提高认识，引以为戒。

五是加强基层党风廉政建设，认真做好廉政风险防范管理工作。

计生事业关乎民生，基层计生工作直接面对广大群众，加强基层党风廉政建设，是改善和密切同人民群众的联系，促进计生事业全面发展的有效途径，基层党风廉政建设的状况直接影响人口计生工作在人民群众心目中的形象。在新的形势下，加强计生系统基层党风廉政建设的任务非常繁重，要认真贯彻中纪委全会精神，落实关于加强基层党风廉政建设的意见，加强对计生系统一线党员干部的教育和监督，加强对人口计生委关于推进人口统筹发展原则、计划生育家庭优惠政策落实情况的监督检查，完善基层纪检监察干部管理制度，做好信访工作，促进首都社会和谐稳定，为迎接新中国成立60周年营造良好人口环境。认真抓好《关于在全市推进廉政风险防范管理工作的意见》的落实。切实加强领导，履行职责，落实责任，确保廉政风险防范管理工作取得实效，解决党员领导干部党性党风党纪方面的突出问题以及加强对行政权力的监督制约，落实廉政风险防范管理工作。要按照廉政风险防范管理的要求，认真查找自身的风险点，制定防控措施，逐步建立健全廉政风险防范管理的监督检查、考核评估、纠错整改和责任追究机制。

三、各级党组织和领导干部要做党风廉政建设的表率，切实加强对反腐倡廉工作的领导

胡锦涛同志指出：领导干部作风问题，说到底是党性问题。党性纯洁则作风端正，党性不纯则作风不正。我们各级领导干部要带头把加强党性修养、树立和弘扬优良作风作为重大政治任务抓紧抓好，各级党组织切实加强对反腐倡廉工作的领导。

一要扎实推进惩治和预防腐败体系建设。坚持和完善反腐败领导体制和工作机制。要坚持和完善党委（党组）统一领导、党政齐抓共管、纪检监察组织协调、部门各负其责、依靠群众支持和参与的领导体制和工作机制。党委（党组）要切实加强对党风廉政建设和反腐败工作的领导，纪检监察职能部门要认真履行职责，充分发挥职能作用，结合贯彻落实建立健全惩治和预防腐败体系建设，协调各有关方面的力量，落实反腐倡廉的各项任务。

二要认真落实党风廉政建设责任制。各级党委（党组）要把党风廉政建设和反腐败工作纳入党委（党组）总体工作，加强对党风廉政建设和反腐败工作的领导，加强对纪检监察工作的指导，支持纪检监察职能机构工作。党政“一把手”要切实履行反腐倡廉建设第一责任人的职责，认真分析研究本地区系统本部门党风廉政建设的新情况、新问题，采取有力措施，防患于未然。各级纪检监察职能部门要积极协助党委（党组）抓好责任制的检查考核，及时发现和解决落实责任制中的问题和漏洞，严格责任追究，确保责任制落实到位。

三要加强纪检监察干部队伍建设。纪检监察肩负着反腐倡廉重任，肩负着党和人民的重托。纪检监察干部应该具有坚强党性和良好作风，敢于同各种不正之风和违法乱纪行为作坚决斗争，做到忠于职守。要按照政治坚强、公正清廉、纪律严明、业务精通、作风优良的要求，进一步加强队伍建设。要加强多种形式的教育和培训，不断提高纪检监察干部的政治和业务素质。要建立合理的干部流动和管理机制，选调和培养一批熟悉财经、金融、法律等专业知识的干部充实纪检监察队伍，逐步改善纪检监察干部队伍的结构。要拓宽视野，加强对纪检监察干部多种岗位的使用和锻炼，为他们的健康成长和全面提高创造条件。对那些在反腐败工作中做出突出成绩的优秀专（兼）职纪检监察干部要加以重用，形成有效的激励机制，充分调动纪检监察干部的积极性。

做好今年的党风廉政建设和反腐败各项工作，对建设“人文北京、科技北京、绿色北京”良好人口环境至关重要，形势严峻，任务繁重，让我们在市委市政府的领导下，全面贯彻落实中纪委和市纪委全会精神，在国家人口计生委的具体指导下，努力工作，不断开创全市人口计生系统党风廉政建设和反腐败工作的新局面，以优异成绩迎接新中国成立60周年。

北京市人口计生委正局级委员李芸莉
关于北京市人户分离人口计划生育工作情况的报告

（2009 年 2 月 25 日）

2006 年 10 月，市人口计生委组织召开了全市人户分离人口计划生育工作专题研讨会，会上邓主任提出了“小区县两年、全市三年管理到位”的工作目标。近两年多来，全市上下齐动员，区县内的分离人员管理基础不断加强，跨区县的分离人员管理状况有一定的起色。

在这里，我首先把两年多来全市的人户分离人口计划生育工作作一简要小结。一是区县管理力量逐步到位。从2007年年初开始，各区县也先后进行了相应的内部调整，把人户分离人员计划生育的管理职能赋予了流动人口管理科（站、中心），并适当加强了力量。目前，各区县管理力量已基本配备到位。二是以摸清底数为重点的各项工作正逐步展开。为逐渐改变人户分离人员底数不清的现状，各区县积极开展了专项调查、跨部门联合、跨区县协作等有针对性的工作。通州区、西城区先后完成了全区人户分离育龄妇女专项调查工作。昌平区对人户分离比较集中的天通东苑社区进行了摸底调查工作。人户分离人口比较多的海淀、丰台、朝阳等区分别采取了更新信息采集手段、推进跨部门联合、探索跨区县协作等方式，尽力摸清底数。三是督导和保障的力度不断加大。借助WIS系统，各区县也采取了市里的做法，定期了解基层信息采集和交换情况，结合年度业务工作定期或不定期地进行通报。为进一步保障基层工作开展，2007年年末，市人口计生委还拿出125万元作为专项经费，拨付区县用于街乡镇人户分离人员的摸底排查、建档入机和属地管理等工作补助。四是信息采集的数量和交换的质量稳步提高。2007年1月11日至2009年2月18日间，全市人在户不在育龄妇女的量从15.05万人增至19.29万人，占户在人不在育龄妇女总量的比例从48.4%提高到49.7%；区县内、跨区县信息共享率由68.9%、47.7%分别提高到78.7%、48.3%，其中区县内的共享率提高了近10个百分点，在近两年区县内人在户不在人数增加2万多人的情况下，这10个百分点说明了各区县在加强区域内部管理方面取得了一定的成效。回顾两年来全市人户分离工作，虽然成效并不十分明显，但总体进展还是比较良好的。

2007年以来，市人口计生委在不断加大对区县人户分离工作督导力度的同时，开展了相关的跟踪研究和专题调研工作，对全市人户分离人口及计划生育等一些基本情况，有了一个相对比较全面的、客观的认识，对下一步的工作也初步达成了共识。

今天，借这个机会，我就把跟踪研究及专题调研的有关情况和同志们作一简要交流，并就今年全市人户分离人口计划生育工作谈一点想法。主要讲三个方面的问题：一是北京市人户分离人口的基本特征；二是全市人户分离人口违法生育的基本情况；三是2009年全市人户分离人口计划生育工作思路。

为了便于同志们对我下面所讲内容的理解和掌握，在这里我有必要先把“人户分离人口”这一概念的基本内涵作一简单介绍。人户分离人口，是一个内涵比较宽泛的概念，泛指居住地和户口所在地不在同一地的人口。目前，由于对“人户分离”还没有一个比较科学的界定条件，各省（市）对这类人群的称谓也不尽相同，有些省（市、区）称之为“流动人口”，北京、上海等直辖市把户籍人口中人户分离的人员称为“人户分离人口”①，国家人口计生委的有关管理办法、考核评估视之为“流动人口”。（这里顺便提一下，多年来，我们北京市人口计生系统一直把这部分人习惯称为“人户分离人员”。今天，我提“人户分离人口”，只是为与“流动人口”的叫法一致起来，其所指对象没有发生变化。）

一、北京市人户分离人口的基本特征

20 世纪 90 年代末以来，北京市城市危房改造、住宅新区开发和市政建设迅速发展，导致了城市人口空间分布的进一步扩大，加之户籍对人口的约束作用逐步减弱，城市内部人户分离现象开始出现，并变得越来越普遍。在综合分析 2000 年“五普”、2005 年 1% 抽样调查公布的数据和有关的文献资料的基础上，我们可以得出，北京市人户分离人口有以下几个基本的特征。

1. 规模较为庞大，呈逐年增多的趋势。1982 年，第三次人口普查人户分离为 13 万人，占全市户籍人口的 1.3%；1990 年，第四次人口普查为 73.4 万人，占全市户籍人口的 7%；2000 年，第五次人口普查为 217.4 万人，占全市户籍人口的 19.6%；2005 年，1% 人口抽样调查为 228.6 万人，占全市户籍人口的 19.4%。可见，自 20 世纪 90 年代以来，北京市户籍人口区域内流动性加快，人户分离人口规模庞大，呈逐年增多的趋势。

2. 范围不断拓展，跨区分离比重加大。2000 年，北京市 217.4 万人户分离人口中，93.6% 的人口属于本区县内的人户分离，6.4% 的人口属于跨区县的人户分离。区县内的人户分离人口，是全市人户分离人口的主体。而这一特征到了 2005 年发生了很大的变化，在 228.6 万人户分离人口中，52.3% 的人口属于本区县内的人户分离，47.7% 的人口属于跨区县的人户分离。跨区县的人户分离人口与区县内的人户分离人口的接近，人户分离的范围进一步扩大，分布区域逐渐拓展。

3. 去向相对集中，六成左右近郊安家。从人户分离的居住地来看，据相关资料统计，居住在北京市中心区、近郊区、远郊区县的人户分离人口的比例，1996 年分别为 14.3%、64.1%、21.6%，2000 年分别为 14.9%、61.6%、23.5%，2005 年分别为 12.7%、59.2%、28.1%。可以看出，虽然人户分离人口规模逐年递增，但是区域分布的比例仍保持相对平稳，近郊区的比重仍居高位，这说明近郊区是人户分离

---

① 目前北京市各相关政府部门所谓的“人户分离人口”，采用了北京市人口统计的分类标准，是指有本市常住户口，离开户口登记地半年以上，在本市其他乡镇街道居住的人口，即户口登记地和居住地不在同一个乡镇街道的人口。人户分离人口，有不同的类型和表现形式。从分离的空间范围看，人户分离包括两种类型：一是本区县内的人户分离，即户口登记地与现住地分别在同一个区县的不同乡镇街道。二是跨区县的人户分离，即户口登记地与现住地分别在本市的不同区县。从表现形式看，人户分离人口有两种形式：一种是“人在户不在”，即居住在该地而户口不属于该地。另一种是“户在人不在”，即户口属于该地而居住在别处。

人口的主要流入地。

4. 类型有所差异，区域特点不尽相同。由于各个区县的地理位置、产业布局及各种社会资源不同，人户分离的类型也有所差异。可大致分为四类：第一类，在人户分离人口中，跨区县的人户分离人口超过60%以上的区主要有东城区、崇文区、宣武区、丰台区、石景山区和昌平区，比例分别为60.8%、70.2%、62.5%、68.1%、60.9%和73.6%。第二类，本区县内的人户分离和跨区县的人户分离人口各占一半的区主要有西城区和朝阳区，区内与区外之比西城为52.7∶47.3、朝阳为52.8∶47.2。第三类，跨区县人户分离人口的比例在1/3左右的区主要有海淀区、门头沟区、通州区和大兴区，比例分别为35.6%、32.5%、39.8%和41.3%。第四类，以本区县内的人户分离为主的区县主要有房山区、顺义区、怀柔区、平谷区、密云县和延庆县，比例分别为76.2%、82.7%、88.5%、88.2%、79.9%和81.8%。

5. 态势相互流动，“你来我往”彼此交融。从街乡镇或区县的角度来看，人户分离人口具有就近流出、邻近流入的特点；从全市的角度来看，跨区县的人户分离人口的流出及流入，基本上涉及所有的区县，呈现出“你中有我、我中有你”交融状态，尤其是在中心区和近郊区表现得比较明显。以东城区为例，从流入地的角度来看，跨区县流入东城区的人户分离人口，来自其他17个区县，其中36%来自朝阳区、23.5%来自西城区、10.4%来自海淀区、8.8%来自宣武区。从流出地的角度来看，跨区县流出东城区的人户分离人口，流向其他17个区县，主要流向朝阳、西城、崇文、通州等区，占流入区的跨区县人户分离人口总数的比例分别为28.3%、20.6%、17.2%、14%。

上述五个特征，不仅为我们认识和了解全市人户分离人口提供了观察和思考的角度，也为各区县进一步认清和把握区域内人户分离人口面临的形势、找准工作定位提供一定的帮助和参考。

二、全市人户分离人口违法生育基本情况

人户分离，从目前人口管理服务的体制机制方面来说，不利于政府行政管理职能的正常发挥。从我们人口和计划生育工作的角度来说，这种不利因素的影响何在、后果多大，是做好人户分离人口计划生育工作的基本前提，值得我们去认真思考和研究。

为了探寻人户分离与违法生育之间的关系问题，去年4～11月份，我和流管处、政法处、办公室的同志们进行了专题调研，调研范围涉及中心区、近郊区和远郊区，主要走访了东城、西城、崇文、丰台和房山、通州区人口计生委，与区县主任、业务科长、街乡镇计生办主任和社区（村）计生专干等进行了座谈，重点了解人户分离人口违法生育的原因，并调阅了部分区县近几年度计划外生育情况的原始报表。

通过研究分析，我们认为，北京市人

户分离人口违法生育的基本情况可以概括为三句话：总体相对平稳，区域差异明显，分离并非主因。

总体相对平稳。我们主要分析了两对关系：一是人户分离人口总量和空间分布的变化与计划生育率的变动之间的关联关系（简称“量变与率变关系”）；二是人户分离人口违法生育的数量与全市违法生育的总量之间的比对关系（简称“量之比对关系”）。首先，探寻量变与率变之间的关系。2000～2005 年，全市人户分离人口总量增加了 10.1 万人，年均增长 0.9%，但是人户分离人口的空间分布有较大变化，跨区县人户分离人口总量增加了 95 万人，年均增长 1.4 倍，所占人户分离人口比重提高了 41.3 个百分点，人户分离人口处于明显的空间结构调整期。相比人户分离人口空间结构大幅度的调整，这一时期全市的生育率和计划生育率的变化基本平稳，没有出现大的波动，户籍人口生育率基本在 21‰～24‰之间，计划生育率基本保持在 97% 以上①。其次，研究量之比对关系。2000～2007 年，全市户籍人口违法生育累计 1.33 万人，其中人户分离人口违法生育共计 1801 人，占违法生育总量的 13.6%。这一比重，低于 2000 年、2005 年全市人户分离人口占户籍人口 19.6%、19.4% 的比重。通过上述比较，我们可以发现，在北京市内部人口分离的幅度和频率在加大，城市内部空间结构的演变在加剧的过程中，人户分离人口的总量规模和空间结构的变化并未对全市户籍人口计划生育率产生明显的影响，人户分离人口的违法生育所占比重也处于正常范围。

区域差异明显。从 2000～2007 年统计资料来看，全市人户分离人口违法生育区域之间相比，差异较为明显。这种差异不仅表现在比重（与本区域总违法生育之比）上，也表现在构成（跨乡镇的、跨区县的与本区域人户分离违法生育之比）上。按中心区、近郊区、远郊区的排列顺序，比重上呈递减走势，比值分别为 54.7%、22.6%、9.2%；构成上跨乡镇的呈递增走势，比值分别为 9.7%、49.5%、83.6%，与之相对应，跨区县的则呈递减趋势，比值分别为 90.3%、50.5%、16.4%。区域差异不同，给区域管理提出不同的要求。中心区重点是跨区县人户分离人口，远郊区重点是跨乡镇人户分离人口，对近郊区来讲这两类人群都是重点。区域差异不同，也意味着压力不同。仅以西城区为例，据 2005 年 1% 抽样调查数据推算，具有西城户籍的人户分离人口约为 23.9 万人（本区范围内的 4.7 万人，户在人不在的 19.2 万人），占其户籍人口总量的 44.1%，表明西城有近一半的户籍人口处于人户分离状态，而其中的 80% 分离到外区县，属于比较典

① 数据来源：北京市 2007 年人口和计划生育形势分析。另，本材料有关北京市计划生育有关数据，除注明来源外，均引自本材料，不再另注。

型的跨区县人户分离人口的城区。据西城区计划外生育情况统计资料显示，2003～2007年，该区计划生育率一直保持在98%以上，而人户分离人口违法生育与当年全区计划外出生的比例有明显增势，比值分别为68.9%、65.4%、82.7%、89.1%、87.5%。对西城区来说，虽然计划生育率仍在可控的范围之内，但面临人户分离人口违法生育的压力却在不断地增大。

分离并非主因。从统计数据来看，仍以西城为例，近几年政策外生育群体中，主要有三类人群：一是在国外工作的人员；二是流出到沿海经济发达城市的人员；三是下岗失业及非公企业从业人员，而属于真正意义的“户在人不在”的只占20%。由此，我们得出政策外生育问题“分离并非主因”。那么，什么是“主因”呢？综合分析多方原因，我们认为，一是群众的生育意愿，这是一时难以发生根本性转变的客观因素，这是最关键的。二是部分群众和一些领导干部法制观念不强，并没有把遵守计划生育基本国策作为遵守国家法律法规来看待，实际上，计划生育是我国宪法规定的公民义务，也是《中华人民共和国人口与计划生育法》（以下简称《人口与计划生育法》）所规定的。三是违法生育成本不高，除了对国家公职人员党纪政纪处分还有一定的威慑力之外，对那些家庭经济条件较好或较差的非公企业从业或下岗失业人员来说，社会抚养费的制约效果并不明显。四是缺乏有效的管理手段，对计划外怀孕的信息的获得就有难度，等发现了知道了也已错过了采取补救措施的时间。五是基层缺乏控制能力，仅靠“苦口婆心”解决不了大问题，尤其是对少数“动不动就拿计划生育说事”的人来说，现有的办法明显是力不从心。

综上所述，我们认为：总体相对平稳，说明我们北京市人口和计划生育的法规和政策没出大的问题，坚持依法行政、按规办事不能松懈；区域差异明显，从一个侧面反映出了我们人口计生工作城乡之间、区域之间存在着一定的差异性，各区县应明确重点、抓住重点；分离并非主因，反之提醒我们，目前在工作机制和办法措施等方面还存在一定差距，需要不断完善和加强。

三、2009年全市人户分离人口计划生育工作思路

关于人户分离人口计划生育服务管理工作，目前有效的一个非常重要的文件就是2004年市人口计生委等八部门联合下发的《北京市人口与计划生育现居住地为主管理办法》，文件中关于户籍地、现居住地的工作职责规定得非常明确。根据近些年工作的实践，我们体会，人户分离包括流动人口的计划生育工作职责，概括地说，户籍地主要是管理职责，比如发证、出生统计、落实奖励、违法生育征收社会抚养费等；现居住地主要是服务职责，包括宣传工作、药具发放、落实避孕节育措施、随访入户等，加上户籍地、现居住地之间信息沟通，整个工作格局就像一个“哑铃”

的形状。我们要认真落实这个文件。

2009年全市人户分离人口计划生育工作，在市人口计生委下发的《关于做好2009年流动人口和人户分离人员计划生育工作的意见》中已进行了明确。做好今年的人户分离人口和计划生育工作，要对照一个标准，把握三个重点，做好五项工作。

（一）对照一个标准

一个标准，就是指国家人口计生委即将出台的《流动人口计划生育省内“一盘棋”评估标准》。2009年，全国人口和计划生育工作会明确提出了实现流动人口计划生育全国“一盘棋”“三年三步走”（2009年省内“一盘棋”、2010年重点区域“一盘棋”、2011年初步实现全国“一盘棋”）的工作目标。2月初，流动人口服务管理司下发了全国流动人口计划生育工作省内“一盘棋”工作的初步方案，明确了考核评估指标，拟于年底组织评估验收。流动人口计划生育工作省内“一盘棋”，对于我们北京来说，就是人户分离人口计划生育工作要实现市内“一盘棋”，其5大项25个子项的考评指标，为我们全面打牢基础、整体提升能力，树立了“一面镜子”。待国家人口计生委省内“一盘棋”工件方案正式下发后，我委将尽快制订北京市的工作方案，这是贯穿今年全市人户分离人口计划生育各项工作的一条主线。各区县人口计生委要将人户分离人口的计划生育工作列入2009年工作的重要内容，认真抓紧抓好。

（二）把握三个重点

三个重点，就是注重信息采集、加强内部合作、强化属地管理。为实现全市人户分离人口计划生育市内“一盘棋”，今年我们对全市人户分离人口计划生育工作目标进行了如下调整：

一是在继续巩固人户分离育龄妇女户籍地建卡率的基础上，重点明确了现居住地的“人在户不在”育龄妇女信息登记率（今年不低于85%）。

二是将人户分离育龄妇女户籍地和现居住地的握手率，进一步明确为全市人户分离人口计划生育市内信息网上共享率（今年要达到80%）。

三是按照委内协调机制明确了具体承办的处室。2007年，根据国家人口计生委《关于切实加强流动人口计划生育工作的意见》的文件精神，市人口计生委下发了《关于成立流动人口（农民工）计划生育工作领导小组的通知》（〔2007〕29号）。通知明确，邓主任任组长，我为副组长，办公室、政策法规处、规划统计处、宣传教育处、科技管理处、行政财务处、信息中心、药具管理站、计划生育协会为成员单位，领导小组办公室设在流动人口管理处。2009年2月6日，邓主任召开委内工作协调会，对宣传教育处、科技管理处、规划统计处、信息中心、药具管理站、计划生育协会等部分成员单位的职责，作了进一步细化。

宣传教育处，主要有四项：①将流动人口计划生育宣传教育纳入年度工作计划或工作意见；②在大型宣传教育活动中体现流动人口的内容，做到与户籍人口同宣传；③开展针对流动人口的专项宣传活动，制作及发放针对流动人口的宣传用品；④在报刊及相关杂志上刊登有关流动人口计划生育服务管理方面的宣传报道或专业文章。

科技管理处，主要有两项：①指导督促基层计划生育技术服务机构做好流动人口计划生育技术服务，做到服务信息登记准确，及时出具技术服务证明（北京市流动人口计划生育避孕节育报告单），确保技术服务质量；②按要求将服务信息量及工作质量反馈给各区县流动人口管理科。

规划统计处，主要有三项：①指导督促基层采集提交人户分离育龄妇女信息，及时建立育龄妇女卡片；②按规定做好流动人口出生统计；③根据要求将信息提供给流管处。

信息中心，主要有四项：①协助国家人口计生委相关技术部门对流动人口育龄妇女子系统（简称 PADIS）进行技术支持，配合流动人口管理处做好 PADIS 培训工作；②指导督促基层将所采集的流动人口育龄妇女（来京 30 天以上）信息及时录入信息系统；③指导督促基层将所采集的人户分离人员信息及时录入信息系统，建立人户分离人员信息库，监测人户分离人员握手率；④对人户分离人员及流动人口信息进行动态监测，每季度提供人户分离人员信息及流动人口基础信息，按管理需求提供流动人口其他信息。

药具管理站，主要有两项：①负责做好避孕药具的统计和免费发放工作，保证流动人口能够及时方便获取避孕药具；②将药具发放信息提供给流管处。

计划生育协会，主要有两项：①负责于务工单位、经营场所等流动人口聚集地建立计划生育协会组织，协助做好流动人口计划生育管理与服务工作；②统计并提供相关协会组织及协会会员信息，搜集整理协会及会员典型事迹材料。

这些变化，是对人户分离人口计划生育工作的信息采集、内部合作、属地管理等方面进行的新的调整和细化。之所以进行这样的调整和细化，主要是强化我们各级的责任意识、信息意识、合作意识、属地意识，这些是我们做好人户分离人口计划生育工作的必要条件。

（三）做好五项工作

一是开好人户分离人口计划生育工作例会。从今年开始，我们将建立全市人户分离人口计划生育工作例会制度，重点交流区县服务管理季度进展情况，集中探讨重点难点工作，协调解决工作中存在的问题。例会分区县、委机关两个层次，按区县每季度、委内不定期的方式进行。

二是加快 WIS 系统升级改造工作。尽快实现人户分离育龄妇女信息户籍地网上通报、现居住地登记、市区两级督查的网上共享、网络监管的运行机制。信息沟通是户籍地和现居住地之间的桥梁，是我们服务与管理沟通的管道，是我们做好人户分离人口计划生育工作的重要基础。今年，要下大力气做好这项工作，信息中心已经有安排。

三是加强人户分离育龄妇女户籍地的登记和现居住地的建档工作。市里将通过WIS系统，分季度进行监控，要采取“双看”的方法：通过户籍地登记信息看现居住地的建档情况，通过现居住地的建档信息看户籍地的登记情况。

四是细化现居住地考核评估细则。结合今年市人口计生委对各区县进行年终目标管理考核，我们将制订人户分离人口（即省内“一盘棋”）的考评细则，依据人户分离人口违法生育的有关情况，进一步加大年终现居住地考核评估的权重。拟参考一些区县对区域内人户分离人员违法生育由户籍地和现居住地分比例承担的做法，将跨区县人户分离人员违法生育由户籍地和现居住地按一定比例计入本区县的计划生育率。各区县要更加关注人户分离人口的违法生育情况，在出生统计上报和征收社会抚养费时要详细了解违法生育行为发生的过程和情况，如实上报市人口计生委有关处室。政法、规统、流管和信息中心，要分季度汇总全市人户分离人员违法生育情况，并把有关情况上报委领导。

五是出台人户分离人口计划生育工作市内“一盘棋”工作方案。根据国家人口计生委关于流动人口计划生育工作省内“一盘棋”的工作部署和具体要求，着眼我市人户分离人口计划生育工作实际，制定市内“一盘棋”工作方案。待国家人口计生委方案正式下发后，我们将召集机关有关处室，启动这项工作。各区县人口计生委根据全市的工作方案，也要制订具体落实的工作方案。

同志们，今年全市的人户分离人口计划生育工作任务重、要求高，希望同志们以贯彻落实国家人口计生委关于实现流动人口计划生育工作省内“一盘棋”为契机，进一步认清形势，明确责任，抓住重点，理清思路，务实推进，为实现全市人户分离人口和计划生育“一盘棋”作出新的贡献！

北京市人口计生委正局级委员李芸莉在北京市创建人口和计划生育示范村居总结大会暨人口计生系统干部新年慰问演出上的讲话

（2009年12月26日）

今天，我们在这里召开全市创建人口计生示范村居总结大会，被评为人口计生示范社区示范村的近千名计生专干以及全市人口计生系统各级代表欢聚一堂，可以说是我们人口计生工作者的一个盛大节日。让我们对这一千名示范村居的代表表示热烈的祝贺！对你们在创建活动中付出的努力及其他全市人口计生工作者表示衷心的感谢！

五年前，为进一步加强基层基础工作，全面深化人口计生工作思路和工作方法的“两个转变”，推进“依法管理、村（居）民自治、优质服务、政策推动、综合治理”的长效工作机制的建立，市人口计生委决定在全市开展创建人口和计划生育工作示范社区和示范村活动，计划连续开展五年，每年评选示范社区和示范村各100个。五年间，全市上下因地制宜地开展了形式多样的创建及表彰活动，评选出一千个工作突出、特色鲜明的示范村居。同时，为有效加强对创建活动的指导，每年，市人口计生委都对上一年度的创建情况进行总结并编印一本示范社区（村）画册，发放到每个村居。分别以《春色满园》、《夏花烂漫》、《秋叶金黄》、《冬景壮丽》及《硕果满枝》命名的系列画册可以说是创建活动的浓缩和见证。

五年来，由于注重加强领导、科学管理，保障了创建活动的顺利开展。市人口计生委十分重视这项旨在加强基层基础工作的创建活动，制定了详细的创建方案，明确了主管领导和处室。创建活动开展一年后的2005年8月1日，召开了全市创建活动总结表彰会，当时的主管副市长孙安民参加了表彰会并讲话。各区县、街乡对创建活动也十分重视，多数区县成立了创建活动领导小组，明确主管领导和负责科室。有些区县将活动纳入政府折子工程，有些区县列为部门重点工作及目标考核项目，有些区县每年举办示范村居总结表彰活动。同时，对示范村居实行动态管理，严格把关和复核，一经发现有违反计划生育的现象，即取消其示范称号。五年来，全市共取消示范村居称号21个。

五年来，全市上下不断注重以人为本，优质服务，人口计生服务水平进一步提升。在创建活动中，各级人口计生部门着眼于提高人民群众的健康水平，不断加强服务机构建设，完善服务设施，拓展服务范围，促进了服务水平的提升。对采取长效避孕节育措施的农村已婚育龄群众开展免费健康体检，对查出有健康问题的对象进行重点帮扶和随访。注重出生缺陷的预防和宣传，实施“健康生育计划”，向待孕妇女免费发放叶酸。注重关爱流动人口，让流动人口均等化地享有居住地的各项权益。进一步推进了计划生育药具工作改革，启动“避孕药具普惠易得”工程，免费药具受益人群不断扩大。

五年来，由于注重优化环境、加强宣传，良好的人口计生氛围逐步形成。开展创建活动的五年中，北京经历了党的十七大召开、庆祝改革开放三十周年、筹办并成功举办奥运会等一系列重大事件。各级人口计生部门自觉遵循把创建示范社区与经济社会发展及城市建设相协调的原则，优化宣传方式和内容，为建设人文北京、科技北京、绿色北京营造了良好的人口发展环境。一个个精品节目亮相媒体，一处处人口计生文化公园赏心悦目，一间间“人口文化书屋”墨香飘扬，“倡导婚育文明，构建和谐家庭”的首都人口计生宣传理念逐步清晰和深化。

五年来，由于制度规范、政策落实，人民群众依法实行计划生育的自觉性大大提高。经过各级政府和人口计生部门的共同努力，全市以政府为主、社会补充的人口计生利益导向政策体系不断完善。利用财政贴息贷款扶持农村计划生育家庭增收致富工程成效显著，贷款额从最初2002年的2000万元逐步提高到2亿元。农村计生家庭奖励扶助制度和面向城乡独生子女家庭两项特别扶助制度的发放标准均比国家规定高出一倍。在此基础上，各区县也尽可能给予计生家庭更多的实际利益。顺义区不仅村村建立了农村独生子女父母养老保障制度，还不断加大了三级奖励扶助金标准。昌平区在全市率先将计生利益导向机制纳入农村产权制度改革，在全区设置独生子女父母奖励股。这些举措，体现了党和政府对计生家庭的扶持和关爱，得到了计生家庭的衷心拥护和交口称赞，也使群众实行计划生育的荣誉感和自觉性不断提高。

五年来，全市各村居以开展创建活动为契机和载体，广泛开展村居民自治。各区县以创建活动为载体，指导村居重新修订了《计划生育自治章程》，规定村居民依法应享有的计划生育的权利和义务、奖励与保障、计生协职责、违约责任等。积极推进计划生育村务、居务公开，开展有奖举报、群众评议计划生育工作等活动，动员群众广泛参与人口与计划生育的民主决策、民主管理和民主监督。注重引导计划生育协会充分利用村居的资源优势、人才优势，按照群众组织的特点开展形式多样、丰富多彩、群众喜闻乐见的活动，并注意加强与妇联、残联、老龄协会等群众团体的联系。活跃于城乡基层的群众志愿者队伍不断壮大。

五年来，经过创建活动的洗礼，基层干部队伍建设不断加强。各级人口计生部门注重加强基层基础工作，全面落实“强基”工程，市、区县、街乡、村居、宣传员人口计生队伍网络日益健全。规范了基层专干的任职、晋升资格等政策条件。由市财政出资，对村级专干每人每年平均增加4000元补贴。按照城市每100户一名，农村每50户一名的标准配齐宣传员并发放补贴。同时，注重加大对基层专干培训力度，尤其是加大了对示范村居干部的培训力度。市人口计生委对每年的示范村居专干进行集中培训，专干们既学习了相关知识，也相互交流了工作中的经验，收到了取长补短、共同提高的效果。

同志们，虽然创建示范村居活动已经结束，但我们各村居争先创优的意识不能结束。希望各级人口计生部门继续总结发扬创建成果，注重基层，关注民生，开拓创新，共建和谐村居、共享幸福生活，推动全市人口计生工作再上新台阶！

北京市人口计生委副主任耿玉田
在东部地区计划生育优质服务提质提速座谈会上的发言

（2009 年 5 月 17 日）

根据国家人口计生委李斌主任在东部地区计划生育优质服务体系建设座谈会上的讲话要求，我们将落实行动融入到科学发展的全局，增强加快计划生育优质服务的自觉性，着重在打造与国家首都相适应的优质服务体系建设上寻求突破，努力率先实现计划生育优质服务基本全覆盖目标。我从以下四个方面简要汇报开展计划生育优质服务情况。

一、融入首都发展，寻求体系建设上的提质提速

北京奥运会的筹办和成功举办，有力地推动了首都北京各项事业的发展。我们紧紧抓住这一难得的机遇期，按照“功能完备、布局合理、特色突出、科学规范、优质高效”的标准，积极探索了推动计划生育服务机构标准化、规范化、制度化途径，全面加强了人口和计划生育服务体系建设。

一是制定了计划生育服务体系建设规划。与市发改委联合制定了《北京市“十一五”时期人口和计划生育服务体系建设规划》。按照国家建设部、国家发改委《关于批准发布〈农村计划生育服务机构基础设施建设标准〉的通知》要求，从制度上明确了全市将逐步建成以市级计划生育生殖健康指导中心为龙头，以区县人口和计划生育服务中心为骨干，以社区计划生育综合服务站为基础的服务体系。

二是探索了适合首都特点的计卫联手体系。针对北京市医疗体系发达但没有乡镇（街道）级计划生育服务站的实际，我们运用超前的理念和工作标准，与市卫生局携手在全市建立起“六位一体”的社区卫生（计生）服务站制度。从政府的层面要求社区卫生服务站履行计划生育技术咨询指导，开展避孕方法知情选择、出生缺陷干预的科普宣传和咨询；计划生育药具发放；建立生殖健康档案和随访服务职能。目前全市投入使用的 1660 个社区卫生服务站中，已有 1491 个社区加挂了计划生育服务站牌。涌现出一大批热爱计划生育服务工作的医务人员，如平谷区妇幼保健院主治医师贾宝兰同志，结合工作实践自制图文并茂的健康生育知识课件，十几年来义务为育龄妇女讲解生殖保健、避孕节育等知识 1000 多场次。与市人力资源和社会保障局协调，将开展“四术”的13个服务中心确定为全市生育保险定点机构。市、区县分工协作，创立了“生殖健康伴你行”活动品牌，带动全市219台流动服务车常年下乡开展宣传服务活动。

三是建立了全市财政投入保障体系。坚持以政府财政投入为主，探索出了保证投入到位的有效方法。在《中共北京市委北京市人民政府关于深入贯彻落实科学发展观统筹解决人口问题的决定》中，明确了“保证人口和计划生育财政投入增加幅度高于经常性财政收入的增长幅度”。仅近两年，市财政就出资3570万元，对全市农村约42万名采取长效避孕节育措施的已婚育龄群众开展了免费健康体检。2008年市财政还出资300万元，采购叶酸增补剂下发区县人口计生委用于对新婚待孕人员免费发放。

二、立足以人为本，寻求服务均等化上的提质提速

2008年末，全市常住人口1695万，比上年末增加62万。其中，流动人口461.1万，比上年年末增加42万人。面对庞大的流动人口群体，从体现社会公平的高度，在努力提高户籍人口计划生育服务管理质量的同时，最大限度地满足了流动人口日益增长的计划生育、优生优育、生殖健康等需求，探索了逐步建立和完善有利于促进基本公共服务均等化的流动人口计划生育统一管理、优质服务新体制。

一是实施动态信息服务管理。先后将110万名流动人口育龄妇女基础信息，纳入北京市的WIS管理系统。全市有163家医院启动流动人口在京出生监测工作，仅2008年就监测了6万多人。开通了“避孕·生育·健康”生殖健康网站，市民通过网络就可享受到人口和计划生育政策咨询、申报承办、生殖保健、优生优育、性健康教育以及预防艾滋病等服务。

二是突出了免费服务功能。从2004年起就将流动人口服务管理经费，纳入市长与区县长签订的人口和计划生育目标责任书。近3年来，全市财政投入流动人口经费分别是2493万元、2941万元、3323万元。在18个区县服务机构年均为流动人口育龄妇女孕检25万~30万人，开通了服务质量举报电话。着眼提高流动人口素质，在全市流动人口聚集区建立了100个流动人口图书角。

三是建立跨区域合作模式。加强了与人口流入较多省（市）、区双向沟通联系，先后与津、冀、豫、皖、黑、内蒙等10省（市）、区签订双向服务管理协议，形成分工合作的联动机制。

三、着重科学指导，寻求实践创新上的提质提速

为解决科学指导的针对性，我们开展了减少非意愿妊娠课题等项目调研，适时将经过区县实践检验的成功做法上升到市级标准，及时在全市予以推广普及。目前全市18个区县中，已有15个区县跨入了“全国计划生育优质服务先进单位”行列。

其余3个区县的党委政府今年加大了争创力度，进一步强化了计划生育优质服务提质提速工作。

一是在融合社区资源方面，总结推广了宣武区“计生卫生相联手，优质服务在社区”经验，先后与市卫生局联合出台社区计划生育技术服务规范、计划生育技术指导配置基本要求、社区医师五年培训规划、服务示范站等文件，在全市逐步确立了“政府主导、社区参与、计卫联手、共建共享、需求引导、融合拓展”的城市社区服务模式。

二是在统筹政府部门合作方面，推广了西城区等区县的“政府推动、部门合作、社团参与、专家指导、立足社区、面向家庭”的出生缺陷社会预防工作机制。市人口计生委和西城区人民政府合作，开展市政府顾问课题《社区健康生育全程监测服务模式研究》。西城区随后启动了“社区健康生育全程服务”工程，构建了覆盖全区社区健康生育全程综合监控服务网络。主要整合了计生、卫生、科委、科协、民政、妇联、残联、团委、医学会、幸福泉儿童发展中心和七个街道等18个相关部门和社会力量，以政府和社会力量合作为途径，开展出生缺陷预防和0～3岁早教工作。运用人口计生服务网络的宣传倡导和信息采集优势，变医院监测为社区监测、个体监测为群体监测，通过在社区建立生殖健康档案，从源头上保证了信息的准确性和服务的有效性。丰台区启动了“共筑爱巢行动”，在民政婚登处开展了集免费婚检、婚姻登记、孕前保健、计划生育咨询指导为一体的“一条龙”服务。初步形成从婚前开始，到孕前期、孕产期的综合性干预模式，婚检率稳步上升，平均婚检率为26.11%。比实施工程前提高了24个百分点。

2008年8月，市人口计生委启动了“健康生育计划”，重点开展婚前体检、婚育咨询、优生指导、叶酸增补、孕前检测、孕期保健、产前筛查及产后随访为主的综合干预服务。今年4月28日，召开了北京市健康计划经验交流会，决定全市统一标准开展健康生育计划工作。目前，市政府有关部门正在研究制定免费孕前优生健康检查的政策措施，并加快了探索出生缺陷一级预防新模式步伐。

三是在发挥群众组织功能方面，推广了计生协会在青少年中开展“青春健康”项目的创新做法。目前北京市10～24岁青少年近300万人，在校学生占到青少年总数的60%以上。我们重点将目标人群拓展至小学高年级学生、校外青少年、社区、军营等，注重建立“亲青服务”中心、咨询网站等硬件设施，使全市青少年性与生殖健康教育日趋完善。全市在18个区县项目点的基础上，先后拓展新开展项目学校77所（包括小学38所，大学10所），拓展校外项目点40处，制作宣传品31种22.6万份。区县开展校内青春健康教育、生活技能培训1.1万次，覆盖了40万名在校学生。校外青春健康培训400次，覆盖1.78万名校外青年。

四、坚持强基固本，寻求基础工作上的提质提速

全市各级党委政府和人口计生部门把优质服务创建活动作为关注民生的大事、实事，摆上重要位置，不断出台各项有利于计划生育的经济社会政策，探索建立了人口和计划生育工作新机制。

一是加强利益导向工作。我们主动适应首都城乡一体化建设要求，密切关注集体林权制度改革试点、农村土地流转征用补偿、宅基地置换等公共政策对计划生育家庭利益的影响，全力协调相关的农村改革发展政策与人口和计划生育政策相适应、相衔接、相促进，注重运用公共政策破解人口难题，切实维护农村群众实行计划生育的合法权益。努力拓宽奖励范围和力度，指导、支持区县通过建立特困家庭基金、计生家庭意外伤害保险等方式，探索对城市计划生育家庭的奖励和资助。尽最大努力争取人口计生工作的主动权，千方百计保障基本国策的法定地位，使计划生育家庭优先享受到了更多的改革发展成果。从2002年开始，市财政每年贴息1400万元，贷款2亿元，扶持6000～8000户困难独生子女家庭发展生产。7年来市财政共贴息5640万元，贷款7.1亿元，约有3.8万户（次）农村计生家庭享受到了这一优惠政策，并全部提高了家庭收入。2009年市财政继续贴息1400万元，贷款2亿元，扶持6000户困难独生子女家庭发展生产。农村部分计划生育家庭奖励扶助制度的市级标准逐年提高，增加到每人每年1200元，全市共有1.1万余人领到了奖励扶助金。从2008年起，对独生子女死亡家庭每人每年发放2400元的特别扶助金。

二是形成具有首都特色的宣传教育新格局。以“倡导婚育文明，构建和谐家庭”为核心，围绕媒体体系、环境体系、文艺体系和资源体系建设，创新宣教理念，拓宽宣教工作领域，努力增强宣教工作的广泛性、针对性和实效性，宣传教育工作新格局初步形成。积极推进“农家书屋”建设，规范人口学校的教育活动，发挥三级人口学校的网络作用。

三是加快了干部队伍职业化建设步伐。建立健全市、区县、街乡、村居、宣传员人口计生队伍网络。在提高基层专干补贴标准、为村居计生专干每两年免费健康体检的基础上，配齐约七万名村居计划生育宣传员并每人每年给予200元补贴。与市农委联合下发《关于加强北京市村级计划生育干部队伍职业化建设的意见》，对村级专干任职资格、工作职责、工作待遇、考核奖惩等进行统一规范，并由市财政出资，平均每人每年增加4000元补贴。

我们在总结经验的时候，也清醒地认识到计划生育优质服务当前面临的挑战：一是采取长效避孕措施率逐年下降，人流率则在不断上升。二是人口计生宣传和药具发放还存在不及时、不到位问题。三是流动人口服务管理工作还存在不少问题。

四是育龄妇女（包括青少年人群）生殖健康知识掌握不够，自我安全防范意识淡薄。

北京市人口计生委副主任彭彧华在人口文化宣传教育工作会上的讲话

（2009 年 12 月）

2009 年，北京市人口计生委深入贯彻落实《中共中央 国务院关于全面加强人口和计划生育工作统筹解决人口问题的决定》和《北京市人口计生委关于加强和改进宣传教育工作的意见》文件精神，以“倡导婚育文明，构建和谐家庭”为思路，以打造宣教四大体系为主线，以“婚育新风进万家”活动为载体，围绕四个“一”即举办了一个演讲、出版了一本书、组织了一次培训、召开了一次会议，广泛开展人口文化宣传教育工作，大力推进现代婚育文明，引导育龄人群建立科学、文明、健康的婚育观，促进了社会、家庭和谐发展。

一、层层开展“我与国策共成长”暨“7·11 世界人口日”征文演讲比赛活动

计划生育基本国策实施三十年来，取得了举世瞩目的巨大成就：妇女总和生育率从实行计划生育前的 5.8 下降到目前的 1.8 左右，全国少生 4 亿人，使我国 13 亿人口日推迟 4 年到来，世界 60 亿人口日推迟了 4 年，有力促进了综合国力的提高和人民生活水平的改善，有效减轻了人口对资源、环境和经济社会发展造成的压力。

为全面回顾计划生育基本国策实施以来取得的丰硕成果，进一步宣传新时期人口计生政策，带动广大群众支持、参与计划生育，在全社会营造有利于人口计生的良好氛围，自年初至 6 月中旬，北京市人口计生委在 18 区县层层开展了“我与国策共成长”暨“7·11 世界人口日”征文演讲活动，并于 7 月 3 日隆重召开总结表彰会。另外我们从收集到的 9000 余篇征文中精选了 54 篇编辑成《我与国策共成长优秀征文选编》发放到各区县及相关部门，将 18 名决赛选手的演讲稿在《人口与计划生育》杂志上连载刊登，扩大了活动的影响力。这次宣传活动覆盖面广、参与者多，在全社会营造出有利于人口计生的良好氛围，具备了以下特点：

（一）领导重视，部门协作有力

各区县认真部署市里年初工作会的要求，及时向政府主管区长汇报，并与相关单位联合发文，细化活动方案。年初，北京市人口计生委召开宣教系统工作会，会上下发了《关于举办“我与国策共成长”暨 2009 年“7·11”世界人口日征文演讲

比赛活动的通知》，要求各区县强化认识，在本区域内逐级组织、层层开展演讲比赛，充分调动社会各界的积极性和参与热情，扩大活动影响。按照市人口计生委的统一要求，从2月份开始，18区县认真制定活动方案，与宣传部、教委、共青团、计生协会等部门紧密合作，组织各乡镇、街道办事处，各委办局、驻地单位宣传员召开专题会议，全面细致地制定活动计划，把开展“我与国策共成长”系列活动与区域文化建设相结合，与2009年重点工作相结合，与村级精神文明创建活动结合起来，采取多种形式开展有规模、覆盖面广、内容丰富新颖的宣传活动，自下至上层层开展了征文的征集、评选及演讲比赛活动。

延庆县直属机关委员会将“我与国策共成长”征文演讲比赛作为本年度系统“文化艺术节”的内容之一，有效做到了活动的结合和融入。崇文区、宣武区、东城区团区委充分发挥基层共青团组织的作用，广泛开展“我与国策共成长”征文活动，引导青少年树立“感恩之心”，激发他们以优异成绩回报父母、回报家庭和回报社会的热情。崇文区文化委对征文活动给予了大力支持，派出资深老师为优秀选手进行指导，保证了演讲的高水平。昌平区从631篇征文中初选出150篇，邀请区文委的作家再次审阅，保证了评选的公正性。宣武区、怀柔区、门头沟区、顺义区聘请宣传部、团委、教委等相关部门有特长的领导及专业人员为征文演讲打分，保证了活动的高质量。

各区县资金投入到位，为活动开展提供了物质保障。为确保征文演讲活动的顺利开展，各区县、街乡、社区累计投入500余万元，真正做到了资金保障及时、有力。

（二）群众广泛参与，逐级选拔，层层开展，各具特色

“我与国策共成长”征文演讲比赛自2月份开始，在近5个月的时间里，在区县、街道（乡镇）、居（村）层层开展，是一次分阶段、分层次、有声势的宣传教育活动。全市范围内共收集征文9000余篇，区、街（乡）、居（村）、社区及驻地单位层层举办演讲比赛200余场，5000余名各界群众登上演讲台，展示计划生育基本国策施行三十年来所取得的丰硕成果。

首先，选手的年龄跨度大。上台演讲的有退休的老人，也有“80后”的年轻人。他们结合自身经历、亲眼所见、亲耳所闻，生动讲述了发生在他们身上的动人故事及三十年来大家的思想转变，形象展示了人口计划生育政策给人民群众及他们生活带来的变化。参与者有81岁的老翁，也有13岁的小学生，讲者、听者年龄差距大，但他们同样感受到了生育观念的变化和改革开放的成果。

其次，选手身份多元化。演讲的选手来自驻地机关、企业、学校和社区的干部、群众，他们有的是响应国策号召的独生子女父母，有的是伴随国策成长起来的“80后”，有机关企事业单位工作人员，有接受

过计生部门帮扶救助、自立成材的贫困学生，有多年从事人口计生工作、把温暖送到广大群众心里面的计生专干，也有勇于拼搏、身残志坚的残疾人。在石景山区，更是有一对年过花甲的老夫妻精神矍铄地并肩走上讲台，从父亲和母亲不同角度意气风发地讲述他们如何培育子女，如何响应计划生育国策。

第三，征文演讲的内容多样，形式各异。演讲者或生动幽默，或慷慨激昂，或朴实，或深情，或婉转，精神饱满，声情并茂，形象展示出计划生育国策影响下几代人的精神风采。从内容上讲，演讲者结合自己的亲身经历，生动讲述了实行计划生育与不实行计划生育在衣、食、住、行等方面的区别；讲述了实行计划生育以来，几代人婚育观念的转变；讲述了实行计划生育在政治上光荣、经济上得实惠、生产上受扶持、生活上幸福等实实在在的利益和人们生存、生活环境的改善。

（三）以“我与国策共成长”征文演讲活动为依托，拓宽宣传领域，拓展宣传途径

各区县在积极部署、认真组织开展“我与国策共成长”主题征文演讲比赛的同时，及时总结，努力将活动进行延伸，拓展工作成果。

丰台区、朝阳区、房山区从收到的近千篇投稿中精选出部分优秀作品编成《“我与国策共成长”征文选》，下发到各街道、乡镇、社区及相关部门、单位，扩大了宣传效果。

大兴区、房山区等区县将演讲活动中涌现出来的优秀选手组织起来，组成演讲团，定期在全区举办巡回演讲他们的典型事例，展现“80后”健康成长的风采，宣传人口计生国策。

平谷区为使演讲征文活动更加深入人心，专门印制了青春寄语卡片和倡议书各2万张，与团区委、区教委联合向全区2万多名初、高中的学生和全区的广大青年发放，有效调动了他们参与人口计生宣传的积极性。

通州区在整个活动中始终强调与区委宣传部、区文明办、团区委、区广电中心的合作，多渠道扩大了宣传覆盖面。密云县人口计生委积极与广播电视台《檀州采风》栏目组合作，以各具特色的演讲活动、才华横溢的选手风采和多部门广泛联合的活跃场面为题材，制作成专题节目在县电视频道黄金时段播出；与县电台合作，对复赛后的20多篇稿件进行编辑、整理，6月中旬开始陆续在电台播出，从而在全社会营造热烈的宣传氛围，吸引广大群众关注、关心、支持人口计划生育工作。

二、编制出版《爱的透视窗——大学生情感故事》发放到全市大学生手中

为贯彻落实“首都市民生命全周期性健康教育行动纲要”，在大学生群体中普及性健康知识，树立文明的性健康理念，在丁向阳副市长的领导、支持下，北京市人口计生委与教委合作，完成《爱的透视

窗——大学生情感故事》的编辑、印刷、发放工作，80万册健康科普书籍发放到北京市92所高校大学生手中，这对引导大学生树立健康的性爱观、情爱观，加强对婚姻、家庭的责任意识教育，为促使他们成为道德完善、人格健全的栋梁之才起到了积极作用。

10月25日，北京市人口计生委组织中国性学会性教育专委会、性文化专委会专家和北医、北邮、首师大三所高校30名大学生召开了座谈会，结合《爱的透视窗——大学生情感故事》一书发放情况以及当前大学生群体中存在的性观念、性行为现状进行了座谈。座谈中，大学生们积极踊跃地发言，对这本书表示了充分肯定。他们认为：①该书内容丰富，形式新颖，具有很强的可读性和趣味性；②市政府及相关部门对大学生的生活热情关心，真心希望大学生身体、心理健康发展，充分体现了政府以人为本、为民服务的理念；③书中没有高调的说教，而是以讲故事的方式，寓科普知识于典型的真实案例中，使大学生在深刻思考中学习了科普知识，受到了教育；④该书文字优美，语言流畅、清新，符合大学生口吻，插图精美，文图并茂，深受大学生喜爱；⑤千纸鹤的标志寓意深远。千纸鹤是希望与愿望的化身，代表着我们的心声，我们用真心去唤醒曾经沉睡的它，让它张开双翅，重整羽毛，飞向蔚蓝的天空。大学生及专家们也建议，希望人口计生委今后能形成一种长效机制，更有效地普及各个层次人群的性健康教育知识。性教育应该提前到高中及初中甚至到小学，也有专家提出性教育应该从零岁开始。

（一）本书是建立在广泛调查、深入了解大学生实际情况的基础上编写的。2007～2008年市人口计生委进行了关于大学生性知识、性观念的大样本调查，涉及首都十所高校5000名大学生，学生中包括不同层次的学校、不同专业、不同学科、不同区域来源。书中的故事也并非虚构，都是大学生心理咨询中真实的案例。

（二）本书的编写形式是经过反复斟酌、反复探讨的，摒弃枯燥的教科书模式和居高临下的说教模式，采取了寓知识于故事中的形式，亲切感人、娓娓道来，书中的人物仿佛就在大学生们身边。一个片断故事后又用一些简洁的语言总结归纳，引发大学生们的深思，从而做出正确的抉择。

（三）《爱的透视窗——大学生情感故事》作为首都市民生命全周期性健康教育系列丛书之一，是“首都市民生命全周期性健康教育系列工程规划”的组成部分，是专门写给大学生的。

（四）本书印制精良，优美的文字配上精美、时尚的插图，相得益彰，使读者赏心悦目。书封面采用了两只彩色的千纸鹤，千纸鹤是希望与愿望的化身，寓意着我们的性健康教育为学生们带来温暖的春风，让学生们纯真的笑脸映入彩霞。

邓行舟主任在讲话中指出，大学中的性和生殖健康教育非常重要，需要认真考虑，慎重对待，并进一步引向深入。

三、召开人口文化宣传推动会

为促进全市人口文化宣传活动的广泛开展，推动全市人口文化园建设工作的全面完成，9月10～11日，召开了人口文化宣传推动会，十八个区县的主管主任、宣传科（站）长参加了会议。会上十八个区县主管主任将2007年以来本区县的人口文化宣传教育工作进行了汇报。

几年来，在市人口计生委的支持和指导下，各区县以“倡导婚育文明，构建和谐家庭”为核心，以四大体系建设为主线，以“婚育新风进万家”活动为载体，结合各自的区域功能定位和文化特色，积极探索加强和完善人口文化体系建设的途径和手段，工作中注重创新和实践，宣传主题突出特色，宣传内容不断丰富，宣传方式日益多样，做到了电视有影，广播有声，报上有字，网络图文并茂，打造出一批富于特色的宣教工作新品牌。

这次推动会是对《北京市人口计生委关于加强和改进宣传教育工作的意见》文件精神的又一次深入贯彻落实，通过区县工作汇报，充分表明了“倡导婚育文明，构建和谐家庭”工作思路已经达成了共识。这次会议又进一步深化了工作思路，提升了工作理念。目前，北京市的人口文化宣传工作已经形成以“倡导婚育文明，构建和谐家庭”为核心，以人口文化园建设为龙头，以主流媒体宣传为重点，以网络媒体宣传为辅助，以专家、学者、教授为智力支撑的纵向深入、横向突破、纵横交织的宣教工作新格局。

四、举办人口文化宣传教育小教员培训班

为加强人口文化宣传教育的工作力度，提高北京市宣传员队伍的素质，提高区县宣传干部及基层宣传员的人口理论、人口文化知识素养和宣传技能，10月12～16日，举办了第二届人口计生宣传教育小教员培训班，围绕人口文化、如何搞好新形势下的新闻宣传、新闻采访与写作技巧、实用摄影技巧等进行了培训。这次培训有效开阔了基层宣传干部的视野，提高了他们的宣传能力，增长了知识，开拓了思路，受到学员的热烈欢迎。

五、日常宣传工作再上新台阶

1. “三下乡”活动倡和谐。1月16日，北京市人口计生委和延庆县人民政府联合举办的文化科技卫生“三下乡”活动走进张山营，为当地群众送去服务、生殖健康知识和宣传品。召开了各级领导与当地群众和基层计生专干的座谈会。参加座谈会的基层计生专干从事人口计生工作都在十年以上，他们回顾了二十多年来自己见证的人口计生工作的变迁以及工作中的酸甜苦辣，各级领导充分肯定了他们为计生事业所做的贡献，鼓励他们积极面对新时期人口计生工作的新形势、新问题。座谈中，北京市人口计生贴息贷款、奖励扶助的受益群众畅谈了自己的经历和对计生政策的感激。座谈会结束后，市县两级领导对独生子女困难户代表进行了走访慰问，带去米、油等生活必需品，给他们送上党和政府的温暖。市县两级领导为新落成的张山营村人口文化室揭牌。北京市人口计生委向延庆县人口计生委赠送了20台电脑及宣传展板、光盘、人口计生读物等宣传品。通过持续开展“三下乡”活动，北京市人口计生委一方面为育龄群众提供便捷、质优的生殖健康服务，同时努力宣传科学、文明、进步的婚育观念，推动建立新型生育文化，构建和谐家庭、和谐社会，实现科学发展，使广大育龄群众身心受益。

2. 男性健康日宣传活动送关怀。第10个“男性健康日”来临之际，为普及男性健康科学知识，倡导全社会关注男性健康问题，增强男性自我保健意识，北京市人口计生委在广播电台安排播出了活动新闻，制作了男性健康专题知识节目，并制作发放了六万张“男性健康”宣传折页。10月22日，北京市人口计生委、石景山区人口计生委与北京军区司令部、北京军区某部队联合举办“与健康牵手，与幸福有约——第十个男性健康日‘走进北京军区’大型宣传活动”，北京市人口计生委副主任彭彧华、石景山区委常委副区长付生柱、北京军区司令部计生办主任李维伟出席活动并讲话，800余名官兵参加了此次活动。活动中，播放了知识性短片《男性健康现状》、《男性健康与生活的关系》，北京大学第三医院泌尿外科副主任姜辉、北京大学心理专家汪冰、中国性学会副秘书长杨大中三位专家做客活动现场，与战士们就有关男性健康问题进行互动式问答。北京市人口计生委、石景山区人口计生委向部队官兵赠送了男性科普书籍、健康礼包、光盘及展板，深受部队官兵的欢迎。他们说：“目前部队竞争也很激烈，造成了一定心理压力和困惑。有些同志既是父亲，又是儿子；既是丈夫，又是官兵，要扮演多种角色。计生部门在这个时候为我们送来健康和关怀，极大地激励了我们在部队安心工作的决心和信心。”

3. 媒体宣传讲创新。2009年，北京市人口计生委在媒体宣传上继续坚持以宣传基本国策为核心，以正确的舆论导向为方向，强化媒体体系建设，丰富宣教内容，扩大宣传影响力和覆盖面。

一是加强与电台、电视台的沟通与合作，在巩固已有阵地的同时，不断拓宽人口文化宣教领域。制作《生命的呼唤——人口篇》在北京电视台播出；策划并制作了《健康宝宝》、《女性健康宝典》、《女性营养养生》等多个系列，收视率大幅度提高，最高收视率达到2.6，受到北京电视台总编室通报表扬。截至11月底，共计完成48期《养生堂·生命生育生活》电视栏目、11期《健康北京》（月末版）电视栏目并播出；完成2009年度96期《人口直通车》广播栏目的播出任务，平均收听率为1.68%，位列新闻广播频道第4位。

2009年《与爱同行》有奖征文征集播出工作，目前共收到13个区县310篇稿件，已择优播出59篇。播出记者采写的录音专题报道52个，内容涉及市人口计生委的工作会议、大型活动以及区县人口计生委的工作亮点、政策解读、人物故事等；在青春园地、妈妈宝宝等板块中介绍了与生活密切相关的婚育知识、科学技术、人口动态等大量信息。

二是利用好报纸杂志已有的宣传专栏，开发新专栏。加强对已有宣传栏目的指导，提高供给媒体稿件、素材的质量，加大人口计生工作宣传报道的力度。《北京日报·健康版》、《京郊日报·妇女计生版》均为每周一期，今年共刊登53期，有效提高了已有阵地的影响力。喜迎国庆60周年之际，在北京日报专版宣传报道我市人口计生工作；《人口与计划生育》杂志分6期连载“我与国策共成长”征文演讲比赛决赛选手的演讲稿，每期12.5万册，共发行75万册，有效扩大了宣传覆盖面。

三是强化“人口文化活动室”建设。北京市人口计生委在新农村文化建设中充分发挥村、镇（乡）人口学校宣传教育活动阵地的作用，利用远郊区县村、镇（乡）级人口学校现有场地，为其配备“人口文化活动室”，计划自2009~2010年两年时间内首先配备百个“人口文化活动室”。截至目前，已为十个远郊区县的人口学校配备“人口文化活动室”56个，每个“人口文化活动室”配一块统一编号的标志性牌匾（现已排至56号）、4个统一规格开放式书柜、4个“北京市人口和计划生育委员会赠”标牌和计生科普图书光盘；每套使用经费一万元。

四是电视专题片制作水平不断提高。在由国家人口计生委、中国广播电视协会主办，中广协纪录片工作委员会、中国人口宣传教育中心北京友好传承文化基金会承办的“生命的钥匙——首届中国家庭纪录片周”节目征集评选活动中，北京市人口计生委荣获特殊贡献奖，中央电视台新闻专题部、北京市人口计生宣教中心联合制作的《冷暖童年》专题片荣获金牌奖，北京市人口计生宣教中心制作的《北京计生系列报道》荣获银奖。在国家人口计生委第二届新时期统筹解决人口问题公益广告及动漫作品征集评选展播活动中，北京市人口计生委制作的公益广告《婚检孕检　幸福一生》荣获一等奖，《有效避孕　健康生育》荣获入围奖。

2009年我们精心制作了《生命的乐章》、《健康驿站》、《孕期保健答疑》、《女性健康答疑》和《育婴知识答疑》等一批健康宣传片和宣传我市人口计生工作成就的电视专题片，拍摄制作了农村党员干部远程教育160分钟的课件节目。

五是文图宣传品制作更加规范。按照北京市财政局关于大宗宣传品招标管理文件的相关规定和委领导指示要求，2009年，完成了我委年底宣传品招标工作，包括宣传品家庭历书（普及版）80万册、家庭历书（流动人口版）40万册、年画20万套（每套2张）、计划生育内容为主的福字28

万张、人口和计划生育工作桌历1万本五个项目。截至目前，后期设计修改及制作工作正顺利进行。

六是利用好中山公园展厅的宣传平台。为纪念新中国成立六十周年，系统展示首都人口计生工作30年走过的光辉历程，充分表达北京市人口计生系统干部职工纪念祖国60华诞的喜悦之情，7月9日，在中山公园展厅举办了“迎甲子华诞　传国策新风——纪念新中国成立六十周年北京市人口计生系统摄影展”。参加摄影展的共有市人口计生系统40多个单位的2500余幅作品，其中展出300余幅，由中国摄影家协会的专家评选出组织奖。

七是继续发挥《北京人口》的宣传平台作用，加强对区县工作的指导力度。2009年，《北京人口》共刊出6期，发行24万册。其中刊登区县专题稿件10余篇，文图信息197条，在强化教育性、知识性的同时，为区县人口计生工作提供了很好的方向引导，充分发挥了政策宣传和舆论导向作用。

市纪委驻市人口计生委纪检组组长李红文在2009年北京市人口计生系统反腐倡廉建设工作会议上的报告

（2009年3月12日）

这次会议的主要任务是：以邓小平理论、“三个代表”重要思想为指导，深入贯彻落实科学发展观，传达学习胡锦涛同志在十七届中央纪委三次全会上的重要讲话和中央纪委全会、中共北京市纪委第十届五次全体会议暨全市党风廉政建设工作会议和全国人口计生系统反腐倡廉工作会议精神，总结2008年全系统党风廉政建设和反腐败工作，部署2009年任务，为首都人口计生事业的健康发展提供有力保证。下面我代表北京市人口计生委党风廉政建设和纠风工作领导小组作工作报告。

一、2008年工作回顾

2008年全市人口计生系统认真贯彻落实科学发展观，紧紧围绕平安奥运中的人口计生工作这个中心，以推进廉政风险防范管理工作为契机，以构建惩治和预防腐败体系为重点，全面加强领导干部作风建设，着力推进惩防体系建设。各级纪检监察职能部门认真履行职责，全市人口计生系统党风廉政建设和反腐败工作取得了新进展，为平安奥运中的人口计生工作提供了有力保证。

（一）深化反腐倡廉教育，各级领导干部廉洁自律意识进一步增强

坚持把思想政治教育作为反腐倡廉建

设的首要任务，认真组织廉政宣传教育。一是召开全委党的工作会议，传达贯彻中央纪委十七届二次全会、北京市直机关工委党风廉政建设暨作风建设工作会议精神，总结2007年全委党风廉政建设责任制落实情况，部署2008年党风廉政建设任务。指导各级党组织和广大党员干部认真学习领会中央和北京市领导同志有关重要讲话和有关会议精神，增强反腐倡廉的自觉性。二是制定委党组全年学习计划，坚持委党组理论学习中心组集体学习，深刻领会胡锦涛总书记在党的十七届二次、三次全会上的讲话精神，坚持社会主义核心价值体系，增强做好反腐倡廉建设的政治责任感。三是组织开展理想信念、廉洁从政和艰苦奋斗教育；加强正反面典型教育。四是加强反腐倡廉宣传和廉政文化建设。建立廉政教育协作机制，把思想教育、纪律教育与社会公德、职业道德、家庭美德教育和法制教育紧密结合起来，积极推进廉政文化建设。五是落实领导干部廉洁自律五项重点工作。重点治理领导干部违规收受现金、有价证券、支付凭证等问题，治理领导干部违规插手招标投标、政府采购等问题。六是加强人口计生部门领导岗位教育培训，组织两批共110名人口计生干部赴南京人口管理学院分别进行为期10天的人口计生理论业务培训，着力提高领导干部严格执行“四大纪律八项要求”的基本政治素质、业务素质和廉政勤政、依法行政能力。七是编印《反腐倡廉建设知识读本》，为全系统党员领导干部和纪检监察干部提供廉政学习教材。

通过开展这些活动，激发了广大党员干部深入学习贯彻党的十七大精神，坚定理想信念，加强道德修养，模范遵守党的纪律，树立良好形象的自觉性；进一步强化了领导干部廉洁自律和遵纪守法意识，提高了拒腐防变的能力。

（二）加强作风建设，治理损害群众利益的不正之风取得实效

一是召开全市人口计生系统反腐倡廉建设暨作风建设工作会议，传达贯彻党的十七届二次全会、国务院廉政工作会议、北京市纪委十届三次会议暨全市党风廉政建设工作会议和全国人口计生系统反腐倡廉建设会议精神，总结2007年系统反腐倡廉建设和作风建设，表彰系统作风建设先进单位和个人，研究部署2008年反腐倡廉建设任务。二是制定《北京市人口计生委阳光计生行动实施意见》，落实国家人口计生委“阳光计生行动”方案，加大政务公开和行风建设工作力度，切实维护群众知情选择权、表达权、监督权。三是深入开展民主评议政风行风活动。制定《关于加强北京市人口计生系统民主评议政风行风建设的实施意见》，指导区县人口计生部门完善政风行风热线及特邀监督员制度，重点防治基层干部以权谋私、弄虚作假、粗暴执法和乱收费等群众反映强烈的问题，坚决纠正损害群众利益的不正之风，进一步提高群众满意度，积极创建人民群众满

意的人口计生系统作风建设先进单位。四是大力提倡勤俭节约、艰苦奋斗作风，坚决反对奢侈浪费。严格执行因公出国（境）相关规定，严禁公款出国（境）旅游。五是加强行政监察调研工作。组织开展对全市人口计生委行政效能建设和行政效能监察专题调研，进一步规范全系统行政效能监察工作。

（三）推进改革和制度建设，着力从源头上预防腐败和不正之风

一是制定《北京市人口计生系统廉政风险防范管理办法》，组织委全体干部和区县人口计生委副处级以上干部参加的廉政风险防范管理专题讲座，在全系统安排部署廉政风险防范管理工作。二是改革完善人口和计划生育目标责任制考核评估机制。切实贯彻执行人口和计划生育检查考评工作纪律，坚决防止搞形式主义和急功近利、瞒报计划生育完成指标、追求脱离实际的高指标等违背科学发展观的错误行为。三是开办“12356”阳光计生热线，完善人口和计划生育政风行风热线，做好信访工作。四是制定实名举报奖励制度，建立健全人口计生委党内监督制度、领导干部选拔任用监督机制，防止用人上的不正之风。五是举办全系统惩防体系建设研讨会，研究制定《北京市人口计生委党组关于贯彻落实〈中央构建惩治和预防腐败体系 2008～2012 年工作规划〉实施办法》，大力推进惩防体系建设步伐。

（四）加强监督检查，权力运行进一步规范

一是督促各级领导班子认真执行党内监督条例，坚持民主集中制，落实“三重一大”必须经集体研究决定的制度，保障党员民主权利；认真执行党政领导干部选拔任用条例，严明组织人事纪律。二是加强对招标项目专项经费使用的管理，督促政府采购、招投标制度和国有资产使用管理责任制的落实，防治商业贿赂。三是加强对重点专项资金使用情况的检查，督促区县人口计生部门将中央和北京市补助的计划生育药具经费、奖励扶助资金以及贴息贷款资金及时用之于民，保障群众的利益。四是组织开展对人口和计划生育群众工作纪律和检查考评工作纪律执行情况的专项检查，督促基层尊重和保障人权，督促各级人口计生部门纠正“高指标”，防止弄虚作假。五是开展行政效能监察，督促机关各处室进一步提高行政效率和工作质量。重点开展“计划生育技术服务机构设置和技术服务人员合格证书审批”和“平安奥运计划生育宣传教育”两个项目的监察和网上行政监察，规范行政许可项目的管理与监督工作。

（五）加强组织领导，反腐倡廉建设目标责任制的落实得到加强

一是制定《北京市人口计生委 2008 年反腐倡廉建设重点工作及责任分解》，明确工作重点，强化领导责任。各级领导加强对反腐倡廉建设的领导，认真执行党风廉政建设目标责任制，做到任务分解到位，

责任落实到人。牵头单位主动开展工作，制定任务落实计划，狠抓落实；协办单位积极配合牵头单位完成工作任务。委机关各处室、各单位坚持教育、制度、监督并重，全面加强本处室、本单位反腐倡廉建设。二是组织委机关各处室和直属单位领导参加的落实党风廉政建设责任制和开展廉政风险防范管理推进会，分析半年党风廉政建设形势，研究制定改进工作措施。

（六）加强学习培训，纪检监察干部队伍建设得到加强

各级纪检监察职能部门，按照政治坚强、公正清廉、纪律严明、业务精通、作风优良的要求，继续加强队伍建设。一是各级纪检监察职能部门按照作风建设八个方面的要求，教育和引导广大纪检监察干部大力弘扬党的光荣传统和优良作风，切实做到为民、务实、清廉；广大纪检监察专（兼）职干部坚定理想信念，自觉加强党性修养，做党的忠诚卫士。二是举办全系统纪检监察干部理论业务培训班。对全系统60余名专兼职纪检监察干部进行了为期一周的比较系统的理论业务培训，广大纪检监察干部的理论和业务素质得到提高。三是按照市纪委的统一部署，在驻委纪检组监察处和委机关纪委干部中开展了“做党的忠诚卫士、当群众的贴心人”主题实践活动，并参与了全委学习实践科学发展观活动，纪检监察干部结合工作特点，着力解决与科学发展观要求不适应、不符合的问题，着力提高服务、保障能力，进一步推动了纪检监察干部队伍的自身建设。四是各级人口计生部门党委（党组）和领导班子，特别是党政“一把手”，进一步关心和支持纪检监察工作，帮助纪检监察机关更好地履行职责。纪检监察干部队伍围绕中心、服务中心、保障中心开展纪检监察工作的能力不断加强。

一年来，全系统反腐倡廉建设取得了切实成效。回顾一年的工作，我们的体会是：只有坚持高举旗帜，紧紧围绕贯彻落实科学发展观开展党风廉政建设和反腐败工作，才能始终保持反腐倡廉建设发展的正确方向；只有坚持积极构建惩治和预防腐败体系，才能从源头上遏制腐败行为的发生；只有坚持调查研究，不断改革创新，积极探索预防和治理腐败的新思路、新举措，才能不断开创反腐倡廉建设的新局面；只有坚持并完善反腐败领导体制和工作机制，才能不断推进反腐倡廉建设向纵深发展。

总体看，2008 年全市人口计生系统各级党组织和领导班子，对党风廉政建设和作风建设是高度重视的，工作扎实，成效明显。但从落实党风廉政建设责任制、推进惩防体系建设的要求看，工作中也还存在一些不足，主要表现在以下五个方面：一是部分领导落实党风廉政建设责任制的意识有待增强，工作标准有待进一步提高。二是落实惩防体系建设任务的进展和成效不平衡。少数单位惩防体系建设任务仍很重。三是惩防体系制度建设滞后，对权力

运行的有效制约和监督仍是薄弱环节，有效预防腐败的措施和办法还不够多，工作缺乏创新。四是党风廉政建设责任制检查考核不够经常，惩治和预防腐败体系建设步伐有待进一步加快。五是纪检监察工作的方式方法和队伍素质还不能完全适应新形势、新任务的需要。对这些问题，必须在今后的工作中认真加以解决。

二、2009 年主要任务

2009 年反腐倡廉建设的总体思路是：坚持以邓小平理论和“三个代表”重要思想、科学发展观为指导，认真学习贯彻党的十七届三中、四中全会、中纪委十七届三次全会、市纪委十届五次全会和全国人口计生系统反腐倡廉工作会议精神，紧密联系北京市人口计生工作实际，以完善惩治和预防腐败体系为基础，以制度建设为重点，以全面推进廉政风险防范管理工作为抓手，强化服务、夯实基础、搞好落实，全面履行纪检监察职能，维护党的纪律，推动全市人口计生系统反腐倡廉建设深入开展，为人口计生工作更好地贯彻落实科学发展观、构建和谐社会营造良好的人口环境提供有力的纪律保证。重点做好以下工作：

（一）深化反腐倡廉教育，加强领导干部党性修养和作风建设

一是认真组织开展“加强党性修养，树立和弘扬良好作风”专题教育活动。各级人口计生部门要把学习实践科学发展观活动和开展作风建设年活动与反腐倡廉教育紧密结合起来。市人口计生委和部分区县人口计生委已经完成第一批集中学习实践科学发展观活动的要认真总结经验，集中精力抓好整改方案的落实。今年即将开展此项活动的单位要按要求扎扎实实地抓好活动的起步。要把“加强党性修养，树立和弘扬良好作风”专题教育活动贯穿于两个活动的全过程，通过专题教育，促进党员干部加强党性修养，努力形成勾清明组长倡导的“六风”，即解放思想之风、理论联系实际之风、亲民为民之风、真抓实干之风、廉洁从政之风、艰苦奋斗之风，切实解决影响科学发展的思想障碍问题，推动科学发展能力不强的问题，脱离群众、简单粗暴的问题，作风飘浮、工作不实的问题，为政不廉、以权谋私的问题以及贪图享受、奢侈浪费的问题。要继续如强党风廉政教育，认真抓好领导干部廉洁自律各项规定的贯彻落实，确保勾清明组长推出的“六个严禁”落到实处。

二是进一步健全领导班子和党员领导干部廉政学习教育制度，进一步落实党组中心组理论学习规定，加强领导班子廉政学习的计划性和系统性，提高学习成效，注重成果转化。全面加强领导干部廉政理论学习和权力观教育。大力弘扬理论联系实际的马克思主义学风。坚持用“三个代表”重要思想和科学发展观武装党员干部头脑，不断增强党性锻炼，树立高尚、科学、文明的时代精神，构建“学习型”领导班子。切实把廉洁从政教育贯穿于领导

干部的培养、选拔、管理、使用等各个方面，使人口计生系统各级领导干部成为实践社会主义核心价值体系的模范。

三是抓好理想信念教育、思想道德教育、党纪国法教育、廉洁从政教育、警示教育和岗位廉政培训，积极引导人口计生系统广大党员干部，不断增强法纪观念和廉政意识，大力弘扬新风正气，切实做到为民、务实、清廉。

四是大力加强廉政文化建设。宣传人口计生工作者以廉为荣、艰苦奋斗、求真务实、敬业奉献的精神和作风。动员广大人口计生干部职工，积极参与丰富多彩的群众性廉政文化建设，努力营造读书思廉、人人倡廉、家庭助廉的良好氛围，不断增强反腐倡廉宣传教育的渗透力和感染力。

（二）深入开展"阳光计生"行动，大力推进政风行风建设

区县人口计生部门要深入推进"阳光计生"行动，全面落实基层计划生育政务公开、办事公开、村务公开，继续深入开展民主评议政风行风活动，坚决纠正弄虚作假等不正之风，防止人口计划生育工作中损害群众利益的问题发生。进一步办好"12356"阳光计生服务热线，健全和落实行风监督员制度、实名举报奖励制度和舆论监督制度，力争 2009 年有 2/3 的区（县）达到阳光计生行动示范点的要求，切实做到阳光管理、阳光服务、阳光维权。

要重点抓好"请农民兄弟姐妹评计生"、"请流动人口农民工评计生"和系统内"下评上"活动，虚心听取评议意见，认真制定整改措施，着力解决基层和人民群众反映强烈的突出问题。

（三）履行两项职能，强化监督检查

继续加强对政治纪律执行情况、对领导干部执行党风廉政建设责任制情况、廉洁自律情况、贯彻党内监督条例情况的监督检查，加强对关键岗位的监督检查。加强对中央扩大内需促进经济增长政策措施在人口计生部门执行情况的监督检查。深入开展贯彻执行人口计生考评纪律和群众工作纪律的专项检查，切实预防人口计生系统的职务犯罪和违纪案件的发生。深入抓好《中共中央纪委关于严格禁止利用职务上的便利谋取不正当利益的规定》的贯彻执行，认真排查信访举报和案件线索，注重深挖细查背后可能隐藏的权钱交易问题，集中查处违纪违法者。

要积极开展行政效能监察，及时发现和解决领导干部在廉政勤政和作风方面的苗头性、倾向性问题，着力解决办事推诿、效率低下、资源浪费等问题，促进各级人口计生部门及其工作人员廉洁、勤政、务实、高效。

坚持反腐倡廉的领导体制和工作机制，围绕中心，服务大局，制定委党组《北京市人口计生委 2009 年反腐倡廉建设重点工作及责任分解》，并抓好落实；进一步落实党风廉政建设责任分工，协助委领导班子建立健全落实党风廉政责任制的措施和办法，提高一班人落实责任制的意识，抓好

落实；协助党委（党组）抓好党风廉政建设，督促系统各级领导干部认真执行党风廉政建设责任制，严格贯彻党内监督条例。

加强对委机关各处室和直属事业单位工作的监督，加强对人财物等关键岗位的监督，推动党风廉政建设责任制的进一步落实。形成齐抓共管、人人负责的良好局面。

（四）加强制度建设，加快构建惩防体系步伐

完善工作制度，加快构建惩防体系步伐，积极推进全系统廉政风险防范管理工作，总结推广典型经验；认真抓好中央《工作规划》和市委、委党组《实施办法》的落实，进一步加强全系统惩防体系建设，为2012年底前完成构建北京市人口计生系统惩防体系的目标创造条件。

（五）以开展深入学习实践科学发展观活动为契机，加强纪检监察队伍自身建设

按照市委的统一部署，学习实践科学发展观活动今年将在区县全面展开，各级人口计生部门和纪检监察职能部门要认真组织、精心准备、抓好学习，切实把思想和行动统一到贯彻落实科学发展观的要求上来。加强纪检监察干部队伍的思想建设、能力建设和作风建设。加强教育、管理和监督，引导纪检监察干部始终保持谦虚谨慎、积极向上的精神状态和恪尽职守、秉公执纪的职业操守，坚持原则，做党的忠诚卫士。要适应新形势新任务的要求，进一步加强对纪检监察干部的教育培训，不断提高纪检监察队伍政治、业务素质和执纪能力。

同志们，2009年是新中国成立60周年，是深入学习实践科学发展观的重要一年，也是贯彻落实中央《工作规划》、市委、委党组《实施办法》，推进系统惩治和预防腐败体系的重要一年。全面贯彻落实科学发展观，为我们反腐倡廉建设指明了方向。让我们以更加坚定的信心，更加积极的心态、更加得力的措施、更加扎实的工作，把系统党风廉政建设和反腐败工作推向一个新台阶，为全系统人口计生事业的健康发展提供有力保证。

北京市人口计生委副主任丁勇在第五届“首都人口与发展论坛”上的讲话

（2009年11月12日）

第五届“首都人口与发展”论坛今天开幕了。首先，我代表市人口计生委、市人口学会向长期关注支持首都人口发展战略研究、推动人口问题统筹解决的社会各

界、专家学者及相关部门表示衷心的感谢！

人口问题是关系全局的重大问题，是全面建设小康社会所面临的全局性、长期性、战略性的问题，是制约经济社会发展的关键因素。上届论坛落幕两年来，在国家人口计生委的指导帮助下，在市委市政府的正确领导下，在相关部门及各方面专家的积极参与下，全市人口计生系统坚持以科学发展观为指导，自觉确立人口问题在首都全面建设小康社会和现代化建设进程中的突出位置，树立正确的政绩观和人口观，在探索统筹解决人口问题的新途径方面取得积极进展。一是更加重视“民生”与“计生”的关系，推动计划生育利益导向不断深入。把提高人民的物质文化生活水平和健康水平作为出发点和归宿，推动改革发展的成果在更大程度上惠及全体市民。进一步落实了计划生育奖励优惠政策，为计划生育家庭办好事、办实事，人口和计划生育工作由“惩罚多生”为主向“奖励少生”与“惩罚多生”并重转变。二是更加注重成果转化，推动人口问题统筹解决。发挥首都人才科技优势，积极开展相关课题研究，学习国际先进经验和先进理念，努力应对并妥善处理人口数量、结构、素质、分布、迁移等问题。今年我市开展了加快探索调控人口规模等重大课题和京津冀一体化与区域人口发展的研究，提高了研究课题的针对性和实用性，推动了人口发展战略研究向纵深发展。各区县结合功能定位，开展相关课题研究，并注重将研究成果及时转化为具体的工作措施，取得积极的成效。例如，西城区和崇文区的人口疏解问题研究、宣武区的人口老龄化问题研究、朝阳区的人口承载力研究、海淀区的人口预警机制研究、顺义区的人口规模研究等。三是更加注重与相关部门配合，提高人口健康素质。努力突破制约人口发展的思想观念障碍和体制性障碍，加强与相关部门配合，形成了综合治理首都人口问题的良好局面。全市认真开展出生缺陷一级预防，在全市启动了“健康生育计划”。坚持开展打击“两非”联合行动，协同有关部门综合治理出生性别比偏高问题。与市公安局、市卫生局、市工商局等8部门密切配合，开展计划生育药械市场整治行动，保障人民群众生殖健康水平。总的来看，《“十一五”时期人口全面发展规划》顺利推进，全市人口计生事业持续健康协调发展。

人口是城市发展的基础，人口要素是影响城市发展和竞争能力的重要因素。以北京奥运会为标志，首都的发展已经进入了从中等发达城市向发达城市迈进的新阶段，工作的重点将转移到全面提升城市国际竞争力和管理服务水平，建设能代表富强、民主、文明、和谐的社会主义中国的首善之区上来。适应工作重点的转变，首都人口发展面临什么新的挑战、需要做出怎样的抉择？这也正是我们把今天论坛主题定为“人口发展与城市竞争力”的动因。我的理解是，首都经济社会发展进入新的阶段，要提升城市竞争力，不能靠资金拉动，不能靠劳动力丰富形成优势，而要靠人力资本的开发、利用和集聚。目前我国已经完成由人口数量大国向人力资源大国的初步转变，并且迈出了向人力资本强国转变的重要一步。作为首善之区，北京在增强人力资本积聚、实现人口可持续发展方面理应走在全国前列。提升首都城市国际竞争力，在人口发展方面的目标，是要有合理的人口规模、优化的人口年龄及空间分布结构，较高的人口文化和身体素质，高效的人口管理与服务机制。尽管在上述方面我们已经做了很多努力，取得了积极的进展，但相对我们建设“人文北京、科技北京、绿色北京”的战略目标要求，相对我们在国际国内压力下亟须进一步提升城市竞争力的要求，还存在很大差距：首先是人口规模。一个城市的人口规模过小或过大，都不利于竞争能力的提升。对首都北京来说，目前的常住人口规模以及在可预见的未来仍将持续增长的流动人口总量，对资源环境的压力，对城市竞争力的提升，都还是最大的考验。其次是人口结构。北京目前的人口结构无论从年龄结构还是人力资源结构来讲都不是未来的长期可持续发展的最优状态。虽然北京市劳动年龄人口占总人口的比重达到80%左右，这在全世界各大城市中十分少见，它表明北京市人口年龄结构依然处于“人口红利”时期。但是随着老龄化程度进一步加深，劳动力年龄人口比重必然下降，高龄化、空巢化现象必然加剧，“人口红利”很快消失殆尽。第三是人口素质。人力资本的开发、利用和集聚，是推动人口大国向人力资本强国转变的根本。北京聚集了全国最多、最优秀的人才精英和科研机构，人才竞争力居全国第一。北京在人才的质量和潜力方面都比较好。但是我们在实施吸引人才的优惠灵活政策方面，在降低生活成本、改善人才待遇方面，还应做更多的努力。首都人口文化素质在全国处于领先水平，但与国际化大都市相比存在差距。平均受教育年限为9.5年，与中国香港、首尔等城市相差两年。在人口健康素质方面，传染病多发，慢性病、肥胖症呈上升趋势，且向低龄化蔓延，同时，城乡居民健康素质存在明显差距。第四是人口分布。由于人口和功能过于集中在中心城区，带来了市区人均绿地不足、空气环境质量恶化等诸多问题。特别是早晚城郊之间“潮汐式”的严重交通拥堵，已经成为提升城市竞争力的最大障碍。总之，当前全市人口总量、素质、结构、分布问题相互交织，人口规模持续快速增长，老龄化问题日益严重，人口区域分布不尽合理，人口与资源环境的矛盾还很尖锐，人口发展面临的挑战不容忽视。希望今天在座的各位专家学者通过论坛这个平台开展探讨与交流，共同研究探讨人口要素与城市发展相互关系，从人口发展角度提出增强首都综合竞争力、推动“人文北京、科技北京、绿色北京”建设的政策建议。

同志们，《中共中央 国务院关于全面加强人口和计划生育工作统筹解决人口问题的决定》和市委市政府《关于深入贯彻落实科学发展观统筹解决人口问题的决定》，明确了新时期统筹解决人口问题的主要任务。统筹解决首都人口问题，必须要有深入细致的人口发展战略研究成果为支撑，要努力把握规律性，体现时代性，富于创造性。借此机会我提两点希望：一是希望各区县、各部门和相关科研院所进一步认识加强人口发展战略研究的重要性，紧密围绕国家和市委、市政府关注的重点、热点和难点问题，围绕人民群众的需求积极开展有针对性课题的研究。人口计生委作为主抓这项工作的部门，要充分发挥自身的职能作用，切实做好各项组织、沟通、协调和服务工作。二是希望各区县、各部门和相关科研院所继续巩固上下联动、整体推进、分步实施的战略研究大格局，不断建立健全首都人口发展战略研究的长效机制。继续坚持统筹兼顾，科学判断未来首都人口数量、素质、结构、分布的变动趋势，努力揭示人口与经济、社会、资源、环境的互动关系及变化规律；继续坚持未雨绸缪，联合开展重大人口发展问题的前瞻性研究，把人口发展战略研究放在经济社会发展的大背景、大视野下，多层面、多角度地开展研究，通过高层倡导和社会宣传，促进全社会对人口发展问题的重视，推动新时期人口问题的统筹解决，推动首都城市竞争力进一步提高，为统筹解决首都人口问题提供智力支持。

四、法规与重要文件篇

北京市人口计生委关于做好2009年流动人口和人户分离人员计划生育工作的意见

（京人口发〔2009〕5号）

各区、县人口计生委，各局、总公司计生办，北京卫戍区、武警北京总队计生办：

2009年，是全面贯彻国家人口计生委关于建立流动人口计划生育全国“一盘棋”的“三年三步走”（2009年省内“一盘棋”、2010年重点区域“一盘棋”、2011年初步实现全国“一盘棋”）目标的第一年。全市流动人口和人户分离人员计划生育工作，要以认真落实国务院即将出台的《流动人口计划生育工作条例》为指导，以统筹解决首都人口问题为动力，以完善工作机制、推进制度创新为重点，切实把维护流动人口合法权益与治理违法生育行为结合起来，把人户分离育龄妇女的信息采集与加强重点人群服务管理结合起来，把加强市内合作与深化省际协作结合起来，进一步提高服务管理水平。

根据国家人口计生委和市流管委的年度工作要求，全市流动人口和人户分离人员计划生育年度工作目标（承办处室）是：流动人口计划生育法规政策宣传覆盖率达95%（宣传教育处），“三种责任书”的签订率均达95%（流动人口管理处），成年育龄妇女持证率不低于90%（流动人口管理处）、验证率不低于90%（流动人口管理处）、入机率不低于95%（信息中心），已婚育龄妇女孕检率不低于80%（科技管理处），为实行计划生育的已婚育龄妇女提供免费技术服务率不低于70%（流动人口管理处），出生监测的统计覆盖率不低于95%（流动人口管理处），在京居住半年以上的流动人口计划生育率达到85%；人在户不在育龄妇女现居住地信息登记率不低于85%（规划统计处），市内人户分离人员计划生育信息网上共享率达到80%以上（信息中心）。为此，应重点做好以下工作。

一、探索流动人口计划生育服务管理模式创新

服务管理模式的创新，是提高流动人口计划生育整体水平的重要措施。各区县

要紧密结合区域内流动人口分布特点及计划生育工作实际，不断探索创新，积极培育区域特色突出的各类典型，形成一些形式多样、特色鲜明的服务管理模式。市人口计生委拟于第4季度组织召开全市流动人口计划生育工作经验交流和特色工作实地观摩会。经验交流重在区县级层面，特色工作重在街道（乡、镇）层面。各区县要做好“面上”经验的梳理总结，抓好“点上”特色工作的重点扶持，第3季度末完成相关准备工作。

二、继续拓展和深化流动人口计划生育区域协作

2009年，市人口计生委在认真总结区域协作所取得的经验和成果的基础上，将按照“以协作范围的扩大求合作、以重点难点问题的突破求共赢、以长效机制的形成求发展”的总体思路，重点做好区域协作的拓展工作和违法生育的异地联合执法工作。各区县人口计生委要认真做好区域内流动人口违法生育个案信息的收集、汇总和核实工作，对违法生育人数比较多或者户籍地相对比较集中的，要重点掌握，分季度上报市人口计生委。市人口计生委将根据全市的总体情况有重点地与有关省市人口计生委协商，将采取省级组织、地市级具体实施的方式进行异地、集中联合执法。异地联合执法，政策性比较强，敏感度比较高，难度也比较大。各区县人口计生委要按照全市统一部署与要求，做好相关准备和保障工作，确保全市跨区协作工作有重点、有计划、有成效地运行。违法生育信息的采集，纳入流动人口年度执法检查。

三、做好流动人口信息系统新老平台转换和出生信息管理工作

2009年，国家人口计生委“人口宏观管理与决策信息系统”（简称PADIS集成工作平台）将在全国投入运行，该系统中的“流动人口子系统”将取代“全国流动人口信息交换平台”。PADIS流动人口子系统上线运行的末端在街乡级，已于1月中旬上线试运行。在新老平台并行期间，各区县在市级培训的基础上认真抓好街道（乡、镇）上线人员的技术培训，流动育龄妇女的信息采集和录入工作要求不变。继续抓好流动人口在京出生监测工作，进一步扩大监测范围覆盖和提高监测质量，并做好出生信息的核实统计工作（包括区县之间的交换核实），并按要求上报。

四、加强人户分离人员计划生育制度化和经常化管理

人户分离人员服务管理是户籍人口计划生育工作的重点难点工作。按照国家人口计生委提出的2009年省内“一盘棋”的工作要求，在认真落实市人口计生委、市财政局、市劳动和社会保障局等八部门联合印发的《北京市人口与计划生育现居住地为主管理办法》（京人口发〔2004〕38号）文件精神的基础上，今年将重点抓好以下四项工作：一是召开专题研讨会。在去年专题调研的基础上，2月份组织召开全市人户分离人员计划生育工作研讨会，探讨加强服务管理的应对措施。二是建立人户分离人员计划生育工作季度例会制度。重点交流区县服务管理信息，集中探讨重点难点工作，协调解决工作中存在的问题。三是根据国家人口计生委关于实现流动人口计划生育工作省内“一盘棋”的部署和要求，制定北京市人户分离人员计划生育工作市内“一盘棋”实施方案。四是细化市人口与计划生育目标管理考核评估方案中有关人户分离人员考评细则，进一步加大年终现居住考核评估权重。区县要进一步加强人户分离人员计划生育基本情况的专题调研活动，进一步掌握重点人群的生育情况，违法生育的主要原因，加强对基层的检查和督导，积极探索适宜人户分离人员管理办法和措施。

五、加强人口计生力量专题知识培训

做好流动人口和人户分离人员计划生育服务管理工作，离不开流管、公安等相关职能部门与人口计生系统的密切配合。今年，市人口计生委将本着基层公共资源共用共建的思路，继续与市流管办、市公安局等部门合作，抓好相关人员学习和培训工作，确保基层资源和力量的融合。一是举办区县人口计生委分管主任、科长的流动人口、人户分离人员服务管理专业知识培训，邀请市流管办、公安局等相关部门的领导授课。二是在北戴河培训中心举办基层派出所户籍民警计划生育法规知识培训班。三是在南京人口计生干部培训中心举办区县流管办主任的人口和计划生育知识培训。各区县应重点加强村（居）流动人口和出租房屋管理员计划生育工作技能培训。

六、完善流动人口和人户分离人员计划生育内部工作协调机制

按照中央提出的建立流动人口计划生育统一管理、优质服务新体制要求，认真落实《关于成立北京市人口计生委流动人口（农民工）计划生育工作领导小组的通知》（京人口发〔2007〕29 号）文件精神，紧紧围绕提高流动人口和人户分离人员两大重点人群服务管理能力，加强系统资源整合，进一步细化职能职责，逐步理顺内部关系。各区县人口计生委要按照统一领导、归口管理、分级负责的工作原则，进一步分解和细化流动人口和人户分离人员计划生育工作的领导职责和科室职能，合理搞好内部分工，积极构建领导有力、协调有序、配合有效的内部工作协调机制。

七、开展流动人口和人户分离人员关怀关爱活动

以流动人口聚居区、农民工就业比较集中单位为依托，利用流动人口特别是农民工集中离（返）京、组织已婚育龄妇女孕检或健康体检等有利时机，认真做好计划生育“关怀关爱”行动。一是结合重大节日和重要活动，组织开展形式多样的送服务、送帮扶、送文化活动。二是继续抓好流动人口图书角建设，为流动人口比较多的市场、工地订阅人口计生和生殖健康知识刊物。三是把孕情检查与生殖健康体检结合起来，继续扩大免费技术服务的覆盖面，对自觉实行计划生育政策、自愿采取长效避孕措施的流动已婚育龄妇女进行一定的物质奖励。四是免费为流动人口提供避孕药具，在流动人口比较集中的商业区、居住区（地下空间）等设立避孕药具发放点。五是健全流动人口聚居区计划生育协会组织，提高流动人口自我管理、自我服务的能力。六是通过定期联系和随访等形式，落实人户分离人员计划生育奖励政策。

二〇〇九年二月十二日

关于印发在机关党员干部中开展“进农村、进社区、进企业，促发展、促和谐”活动实施方案的通知

（京人口发〔2009〕6号）

机关各处室、直属事业单位，计划生育协会：

为贯彻落实市直机关工委关于在市直机关党员干部中广泛开展“进农村、进社区、进企业，促发展、促和谐”（简称“三进两促”）活动的精神，结合全委工作实际，特制定市人口计生委“三进两促”活动实施方案，现印发给你们，请按活动方案认真落实。

联系人：朱秀娟　联系电话：83970811

二〇〇九年二月二十三日

关于在机关党员干部中开展“进农村、进社区、进企业，促发展、促和谐”活动的实施方案

为贯彻落实市直机关工委关于在市直机关党员干部中广泛开展“进农村、进社区、进企业，促发展、促和谐”（简称“三进两促”）活动的精神，结合我委实际，制定如下方案：

一、指导思想

在机关党员干部中广泛开展“三进两促”活动，是2009年市直机关党建工作的重中之重，其目的在于组织广大党员干部走进农村、社区、企业，参与新农村建设、

了解社区群众生活、帮助企业健康发展，通过“三进”实现促发展、促和谐，保证今年各项任务的圆满完成。我委开展“三进两促”活动，要以科学发展观为指导，以贯彻落实中央和市委《决定》精神为落脚点，以参与新农村建设为载体，以项目实施为牵引，突出行业特色，强化系统特点，注重机制创新，把“三进两促”活动与完成稳定低生育水平统筹解决人口问题任务结合起来、与加强系统干部队伍素质建设和职业化建设结合起来、与城乡携手共建精神文明活动结合起来、与加强行风政风建设打造“阳光计生”示范区县结合起来，与提高为计生家庭、计生群众服务水平结合起来，与加强调查研究提高政策措施制定的科学性、针对性、有效性结合起来，继续发挥人口计生系统特别能吃苦、特别能奉献、特别善于做群众工作的优良传统和覆盖街乡村居的计生网络优势，面向基层、深入实际、统筹安排、上下联动、务求实效，做到“三进两促”活动与行政业务工作和党建工作双促进、双丰收，促进人的全面发展，为建设“人文北京、科技北京、绿色北京”创造良好的人口环境。

二、主要内容

根据市直机关工委要求，结合我委实际，“三进两促”活动重点围绕以下内容进行：一是关注民生，进一步加强利益导向机制建设。继续做好对农村计生家庭的奖励扶助和对独生子女夭亡家庭的特别扶助工作，推进对独生子女伤残家庭的特别扶助工作；进一步督促企业落实计划生育各项奖励措施；稳步推进贴息贷款，帮助农村低收入计划生育家庭脱贫致富；积极推进“生育关怀行动”、“幸福工程”等项目的实施，让计划生育家庭优先分享更多的改革发展成果。二是大力推进公共服务均等化，进一步强化计划生育优质服务工作。实施“北京市农村已落实长效节育措施的已婚育龄群众免费健康体检”项目；完善计划生育药具发放体系，实施计划生育免费药具“易得工程”，扩大免费受益人群。三是进一步完善工作机制，提高流动人口和人户分离人员计划生育服务和管理工作水平。做到流动人口计划生育与户籍人口同宣传、同服务、同管理、同考核。四是加强宣传教育，广泛深入开展好婚育新风进万家活动。组织“生殖健康大课堂”进社区科普活动；在人口学校中开展生殖健康知识普及教育；落实“科技文化卫生三下乡”重点活动和经常化活动；编印、发放《大学生性健康教育知识读本》，加强青春期性健康教育。五是加强干部队伍素质教育，全面推进人口计生系统干部队伍职业化建设。通过开展活动，了解市情民意，加强对工作的理性思考，进一步改进机关工作作风，提高科学决策水平和执行力。

三、方法步骤

“三进两促”活动是一项长期工作，根据我委实际，2009 年要做好以下几阶段工作：

第一阶段：学习宣传阶段。组织党员

干部学习市直机关工委2009年党的工作会议精神，了解市直机关开展“三进两促”活动的目的意义和基本要求。2月底前各党支部组织全体党员干部学习贯彻市人口计生委活动方案，统一思想，提高认识。

第二阶段：组织实施阶段。根据任务分解要求，由相关业务处室和单位结合工作实际组织实施。

第三阶段：交流提高阶段。结合年度工作总结，召开“三进两促”活动情况汇报和经验交流会，总结经验，表扬先进，推动活动深入开展。

四、几点要求

一是切实加强对“三进两促”活动的组织领导。成立由委领导任组长的人口计生委“三进两促”活动领导小组，成员由机关党委委员组成。办公室设在机关党委，负责日常组织协调工作。

二是各党支部要周密计划，精心组织。党支部书记是本处室“三进两促”活动第一责任人，要紧密结合本处室工作实际和委员会安排部署，制定切实可行的工作方案并抓好落实。要指定一名同志负责日常联络和信息汇报工作。

三是要建立和完善信息反馈制度。通报工作动态，反映意见建议，对基层和群众反映的问题能够解决的要积极解决，难以解决的要做好调研，提出建议，待条件成熟时加以解决。

四是要注意总结活动的好经验好典型。注意积累开展活动的文字和图像资料，利用媒体等多种宣传手段，营造开展“三进两促”活动的良好氛围。

“进农村、进社区、进企业，促发展、促和谐”活动领导小组成员名单

组　长：邓行舟　人口计生委委党组书记、主任

副组长：李红文　委党组成员、驻委纪检组组长、机关党委书记

成　员：朱秀娟　委机关党委专职副书记

杨春雁　委机关党委副书记、人事处处长

胥德琪　委机关党委委员、办公室主任

李晓沪　委机关党委委员、科技处处长

邹建荣　委机关党委委员、行财处处长

袁铁祥　委机关党委委员、老干部活动站站长办公室设在机关党委

北京市人口计生委机关党员干部“三进两促”活动任务分解

序号	工作内容	主责单位	协办单位
1	进一步做好独生子女特殊家庭特别扶助和农村计生家庭奖励扶助工作，督促企业落实计划生育各项奖励制度。	政法处	行财处 规统处 信息中心
2	稳步推进贴息贷款，帮助农村低收入计划生育家庭脱贫致富。	协会	政法处 行财处 监察处
3	实施“幸福工程”项目，开展为贫困母亲“治穷、治愚、治病”活动。深入开展“生育关怀—亲情牵手”活动，加大对重点人群的关怀和帮扶力度。	协会	
4	指导督促市属局、总公司做好企业职工的计划生育健康服务，完善管理服务交流平台建设。	规统处	
5	实施“北京市农村长效节育已婚育龄群众免费健康体检”项目（市政府为民办57件实事之一，新农村建设折子工程之一）。	科技处	办公室行财处
6	实施计划生育免费药具“易得工程”。	药具站	
7	流动人口计划生育与户籍人口同宣传、同服务、同管理、同考核，落实流动人口计划生育技术服务，完成计划生育的流动已婚育龄妇女免费技术服务率达70%等工作目标。	流管处	科技处 规统处 宣教处 信息中心
8	在人口学校中开展生殖健康知识普及教育；编印、发放《大学生性健康教育知识读本》，加强青春期性健康教育。	宣教处	
9	做好“三下乡”重点活动和经常化活动的组织；组织“生殖健康大课堂”进社区、进农村、进军营、进学校科普活动。	宣教中心	办公室 科技处 宣教处 行财处 药具站
10	为村居人口学校配备人口计生政策、法规宣传品和科普宣传品。	宣教中心	宣教处
11	组织电视栏目、广播栏目走进基层、走进校园、走进社区活动；抓好支部拉手共建活动。	宣教中心	宣教处
12	抓好村级生殖健康咨询师试点工作，对村居计生专干进行业务知识培训。	人事处	

北京市人口计生委关于深入开展人口计生系统“平安北京”建设的意见

（京人口发〔2009〕14 号）

各区县人口计生委，市人口计生委机关各处室、直属事业单位，市计生协会：

为进一步巩固人口计生系统参与“平安北京”建设成果，努力为建设“人文北京、科技北京、绿色北京”提供良好的人口环境，现就在全市人口计生系统深入开展“平安北京”建设提出以下意见。

一、开展人口计生系统“平安北京”建设的指导思想、工作目标

开展人口计生系统“平安北京”建设的指导思想：以邓小平理论和“三个代表”重要思想为指导，深入贯彻党的十七大和十七届三中全会精神，全面落实科学发展观，把“平安北京”建设放在人口计生工作的全局统筹推进，进一步固化深化人口计生系统参与“平安奥运”工作成果，以统筹解决人口问题为重点，全面提升工作水平，为“人文北京、科技北京、绿色北京”建设创造良好的人口环境。

开展人口计生系统“平安北京”建设的工作目标：长远目标是依法创建和谐人口计生，近期目标是以确保新中国成立 60 周年庆祝活动安全顺利举行为首要任务，从人口计生实际出发，着力营造平安和谐的社会环境、安全稳定的政治环境、规范有序的发展环境、祥和安宁的城市环境。全力实现“大事不出、小事减少、管理严格、秩序良好”。“大事不出”就是要做到坚决防止因人口计生问题发生暴力事件，坚决防止发生危害国家安全和社会稳定的重大政治事件，坚决防止发生大规模群体性事件。“小事减少”，就是要做到减少矛盾纠纷和上访滋事事件，减少各类一般群体上访事件。“管理严格”，就是要进一步明确各区县人口计生委、各有关单位的职责任务，形成齐抓共管的工作格局。“秩序良好”，就是要有效控制影响社会秩序的突出问题，有效消除安全隐患，有效化解各种不稳定因素。

二、深入开展人口计生系统“平安北京”建设的具体措施

（一）坚持科学发展观，着力从源头上预防和减少矛盾纠纷

坚持以科学发展观为统领，妥善处理改革发展稳定的关系，把统筹解决人口问题与保稳定更好地统一起来，更加重视民生，下大力气解决好涉及计划生育群众的切身利益，不断满足群众日益增长的物质

文化需求。依法落实计划生育育龄夫妻免费避孕节育服务，继续推行避孕节育措施知情选择，尊重群众的知情选择权，让群众选择适合自身情况的避孕节育措施。

坚持科学决策、民主决策、依法决策，全面建立安全稳定风险评估机制，在制定出台涉及群众利益的重大政策时，要把安全稳定风险评估纳入决策程序之中，广泛征求各方面意见。加强对近年来信访、稳定方面典型案例的系统研究，形成处理同类型问题的指导性意见和政策。

（二）深入排查化解矛盾纠纷，有效防止问题堆积蔓延

在人口和计划生育工作中必须依法行政，严明群众工作八项纪律，即“不非法关押群众、不打骂侮辱群众、不损坏群众财产、不违规收费罚款、不强迫群众手术、不违背服务承诺、不刁难群众办事、不借机以权谋私”。依照国家人口计生委提出的“一二三四”的总体思路，把落实计划生育基本国策和维护人民群众合法权益有机结合，妥善处理好抓紧和抓好的关系，稳定低生育水平和依法行政的关系，更加注重利益引导，更加注重服务关怀、更加注重宣传倡导，将人口和计划生育工作提高到一个新的水平。要进一步规范生育服务证办理、再生育许可（审批）、社会抚养费征收、行政处罚等行政执法程序和行为，做到主体合法、程序规范、实体公正。在具体行政执法环节中，既要符合法律规定，严格执法，又要考虑当事人的实际情况，合情合理，体现人文关怀。要把依法行政作为人口和计划生育目标考核的重要内容，加强日常执法规范的考核督导，不得下达人工流产数、社会抚养费征收金额、结扎率等容易诱发恶性案件、重大群体性事件的指标。

在日常维稳工作中，把开展矛盾纠纷排查化解作为防止问题积累和矛盾激化的一项重要措施，坚持市每半年、区县每季、乡镇街道每月对矛盾纠纷开展定期排查，充分发挥基层“第一道防线”的作用，切实把信访苗头和隐患消除在萌芽阶段。对群众的初信初访，坚持首问、首办、首接责任制，努力在第一时间解决问题。对重信重访，加大集中治理力度，做到诉求合理的解决问题到位、诉求无理的思想教育到位、生活困难的帮扶到位、行为违法的处理到位。对跨地区、跨行业、跨部门以及人户分离、人事分离、人事户分离的疑难复杂信访案件，要采取综合调度、协调联动、会诊会办等方式加强攻坚，力争集中解决一批。全力推进涉法涉诉重信重访排查化解和执行积案集中清理工作，有效减少积案存量。

（三）创新工作体制机制，着力提高矛盾化解水平

健全完善领导干部接访制度，进一步细化接访的内容、程序、方式以及相关要求，不断推动领导干部接访制度化、规范化、常态化。强化信访督查督办机制，健全完善通报、建议、督查考核、工作联系

等各项工作制度。进一步完善政务公开、全程办事代理、政务信息公开、人口计生“12356”阳光热线、信访等公共参与途径，探索网上信访等具有时代特点的诉求反映机制，研究建立引入律师、公证、计生协会等社会力量参与矛盾化解的有效机制。

（四）健全完善应急处置体系，提高保障政治安全、社会安全、公共安全的能力

积极预防、妥善处理群体性事件，坚决防止大规模群体性事件的发生。加大对可能引发群体性事件的矛盾纠纷排查力度，着力把可能引发群体性事件的苗头和隐患消除在萌芽状态。针对可能影响首都安全稳定的突出问题，提前预警，充分做好应急处突准备，坚决防止暴力事件、危害国家安全和社会稳定的重大政治事件、大规模群体性事件的发生。

三、切实加强对“平安北京”建设工作的组织领导

（一）强化组织领导

市人口计生委主任和主管领导牵头，组建“平安北京”建设工作指挥协调领导小组，在市委市政府领导下，对人口计生系统“平安北京”建设实施组织、协调、督促、检查。制定“北京市和区县（部门）人口计生委领导干部安全稳定工作承包责任制”。各区县人口计生委比照市人口计生委模式，建立工作机构。自上而下形成各区县共同参与，职能部门各司其职的“平安北京”建设工作格局。

（二）建立健全责任体系

继续坚持“平安奥运”工作的有效做法，层层签订“平安北京”建设责任书，逐级落实领导责任，逐级明确工作任务，确保“平安北京”建设的每一项工作、每一个环节都有人抓、有人管、有人负责。把“平安北京”建设的考评指标作为重要内容，纳入对区县和部门年度评估考核之中，对因工作不力引发重大问题、造成严重影响的区县和部门实行一票否决；把“平安北京”建设实际成效列入干部考核评价的重要内容，并将考核结果作为对干部晋职晋级和实施奖惩的重要依据。完善督查检查机制，围绕市委市政府有关安全稳定的重大部署和决策，对各区县、各部门开展经常性督查。

（三）强化“属地管理”

各区县人口计生委对辖区“平安北京”建设工作负总责，协调公安、流管、司法、信访、人武、民政、法庭等部门和矛盾纠纷排查调处中心等有关部门，按照“矛盾联调、治安联防、工作联动、问题联治、平安联创”的模式开展工作，最大限度形成基层维护稳定工作的合力。市人口计生委各部门要大力支持区县工作，积极帮助处理有关问题。

二〇〇九年五月十三日

北京市人口和计划生育委员会等部门关于印发北京市计划生育药械市场专项整治行动实施方案的通知

（京人口发〔2009〕17 号）

各区县人口计生委、公安分局、卫生局、工商分局、药监分局、质量技术监督局：

为深入贯彻落实《关于印发全国计划生育药械市场专项整治行动实施方案的通知》（国人口发〔2009〕20 号），现将《北京市计划生育药械市场专项整治行动实施方案》印发给你们。

请各部门按照本方案的要求，认真抓好落实。

北京市人口和计划生育委员会　北京市公安局　北京市卫生局　北京海关　北京市工商行政管理局　北京市质量技术监督局　北京出入境检验检疫局　北京市药品监督管理局

二〇〇九年四月二十七日

北京市计划生育药械市场专项整治行动实施方案

为深入贯彻《关于印发全国计划生育药械市场专项整治行动实施方案的通知》（国人口发〔2009〕20 号），依据相关法律法规，结合各部门工作职责，制定本方案。

本方案所称“计划生育药械”是指用于生育调节的药品和妊娠控制的医疗器械，包括避孕、终止妊娠、促排卵等药品，以及宫内节育器、避孕套等医疗器械；“成人‘性用品’”是指用于改善和增强性功能或对性活动起辅助作用但依法不属于药品和医疗器械管理的产品，包括口服、外用和仿真工具等种类。

一、工作目标

通过专项整治行动，进一步加强计划生育药械生产、流通、使用的监督管理，规范市场秩序，保障和维护群众健康权益。

（一）规范具有合法资格的药品、医疗器械生产或经营企业生产、经营计划生育药械行为。

（二）规范使用计划生育药械的计划生育技术服务机构、医疗机构的执业行为，提高医疗和技术服务质量。

（三）查处生产、销售伪劣成人“性用品”行为，规范广告宣传，提高产品和服务质量。

（四）严厉打击计划生育药械生产、流通、使用环节的各种违法犯罪行为，依法取缔无证生产、经营、使用活动。

（五）构建诚信氛围，增强产品和服务提供者诚信守法意识、质量责任意识，提高行业自律水平。

（六）廓清执法体系，提出建立完善计划生育药械和成人“性用品”监督管理法律法规和规范的建议，提高依法行政水平和监管能力。

二、工作内容和重点

（一）查处计划生育药械生产企业违法行为。严肃查处药品生产企业生产假冒伪劣生育调节药物行为，以及未按照《药品生产质量管理规范》（GMP）组织生产的行为；查处医疗器械生产企业未按照国家标准或行业标准生产妊娠控制类医疗器械的行为，监督检查医疗器械生产企业质量管理体系运行情况；开展计划生育药械产品包装、标签、说明书的专项检查。

（二）查处计划生育药械经营企业违法行为。严肃查处药品经营企业经营销售假冒伪劣生育调节药物的行为，以及未按照《药品经营质量管理规范》（GSP）经营销售的行为；严厉打击违法经营销售终止妊娠、促排卵等药品的行为；查处医疗器械经营企业经营无产品注册证书、无合格证明、过期、失效、淘汰的妊娠控制类医疗器械；查处计划生育药械经营企业出租《药品经营许可证》或允许他人挂靠经营等违法行为。

（三）查处违法计划生育药械和技术广告。严肃查处未经审查批准发布计划生育药械和技术广告的行为，查处篡改或超出批准内容对计划生育药械和技术进行虚假违法宣传的行为。

（四）查处违法使用计划生育药械和技术的行为。查处计划生育技术服务机构、医疗机构使用假冒伪劣计划生育药械的行为；规范计划生育技术服务机构、医疗机构的医务人员使用终止妊娠药物、促排卵药品的行为。

（五）严厉打击无证生产、经营、使用计划生育药械的行为，打击无证生产、经营成人“性用品”的行为。重点打击未取得《药品生产许可证》、《医疗器械生产企业许可证》擅自生产计划生育药械的违法行为，打击未取得《药品经营许可证》、《医疗器械经营企业许可证》擅自经营、销售计划生育药械的违法行为；打击无照生产、销售成人“性用品”的违法行为；打击未取得《医疗机构执业许可证》的“黑诊所”及无相应行医资质的人员非法进行人工终止妊娠和使用促排卵药品的行为；重点查处擅自出厂、销售和进口应当取得而未取得强制性认证证书产品的违法行为，重点打击伪造或冒用强制性产品认证标志的违法行为。

（六）查处生产和销售有质量问题并对消费者人身及财产安全造成严重损害的成人“性用品”的违法行为；查处违法成人“性用品”广告。

（七）建立完善计划生育药械和成人“性用品”监管机制。调查研究计划生育药械和成人“性用品”市场准入、生产、经营、广告宣传、使用中存在的突出问题，提出建立完善相关法律、法规和监管体系的政策建议，为建立长效监管机制奠定基础。

三、组织领导及部门职责

专项整治行动在北京市政府的统一领导下，由市人口计生委牵头组织，市公安局、卫生局、海关、工商行政管理局、质量技术监督局、出入境检验检疫局、药品监督管理局参加。成立北京市计划生育药械市场专项整治行动协调小组（见附件1），下设办公室（见附件2），办公室设在市人口计生委。

专项整治行动在市、区政府的领导下统一进行。

（一）人口和计划生育部门牵头，负责起草行动方案，协调推进相关工作；建立信息沟通和协调通报制度，掌握各部门工作进展；协调并负责向市政府领导汇报工作进度和向社会发布相关信息，定期公布专项整治行动取得的成果、典型案件查处情况；组织各部门宣传相关法律法规，开展规范使用计划生育药械科普宣传活动。

人口和计划生育部门负责，清理整顿计划生育技术服务机构使用假冒伪劣计划生育药械的行为；规范计划生育技术服务机构技术服务人员使用终止妊娠、促排卵药品的行为；查处将国家免费供应的避孕药具有偿销售的行为。研究计划生育药械使用中存在的问题，提出政策性建议。

（二）药品监督管理部门负责，查处无《药品生产许可证》、《医疗器械生产企业许可证》和药品、医疗器械批准证明文件擅自生产计划生育药械的行为，查处无《药品经营许可证》、《医疗器械经营企业许可证》擅自经营计划生育药械的行为；查处药品生产企业违法生产假冒伪劣生育调节药物行为，以及未按照《药品生产质量管理规范》（GMP）组织生产的行为；查处医疗器械生产企业未按照国家标准或行业标准生产妊娠控制类医疗器械的行为，监督检查医疗器械生产企业质量管理体系运行情况；开展计划生育药械产品包装、标签、说明书的专项检查；查处药品经营企业违法经营销售假冒伪劣生育调节药物的行为，以及未按照《药品经营质量管理规范》（GSP）经营销售的行为；查处违法经营终止妊娠、促排卵等药品的行为；查处医疗器械经营企业经营无产品注册证书、无合格证明、过期、失效、淘汰的妊娠控制类医疗器械；查处计划生育药械经营企业出租《药品经营许可证》或允许他人挂靠经营等违法行为；查处医疗机构、计划生育技术服务机构使用假冒伪劣计划生育药械的行为。研究计划生育药械生产经营违法问题，提出完善法律法规的政策性建议。

（三）质量技术监督部门负责查处擅自生产和销售、出入境检验检疫部门负责查处擅自进口应当获得而未获得强制性认证证书产品的违法行为，以及伪造或冒用强制性产品认证标志的违法行为。

（四）卫生部门负责，人口和计划生育部门配合，查处无《医疗机构执业许可证》的“黑诊所”及无相应行医资质的人员非法进行人工终止妊娠和使用促排卵药品的行为；清理整顿医疗机构使用假冒伪劣计划生育药械的行为，规范医疗机构的医务人员使用终止妊娠药物、促排卵药品的行为。研究医疗机构中计划生育药械使用存在的问题，提出政策性建议。

（五）工商行政管理部门负责，卫生部门、药品监督管理部门、人口和计划生育部门配合，查处无照生产、销售成人“性用品”的违法行为；查处虚假违法的计划生育药械和技术广告，查处违法成人“性用品”广告。

（六）海关负责，按照法律法规的规定，对计划生育药械、成人“性用品”进出关实施监管；调查了解专项整治相关商品进出口情况；研究提出涉及计划生育药械、成人“性用品”进出境管理的政策性建议。

（七）公安机关负责，人口和计划生育部门、药品监督管理部门、质量技术监督部门、卫生部门、工商行政管理部门配合，在专项整治中配合各行政执法部门开展执法检查工作，做好执法保障，依法严厉打击各类违法犯罪活动。

四、时间安排

计划生育药械市场专项整治行动于2009年集中开展，分为三个阶段实施：

（一）准备部署阶段（2009年4月）。制定印发《北京市计划生育药械市场专项整治行动实施方案》。各区县、各有关部门按照本方案的要求，结合本区县、本部门实际，制定具体的实施方案，对本区县、本部门开展专项整治行动进行动员和部署。各区县要成立以主管区长为组长的专项整治行动协调小组和办公室，建立健全工作机制，为专项整治行动的顺利实施提供组织保障。

2009年4月底以前，各区县各部门要将落实北京市计划生育药械市场专项整治行动方案、组织机构建设情况、联系人和联系电话等上报北京市计划生育药械市场专项整治行动协调小组办公室。

（二）自查整治阶段（2009年4～10月）。以部门负责、区县自查为主，各区县、各有关部门按照专项整治行动实施方案要求开展整治工作。各区县对本地区的情况进行认真自查，对生产、流通、使用等环节违法违规行为依法进行整治。

自2009年4月起，各市级相关部门汇总当月本系统专项整治行动进展情况，并填写专项整治行动工作进展报表（附件3）和执法监督报表（附件4），报市专项整治行动协调小组办公室，同时报送各自相应的国务院主管部门。

（三）督查总结阶段（2009年9～11月）。市人口计生委、药品监督管理局、质量技术监督局、出入境检验检疫局、卫生局、工商行政管理局、海关、公安局等八部门将组成联合督查组，对各区县开展专项整治的情况分片开展督查，对重点地区、重点行业开展联合执法检查，对全市工作情况进行全面总结。

五、工作要求和措施

（一）加强领导，落实责任。各级政府、各有关部门要切实履行法定职责，加强协调，密切配合，上下联动，形成合力。各区县政府主管领导、各有关部门主要领导要切实加强领导，抓好落实。要围绕专项整治行动实施方案确定的工作目标和重点，根据每个阶段的工作部署和要求，将专项整治行动的具体任务和工作目标逐级分解，责任到人，一级抓一级，层层抓落实。

（二）加强协作，共享信息。建立专项整治行动协调小组办公室联席会议制度，不定期召开会议，各部门通报整治行动工作情况，研究解决部门配合的重大问题。设立专项整治行动工作简报，及时传递工作动态。各区县、各有关部门要及时向专项整治行动协调小组办公室报送工作信息。

（三）突出重点，严肃执法。要在各级政府的统一领导下，对重点产品、重点单位和重点区域，集中时间，集中力量，联合查处。对检查中发现的问题，要责令限期整改；对大案要案做到案件调查清楚，依法查处到位，责任追究到位。各区县专项整治行动协调小组办公室要及时向市专项整治行动协调小组办公室报送有关案件的具体情况和查处结果。

（四）标本兼治，健全机制。要按照整顿和规范相结合、专项行动和日常监管相结合的原则，立足建立健全长效管理机制，加强制度建设，实现对生产企业、经营企业、计划生育技术服务机构和医疗机构监管工作的制度化、经常化和规范化。要通过专项整治行动的开展，认真总结经验教训，增强依法行政意识，积极探索和完善对计划生育药械和成人“性用品”市场监管的有效工作模式和方法，从源头上解决人民群众反映强烈的热点、难点问题，切实保障人民群众的健康权益。

（五）加强宣传，营造氛围。要充分发挥报刊、广播、电视、网络等媒体的作用，大力宣传专项整治成果，及时揭露曝光制售假冒伪劣计划生育药械、成人“性用品”的行为。完善举报投诉制度，广泛发动和正确引导群众参与，动员全社会力量共同监督。专项整治行动期间，市计划生育药械市场专项整治行动协调小组设立举报电话：

北京市人口计生委：83970800

北京市卫生局：12320

北京海关：85736858

北京市工商局：12315

北京市质量技术监督局：12365

北京出入境检验检疫局：58619859

北京市药品监督管理局：83979566

北京市计划生育药械市场专项整治行动协调小组办公室

联系人：李朝俊　梅红光

联系电话：83970787　83970785

联系传真：83560293

电子邮件：kejichu@ bjfc. gov. cn

附件：1. 北京市计划生育药械市场专项整治行动协调小组成员名单（略）

2. 北京市计划生育药械市场专项整治行动协调小组办公室成员名单（略）

3. 北京市计划生育药械市场专项整治行动工作进展报表（略）

4. 北京市计划生育药械市场专项整治行动执法监督月报表（略）

关于开展厉行节约工作的通知

（京人口发〔2009〕22号）

委机关各处室、直属事业单位，市计生协会：

根据中共北京市纪委、北京市监察局《关于认真开展厉行节约各项工作的通知》要求，为进一步规范委员会经费使用管理，现将北京人口计生委厉行节约工作通知如下。

一、加强对厉行节约工作的领导

北京市人口计生委党风廉政建设和纠风工作领导小组对全市人口计生部门的厉行节约工作实行统一领导，各级主要领导对本单位本部门厉行节约各项工作负总责，分管领导亲自抓，把厉行节约工作作为加强党风廉政和政风行风建设的具体手段抓紧抓好，切实把思想和行动统一到市纪委的部署和要求上来，进一步增强厉行节约工作的紧迫感和责任感。

二、主要工作目标

通过开展厉行节约工作，达到三个目标：

一是认真搞好“厉行节约”教育。使全体干部党员了解厉行节约八项规定具体内容，充分认识厉行节约是反腐倡廉和作风建设的重要内容，是当前首都人口发展的必然要求，对推动我国改革开放和社会主义现代化建设事业的顺利进行，具有十分重要的意义。树立廉洁从政、勤俭行政的意识，厉行节约，反对浪费。

二是严格执行经费使用管理规定。健全完善制度，控制行政成本，进一步健全完善有关制度及配套措施，加强预算支出管理，严格执行各项费用支付审批制度，按《通知》要求拨付行政经费。要建立领导干部出国（境）、健全公务用车配备使用、公务接待费用支出以及一般性费用支出等事项向纪检组监察处备案制度。

三是科学合理确定经费压缩指标。按照市纪委要求压缩经费支出，科学制定缩减指标。在对近几年因公出国（镜）经费支出、车辆购置及运行费用支出情况，公务接待、一般性费用支出及用电、用水、用油等情况进行摸底的基础上，科学合理提出各项经费支出压缩、降低、削减的具体指标。

三、工作重点

依照“厉行节约八项规定”内容和要求，结合市人口计生委实际，重点从以下四个方面开展工作：

一是加强对出国（境）培训考察的控制和管理。

相应减少因公出国（境）团组和人数，公款出国（境）经费支出在近3年平均数基础上压缩20%，不组织、不参加各类公款出国（境）旅游活动。

二是严格执行公务用车配备使用管理规定。

按照公务用车编制管理规定使用和配备车辆，车辆购置及运行费用支出要在近3年平均数基础上降低15%。

三是控制公务接待费用支出。

2009年各级党政机关接待费用支出在2008年基础上削减10%；国内公务接待严格按标准实行工作餐。禁止领导干部在参加会议、学习、培训期间用公款相互宴请和以同乡会、校友会、战友会等各种联谊活动名义用公款请客送礼。

四是加强对一般性费用支出及用电、用水、用油等情况的成本控制。

按照财政部关于严格控制一般性支出切实做到“四个零增长”的通知和市纪委文件精神要求，公务接待费用支出削减10%，节电、节油、节水指标降低5%，大力压缩会议、文件、通信等方面的费用。

四、具体措施

1. 委党风廉政建设和纠风工作领导小组把厉行节约工作作为党风廉政建设的有力抓手，推动政风行风建设的根本好转。

2. 采用前期自查和定期抽查方式对厉行节约各项工作进行检查，不断完善机制改进工作。

3. 充分发挥广大党员干部参与的积极性和创造性，采纳合理建议，不断降低行政成本，完善厉行节约制度。

4. 依靠民主和舆论监督，对厉行节约工作进行督察，监察处对厉行节约各项工作进行行政监察。

联系人：于小龙；联系电话：83970957

二〇〇九年六月十五日

北京市人口计生委关于认真贯彻落实《流动人口计划生育工作条例》的实施意见

（京人口发〔2009〕32号）

各区、县人口计生委，各局、总公司计生委（办），北京卫戍区、武警北京市总队计生办：

《流动人口计划生育工作条例》（以下简称《条例》）经2009年4月29日国务院第60次常务会议审议通过，以国务院令第555号予以公布，自2009年10月1日起施行。为认真贯彻落实好《条例》精神，进一步提高北京市流动人口计划生育工作水平，提出如下实施意见。

一、认真学习领会，把思想认识统一到《条例》精神上来

《条例》是在我国人口大规模迁移对各级政府的公共管理服务和计划生育工作提出严峻挑战的大背景下，是在总结我国流动人口计划生育工作的基础上，以国务院令的形式颁布实施的行政法规，是指导新时期流动人口计划生育工作的重要法规。《条例》既保持了流动人口计划生育政策的连续性，又体现出流动人口计划生育工作创新的时代性，要认真学习领会，切实吃透精神。

学习领会《条例》的精神实质，要重点把握其总体思路和突出特点。《条例》以邓小平理论和“三个代表”重要思想为指导，按照依法治国和构建社会主义和谐社会的总体要求，坚持以人为本的科学发展观，统筹服务管理，为全面提高流动人口计划生育工作水平，促进流动人口计划生育基本公共服务均等化提供法律保障。《条例》的各项规定，基本涵盖了流动人口计划生育服务管理最主要、最核心的内容，凸显出服务大局的总体思路、责任明晰的管理原则、综合治理的工作要求、便民维权的工作理念、权利义务统一的法制要求和行政“问责”的执政要求等特点。

各级人口计生部门要认真学习领会《条例》的主要内容和精神实质，牢固树立以人为本、便民维权的理念，坚持依法行政，推进综合管理，将思想认识自觉统一到《条例》精神上来。

二、完善规章制度，把工作规范调整到《条例》规定上来

《条例》与1998年由国务院批准并授权国家计生委发布的《流动人口计划生育工作管理办法》相比，调整和新增了不少内容。2005年，由北京市人民政府常务会议审议通过、以市政府令形式公布实施的

《北京市流动人口计划生育管理规定》中的个别条款与《条例》不一致，市人口计生委将按照有关程序进行修订。为确保《条例》的贯彻落实和工作的连续性，现将目前我市流动人口计划生育日常工作中的有关规范和制度进行调整和补充。

（一）婚育证明的使用和管理

根据《条例》有关流动人口婚育证明的办理、查验和补办的规定，对我市原有的流动人口婚育证明管理有关办法进行调整。一是在婚育证明的办理对象上，仅限于流往市外的户籍成年育龄妇女，对未持有婚育证明的流入成年育龄妇女原则上不再为其办理长期证或者临时证。二是现居住地乡（镇）人民政府或街道办事处对未按规定办理婚育证明的流动成年育龄妇女，要切实履行告知和督办职责，对超过3个月法定期限仍不补办或者拒不提交婚育证明的，应予以批评教育，主动与其户籍地联系并做好相关工作，不再实施经济处罚。

（二）免费技术服务的项目、对象和执行标准

免费计划生育技术服务的项目。按照2001年国家计生委出台的《计划生育技术服务管理条例实施细则》等规定，免费计划生育技术服务的项目主要包括：孕情、环情检查；放置、取出宫内节育器及技术常规所规定的各项医学检查；人工终止妊娠术及技术常规所规定的各项医学检查；输卵管结扎术、输精管结扎术及技术常规所规定的各项医学检查。

免费计划生育技术服务的主要对象。按照维护流动人口合法权益与流动人口自觉履行计划生育义务相统一、现居住地服务管理与户籍地服务管理相促进的原则和要求，为居住在本市半年以上且持有户籍地有效婚育证明的流动已婚育龄妇女提供计划生育免费技术服务。对未能提供有效或没有办理婚育证明的流动成年育龄妇女，原则上不享受免费计划生育技术服务。各区县人口计生委在确定免费计划生育技术服务对象时，不应再附加是否居住在本辖区等附加条件。

免费计划生育技术服务的执行标准。对持有户籍地有效婚育证明的流动已婚妇女提供免费孕情环情检查服务的次数，半年不能少于一次，年度不能少于两次。这一标准是参照多数省市和目前我市计划生育技术服务能力而定的。考虑到目前流动人口户籍地在服务管理方面存在要求不一致、标准不统一的现实情况，各区县在具体执行过程中可视情增加免费孕情环情检查的次数。

（三）生育服务登记的办理

关于现居住地为流动人口办理第一个子女生育服务登记的程序和要求，《条例》已做出了明确的规定。对材料齐全、情况属实的人员应按规定及时办理生育登记。生育服务登记的具体办法另行制定。

（四）流动人口生育信息的采集

流动人口和出租房屋村（居）服务站，是我市流动人口信息采集的基本平台，也

是流动人口生育信息采集的主要渠道。为减轻基层工作负担，村（居）民委员会及其工作人员应对流动人口和出租房屋管理员采集的有关流动人口生育信息进行登记，核实后上报街（乡、镇）录入流动人口信息平台。

（五）流动人口社会抚养费征收工作

要高度重视流动人口社会抚养费征收工作。发现流动人口违法孕育时，要积极主动地做好思想教育工作，并将核实后的信息向户籍地进行通报，登录信息平台交换信息。对原籍配合不力的，要逐级上报，由上一级行政管理部门负责协调。流动人口违法生育社会抚养费的征收原则上采取联合执法的形式进行征收。要努力探索解决目前管理不到位，社会抚养费征收不到位的问题。

（六）流动人口工作经费的组成和使用

流动人口计划生育工作经费，是指用于免费技术服务、宣传教育、信息统计等服务和管理所需的经费。流动人口计划生育工作管理经费投入按市长与区县长签订人口和计划生育目标管理责任书中流动人口经费投入标准予以保障落实。管理经费的使用按照《北京市人口和计划生育委员会关于规范流动人口计划生育经费使用的通知》（京人口发〔2008〕51 号）的相关规定执行。技术服务经费的使用按照《北京市人口和计划生育委员会关于贯彻落实〈流动人口计划生育管理和服务工作若干规定〉的实施意见》（京人口发〔2004〕29 号）文件执行。

（七）村（居）民委员会、房屋租赁中介机构、房屋出租（借）人、物业服务企业的配合协助义务

村（居）民委员会、房屋租赁中介机构、房屋出租（借）人、物业服务企业等是接触流动人口比较多的单位（机构、个人），掌握了大量流动人口的基本信息。赋予他们在流动人口计划生育服务管理中的协助义务，是《条例》新增的重要内容。各区县人口计生部门要认真组织好村（居）民委员会及流动人口和出租房屋服务站的学习和宣传，进一步提高基层工作的责任意识。要利用签订“三种责任书”等时机，进一步加大《条例》宣传的针对性，增加房屋租赁中介机构、房屋出租（借）人、物业服务企业履行义务的自觉性和主动性。

流动人口日常服务管理规范，是维护流动人口计划生育权益的重要保障。各区县人口计生委要认真做好服务管理规范和制度的清理工作，把流动人口计划生育日常工作的各项规章制度统一到《条例》规定上来，与全市要求保持一致。

三、广泛宣传培训，扎实做好《条例》的贯彻落实工作

《条例》的颁布实施，为新时期流动人口计划生育服务管理工作提供了法制保障，为维护流动人口计划生育合法权益提供了法律依据，是我国流动人口计划生育工作中的一件大事。各级人口计生部门要把广泛开展学习宣传作为贯彻落实《条例》的

重要工作来抓，以《条例》新增内容为重点，以维权、服务为主线展开各种学习宣传活动。要协调整合宣传资源，充分利用各种媒体广泛深入地开展宣传活动，掀起学习宣传贯彻落实《条例》的热潮。要针对流动人口的特点做好宣传品的制作和发行工作。组织好《条例》的知识竞赛。

各区县人口计生部门要组织好自上而下的培训，使基层工作人员能全面准确把握《条例》的精神实质和主要内容，严格依法办事。要将《条例》规定的流动人口计划生育服务管理的新内容纳入政务公开的范围，主动接受公众监督。

各区县人口计生委于10月15日前将学习贯彻情况报市人口计生委。

二〇〇九年八月二十四日

北京市人口和计划生育委员会北京市人力资源和社会保障局关于表彰北京市人口计生系统先进集体和先进工作者的决定

（京人口发〔2009〕34号）

各区（县）人口计生委、人力资源和社会保障局，各局总公司计生委（办），武警北京市总队计生办、北京卫戍区计生办：

近年来，在市委、市政府的高度重视和正确领导下，在各有关部门的大力支持和积极配合下，全市各级人口计生部门和广大人口计生工作者坚持以“三个代表”重要思想为指导，努力学习实践科学发展观，认真贯彻落实中央和北京市两个《决定》，积极探索统筹解决首都人口问题的新思路、新方法，积极稳定低生育水平，人口和计划生育工作取得了显著成绩，为首都人口与经济社会的协调发展和可持续发展做出了积极贡献，涌现出一大批成绩显著、事迹突出的先进集体和先进工作者。

为进一步推动全市人口计生事业的深入发展，弘扬人口计生系统“特别能吃苦、特别能战斗、特别能奉献、善于做群众工作”的优良传统，总结新经验，树立新典型，积极培育和营造促进首都人口和计划生育事业健康、协调、可持续发展的良好环境，在各级、各部门广泛、民主推荐的基础上，市人口计生委、市人力资源和社会保障局决定：授予东城区东华门街道等50个单位“北京市人口计生系统先进集体”荣誉称号；授予张世红等150名同志“北京市人口计生系统先进工作者”荣誉称号。希望受表彰的先进集体和先进工作者要谦虚谨慎、戒骄戒躁、保持荣誉、再接再厉，争取做出更大的成绩。

全市各级人口计生部门和广大人口计生工作者要以先进集体和先进工作者为榜

样，认真学习他们的先进事迹，学习他们认真贯彻党的路线、方针、政策和全心全意为人民服务的工作态度；学习他们勇于探索、不断进取的创新精神；学习他们敬业爱岗、无私奉献的思想境界；学习他们脚踏实地、求真务实的工作作风，立足本职岗位，与时俱进，开拓创新，全面提升人口和计划生育工作水平，为首都各项事业协调发展创造良好的人口环境。

附件：1.《北京市人口计生系统先进集体名单》

2.《北京市人口计生系统先进工作者名单》

二〇〇九年十月二十日

附件1：

北京市人口计生系统先进集体名单

（50个）

东城区东华门街道办事处
东城区北新桥街道办事处
东城区安定门街道计生办
西城区环境卫生服务中心
西城区房屋土地经营管理中心
中国兵器工业机关服务中心
崇文区东花市街道计生办
崇文区永定门外街道计生办
宣武区天桥街道计生办
宣武区椿树街道计生办
朝阳区潘家园街道办事处
朝阳区平房地区办事处
朝阳区高碑店乡半壁店村民委员会
海淀区万寿路街道办事处
海淀区学院路街道计生办
海淀区东升乡计生办
丰台区长辛店街道办事处
丰台区丰台街道办事处
丰台区卢沟桥乡人民政府
石景山区古城街道办事处
石景山区八宝山街道办事处
门头沟区大峪街道办事处
门头沟区龙泉镇人民政府
房山区燕山办事处
房山区拱辰街道办事处
房山区河北镇人民政府
大兴区北臧村镇人民政府
大兴区瀛海镇计生办
通州区永顺镇人民政府
通州区宋庄镇人民政府
通州区梨园镇人民政府
顺义区马坡镇人民政府
顺义区牛栏山镇人民政府
顺义区北务镇人民政府

昌平区长陵镇人民政府
昌平区南口镇人民政府
昌平区崔村镇人民政府
平谷区平谷镇人民政府
平谷区刘家店镇人民政府
怀柔区桥梓镇人民政府
怀柔区人口计生委计划生育生殖健康技术咨询服务中心
密云县巨各庄镇人民政府
密云县高岭镇人民政府
延庆县卫生局
延庆县大榆树镇人民政府
北京公共交通控股（集团）有限公司电车客运分公司
武警北京总队第三师计生办
北京植物园
北京同仁堂股份有限公司
北京市永外城文化用品市场有限公司

附件2：

北京市人口计生系统先进工作者名单

（150 名）

东城区（7）
张世红　东城区人口计生委
曾　敏　东城区人口计生委
曹永军　东城区东四街道办事处
张　宏　东城区交道口街道办事处
张俊杰　东城区景山街道办事处
卢凤云　东城区东直门街道办事处
张晓云　东城区计划生育药具管理站

西城区（9）
王爱莲　西城区计划生育协会
吕建儒　西城区计划生育生殖健康技术指导中心
李会增　西长安街街道办事处
马光明　什刹海街道办事处
尹廷杉　融街街道办事处
黄成才　月坛街道办事处
杜金明　德胜街道办事处
王占荣　新街口街道办事处计生办
王慧力　展览路街道文兴街社区居委会

崇文区（5）
王承岩　崇文区人口计生委办公室
崔丽华　前门街道办事处
刘玉珠　崇文门外街道办事处计生办
王晓兰　龙潭街道办事处
刘宗绩　体育馆路街道国家体育总局计生专干

宣武区（6）

辛云平　宣武区人口计生委办公室
张怀跃　宣武区计划生育药具管理站
魏葆红　白纸坊街道办事处计生办
寇聚胜　牛街街道办事处
黄东红　大栅栏街道办事处计生办
那文君　陶然亭街道办事处计生办

朝阳区（15）
冻小林　朝阳区人口计生委
胡玉欣　朝阳区人口计生委
庞维霞　朝阳区人口计生委药具站
董万立　太阳宫地区办事处
王小红　小红门乡人民政府
荣秋明　三间房地区办事处
郑建华　呼家楼街道呼南社区
唐　蕾　和平街街道办事处
李晓群　垡头街道办事处
郭成双　六里屯街道办事处
李书香　奥运村地区办事处
崔红英　安贞街道办事处计生办
高建珍　小关街道办事处
夏银亮　南新园社区居委会
陶庆芸　建外街道办事处永安里社区

海淀区（16）
赵　光　海淀区人口计生委
张　谦　海淀区人口计生委技术服务中心
杨惠芝　中关村街道办事处
马　宁　曙光街道办事处
范艳红　上地街道办事处计生办
裴育生　田村路街道办事处
闫化山　西三旗街道办事处
凌　云　花园路街道办事处计生办
殷胜兰　羊坊店街道办事处计生办
蔡华雯　青龙桥街道办事处
杨　玲　香山街道办事处
陈巧丽　紫竹院街道办事处计生办
许　莉　海淀乡树村村委会
田绍民　上庄镇人民政府
宋　杰　四季青人民政府计生办
刘海滨　中国人民大学计生办

丰台区（11）
李小娟　丰台区人口计生委
张秀梅　丰台区计划生育生殖健康技术服务中心
王继云　丰台区人口计生委宣传科
王俊山　和义街道办事处
王　平　花乡人民政府
费凤华　东高地街道办事处
史巧平　大红门街道办事处计生办
褚文革　新村街道办事处计生办
王子静　西罗园街道办事处
王　燕　东铁匠营街道办事处计生办
张立琴　右安门街道办事处

石景山区（5）
宋　平　石景山区人口计生委
魏玉英　石景山区人口计生委
张美娟　八角街道办事处计生办
张颖辉　老山街道办事处计生办

王月侠　鲁谷社区行政事务管理中心

门头沟区（5）

姜淑琴　门头沟区人口计生委

陈廷荣　清水镇人民政府

穆清云　大台街道办事处

王金湘　永定镇计生办

王朝梅　王平镇人民政府计生办

房山区（9）

隗合霞　城关街道办事处计生办

贾习珍　西潞街道办事处计生办

张月霞　周口店镇人民政府计生办

陈海侠　青龙湖镇人民政府计生办

尉广聪　阎村镇人民政府计生办

要建荣　良乡镇人民政府计生办

王宏杰　大石窝镇人民政府计生办

高红梅　窦店镇人民政府计生办

穆捍卫　十渡镇人民政府计生办

大兴区（6）

任慧勇　大兴区人口计生委

申中侠　大兴区人口计生委

周桂英　大兴区人口计生委

王克花　大兴区人口计生委

柴秀莲　西红门镇人民政府

康冬艳　黄村镇人民政府计生办

通州区（7）

信福元　漷县镇计生办

殷文平　潞城镇计生办

王　彤　西集镇人民政府

于国秀　马驹桥镇计生办

郑月双　张家湾镇计生办

李宗艳　永乐店镇计生办

李玉华　中仓街道办事处计生办

顺义区（8）

吴耀新　顺义区仁和镇人民政府

郭振江　顺义区南法信镇人民政府

秦士友　顺义区北石槽镇人民政府

赵殿江　顺义区人力资源和社会保障局

王振林　顺义区流动人口管理服务中心

冯义国　顺义区教育委员会

张丽君　顺义区人口计生委

王学武　顺义区人口计生委

昌平区（7）

李春菊　昌平区人口计生委

沈茂成　昌平区人口计生委

关丽莉　昌平区人口计生委流动人口科

郭守华　城南街道办事处

李秀香　城北街道办事处

吴　云　沙河镇人民政府

谷士兰　马池口镇人民政府

平谷区（5）

陈立平　平谷区人口计生委

孔祥增　平谷区人口计生委

马玉兰　平谷区财政局

郭海荣　熊儿寨乡人民政府

张练冬　山东庄镇计生办

怀柔区（5）
王淑英　杨宋镇花园村
程桂伶　渤海镇人民政府
张春梅　喇叭沟门乡人民政府
刘家杞　桥梓镇北宅村
张付霞　渤海镇景峪村

密云县（5）
李凤良　密云县人口计生委
李玉平　密云镇计生办
王春平　古北口镇计生办
任克艳　石城镇计生办
穆桂香　大城子镇计生办

延庆县（5）
池凤英　延庆县人口计生委药具站
张月英　延庆县人口计生委
李晓明　沈家营镇人民政府
闫永杰　永宁镇人民政府
鲁志文　延庆县人民法院

局总公司：（14 人）
张宝民　中国北京同仁堂集团有限责任公司
穆　丽　北京首都农业集团有限公司
穆瑞龙　北京金隅集团有限责任公司
张凤兰　北京建工集团有限责任公司
申爱民　北京地铁运营有限公司
李秀英　北京铁路局
贾斯全　武警北京总队卫生处
周丽君　首钢总公司计生办
王　田　北京市水务局后勤服务中心
赵丽平　北京市建国饭店
刘宁宁　建设银行北京市分行
徐若梅　中石化北京石油分公司物流中心
马立群　北京纺织控股有限责任公司
赵淑惠　北京市教委

关于对从事人口和计划生育工作满 20 年的村（居）计划生育专干给予一次性奖励的决定

（京人口发〔2009〕35 号）

各区县人口计生委：

今年是中华人民共和国成立六十周年，在市委、市政府的高度重视和正确领导下，在广大基层计划生育干部的辛勤努力下，全市人口和计划生育工作与时俱进，开拓创新，取得了显著成效。计划生育基本国策深入人心，低生育水平多年保持稳定。计划生育工作思路和工作方法的“两个转变”基本实现，“依法管理、村（居）民自治、政策推动、优质服务、综合治理”的人口和计划生育工作新机制初步建立，为首都经济社会的协调发展创造了良好的人口环境。

人口和计划生育工作成绩的取得，饱含着广大计划生育工作人员的辛勤劳动和无私奉献，尤其是长期工作在计生战线的基层计生专干，这些同志默默地战斗在人口和计划生育战线，不为名、不为利，不计个人得失，为计划生育事业辛勤耕耘，无私奉献，为我市的人口与计划生育工作做出了重大贡献。为此，北京市人口和计划生育委员会决定，对截至2009年9月，全市村（居）从事人口和计划生育工作满20年的计划生育专干给予一次性奖励（已表彰过的不再表彰）。

在新时期，人口和计划生育工作机遇与挑战并存，按照中央《决定》和市委《决定》的精神，全市人口和计划生育系统要坚持稳定低生育水平不动摇，坚持党政一把手亲自抓负总责不动摇，坚持稳定计划生育机构队伍不动摇，坚持不断创新人口和计划生育工作思路、机制和方法不动摇。大力弘扬人口计生系统“特别能吃苦，特别能战斗，特别能奉献，善于做群众工作”的优良传统，进一步激励和激发基层计划生育干部的工作热情，坚持以科学发展观为指导，牢固树立全心全意为人民服务的宗旨，坚持脚踏实地、求真务实的工作作风，立足岗位、无私奉献，为建设人文北京、科技北京、绿色北京做出更加积极的贡献。

二〇〇九年九月二十四日

2009年北京市从事人口和计划生育工作满20年村居计生专干名单

（76人）

朝阳区（5）

马玉华　朝阳区双井街道双花园社区
齐洪英　朝阳区三间房乡定福庄西村
王凤芹　朝阳区高碑店村
董世萍　朝阳区高碑店乡半壁店村
王志燕　朝阳区双桥第二社区居委会

海淀区（4）

王淑珍　中国铁道科学研究院社区居委会
金富霞　西北旺镇永丰屯村
魏秀玲　北京交通大学社区居委会
常印竹　海淀街道小南庄居委会

丰台区（1）
路秀华　丰台区大灰厂村委会

门头沟区（2）
王秀兰　门头沟区永定镇东辛称村
刘淑芬　门头沟区斋堂镇柏峪村

房山区（16）
毛玉芬　房山区十渡镇西太平村
冯建军　房山区琉璃河镇董家村
薛淑兰　房山区琉璃河镇二街村
徐金萍　房山区青龙湖镇沙窝村
毕金平　房山区城关街道南关村
姜淑玲　房山区城关街道羊头岗村
苏　红　房山区城关街道管道局社区
王美娟　房山区城关街道北市村
宋秀忠　房山区韩村河镇赵各庄村
张淑英　房山区窦店镇兴隆庄村
罗金平　房山区窦店镇袁庄村
王淑桂　房山区窦店镇窦店村
刘立红　房山区窦店镇小高舍村
毛爱军　房山区蒲洼乡议合村
付春英　房山区南窖乡大西村
穆向阳　房山区张坊镇蔡家村

大兴区（5）
张福玲　大兴区长子营镇李堡村
宁广敏　大兴区黄村镇郭上坡村
马会生　大兴区黄村镇孙村
白桂凤　大兴区黄村镇薄村
屈永凤　大兴区采育镇南辛店一村

通州区（9）
李玉环　通州区潞城镇东夏园村
张　利　通州区潞城镇常屯村
张占珍　通州区张家湾镇枣林庄村
杨淑英　通州区张家湾镇样田村
郝红霞　通州区西集镇供给店村
张春香　通州区马驹桥镇神驹村
米学英　通州区马驹桥镇陈各庄村
辛洪英　通州区台湖镇辛河村
张秀云　通州区漷县镇南丁庄村

顺义区（9）
郭淑华　顺义区南彩镇道仙庄村
张淑玉　顺义区李桥镇三四营村
周景伶　顺义区李桥镇北河村
米智晶　顺义区李桥镇北桃园村
刘银旭　顺义区牛栏山镇姚各庄村
朱艳芳　顺义区牛栏山镇禾丰村
赵立芸　顺义区仁和镇北兴村
张桂芹　顺义区仁和镇庄头村
李玉兰　顺义区张镇贾洼子村

昌平区（5）
韩春杰　昌平区北七家镇东沙各庄村
商秀荣　昌平区北七家镇白庙村
王春花　昌平区阳坊镇八口村
夏　霞　昌平区马池口镇白浮村
隰东玲　昌平区流村镇高崖口村

怀柔区（5）
彭翠娥　怀柔区长哨营满族乡七道梁村

崔文平　怀柔区琉璃庙镇柏查子村
姜学伶　怀柔区宝山镇小黄木厂村
宋长平　怀柔区桥梓镇新王峪村
王桂莲　怀柔区桥梓镇东凤山村

密云县（3）
董显立　密云县穆家峪镇沙峪沟村
贾秀英　密云县穆家峪镇西穆家峪村
高东慧　密云县东邵渠镇西葫芦峪村

延庆县（12）
韩秀珍　延庆县大庄科乡铁炉村
古书珍　延庆县千家店镇河南村
国书珍　延庆县旧县镇西龙湾村
郑秀平　延庆县香营乡黑峪口村
高艳玲　延庆县沈家营镇下花园村
王玉焕　延庆县延庆镇孟庄村
徐来凤　延庆县延庆镇双营村
王焕清　延庆县沈家营镇马匹营村
康翠华　延庆县沈家营镇新合营村
张冬凤　延庆县张山营镇黄柏寺村
高会兰　延庆县八达岭镇三堡村
袁丽华　延庆县井庄镇东沟村

北京市人口计生委关于印发绩效管理办公室组成人员和职责的通知

（京人口发〔2009〕36号）

市人口计生委机关各处室、直属事业单位；市计生协会：

根据市政府《北京市市级国家行政机关绩效管理暂行办法》（京政发〔2009〕23号）规定，自今年开始对市级国家行政机关进行绩效管理和考评，重点围绕“三效一创”即履职效率、管理效能、服务效果和创新创优等4个方面8项指标进行。为做好我委绩效管理和考评工作，2009年9月10日第29次主任办公会议讨论决定了“北京市人口计生委绩效管理办公室组成人员和职责”，并确定了上报市绩效办公室考评我委的20项职责任务。现将“北京市人口计生委绩效管理办公室组成人员和职责”印发你们，请绩效管理办公室成员处室按照职责认真做好相关工作，机关各处室、直属事业单位、计生协会按照绩效管理确定的20项职责任务，认真按时完成，年底将对责任人进行考核验收，并迎接市绩效办公室的考评。

二〇〇九年九月二十四日

北京市人口计生委
绩效管理办公室组成人员和职责

根据《北京市市级国家行政机关绩效管理暂行办法》（京政发〔2009〕23号）规定，市级国家行政机关绩效管理工作重点围绕履职效率、管理效能、服务效果和创新创优（以下简称“三效一创”）等4个方面8项指标进行管理和考评。具体分为12个专项考评，分别由市政府绩效办、市政府办公厅、市编办、市法制办、市监察局、市人力社保局负责实施。考评采取百分制计分，其中职责任务40分、依法行政8分、能力建设7分、服务中央在京单位5分、公众评价20分、领导评价10分、协调配合5分、创新创优5分。绩效管理采取“月底自查、季度抽查、半年检查、年终考评”方式，坚持“领导评价和公众评价相结合，以公众评价为主；规定动作和创优创新相结合，以创优创新为主”的原则，年终考评结果按分排序，不分档次，完成任务给奖，受到问责扣奖。为做好12个专项考评具体工作，特成立市人口计生委绩效管理办公室，并确定各成员处室职责。

市人口计生委绩效管理办公室组成人员：

主任：李芸莉　市人口计生委委员（正局级）

成员：

胥德琪　市人口计生委办公室主任

周新茹　市人口计生委政法处处长

杨春雁　市人口计生委人事处处长

刘学文　市人口计生委监察处处长

王文胜　市人口计生委办公室副主任

成员处室职责：

办公室：牵头承担市人口计生委绩效管理日常工作，并负责主要职责任务和市政府重点工作任务考评、公众评价专项考评、领导评价专项考评、协调配合专项考评、创新工作专项考评、服务中央在京单位和驻京部队专项考评六项考评具体工作。

政法处：指导全委切实履行行政执法职责，规范行政执法行为，强化对具体行政行为的监督，加强依法行政改革创新。并负责依法行政专项考评具体工作。

人事处：加强全委公务员的思想、作风、能力建设，指导全市人口计生工作在全国争先创优。并负责公务员队伍建设专项考评、创优工作专项考评二项考评具体工作。

监察处：指导和监督全委依法审批及推进行政审批制度改革、日常行政效率和质量情况。并负责行政审批专项考评、效能监察专项考评、行政问责专项考评三项考评具体工作。

附件：1. 2009年市级国家行政机关主要职责任务绩效计划申报表（略）

2. 2009年市级国家行政机关重点工作任务绩效计划申报表（略）

关于印发《北京市人口和计划生育基础信息核查工作实施方案》的通知

（京人口发〔2009〕40号）

各区县人口计生委：

现将《北京市人口和计划生育基础信息核查工作实施方案》印发给你们，请认真贯彻执行。

二○○九年十月二十一日

北京市人口和计划生育基础信息核查工作实施方案

为进一步推动全国各省市实施全员人口信息管理，探索建立有利于提高人口统计质量的体制机制，为各级党委、政府制定稳定低生育水平、统筹解决人口问题、促进人的全面发展的政策提供准确、科学、权威的信息支持，并为第六次全国人口普查奠定基础，国家人口计生委决定于2009年底至2010年初，在全国范围内开展人口和计划生育基础信息核查工作。为更好地落实国家人口计生委办公厅《关于开展全国人口和计划生育基础信息核查工作的通知》（人口厅发〔2009〕58号）的具体要求，高质量完成此次核查工作，特制定本实施方案。

一、核查对象与内容

本次我市人口和计划生育基础信息核查的登记对象为：2000年1月1日零时至2009年10月31日24时之间出生的中国公民（香港、澳门特别行政区和台湾省除外）。包括：

（一）户口在本街道（乡、镇），现住本街道（乡、镇）的；

（二）户口在本街道（乡、镇），现住本街道（乡、镇）以外的；

（三）现住本街道（乡、镇）的外省市来京人员的；

（四）户口待定，现住本街道（乡、镇）的；

（五）2000年1月1日零时至2009年10月31日24时之间出生，符合上述条件，现已死亡的。

“现住本街道（乡、镇）”人口包含因就医、旅游、探亲、访友、出差等原因临时离开本街道（乡、镇）的人口。

通过相关部门信息，发现在本街道（乡、镇）出生，现住地不在本街道（乡、镇）的外省市来京人员也需登记。

主要核查内容是出生人口及其父母相关信息。包括：姓名、性别、公民身份号码、出生日期、现居住地、户籍所在地、现存活状况（出生人口）等。核查登记表及填表说明详见附件1。

二、核查工作安排

（一）部署启动

2009年10月底前，市人口计生委组织召开部分区县核查工作预调查现场研讨会，进行现场预调查；制定并印发本市核查工作的具体实施方案；召开全市核查工作部署暨培训会，具体启动和培训此项工作。各区县人口计生委按要求做好逐级培训和相关准备。

（二）信息采集

2009年11月1日～12月31日，区县完成本区县核查中的全部信息采集工作。在核查工作中，要注意做好核查参考资料的收集工作，即WIS系统以及历年基层计生账卡册和出生报告单中的2000年以来出生人口信息；相关部门特别是辖区内卫生部门在核查时限内的各年度接生、出生医学证明、预防接种信息；公安部门现有户籍和暂住人口信息；教育部门小学及幼儿园现在校（园）学生信息等。外省市来京流动人口出生核查要充分利用好2006年以来我市流动人口出生监测系统。在充分准备的基础上组织入户调查，逐户逐人核查，根据相关证件，按要求填写核查登记表。

区县内跨街道（乡、镇）的本市人户分离人员出生在其户籍地进行信息填报，区县内跨街道（乡、镇）的外省市来京人员出生，由区县人口计生委确定其信息填报单位，两者均不得重复登记。

（三）信息提交

2010年1月1～31日，入户调查结束后，区县人口计生委组织开展本地区核查登记表的质量核实，在核实基础上进行个案信息的录入工作。录入结束后，各区县直接上报国家人口计生委，同时报市人口计生委备案。报送采用批量或实时的方式上报到全国人口和计划生育基础信息核查的信息化工作平台（国家人口计生委在中国人口网http：//www.chinapop.gov.cn上建立专用于本次全国人口和计划生育基础信息核查的信息化工作平台）。为做好北京市的信息提交工作，市人口计生委将召开信息提交的专业培训会，具体培训技术方法，并提出相关要求，指导区县完成任务。

（四）双向协查

2009年11月1日～2010年2月22日，自核查以来，在接到各省市上报信息后，国家人口计生委利用全国信息核查平台对各省市上报的出生人口个案信息进行分析和比对，将需我市协查的本市跨区县人户分离人员及外省市流动人口信息直接分发给相关区县进行再次核查。区县人口计生委收到需要核查的信息后，须在15个工作日内完成协查工作，并将协查结果及时反馈至全国信息核查平台。按照国家人口计生委的要求，需要提交平台协查的本市跨区县人户分离人员及外省市流动人口信息必须于2010年2月22日前提交完毕。此间，协查双方要通过平台或其他方式加强沟通，并根据需要再次开展入户核查，尽可能使本市跨区县间以及外省市与北京市掌握的同一出生人口信息一致。区县、街道（乡、镇）人口计生部门在工作过程中形成的核查登记表等原始调查材料须存档备查。

（五）总结工作

2010年3月15日前，各区县要认真总结经验，分析查找工作中存在的漏洞和薄弱环节，完成核查工作小结报市人口计生委。市人口计生委在各区县总结基础上，完成全市核查工作总结并于2010年3月30日前报国家人口计生委。

三、质量保障

（一）加强领导

全市各级人口计生部门要从落实科学发展观、统筹解决人口问题的高度，充分认识本次核查工作的重要性和紧迫性，务必将其作为当前的一项政治任务抓紧抓好。各级人口计生部门“一把手”是本次核查工作的第一责任人，主管领导具体负责，相关部门强化责任意识，认真组织实施核查工作，并把人口计生基础信息核查工作纳入2009年底、2010年初本区县人口计生的重点工作中。

市人口计生委成立核查工作领导小组，党组书记、主任邓行舟任领导小组组长，党组副书记、委员李芸莉（正局级）、副主任丁勇任领导小组副组长，领导小组成员为：规划统计处处长臧萝茜、流动人口管理处处长张瑞霞、信息中心主任李小瑞。

（二）部门协同

市人口计生委相关处室按照处室职责，协同完成本次核查任务。规划统计处负责制定方案、部署培训、过程控制、监督核查、工作总结；流动人口管理处负责组织区县核查国家人口计生委信息核查平台交互过来的外省市在京流动人口信息和市内跨区县人在户不在人员信息，协调提供流动人口出生核查所需信息；信息中心负责提供本次信息上报、交互过程中的技术支持，保障全市人户分离人员个案信息交互的网络畅通，剔除全市人户分离人员中重复的出生个案信息。

（三）过程控制

全市各级人口计生部门要精心组织，周密安排，加大部门协调力度，收集、共享相关部门的信息。认真开展调查员培训工作。深入细致开展入户调查，切实做好数据填写、录入及审核校验工作，及时发现错、漏项并加以改正和补充。

本次核查质量控制要特别重视外省市

来京流动人口信息采集，现居住地要上报有关流动人口信息，并做好信息协查和结果反馈工作。国家人口计生委将公布各地提交全国信息核查平台的信息数量、接收外地转来的信息数量、反馈协查结果的信息数量及已核实的信息数量。

（四）质量督查

市人口计生委将加强对18个区县信息核查过程中的数据采集、录入和上报等环节的监督指导，通过召开研讨会、对部分区县进行抽查等方式，及时发现并协调解决有关问题。信息采集工作结束后，市人口计生委还要开展质量复查工作，对问题严重的地方，将及时责成其重新核查，确保核查工作顺利开展。

全国范围内的核查工作基本结束后，国家人口计生委将组织开展对各省市的质量复查和评估工作，质量复查和评估结果将纳入2009年对各省市人口计生工作的绩效考评范围。

（五）人财物保障

全市各级人口计生部门需提供必要的经费、人员和物质保障。

附件：1. 2000年1月1日零时至2009年10月31日24时出生人口个案信息核查登记表及填表说明（略）

2. 全国人口和计划生育基础信息核查工作纪律规定（略）

3. 北京市人口和计划生育基础信息核查工作（略）

关于印发《北京市计划生育行政执法资格管理办法》的通知

（京人口发〔2009〕44号）

各区、县人口计生委：

为进一步贯彻落实计划生育行政执法责任制，加强行政执法主体资格管理，我委制定了《北京市计划生育行政执法资格管理办法》，现印发给你们，请认真贯彻执行。

二〇〇九年十二月二十八日

北京市计划生育行政执法资格管理办法

第一条　根据《中华人民共和国人口与计划生育法》、《中华人民共和国行政处罚法》和《北京市人口与计划生育条例》有关计划生育行政执法资格管理的要求，制定本办法。

第二条　本办法所指计划生育行政执法包括依照《中华人民共和国人口与计划生育法》第三十六、三十七条实施的行政处罚和依照《北京市人口与计划生育条例》第三十九条实施的社会抚养费征收。

第三条　根据法律法规的规定，本市计划生育行政处罚由违法行为发生地区县或市人口计生委负责执行，对违法生育社会抚养费的征收由女方当事人户口所在地区县人口计生委负责执行。

第四条　行政执法人员应当做到持证上岗。行政处罚执法人员应当取得同级政府颁发的《行政执法证》。行政征收执法人员应当取得市人口计生委颁发的《执法证》，本市各级人口和计划生育行政部门法制工作的主管领导及在执法岗位上满一年的人员，要求参加市人口计生委组织的执法考试。

第五条　取得行政执法资格的执法人员应当按照有法必依、执法必严的原则，认真贯彻落实法律法规和行政执法责任制的各项规定，严格履行职责并自觉接受监督，确保各项行政执法行为符合公开、公平、公正的要求。

第六条　市人口计生委负责组织本委行政执法人员参加市政府法制部门的公共法律知识考试，同时负责组织全市计划生育行政执法人员的专业知识考试，并负责向各级政府法制部门提供通过考试的相关人员名单。区县人口计生委负责组织本委行政执法人员参加同级政府法制部门公共法律知识考试和市人口计生委专业知识考试。

第七条　市、区县人口计生委应当对本单位获得行政执法资格的工作人员进行严格管理，确保各项行政处罚工作合法有序开展。行政处罚执法人员岗位发生变动的，应当及时收回《行政执法证》并报同级政府法制部门备案。行政执法证件遗失或损坏的，各区县人口计生委应当出具书面情况证明，向原发证机关申请补办。

第八条　对本单位出现违法违纪职务行为的行政执法人员，市、区县人口计生委经请示同级政府法制部门后取消其行政执法资格，并按照《行政机关公务员处分条例》的有关规定进行处理。其行为构成犯罪的，依法追究刑事责任。

第九条　本办法自2010年1月1日起正式施行。

关于印发《北京市计划生育行政处罚实施细则》的通知

（京人口发〔2009〕45号）

各区、县人口计生委：

为进一步规范本市人口和计划生育各项行政处罚工作，我委制定了《北京市计划生育行政处罚实施细则》，现印发给你们，请认真贯彻执行。

二〇〇九年十二月二十八日

北京市计划生育行政处罚实施细则

第一条　根据《中华人民共和国人口与计划生育法》、《中华人民共和国行政处罚法》的规定，制定本实施细则。

第二条　本实施细则所指计划生育行政处罚，是指《中华人民共和国人口与计划生育法》第三十六条、三十七条规定的内容。

第三条　本市计划生育技术服务机构及其工作人员违反有关法律法规的规定，以营利为目的擅自从事计划生育技术服务的，由所属区县人口计生委依据职权进行处理。没有违法所得或者违法所得不足5000元的，责令其限期改正，给予警告并没收违法所得和有关药品、医疗器械；违法所得在5000元以上的，并处违法所得3倍的罚款；造成严重后果，构成犯罪的，依法追究刑事责任。

第四条　本市计划生育技术服务机构未经批准擅自从事产前诊断和使用辅助生育技术治疗不育症的，由所属区县人口计生委责令其改正，没收违法所得和有关药品、医疗器械；违法所得在5000元以上的，并处违法所得3倍的罚款；没有违法所得或者违法所得不足5000元的，并处5000元罚款；情节严重的，由原发证部门吊销计划生育技术服务的执业资格。

第五条　本市计划生育技术服务机构逾期不校验执业许可证明文件，继续从事计划生育技术服务的，由原发证部门责令限期补办校验手续；仍拒不校验的，由原发证部门吊销计划生育技术服务的执业资格。

第六条　本市计划生育技术服务机构或其工作人员买卖、出借、出租或者涂改、伪造计划生育技术服务执业许可证明文件，没有违法所得或者违法所得不足3000元的，由原发证部门责令改正，没收违法所得；违法所得3000元以上的，并处违法所得3

倍的罚款；情节严重的，并由原发证部门吊销相关的执业资格。

第七条 本市计划生育技术服务机构违反法律法规的规定，向农村实行计划生育的育龄夫妻提供避孕、节育技术服务时收取费用的，由所属区县人口计生委责令退还所收费用，给予警告，并处所收费用5倍的罚款；情节严重的，并对该机构的正职负责人、直接负责的主管人员和其他直接责任人员给予降级或者撤职的行政处分。

第八条 本市计划生育技术服务机构未经批准擅自扩大计划生育技术服务项目，没有违法所得或者违法所得不足5000元的，由原发证部门责令改正，给予警告，没收违法所得；违法所得5000元以上的，并处违法所得3倍的罚款；情节严重的，由原发证部门吊销计划生育技术服务的执业资格。

第九条 本市计划生育技术服务机构违反规定，使用没有依法取得相应的医师资格的人员从事与计划生育技术服务有关的临床医疗服务的，由所属区县人口计生委依据职权进行处理。没有违法所得或者违法所得不足3000元的，责令改正，没收违法所得；违法所得3000元以上的，并处违法所得3倍的罚款；情节严重的，由原发证部门吊销计划生育技术服务的执业资格。

第十条 计划生育技术服务机构以外的机构或个人有以上违法行为的，违法行为发生地的区县人口计生委应当及时通报当地卫生监督行政部门，并协助开展调查处理工作。已经立案调查的应当将案件移交有管辖权的行政部门处理。

第十一条 计划生育行政部门违反规定，批准不具备规定条件的计划生育技术服务机构或者医疗、保健机构开展与计划生育有关的临床医疗服务项目，或者不履行监督职责，或者发现违法行为不予查处，导致计划生育技术服务重大事故发生的，对该部门的正职负责人、直接负责的主管人员和其他直接责任人员给予降级或者撤职的行政处分；构成犯罪的，依法追究刑事责任。

第十二条 本细则自2010年1月1日起正式施行。

五、整体工作篇

重点工作和重要会议

【市人口计生委召开病残儿童医学鉴定工作汇报暨培训会】1月5日，市人口计生委召开“北京市2009年病残儿童医学鉴定工作汇报暨培训会”。会议总结了2008年全市病残儿童医学鉴定及审批工作情况，分析了问题，解答了难点，布置了任务。18个区县病残儿童医学鉴定分管主任、区级鉴定组专家及九家市级鉴定医院医务处负责人等参加会议。会上，协和医科大学遗传系、首都儿研所生长发育研究室、安贞医院儿科心内的三位专家就遗传性疾病鉴定相关问题、儿童智力低下的病因与诊断、儿童心脏疾病简介等进行了专题讲座。

【市人口计生委召开2009年人口计生工作会】1月18～19日，市人口计生委召开2009年人口计生工作会。党组书记、主任邓行舟在会上总结了2008年工作并部署了2009年工作。各区县人口计生委党组书记、主任，局（总公司）组长单位计生办主任，市人口计生委领导和各处室、事业单位，市计生协，市人口所负责人参加会议。

【市人口计生委开展“三下乡”活动】1月16日，市人口计生委在延庆县张山营镇张山营村举行市人口计生系统文化科技卫生“三下乡”宣传活动暨议国策话和谐迎新春座谈会。国家人口计生委、中国人口宣教中心、市直机关工委、市人口计生委领导和延庆县领导出席活动。活动中，领导与张山营村独生子女户、享受奖扶政策代表、使用贴息贷款代表和基层计生专干进行交流；市人口计生委向该县人口学校赠送20台电脑和宣传品、图书。“生殖健康伴你行”服务车走进张山营镇，专家和医务人员为育龄妇女免费健康检查，举办“生殖健康大课堂”。

【北京市13个部门联合发文加强人口计生工作】2月23日，市人口计生委协调市委组织部等13个部门，会签印发《关于转发中组部、国家人口计生委等11部委〈关于加强人口和计划生育工作若干政策措施的通知〉的通知》。要求，对党员、干部违法生育的，除依法征收社会抚养费外，应书面通报其组织关系所在地和单位，建议给予相应的党纪政纪处分。征收处理后，及时通知当事人人事档案部门。

【市人口计生委举办全市人户分离人员研讨会】2月25日，“北京市人户分离人口计划生育工作研讨会”召开，分析了本市人户分离人口的基本特征及人户分离人口计生情况，指出年度人户分离人口计生工作应把握注重信息采集、加强内部合作、强化属地管理三个重点。强调做好五项工作：开好人户分离人口计生工作例会；加快WIS系统升级改造工作；加快人户分离育龄妇女户籍地的登记和现居住地的建档工作；细化现居住地考核评估细则；出台人户分离人口计生工作市内“一盘棋”工作方案。

【全市人口和计划生育工作大会召开】3月18日，市政府召开2009年北京市人口和计划生育工作大会。市人口计生委主任邓行舟作全市人口和计划生育工作报告。副市长丁向阳出席大会并讲话，对全市工作提出了三点要求：一是要充分认识统筹解决人口问题在首都科学发展中的基础性作用。二是新时期人口计生工作必须主动融入关注民生改善民生的工作大局。三是要加强对人口计生工作的领导，构建统筹解决人口问题的新机制。会议由市政府副秘书长侯玉兰主持。

【市人口计生委制定制止公款出国（境）旅游专项工作实施方案】为贯彻中办、国办《关于进一步加强因公出国（境）管理的若干规定》和《关于坚决制止公款出国（境）旅游的通知》，按照北京市政风行风办公室要求，4月8日上报了市人口计生委贯彻学习会议精神的情况，在广泛征求办公室、行财处、人事处和机关纪委的意见基础上，20日上报了市人口计生委制止公款出国（境）旅游组织机构和实施方案。

【北京市健康生育计划经验交流会召开】4月28日，市人口计生委在西城区召开预防出生缺陷——北京市健康生育计划经验交流会。重点推广了西城区提高出生人口素质，预防出生缺陷——社区健康生育全程服务模式，国家人口计生委科技司副司长许梅林，副市长丁向阳出席并作了重要讲话。市发改委、市财政局、市卫生局、市民政局、市残联、市人力资源和社会保障局、市人口计生委等有关部门负责人，以及各区县政府分管副区（县）长参加了会议。市人口计生委启动“健康生育计划”项目一年来，全市通过重点开展婚前体检、婚育咨询、优生指导、叶酸增补、孕前检测、孕期保健、产前筛查及产后随访为主的综合干预服务，并投资300万元，向全市免费发放叶酸41万多瓶，有7万余准妈妈受益，有效地降低了出生缺陷发生的风险。

【市人口计生委开展慰问农民工活动】4月28日上午，市人口计生委领导和中国人口出版社、《人生》杂志社等单位到北京建工集团六建公司通州区台湖建筑工地举办迎“五一”送知识慰问劳动者座谈会。为农民工赠送节日慰问品、电视机、DVD播放机、近千份图书杂志和日常生活用品。

【市人口计生委举办市人口计生系统第一届趣味运动会】运动会于5月22日在石景山体育中心举行，运动会以“强体魄、促和谐、展风采”为主题。19个代表队的750多名运动员在24个单项和5个团体项目上竞赛。顺义区获团体总分第一名，大兴区、西城区、房山区、朝阳区和市人口计生委机关代表队获得团体总分二至六名。崇文区等13个区县获最佳组织奖，东城区等10个区县获最佳风采奖。

【市计生协启动“青春健康高校行”】5月26日，市计生协联合清华大学、北京大学等20多所高校在中国人民大学，推动青春健康项目在高校的实施。中国计生协会长姜春云发来贺信，中国计生协常务副会长潘贵玉、市计生协常务副会长邓行舟、副会长耿玉田等参加活动。

【市人口计生委举办社区计生（卫生）服务站医师培训班】6月14～26日，市人口计生委举办了2009年度社区计生（卫生）服务站人员培训班（计入继续医学教育学分6分），分两批对来自18区县约300名社区计划生育（卫生）服务站人员进行了人口和计划生育业务培训。

【市人口计生委举办全市人口计生系统摄影展】7月9日，在中山公园展厅举办“迎甲子华诞传国策新风——纪念新中国成立六十周年北京市人口计生系统摄影展”。参展的共有全市人口计生系统40多个单位2500余幅作品，其中展出300余幅，由中国摄影家协会的专家评选出组织奖。

【市人口计生委举办“我与国策共成长”暨“7·11世界人口日”征文演讲比赛】市人口计生委在收集9000余篇征文中精选了54篇编辑成《我与国策共成长优秀征文选编》。活动中，全市各级演讲比赛200余场，5000余名各界群众登台演讲。

【市人口计生委举办“高校专家延庆行　生育关怀进乡村”主题活动】7月14～15日，市人口计生委、市计生协会和市计生协高校联合会在延庆县举办“高校专家延庆行　生育关怀进乡村”主题活动。市人口计生委主任、计生协常务副会长邓行舟，市直机关工委副书记杨公鼎，市纪委驻市人口计生委纪检组长、人口计生委机关党委书记李红文等参加此次活动。该活动是市政府“三进两促”活动的重要内容之一，旨在借助高校协会师资的优势，对区县乡镇居民开展讲座培训及服务，同时帮助高校人才深入基层进行实际调研，实现资源交流。清华、农大、北航、北京林业大学、北京交通大学、北京工业大学、北京服装学院9位教授，在延庆县四海镇和沈家营镇，为居民提供有关讲座和服务。

【市人口计生委组织“生殖健康伴你行”走进内蒙古】为落实对口支援内蒙古帮扶项目，8月15～20日，市人口计生委宣传服务团在内蒙古自治区锡林郭勒盟开展“生殖健康伴你行”活动。在5天的活动中，该团先后到锡林浩特市、正蓝旗、太仆寺旗，在当地计生机构无偿捐赠医疗设备、办公设备和科普宣传品，随行专家在当地开展免费义诊和“生殖健康大课堂”讲座，为独生子女发放书包和助学金。

【全国省部级领导干部人口计生工作专题研讨班赴顺义考察】9月5日上午，国家人口计生委主任李斌等领导率省部级领导干部人口与计划生育工作专题研讨班全体学员、省级主任研修班学员，国家人口计生委机关司局长、直属联系单位负责人，约100人赴顺义考察北京人口计生工作。北京市人口计生委党组书记、主任邓行舟向研讨班介绍了北京市坚持科学发展观，积极探索统筹解决首都人口问题新途径的具体做法和工作经验，顺义区区长刘剑汇报了顺义区以综合改革为动力，全面提升人口计生工作的主要情况。国家人口计生委领导对北京市的人口计生工作给予了充分肯定，并提出了具体要求。邓行舟主任表示要按照国家人口计生委要求，充分利用首都优势，扎实开展“大人口”研究，努力统筹解决首都人口问题，继续稳定首都低生育水平，为首都全面发展创造良好人口环境。

【市人口计生委不懈努力确保国庆游行人口卫生方阵顺利完成】按照首都国庆60周年群众游行“人口卫生”方阵指挥部的总体安排，市人口计生委与市卫生局积极协调、配合，认真完成了人口计生工作者代表的服装、道具、训练、合练、安保、防“甲流”等各项筹备工作，顺利地保证了国庆人口卫生方阵的表演和当天展示任务的圆满完成。6月，市人口计生委和市卫生局负责人以及专家就方阵如何体现人口计生战线的特色进行了研讨。经过几次磋商讨论，最后达成一致：围绕彩车，里圈是医疗卫生工作者，外圈是人口计生工作者，计生工作者使用淡绿色服装。9月，按照国家人口计生委推荐选拔60周年群众游行人口卫生彩车上代表人员的要求，市人口计生委从东城区和海淀区分别选取一名独生子女代表和一名青少年代表。

【市人口计生委举办科技大练兵第三期培训】市人口计生委于10月中旬在全市计生系统开展计生科技大练兵培训活动。培训对象为18个区县计生生殖健康技术服务（指导）中心技术骨干。

【市人口计生委开展“男性健康日”宣传活动】10月22日，市人口计生委宣教中心、石景山区人口计生委与北京军区司令部、北京军区某部队联合举办“与健康牵手，与幸福有约——第十个男性健康日‘走进北京军区’大型宣传活动”在部队礼堂举行，有800余名官兵参加。

【市人口计生委召开大学生性与生殖健康教育座谈会】10月25日，市人口计生委在首师大召开北京市大学生性与生殖健康教育座谈会，市人口计生委主任邓行舟、市人口计生委副主任彭彧华、首师大副校长王晓霞、中国性学会、北京大学、北京师范大学、首师大性健康教育研究中心、北京邮电大学等领导和大学生参加了会议。

会议就市人口计生委和市教委联合编写的大学生性健康教育读本《爱的透视窗——大学生情感故事》以及当前大学生性与生殖健康教育现状进行了座谈。

【市人口计生委组织编印《爱的透视窗——大学生情感故事》】市人口计生委与市教委联合编印80万册《爱的透视窗——大学生情感故事》，发放全市92所高校。10月25日，市人口计生委组织中国性学会专家和北医、北邮、首师大三所高校30名大学生召开座谈会。

【市人口计生委举办第五届人口与发展论坛】11月12日，市人口计生委、市人口学会联合举办该论坛，论坛主题为“人口发展与城市竞争力”，旨在研究探讨人口要素与城市发展相互关系，从人口发展角度提出增强首都竞争力的政策思路。

【市人口计生委牵头开展人口规模调控专题调研】市政协将调控人口规模问题，列入年度4大重点调研课题之一，市人口计生委邓行舟主任为课题组长，会同有关政协委员及专家、学者编制调研工作方案，提出调研思路、内容和工作安排。开展《合理调控首都人口规模》、《深化综合改革统筹解决人口问题的途径及模式研究》、《完善市级、区县人口管理调控体系及目标责任制研究》、《首都流动人口结构分析及其调控对策研究》等12个课题研究。

【市人口计生委积极创新媒体体系建设】市人口计生委加强媒体体系建设。一是与电台、电视台合作，制作《生命的呼唤——人口篇》在北京电视台播出；策划制作了《健康宝宝》、《女性健康宝典》、《女性营养养生》等系列专题片，最高收视率达到2.6。全年完成538期《养生堂·生命生育生活》电视栏目、12期《健康北京》（月末版）电视栏目；完成96期《人口直通车》广播栏目的播出，平均收听率为1.68%，位列新闻广播频道第4位。《与爱同行》有奖征文收到3241篇，择优播出102篇。播出记者采写的录音专题报道52个。二是利用报刊已有专栏，开发新专栏。《北京日报·健康版》、《京郊日报·妇女计生版》均为每周一期，全年刊登53期。《人口与计划生育》杂志分6期连载“我与国策共成长”征文演讲比赛演讲稿，每期12.5万册，发行75万册。三是电视专题片制作水平不断提高。在由国家人口计生委、中国广播电视协会主办，中广协纪录片工作委员会、中国人口宣传教育中心北京友好传承文化基金会承办的“生命的钥匙——首届中国家庭纪录片周”征集评选活动中，市人口计生委获特殊贡献奖。中央电视台新闻专题部、市人口计生宣教中心联合制作的《冷暖童年》专题片荣获金牌奖，市人口计生宣教中心制作的《北京计生系列报道》获银奖。在国家人口计生委第二届新时期统筹解决人口问题公益广告及动漫作品征集评选展播活动中，市人口计生委制作的公益广告《婚检孕检　幸福一生》获一等奖，《有效避孕　健康生育》获入围奖。

【市人口计生委推进新农村建设】今年，市人口计生委发挥村、镇（乡）人口文化学校三级网络的作用，投入110万元，为10个远郊区县配备村级“人口文化活动室”56个，其中90万元图书、20万元统一标牌和书柜。

【市人口计生委牵头启动环渤海地区区域协作】由市人口计生委牵头启动了京、津、冀、鲁、辽“三省二市”环渤海区域“一盘棋”调研工作。在8月第一次协调会上，对区域协作进行了工作分工；在11月第二次协调会上，对各省工作情况进行交流，明确下一步工作任务。完成了环渤海地区区域协作工作意见，区域协作将形成流动人口计生政策协调、服务管理制度、信息化建设三个专题报告及区域一体化工作意见。

【北京市稳步推进独生子女死亡家庭的特别扶助工作】经社区村（居）民委员会、乡镇街道、区县人口计生委三级资格确认和市级20%抽查，确认今年全市新增特别扶助对象857人，因死亡或子女数发生变化退出22人。全市累计享受独生子女死亡特别扶助人数增加到5500人，每人2400元的特别扶助金已全部注入个人账户。

【北京市探索独生子女伤残家庭特别扶助】2009年，市人口计生委与市财政局联合下发《北京市独生子女伤残家庭特别扶助制度实施方案》，以市残联今年在全市普遍换发的第二代《残疾人证》为依据，独生子女三级以上残疾，女方年满49周岁的，夫妇双方每人每月享受160元的特别扶助，直到死亡或者子女康复为止。独生子女伤残家庭特别扶助制度自10月开始在全市全面开展，将于2010年2月将特别扶助金发放到个人账户。

【市人口计生委制定廉政风险网络图表】廉政风险防范管理工作实施以来，机关86名党员干部共查找出风险点27个，对三级风险点进行责任分解，制定风险防范措施18项；完善业务流程7项，围绕重点工作和重大事项编制人口计生委廉政风险防范管理网络图、干部人事管理流程图、政府采购风险防范流程图、廉政风险等级识别图等业务流程图和风险防控图（表）10份。18区县人口计生委结合工作实际制定了实施细则，廉政风险防范管理已涵盖了全市人口系统，全系统廉政风险防范管理体系基本定型。

【全市实现“全国优质服务先进单位”全覆盖】2009年，以大兴区、密云县和延庆县被评为“国优”为标志，北京市在全国率先实现了计生“国优”先进单位全覆盖目标。

【市人口计生委联合相关部门开展计生药械市场整治】根据国人口发〔2009〕20号文件要求，由市人口计生委牵头，市公安局、市卫生局、北京海关、市工商局、市质量技术监督局、北京出入境检验检疫局、市药品监督局等8部门组成全市计生药械市场整治行动协调小组，从4月至11月在全市开展了计划生育药械市场整治行动工作，6月11日，由市政府组织召开了全市计划生育药械市场整治行动动员大会，副市长丁向阳到会并讲话，要求各部门按照“谁审批谁负责、谁主管谁负责、谁属地谁负责”的原则，确保此次整治行动取得实效。

【北京市创建人口和计划生育示范村居总结大会暨人口计生系统干部新年慰问演出活动】为对五年来的人口和计划生育示范村居创建工作进行回顾和总结，12月26日，市人口计生委举办了北京市创建人口和计划生育示范村居总结大会暨人口计生系统干部新年慰问演出。出席大会的有国家人口计生委副主任王培安及各司局负责人、全市各级人口计生系统干部、1000名示范村居专干等1700余人。市人口计生委党组书记、主任邓行舟发表新年致辞，对全市人口计生干部致以新年的祝福。市人口计生委正局级委员李芸莉对全市五年来的创建工作进行了总结。海淀区中关村街道知春东里社区、平谷区平谷镇东寺渠村、石景山区古城街道北小区社区、门头沟区永定镇万佛堂村的四位示范村居代表向大家做了工作汇报。最后，中国武警文工团进行了慰问演出。

【市人口计生委启动《人口志》编写工作】市委市政府办公厅《关于开展北京市第二轮地方志书编纂工作的通知》（京办字〔2008〕16号）确定市人口计生委为第二轮《人口志》的承编单位。这是市人口计生委首次独立承担《北京志·人口志》的编纂工作（上轮人口志是由市统计局组织编纂）。第二轮《人口志》将承接第一轮《人口志》的下限1994年，全面记述1995年至2010年北京人口的发展变化过程。年内，在市地方志办公室的指导下，市人口计生委有条不紊地推进了各项工作的开展。经过征求意见、确定编委名单、修改提纲、制定编写方案等一系列准备工作，2009年底，市人口计生委联合市发展改革委员会、市统计局、市卫生局、市人力社保局、市公安局、市教委、市民政局、市流管办、市民委相关单位组建了《人口志》联合编委会并报市地方志办公室备案。《人口志》提纲由人口规模、人口素质、人口结构、人口流迁与分布、人口管理与服务等六篇组成。将于2010年召开《人口志》联合编委会成立大会，安排确定《人口志》的资料收集、正式编写等工作。

（刘磊　赵艳侠）

党的工作和精神文明建设

【概述】2009年，市人口计生委机关党的工作和精神文明建设，以“三个代表”重要思想和科学发展观为指导，以加强作风建设和推进“三进两促”活动为载体，以提高党员队伍素质、构建和谐机关为目标，服务大局，贴近实际，精心组织，扎实工作，机关党建得到进一步加强，促进全委中心任务的完成，为建设“人文北京、科技北京、绿色北京”和营造良好人口环境提供了有力的思想和组织保证。

年内，市人口计生委机关党委围绕中心工作，认真抓好机关党建工作和精神文明建设。一是抓好党员干部理论学习。为提高党员干部的科学思维能力和政治理论水平，组织党员干部学习了胡锦涛重要讲话、党的三代领导集体关于领导干部作风建设的重要论述，举办党的十七届四中全会精神学习辅导讲座，组织党员干部听取《世界经济形势分析》报告，结合实际进行讨论。开展在线学习、组织交流研讨，进一步推动学习型党组织建设。并推荐上报理论学习体会文章4篇。二是强化爱国主义和党的宗旨教育。组织了以爱国主义教育为主题的专题党日活动，组织在职党员干部和入党积极分子参观新中国成立六十年辉煌成就展、观看爱国电影《建国大业》，参观抗日战争纪念馆，举行入党宣誓仪式，激发了大家的爱国热情，增强了对中国特色社会主义理想的坚定信念。三是加强党风廉政教育。把反腐倡廉教育列入党员教育计划，与派驻纪检监察部门密切配合，召开全委系统反腐倡廉建设工作会议，组织学习《反腐倡廉建设知识读本》，组织党员干部旁听了北京市第二中级人民法院职务犯罪庭审，通过警示教育，筑牢党员干部拒腐防变思想道德防线，落实廉洁自律规定，大力提倡勤俭节约、艰苦奋斗作风。四是加强基层党组织和党员队伍建设。组织召开了机关党的工作会议和七次机关党委会，传达了全国机关党建工作会议精神和市直机关工委党建工作会议精神。利用半年工作总结时机，召开党委扩大会议，检查了基层党支部党建制度落实情况、推进廉政风险管理工作情况和“三进两促”活动任务落实情况。各党支部较好地落实了各项党建制度，支部建设整体情况良好。加强对离退休党支部的关心指导，积极发挥离退休党支部的作用。五是认真做好群团工作。贯彻落实全国工会十五大和北京市第十二次工会代表大会精神为指导，进一步做好机关工会工作。开展“以人为本、真情关爱”活动，在全委开展送生日祝福活动。举办以“强体魄、促和谐、展风采”为主题的人口计生系统趣味运动会，进一步活跃了机关的文化生活。年内，市人口计生委机关被首都文明委评为“首都文明单位标兵”。

【组织向灾区人民捐献衣物活动】根据《民政部关于进一步做好“送温暖、献爱心”社会捐助活动的通知》精神和北京市人民政府机关事务管理办公室统一部署，市人口计生委组织开展以“扶贫济困献爱心、温暖过冬促和谐”为主题的向灾区人民捐赠棉衣、棉被活动。全委干部积极踊跃奉献爱心，捐赠棉被、大衣、羽绒服、毛衣等御寒衣物194件。

【组织学习贯彻党的十七届四中全会精神专题讲座】10月22日，市人口计生委邀请中央党校党建教研部姜跃教授作了《深刻领会四中全会决定精神，加强和改进新形势下党的建设》主题报告。报告会由市人口计生委党组书记邓行舟主持，各区县人口计生委副处以上干部、局总公司人口计生办大组组长、委机关和直属事业单位200余人参加。

【召开2009年党建工作会议】 4月7日，市人口计生委召开机关党建工作会议。会议传达学习了中国共产党第十七届中央纪律检查委员会第三次会议、中共北京市第十届纪律检查委员会第五次全体会议、全国人口计生系统反腐倡廉工作电视电话会议和北京市人口计生系统反腐倡廉建设会议精神；回顾总结2008年工作，部署2009年工作任务。委党组成员、机关党委书记李红文出席并作重要讲话。市人口计生委机关处室、事业单位、计生协会和离退休党支部代表80人出席会议。

【举办市人口计生系统趣味运动会】 5月22日，市人口计生委举办了北京市人口计生系统趣味运动会。这次运动会以“强体魄、促和谐、展风采”为主题，共有19个代表队的750多名运动员，在24个单项和5个团体项目上进行竞赛。比赛项目以符合机关特点和机关干部职工体质状况为设置原则，做到比赛与展示相结合；日常活动与运动相结合；竞技比赛与健身方法相结合；体育活动与文化活动相结合。经过一上午的紧张比赛，顺义区人口计生委获得团体总分第一名，大兴区、西城区、房山区、朝阳区和市人口计生委机关代表队获得团体总分二至六名。崇文区等13个区县获得最佳组织奖，东城区等10个区县获得最佳风采奖。

【开展纪念中国共产党成立八十八周年活动】 为纪念中国共产党成立88周年，组织在职党员干部和入党积极分子80多人，到中国人民抗日战争纪念馆参观学习，了解波澜壮阔的全民族抗日救亡运动，学习共产党人浴血奋战、不畏牺牲的革命精神。同时，为2008年以来加入党组织的5名新党员举行了庄严的入党宣誓仪式，老党员一同重温了入党誓词。市人口计生委党组书记邓行舟参加活动并讲话。

【开展庆祝新中国成立六十周年爱国主义教育活动】 在新中国六十华诞来临之际，市人口计生委机关党委组织全体干部开展爱国主义教育活动。活动中组织参观了《辉煌六十年》——中华人民共和国成立六十周年成就展；举办了爱国歌曲大家唱联欢活动；为离休老干部颁发《新中国成立六十年纪念章》和慰问金；组织观看了爱国主义题材的影视作品；并制作了纪念新中国成立六十周年专题宣传栏。

【举办“高校专家延庆行，生育关怀进乡村”主题活动】 7月14～15日，市人口计生委、市计生协高校联合会在延庆县举办“高校专家延庆行，生育关怀进乡村”主题活动。市人口计生委主任、计生协常务副会长邓行舟，市直机关工委副书记杨公鼎，市纪委驻市人口计生委纪检组长、市人口计生委机关党委书记李红文，市直机关工委宣传部部长魏建合，市人口计生委机关党委专职副书记朱秀娟，市计生协秘书长胡兰等参加了此次活动。这项主题活动是北京市“三进两促”活动的重要内容之一，旨在借助高校协会具有高水平理论师资的优势，对区县乡镇居民进行系统讲座培训及服务，同时高校人才深入基层进行实际调研，达到优质人力资源的交流与共享。活动中聘请清华大学、中国农业大学、北京航天大学、北京林业大学、北京交通大学、北京工业大学、北京服装学院九位教授，在延庆县四海镇和沈家营镇两地，分别为基层乡镇居民提供法律咨询、果木花卉栽培、水土保持、林业经济、中医、保健、常见病防治和礼仪修养等培训讲座及服务。同时，组织高校师资人才到乡镇种植养殖户实地调研交流、考察贴息贷款及幸福工程活动开展情况。

（王虹）

反腐倡廉建设

【概述】2009 年，全市人口计生系统认真学习贯彻胡锦涛总书记在中央纪委十七届三次会议上的重要讲话、市纪委十届五次会议暨全市党风廉政建设工作会议和全国人口计生系统反腐倡廉工作电视电话会议精神，认真落实全市人口计生系统《惩治和预防腐败体系建设纲要》实施办法，大力推进廉政风险防范管理工作，探索实践“阳光计生”模范区县创建活动，积极开展厉行节约和“小金库”专项治理工作，反腐倡廉工作稳步发展，纪检监察工作成效明显。

【召开人口计生系统反腐倡廉建设大会】3 月 12 ~ 13 日，市人口计生委党风廉政建设和纠风工作领导小组召开北京市人口计生系统反腐倡廉建设会议，市监察局宋兰刚副局长、驻国家人口计生委监察局正处级纪检监察员包风云应邀出席会议，市人口计生委领导、机关和直属单位处以上领导，区县人口计生委书记、主任、纪检监察工作主管领导和纪检监察职能科室负责人以及局（总公司）组长单位人口计生委（办）主任参加了会议。会议主题是贯彻落实中纪委十七届三次全会、北京市纪委十届五次全会暨全市党风廉政建设工作会议和国家人口计生系统电视电话会议精神，研究部署 2009 年反腐倡廉工作。会议由市人口计生委耿玉田副主任主持，耿玉田、彭彧华、丁勇副主任分别传达了上级有关会议精神，驻委纪检组李红文组长作工作报告和总结讲话，市人口计生委党组书记、主任邓行舟作重要讲话。

【印发反腐倡廉建设工作要点及责任分解】3 月份，结合市人口计生委 2009 年反腐倡廉建设工作要点，对各处室、直属事业单位进行了责任分解，并经第 8 次主任办公会讨论通过。

【制定廉政建设风险防范管理流程图】 5月，按照中共北京市纪委办公厅关于印发《2009年北京市领导干部廉洁自律工作要点》的通知要求，将市人口计生委干部人事管理、车辆财务管理、政府采购等重点工作和重点项目制作了廉政风险流程图，按风险点等级确定责任人和防范措施。

【市人口计生委抽查"两个纪律"执行情况】 各区县人口计生委按照要求，在4月20日前对"两个纪律"执行情况进行了自查，并向市里上报了自查报告。在此基础上，驻市人口计生委监察处认真开展调研，并对9个区县人口计生委"两个纪律"执行情况进行了抽查。广大基层人口计生干部职工执行"两个纪律"坚决，群众纪律观念强，在群众中具有较高的威信，人口计生工作深入人心。

【制定制止公款出国（境）旅游专项工作实施方案】 为贯彻中办、国办《关于进一步加强因公出国（境）管理的若干规定》和《关于坚决制止公款出国（境）旅游的通知》精神，按照市政风行风办公室专项工作会议要求，4月8日，市人口计生委上报了贯彻学习会议精神的情况。在广泛征求委内办公室、行财处、人事处和机关纪委意见的基础上，4月20日，市人口计生委制定并上报了制止公款出国（境）旅游组织机构和实施方案。

【认真开展纠风工作】 上半年，驻市人口计生委纪检组协助委党组积极开展纠风工作。全委以加强制度建设为龙头，以严肃查处弄虚作假、行政侵权行为、解决群众反映强烈的问题为重点，以民主评议政风行风、开展作风建设评选表彰、推进效能建设和阳光计生行动等为手段，全面推进全市人口计生系统纠风工作，政风行风建设发展平稳，纠风工作成效明显。各区县人口计生委在参加政府组织的政风行风评议中，均获得较好名次。

【制定"阳光计生"模范创建工作实施细则】 为健全和完善人口和计划生育政府信息公开、民主评议、社会监督机制，从"阳光管理"、"阳光服务"和"阳光维权"三个方面，提高管理服务水平，增强执行力和公信力，4月，市人口计生委起草了《北京市人口计生系统"阳光计生"模范单位创建工作实施细则》。文件要求把创建活动与行风政风、廉政建设、思想政治、党建等工作结合起来，通过建章立制，建立创建活动的长效机制。

【参加国家人口计生委作风建设经验交流会】 5月，向国家人口计生委上报北京市人口计生委作风建设经验材料，并向国家人口计生委推荐昌平区、顺义区两个区县的经验材料。5月24日，李红文组长参加了国家人口计生委在上海召开的人口计生系统纠风工作研讨会，并作了题为"加强系统政风行业建设，着力提升纠风工作水平"的发言。

【开展厉行节约工作】 根据市纪委、市监察局《关于认真开展厉行节约各项工作的通知》要求，市人口计生委围绕搞好“厉行节约”教育、严格执行经费使用管理规定、科学合理确定经费压缩指标三个重点，从加强对出国（境）培训考察的控制和管理、严格执行公务用车配备使用管理规定、控制公务接待费用支出、加强对一般性费用支出及用电、用水、用油等情况的成本控制四个方面开展厉行节约工作，并按要求上报了数据和压缩数额。

【开展“小金库”专项治理工作】年内，根据市纪委、市监察局、市财政局和市审计局联合下发的《关于在北京市党政机关和事业单位开展“小金库”专项治理工作的实施办法》的通知精神，按照文件明确的专项治理范围、内容、方法、步骤和重点检查事项，市人口计生委全面开展了“小金库”专项治理工作。

【完成党员违反计生政策“情节严重”标准认定工作】6月份，驻市人口计生委纪检组监察处和政法处共同完成了“违反人口与计划生育法律、法规，超计划生育”和“破坏人口与计划生育法律、法规实施”违纪行为“情节严重”的认定标准，并上报市纪委。

【召开廉政风险防范管理和“阳光计生行动”座谈会】10月，为推进廉政风险防范管理和“阳光计生行动”深入开展，驻委纪检组监察处先后按照四个“城市功能区”分别召开了座谈会，18个区县人口计生委的党组书记、纪检组长、主管领导和纪检监察干部参加了座谈会。市纪委监察局研究室、综合监察室等单位的领导参加座谈会并讲话，各区县在会上交流了开展廉政风险防范管理和“阳光计生行动”的做法和经验，深入研讨了推进工作的措施和对策。

【制定廉政风险网络图表】在开展廉政风险防范管理工作中，市人口计生委机关86名党员干部共查找出风险点27个，对三级风险点进行责任分解，制定风险防范措施18项；完善业务流程7项，围绕重点工作和重大事项编制人口计生委廉政风险防范管理网络图、干部人事管理流程图、政府采购风险防范流程图、廉政风险等级识别图等业务流程图和风险防控图（表）10份。18个区县人口计生委结合工作实际制定了实施细则，廉政风险防范管理已涵盖了全市人口系统，全系统廉政风险防范管理体系基本成型。

依法行政

【概述】2009年，市人口计生委紧紧围绕全市中心工作，在国家人口计生委的监督指导和市委、市政府的正确领导下，按照国务院《全面推进依法行政实施纲要》和《北京市2009年全面推进依法行政工作要点》的要求，以认真贯彻落实科学发展观、构建社会主义和谐社会、全面提高人口与计划生育依法行政工作水平为根本目标，从加强领导、健全体系、规范执法、优质服务等各方面进行了大量卓有成效的工作。

加强对依法行政工作的组织领导。市人口计生委依法行政工作领导小组每年除了审查确定年度人口和计划生育依法行政工作计划（由设在政策法规处的依法行政工作领导小组办公室负责起草），还要讨论研究各部门拟订的重要规范性文件，并对各部门的行政执法工作进行监督检查。年内出台的《关于转发中组部、国家人口计生委等11部委〈关于加强人口和计划生育工作若干政策措施的通知〉的通知》、《关于印发〈北京市独生子女伤残家庭特别扶助制度实施方案〉的通知》、《关于印发北京市独生子女伤残家庭特别扶助制度政策解释、资格确认工作程序、工作用表的填表说明的通知》、《关于认真贯彻落实〈流动人口计划生育工作条例〉的实施意见》等一系列规范性文件，均经依法行政工作领导小组审查后施行。市人口计生委领导干部的法制学习始终是每年干部培训的重要内容之一，年内与清华大学联合举办了三期干部综合素质培训。其中一期是专门的领导干部培训，各位委领导、各处室负责人和各区县人口计生委主任等50余人参加了为期10天的培训。法制宣传始终是依法行政工作的重要环节之一。从年初开始，市人口计生委组织了历时5个多月的全市“我与国策共成长”征文演讲比赛活动，共收集征文9000余篇，举办各级演讲比赛200余场，累计超过5000名各界群众登台演讲，以群众喜闻乐见的形式开展宣传，收到了良好的效果。

注重提高行政效率和服务水平。市人口计生委注重加强力量，探索建立统筹解决人口问题的新机制。首先，以市人口和计划生育领导小组为平台，按照统筹解决人口问题的要求，调整了领导小组成员单位，进一步明确了各成员单位的职责和任务。其次，结合市政协和市流管办的调研课题，市人口计生委组成调研组深入部分企业及城乡结合部流动人口聚居地进行实地调研；根据市发改委等11个部门的工作情况通报，听取了顺义等5个区的工作汇报以及行业协会、中介组织的情况介绍，认真征求了各方面对人口规模调控及流动人口管理服务意见和建议，进一步明确了“小人口不放松、大人口探索推进”的工作思路。同时，对下一步人口规模调控途径和措施进行了梳理，即坚持“立足首都功能，坚持积极稳妥、正面引导、疏导为主、治理源头”的工作原则，采取经济、法律、行政等综合手段，有效调控机械人口增长和流动人口增加数量，逐步缓解人口与经济、社会、资源、环境之间日益突出的矛盾。

建立和完善依法行政工作机制。市人口计生委领导对行政决策机制建设非常重视，近年来出台的各项规范性文件，凡是涉及政策指导、审批条件等方面内容，都要由政策法规部门制定出具体的审核认定标准和程序，由委主任办公会集体讨论通过。对市政府及相关部门拟出台的一些政策性文件，如村民自治、老年人优惠待遇工作、社区民间组织建设、农村村级社会公共服务中心建设等，在征求意见时，委领导都要求政策法规部门认真研究有无与计划生育法规规定相冲突的内容，同时建议合理增加有关“人口、资源、环境协调发展”的内容，确保人口与计划生育工作与全市依法行政总体工作步调一致。对一些重要工作，例如“利用财政贴息贷款扶持农村计划生育低收入家庭工程”和“对本市农村部分计划生育家庭奖励扶助”（均为市政府督办实事），市人口计生委党组书记、主任邓行舟亲自监督指导，相关部门组成专门机构，责任到人、严格把关，确保了各项工作都有法可依、有据可查、有章可循。对市人口计生委办理或参与的行政复议和行政应诉案件，委领导直接过问具体案情，集体研究、慎重决策，严格按照有关工作制度进行，确保行政复议和应诉工作能够达到市政府的要求。每年办理人大代表、政协委员提案、议案时，只要涉及生育政策问题，委领导都要求承办处室和工作人员对代表、委员做细致的说明解释工作，认真听取代表、委员的意见和建议，并及时向上级反馈，作为制定相关政策的参考。为贯彻落实国务院新颁布的《流动人口计划生育条例》，市人口计生委向市政府申请将修订《北京市流动人口计划生育管理规定》列入立法规划，并进行了大量的前期调研工作，征求相关部门和基层的意见，形成立法论证报告和修订草案上报市政府法制办。

严格规范行政执法行为。从市人口计生委领导到各处室，严格按照《北京市人口和计划生育委员会行政执法责任制》规定的行政职责开展工作。年内开展的“独生子女伤残家庭特殊扶助工作”、“计划生育基础信息核查工作”，涉及广大群众切身利益的重要事项，均由法制、统计、财务、流动人口、信息管理等多部门共同开展工作，并且与公安、财政、民政、卫生、残联等相关行政部门密切联系，加强综合治理，保证了各项工作的顺利进行。在行政处罚案卷评查中，市人口计生委认真整理并报送了对各区县计划生育技术服务机构18份行政许可案卷，并根据市政府法制办提出的行政许可案卷扣分标准，对计划生育行政许可工作进行了进一步规范。针对国家有关规定修改后计划生育处罚项目需要进行相应调整的新情况，市人口计生委结合实际情况拟订了计划生育行政处罚执行标准，增强了计划生育行政处罚标准的可操作性。年内，市人口计生委按要求组织有行政执法职责的工作人员参加市政府法制办行政处罚资格考试，同时组织各区县人口计生委行政执法工作人员进行专业知识考试，做到了持证上岗。

不断完善利益导向机制建设。北京市

将“对符合计划生育政策规定、年满60周岁的农民发放奖励扶助金”工作纳入新农村建设折子工程，并列入市政府折子工程。据统计，年内，新增奖励扶助对象2006人，退出631人（其中3人因再婚子女数发生变化、106人户籍农转非、258人死亡、264人转入特别扶助或其他原因退出），受奖励扶助总人数增加到12526人。5月初，市人口计生委根据区县上报的奖励扶助对象和年审退出对象进行了汇总，并将奖励扶助对有关信息和资金测算数据报国家人口计生委。同时，按照《北京市农村部分计划生育家庭奖励扶助金代理发放协议书》规定，市人口计生委将汇总确认无误的奖励扶助对象相关信息报市农村商业银行。市农村商业银行为新增2006人建立个人账户，7月31日前将每人1200元的奖励扶助金及时足额拨付到奖励扶助对象的个人账户。

切实做好特别扶助工作。4月底，特别扶助对象的资格认定工作全部完成。全市各级人口计生部门大力加强对基层干部和管理服务人员的培训。年初举办了18个区县人口计生委主管主任、法制科长、负责特别扶助政策、报表及程序工作的干部等100余人参加的培训班，为工作的开展打下坚实基础。此外，市人口计生委在征求基层意见基础上，与相关部门协调取消了对特别扶助对象的公示，改为严格的村居级评议；取消年审对象签字制度，由村居干部负责了解当事人情况是否发生变化。4月17~27日，市人口计生委分两组对18个区县特别扶助工作进行质量抽查。重点抽查确认资格的程序是否完备、资格确认的政策是否准确、表格填写是否正确。没有发现一例明显的资格认定错误。

强化对行政执法行为的监督。为进一步加强监督力度，继续坚持行政执法监督员制度，近200名来自社会各界的群众监督员，对全市各级人口和计划生育部门的行政执法工作情况做到事前监督、及时纠错、依法维权。2008年10月至2009年9月，全市各级人口和计划生育部门共受理群众来信来访21万余件次，其中市级信访3.53万件次。在国家人口计生委、市委市政府、各级人大、法院系统和社会各界的监督下，各项行政执法未出现严重违法违纪现象。市人口计生委注重通过不断规范行政复议及行政应诉工作，加强对行政执法事项的监督。年内共计受理行政复议申请6例，经过认真审查，全部维持了原行政决定。市人口计生委在履行复议机关职责的同时，也同样通过行政应诉接受监督。9月，一名因1979年计划外生育子女受到单位处分的当事人，对信访答复意见不满意，向法院提起行政诉讼，要求法院判令撤销信访答复意见书，同时认定其生育行为合法。案件审理中，市人口计生委向法院提供了翔实的证据材料。法院经审查认为，市人口计生委的信访答复没有问题。但当事人在信访信中提出了行政复议要求，尽管事情已经过去30年，市人口计生委仍本着规范自身执法工作、维护当事人权益的原则，认真按照法院的裁定为当事人进行了行政复议，使得行政诉讼监督职能得到了充分的体现。

【协调13个部门共同制定加强人口计生工作的政策措施】2月23日，市人口计生委协调市委组织部等13个部门，会签印发了《关于转发中组部、国家人口计生委等11部委〈关于加强人口和计划生育工作若干政策措施的通知〉的通知》。通知要求，对党员、干部违法生育的，除依法征收社会抚养费外，还应当书面通报其组织关系所在地和工作单位，建议给予相应的党纪政纪处分。征收处理后，及时通知当事人人事档案部门。

【对人口计划生育系统的规范性文件进行清理】按照市政府办公厅的要求，市人口计生委各处室密切配合，完成了北京市1979～2007年间制定和公布的计划生育行政规范性文件的清理工作，最终决定保留的行政规范性文件52件，决定废止和宣布失效的56件，需修改、废止或宣布失效的文件共6件。

【在全市开展违法生育专项清理清查】2月至10月，市人口计生委在全市范围内集中开展违法生育情况专项清理清查工作。社会抚养费征收方面，全部征收结案的增加为完善基层基础工作、迎接“六普”打下坚实基础。

【完成2009年度奖励扶助工作】经过村居、乡镇、区县三级资格确认、审核和村级三次公示，以及市级20%的资格认定抽查确认，2009年全市10个涉农区县新增奖励扶助对象和受奖励扶助总人数增加到12527人。截至7月30日，每人1200元的奖励扶助金已拨付到奖励扶助对象个人账户。

【探索开展独生子女伤残家庭特别扶助】年内，市人口计生委与市财政局联合下发《北京市独生子女伤残家庭特别扶助制度实施方案》，以市残联在全市普遍换发的第二代《残疾人证》为依据，独生子女三级以上残疾，女方年满49周岁的，夫妇双方每人每月享受160元的特别扶助，直到死亡或者子女康复为止。独生子女伤残家庭特别扶助制度，自10月开始在全市全面开展。

（况海涛）

人口发展战略研究

【概述】2009年，北京市人口计生系统人口战略研究工作以科学发展观为指导，以稳定低生育水平、统筹解决人口问题为主线，以促进人口与经济、社会、资源、环境的协调发展和可持续发展为目标，以保持首都人口长期均衡发展为基本原则，继续创新体制机制，促进研究成果转化，服务人口发展决策，人口战略研究和调查研究工作持续深入开展。

【开展人口规模调控专题调研】人口规模快速增长，导致北京人口资源环境矛盾日益尖锐。因此，市政府和市政协将调控人口规模课题列入年度4大重点调研课题之一，并决定由市人口计生委邓行舟主任担任课题组长，会同有关政协委员及专家、学者开展调研活动。按照邓行舟主任提出的“情况掌握全面，问题分析准确，措施建议可用”的要求，编制了调研工作方案，提出调研思路、主要内容和工作安排。课题组深入顺义、朝阳等区县进行实地调研，听取相关委办局通报情况，听取高新技术企业、民营企业等企事业单位意见，征求政协委员、常委、专家、政府部门意见，结合城市功能和区域功能定位，借鉴、总结国内外和各区县人口规模宏观调控的成功经验，探索研究调控首都人口规模及引导人口合理分布的途径，提出具有可操作性的政策建议。

【开展京津冀人口发展功能区研究】该项研究是国家人口计生委立项的课题，由市人口计生委主任邓行舟担任课题组长，由北京市、天津市、河北省人口计生委共同承担研究任务。一年来，通过三家人口计生委的积极协调和运作，以及课题组专家学者的辛勤工作，取得了阶段性的成果，并顺利通过课题评审。该课题取得了具有较强政策应用价值的研究成果，在以下几个方面进行了具有开创性的工作：一是从承载能力、开发密度和发展潜力等若干方面，深入探讨京津冀人口功能区的优势因素和劣势因素；二是在京津冀人口发展功能区划分上，提出了可行性与可能性相结合的原则；三是结合京津冀人口发展的具体情况，新增2个主要指标，构建了基于实际情况的分区修正模型；四是提出了推动京津冀人口均衡发展的政策建议。

【开展幸福家庭工程调研】幸福家庭工程是丰台区开展的一项计生民生工程，不仅让该区老百姓享受到党和政府政策的实惠，也让百万流动人口得到了关心和帮助，聚集了人气，凝聚了人心，受到了老百姓欢迎。为了进一步推进该项工作，市人口计生委组织相关方面专家，就丰台区开展幸福家庭工程情况进行了深入调研。调研组对丰台区委、区政府统筹规划、整合力量、协同推进幸福家庭工程给予了高度评价和充分肯定，同时建议：在评价和体现效果上要更加注重群众标准；继续往深层次挖掘拓展；进一步扩大群众参与和增强活动的广泛性；做好媒体宣传。

【全面推进人口战略课题研究】年内，根据全市亟待解决的人口问题，组织课题领导小组及专家提出年度课题研究计划，经主任办公会研究决定，确定了《合理调控首都人口规模》、《深化综合改革统筹解决人口问题的途径及模式研究》、《完善市级、区县人口管理调控体系及目标责任制研究》、《首都流动人口结构分析及其调控对策研究》等12个研究课题。本着公开、公正、公平的原则，在网上向社会公开进行招投标，由专家小组评审确定中标单位。同时注重加强对课题的过程管理，对课题进行中期评估，并参与重点课题的调研。

【举办第五届人口与发展论坛】年内，市人口计生委举办了第五届人口与发展论坛。论坛的主题是“人口发展与城市竞争力”。与会专家学者围绕论坛主题，从人口承载力、劳动就业、人力资源开发、城市规划、户籍改革、流动人口服务管理等方面，深入分析北京人口发展所面临的形势和挑战。通过不同观点的交锋，引发了更多的思考，对丰富和完善统筹解决首都人口问题的思路、政策、措施，具有积极的推动作用。另外，在论坛的形式上有所创新，应用了现场成像等新技术。

【指导区县开展人口问题研究】市人口计生委指导区县围绕功能定位，结合当地人口发展的重大现实问题，通过开展人口问题专项调研以及举办论坛等多种方式，整合区县政府、专家、社会资源，凝聚各方智慧，不断提高人口问题研究水平，为统筹解决人口问题提供理论和智力支持。年内，举办人口论坛的区县增加到12个。区县举办的人口论坛，突出了区域发展特点，加强了“大人口”研究的宣传，营造了关注区域综合发展的良好氛围，而且为区县政府决策提供了有重要参考价值的政策建议。

【组织人口战略研究培训】为适应新时期的人口研究的需要，进一步提高区县调研队伍的研究能力，年内组织开展了首都人口发展战略研究培训。从人口学的知识、人口工作的创新思维、人口计生工作的思路转变，以及民生与计生的关系等方面进行授课，突出课程的权威性、培训的针对性和对工作的指导性。

（季红　龚伟明）

规划统计与信息化建设

【概述】2009年是全市规划统计工作任务繁重的一年，各级人口计生部门积极探索，积累有益经验，推进了全市规划统计工作的健康发展。从整体情况看，全市规划统计工作的主要特色体现在“四个服务”上：服务于人口宏观统筹的大局，以可持续发展为出发点，全力完成好中长期人口规划及年度人口计划工作；服务于社会管理和公共服务的大局，推进区县部门信息共享，探索分析辅助决策机制，努力实施统计改革；服务于全市稳定低生育水平的大局，建立统计练兵长效机制，加强基层基础工作，求实统计信息；服务于全市人口计生重点工作的大局，全力完成国家及全市人口计生的各项重大任务。

【大力推进中长期人口规划及年度人口计划工作】在“十一五”规划中期评估的基础上，认真总结了“十一五”规划编制的经验，探讨了“十二五”规划编制的思路，适时组织区县开展了“十二五”规划编制的前期研究和人口预测。积极开展了年度人口形势分析、历史回顾及趋势展望，组织召开了2009年北京市人口和计划生育形势分析会。认真开展年度出生预计摸底，完成了北京市2010年度人口计划（草案），完成了国家京津冀人口发展功能区研究的相关任务。

【积极探索统计分析辅助政府决策和信息共享机制】全市各区县人口计生委从各自的工作目标出发，或定期进行信息交换，或依托区县人口信息共享平台，或自主开发全员人口信息系统，千方百计实现了信息的部门共享，拓展了人口计生的信息源，改革了统计渠道。市人口计生委建立了《北京市人口和计划生育委员会统计报表制度》，为统一市级信息出口、入口及信息范围的拓展创造了条件。市区（县）两级从不同方面、不同程度推进了统计改革的进程，为全市统计改革的全面实施奠定了工作基础。

【建立统计练兵长效机制】全市各级人口计生部门，在认真总结统计大练兵经验的基础上，开拓性地继续开展统计和全员练兵活动。为配合第六次人口普查，积极利用各种重大工作或活动的机会，核实出生信息，减少统计漏统，全力完成违法生育的清理清查工作。各级人口计生部门努力加强统计干部队伍建设，积极开展专业培训，创新培训方式，拓展培训范围，收到了较好效果。

【积极参与完成育龄妇女人在户不在登记任务】从年初到9月份，全市各区县积极参与完成了全市人在户不在育龄妇女登记工作。在西城区、海淀区开展登记前期试点，指导试点的相关运作。通过总结试点经验，完成了全市人在户不在育龄妇女实施方案的制定和下发工作。为确保登记工作质量，按考核要求抽查了各区县的登记质量工作。到9月1日，全市共登记人在户不在育龄妇女32万人，比开展工作之前增加14万余人，圆满地完成了信息项登记率85%的艰巨任务。

【开展人口和计划生育基础信息核查工作】为配合第六次人口普查，根据国家人口计生委的紧急部署，北京市组织了前期调研和预调查的准备工作，制定了核查工作实施方案，组织召开了全市核查工作启动暨培训会，对全市核查工作的统计口径、工作流程等进行了培训。组织全市各级人口计生部门，按时完成了2000年1月1日以来的所有户籍和流动人口出生的个案信息采集和两次数据转换培训任务。

【积极推进人口计生考核评估体制改革】根据国家人口计生委改革评估的要求（国人口发〔2008〕21号），市人口计生委积极探索考核评估体制改革的方式方法，组织开展相关调研，广泛征集意见，研究并制定了《2008～2009年度北京市区县人口和计划生育考核评估方案》。各区县采取多种方法，建立考核评估系统、开展相关调查、改革评估方式、减少评估指标等，积极探索考核评估改革的新途径。年底，市人口计生委制定了全市考核评估检查方案，组织完成了对区县2008～2009年的考核评估验收工作。

【完成CA身份认证项目集成工作】5月，完成了CA身份认证项目与各业务系统的集成工作，建立了统一认证管理平台。通过各系统使用统一的接口，规范集成到统一认证管理平台，实现了OA系统、CNKI、会议通知系统通过统一入口，使用数字证书或用户名口令方式进行单点登录、数据同步功能。通过统一认证管理平台提供电子签章应用接口，实现了在发文盖章环节的电子印章加盖工作。

【开展公务员门户人口计生委专版建设】7月，市人口计生委根据立足现有、资源整合、集约建设、资源共享的原则，与市经信委进行了多次研讨，形成了《北京市公务员门户市人口计生委专版建设方案》。专版建设工作主要在专版策划、网络对接、认证对接和资源整合等四个层面展开。

【完成OA系统终验工作】9月，市人口计生委举行了由委领导、信息化专家、承建方、监理方参加的OA系统项目终验会。会上建设单位、承建单位、监理单位汇报了工作情况并进行了系统演示，专家审查了有关文档，并发表了意见。会上通过了OA项目的验收工作，形成了验收报告，OA系统进入两年的免费维护期。

【积极做好廉政风险防范工作】全系统规划统计干部自觉树立廉政风险防范意识，积极发挥党员的模范带头作用。在实际工作中，注重做好"三进两促"工作，培养求真务实的工作作风，把"阳光计生"要求贯穿在基层实际工作中。

（崔佳　任向群）

宣传教育工作

【概述】2009年，市人口计生委深入贯彻落实《中共中央 国务院关于全面加强人口和计划生育工作统筹解决人口问题的决定》和《北京市人口计生委关于加强和改进宣传教育工作的意见》文件精神，以"倡导婚育文明，构建和谐家庭"为思路，以打造宣教四大体系为主线，以"婚育新风进万家"活动为载体，围绕四个"一"（举办了一个演讲、出版了一本书、组织了一次培训、召开了一次会议），广泛开展人口文化宣传教育工作，大力推进现代婚育文明，引导育龄人群建立科学、文明、健康的婚育观，促进社会、家庭和谐发展。

【召开人口计生宣传教育工作会】2月18～19日，市人口计生委副主任彭彧华主持召开了2009年人口计生宣教工作会，婚育新风进万家活动领导小组各成员单位联络员、局总公司组长单位计生办主任、各区县人口计生委主管主任、宣传科（站）长以及市人口计生宣教系统相关人员近百人参加了会议。市人口计生委党组书记、主任邓行舟，宣教司副司长施春景到会并作重要讲话。彭彧华副主任总结了2008年全市的人口计生宣教工作，布置了2009年的工作重点。邓行舟主任在讲话中指出，宣传是人口计生工作的中心环节，宣传干部要围绕“为什么要宣传”、“宣传什么”、“如何做好宣传”想问题做工作，形成全市一盘棋、委内一盘棋，共同做好宣传工作。国家人口计生委宣教司副司长施春景充分肯定北京市人口计生宣教工作的成绩及在全国的首要位置。这次工作会为全年宣教工作的顺利开展奠定了基础。

【开展“我与国策共成长”暨“7·11世界人口日”征文演讲比赛活动】年初，市人口计生委副主任彭彧华组织、策划、部署“我与国策共成长”暨“7·11世界人口日”征文演讲活动，18个区县全部参加并层层开展。宣教处从收集到的9000余篇征文中精选了54篇编辑成《我与国策共成长优秀征文选编》，发放到各区县及相关部门。这次宣传活动中，各级领导高度重视，充分利用部门协作的力量，引导群众广泛参与，逐级选拔，层层开展，区、街（乡）、居（村）、社区及驻地单位层层举办演讲比赛200余场，5000余名各界群众登上演讲台。7月3日，彭彧华副主任主持召开了总结表彰会，国家人口计生委宣教司张建司长、市人口计生委主任邓行舟出席会议，200名大学生在“倡导婚育文明，构建和谐家庭”的横幅上签字，18个区县人口计生委主任、主管主任、宣传科站长、局总公司负责人近300人参加了大会。会上，评选出优秀组织奖及一、二、三等奖，并给予隆重表彰。

【编印80万册《爱的透视窗——大学生情感故事》】为贯彻落实“首都市民生命全周期性健康教育行动纲要”，在大学生群体中普及性健康知识，树立文明的性健康理念，在丁向阳副市长的领导、支持下，市人口计生委与教委合作，由市人口计生委副主任彭彧华主持，编辑、印刷80万册《爱的透视窗——大学生情感故事》，发放到北京市92所高校大学生手中。10月25日，市人口计生委组织中国性学会性教育专委会、性文化专委会专家和北医、北邮、首师大三所高校30名大学生召开了座谈会，结合《爱的透视窗——大学生情感故事》一书发放情况以及当前大学生群体中存在的性观念、性行为现状进行了座谈。这本书得到市领导、各高校师生一致好评，在社会上引起强烈反响。

【召开人口文化宣传推动会】为促进全市人口文化宣传活动的广泛开展，推动全市人口文化园建设工作的全面完成，9月10～11日，市人口计生委副主任彭彧华主持召开了人口文化宣传推动会，18个区县的主管主任、宣传科（站）长参加了会议。

会上18个区县主管主任就本区县的人口文化宣传教育工作进行了汇报。这次推动会是对《北京市人口计生委关于加强和改进宣传教育工作的意见》文件精神的又一次深入贯彻落实，通过区县工作汇报，充分表明了“倡导婚育文明，构建和谐家庭”工作思路已经达成了共识。这次会议进一步深化了工作思路，提升了工作理念。

【举办人口文化宣传教育小教员培训班】为加强人口文化宣传教育的工作力度，提高北京市宣传员队伍的素质，提高区县宣传干部及基层宣传员的人口理论、人口文化知识素养和宣传技能，10月12～16日，市人口计生委副主任彭彧华主持举办了第二届人口计生宣传教育小教员培训班，围绕人口文化、如何搞好新形势下的新闻宣传、新闻采访与写作技巧、实用摄影技巧等进行了培训。这次培训有效开阔了基层宣传干部的视野，提高了他们的宣传能力，增长了知识，开拓了思路，受到学员的热烈欢迎。

【创新媒体体系建设】年内，市人口计生委在媒体宣传上继续坚持以宣传基本国策为核心，以正确的舆论导向为方向，强化媒体体系建设，丰富宣教内容，扩大宣传影响力和覆盖面。一是加强与电台、电视台的沟通与合作，在巩固已有阵地的同时，不断拓宽人口文化宣教领域。制作《生命的呼唤——人口篇》在北京电视台播出；策划并制作了《健康宝宝》、《女性健康宝典》、《女性营养养生》等多个系列，收视率大幅度提高，最高收视率达到2.6。完成538期《养生堂·生命生育生活》电视栏目、12期《健康北京》（月末版）电视栏目并播出；完成96期《人口直通车》广播栏目的播出任务，平均收听率为1.68%，位列新闻广播频道第4位。《与爱同行》有奖征文共收到来稿3241篇，择优播出了102篇。播出记者采写的录音专题报道52个，内容涉及市人口计生委的工作会议、大型活动以及区县人口计生委的工作亮点、政策解读、人物故事等；在青春园地、妈妈宝宝等板块中介绍了与生活密切相关的婚育知识、科学技术、人口动态等大量信息。二是利用好报约杂志已有的宣传专栏，开发新专栏。加强对已有宣传栏目的指导，提高供给媒体稿件、素材的质量，加大人口计生工作宣传报道的力度。《北京日报·健康版》、《京郊日报·妇女计生版》均为每周一期，年内共刊登53期，有效提高了已有阵地的影响力。《人口与计划生育》杂志分6期连载“我与国策共成长”征文演讲比赛决赛选手的演讲稿，每期12.5万册，共发行75万册，有效扩大了宣传覆盖面。三是电视专题片制作水平不断提高。在由国家人口计生委、中国广播电视协会主办，中广协纪录片工作委员会、中国人口宣传教育中心北京友好传承文化基金会承办的“生命的钥匙——首届中国家庭纪录片周”节目征集评选活动中，市人口计生委荣获特殊贡献奖，中央电视台新闻专题部、市人口计生宣教中心联合制作的《冷暖童年》专题片荣获金牌奖，市人口计生宣教中心制作的《北京计生系列报道》荣获银奖。在国家人口计生委第二届新时期统筹解决人口问题公益广告及动漫作品征集评选展播活动中，市人口计生委制作的公益广告《婚检孕检　幸福一生》荣获一等奖，《有效避孕　健康生育》荣获入围奖。

【强化文艺体系建设】着眼育龄群众的文化生活，积极推动和谐人口文化建设。继续发挥18个区县计生小剧团的作用，并与文化部门的“文化大篷车”相结合，广泛开展贴近生活、贴近群众、贴近实际的文艺宣传活动，打造出“婚育新风赶大集”、“人口文化妫川行”等系列宣传品牌。广大计生专干、群众自编自演反映人口计生工作的文艺节目，利用村级人口文化广场宣传新时期人口计生政策和人口文化。年内，在市人口计生委统一规划、指导下，18区县挖掘区域资源，逐步完成人口文化园建设，推出了一批有文化、有特色、有品位、有内涵、艺术性强的人口文化艺术精品，初步体现了创新、融入、突出特色的思路和理念，使广大群众在休闲娱乐中受到教育，在潜移默化中熏陶情操。作为北京市人口文化园工作成果的回顾和展示，制作推出了图文并茂的《国策添香、共享和谐——人口文化园宣传图册》，发放到18区县及相关部门，起到了较好的宣传效果。

【深化环境体系建设】年内，市人口计生委通过统一谋划，分类指导，全面打造覆盖范围广、内容规范、形式新颖、位置恰当、与周边环境相协调的人口计生户外宣传新环境。一方面加强原有计生宣教大院、长廊、广场等宣传阵地建设，充分利用人口文化学校、人口文化活动室和人口文化书屋开展宣传，普及人口计生知识；另一方面发挥宣传橱窗、板报、标语口号、广告牌、张贴画的作用，不断创新环境宣教形式，提升户外环境宣传的品位。坚持以人为本的原则，注意清理过去僵硬、单调的宣传标语口号，按照人性化、温馨化、多样化的原则，结合新时期人口计生工作面临的新形势和新任务，对环境宣传进行了及时规范。

【加强资源体系建设】年内，市人口计生委副主任彭彧华率领宣教处，与市教委相关处室联合组织了3次专家研讨会，针对大学生的性生理、性心理特点、大学生的性态度、性行为现状，组织90名大学生于10名负责大学德育工作的专家、教授进行座谈，对首都6所高校1161名大学生进行了问卷调查和访谈，在此基础上编印了《爱的透视窗——大学生情感故事》一书，引导大学生走科学、文明、健康的性教育之路，在社会上产生强烈反响。彭彧华副主任还主持召开了《养生堂·生命生育生活》专家、编辑、制片人研讨会和策划会，提高了栏目质量，此栏目荣获全国金牌奖。各区县利用市级专家库的资源，广泛举办相关知识讲座，独生子女素质教育不断提升。

【深入开展“关爱女孩行动”】 年内，市人口计生委继续深入开展“关爱女孩行动”。积极参与了全国十佳女孩评选活动，荣获优秀组织奖，东城区选送的何可欣被评选为全国十佳女孩。各区县积极开展相关主题活动，怀柔区在全区范围内开展了以“迎国庆　赞计生　展风采”为主题的“明珠女孩风采展”活动，门头沟继续开展京西女孩系列宣传活动，在全社会营造出关心女孩成长的良好舆论氛围。

【积极推进新农村建设】 年内，市人口计生委充分发挥村、镇（乡）人口文化学校三级网络的作用，共投入110万元，为十个远郊区县配备村级“人口文化活动室”56个，其中包括价值90万元的图书、价值20万元的统一标牌和书柜，为广大育龄群众送去健康、文明、科学的婚育知识，传播了先进的婚育观念，积极推进新农村新家庭建设。

【深入开展“婚育新风进万家”活动】 为了深入贯彻落实中共北京市委宣传部等16部门《关于2006～2010年继续深入开展婚育新风进万家活动的意见》，市人口计生委围绕“生殖健康与生命质量”的年度主题，与相关部门紧密合作，在报纸杂志开办生殖健康专栏，扩大宣传的覆盖面和影响力；利用世界人口日、男性健康日等重大纪念日和节假日，开展大型生殖健康宣传活动；组织18个区县以开办展览、举办讲座、组织咨询服务等形式认真开展宣传活动，在人口文化学校定期、有针对性地举办生殖健康讲座，提高群众的生殖保健意识和能力。房山区、延庆县等以楹联、漫画征集和小剧团下乡演出等形式，开展丰富多彩的群众活动，营造出婚育新风进万家的和谐氛围。

【开展文化、科技、卫生三下乡活动】 1月16日，市人口计生委在延庆县张山营镇张山营村举办2009年北京市人口计生系统文化科技卫生“三下乡”宣传活动暨议国策、话和谐、迎新春座谈会。国家人口计生委宣教司施春景副司长、中国人口宣教中心伦秀伟副主任，市直机关工委夏尚武常务副书记、市直机关工委刘俊副书记，市人口计生委彭彧华副主任等国家、市和延庆县领导出席了活动。活动中，与会领导与张山营村独生子女户、享受奖扶政策代表、使用贴息贷款代表和基层计划生育专干进行面对面座谈交流；市人口计生委向延庆县人口学校赠送了电脑（20台）和宣传品；为村人口文化室揭牌；向“新家庭文化屋”捐赠图书；“生殖健康伴你行”服务车走进延庆张山营，专家和医务人员为当地育龄妇女进行了免费健康检查和健康咨询。活动中，与会领导还慰问了计划生育专干和独生子女家庭，受到干部群众的热烈欢迎，活动取得了圆满成功。

【组织“生殖健康伴你行”走进内蒙草原活动】 为进一步落实对口支援内蒙古自治区人口计生委的帮扶项目，8月15～20日，由市人口计生委正局级委员李芸莉带队，北京市人口计生委宣传服务团在内蒙古自治区锡林郭勒盟开展了“生殖健康伴你行”走进内蒙古草原活动。在为期5天的活动行程中，宣传服务团先后奔赴锡林浩特市、正蓝旗、太仆寺旗，为当地计生机构无偿捐赠医疗设备、办公设备和科普宣传品，随行的知名专家为当地育龄妇女开展免费义诊并举办“生殖健康大课堂”讲座，为独生子女发放书包和助学金，受到当地计生部门和广大育龄群众的一致好评和热烈欢迎。

【举办“男性健康日”宣传活动】为普及男性健康科学知识，倡导全社会关注男性健康问题，增强男性自我保健意识，10月22日下午，由市人口计生委宣教中心、石景山区人口计生委与北京军区司令部、北京军区某部队联合举办的“与健康牵手，与幸福有约——第十个男性健康日‘走进北京军区’大型宣传活动”在北京军区某部队礼堂隆重举行。市人口计生委副主任彭彧华、石景山区委常委副区长付生柱、北京军区司令部计生办主任李维伟出席活动并讲话，800余名官兵参加了此次活动。

【召开北京市大学生性与生殖健康教育座谈会】10月25日，市人口计生委在首师大国际文化大厦召开北京市大学生性与生殖健康教育座谈会，市人口计生委主任邓行舟、副主任彭彧华，首师大副校长王晓霞，市人口计生委宣教处处长刘凤婷、宣教中心主任刘成宝，市计生协秘书长胡兰，中国性学会副理事长薛福林、北京大学医学部教授刘新芝、北京师范大学心理学教授沃建中、首师大性健康教育研究中心副教授张玫玫、北京邮电大学文法经济学院副院长王欢参加了会议。与会的还有北京大学医学部、北京邮电大学、首都师范大学三所高校30名大学生。市人口计生委副主任、中国性学会性教育专业委员会主任委员彭彧华主持了会议。会议就市人口计生委和市教委联合编写的大学生性健康教育读本《爱的透视窗——大学生情感故事》以及当前大学生性与生殖健康教育现状进行了座谈。大学生和专家都对本书表达了完全的肯定，认为该书既满足了大学生对性健康教育的迫切需求，又能够引导大学生树立健康的婚恋观；既能作为大学生的生活读物，也能作为性健康教育参考资料。专家们建议：希望今后能形成一种长效机制，更有效地普及各个层次人群的性健康教育知识。

【举办纪念新中国成立六十周年北京市人口计生系统摄影展】7月9日，市人口计生委在中山公园展厅举办“迎甲子华诞、传国策新风——纪念新中国成立六十周年北京市人口计生系统摄影展”。参加摄影展的共有市人口计生系统40多个单位选送的2500余幅作品，其中展出300余幅，由中国摄影家协会的专家评选出组织奖。

（马艳丽　曹宏）

优质服务与科技

【概述】2009年，北京市人口和计划生育优质服务和科技工作，全面提质提速，在体系建设、健康生育、社区服务等方面取得了显著成效。年内，大兴区、密云县、延庆县被国家人口计生委评为全国计划生育优质服务先进单位，北京市率先实现了全国计划生育优质服务先进单位全覆盖目标。

年内，北京市人口计划生育优质服务和科技工作成绩突出。一是服务体系建设有序实施。着力建设“以市级计划生育生殖健康指导中心为龙头，以区县人口和计划生育服务中心为骨干，以社区计划生育综合服务站为基础”的优质服务体系，顺义区、大兴区、怀柔区和密云县已实现了规划目标。二是社区医师培训扎实进行。在市卫生局、市民政局的支持下，组织了两期社区医师培训班。积极与市医学继续教育学会协调，为每个学员争取到了市卫生局认可的6个学分。三是计生药械市场整治取得阶段成果。组织建立了市计划生育药械市场整治行动协调领导小组，制定了药械市场整治行动实施方案，采取系统整治与联合执法相结合、专项整治与常态管理相结合、开展整治与发动群众相结合、加强治理与信息沟通相结合、行政执法与联合督查相结合的工作方法，取得了较好效果。四是出生缺陷一级预防顺利开展。申请市财政专项经费300万元，采购叶酸增补剂统一下拨区县，用于已婚待孕人员和怀孕3个月内的育龄群众免费领取。据不完全统计，全年叶酸发放23万瓶，有4.4万个家庭受益。五是积极开展农村长效节育育龄群众健康体检工作。市人口计生委实施“农村长效节育户籍已婚育龄群众免费健康体检项目”。这一项目连续两年列入市委、市政府当年为民办实事之中。六是科技大练兵成效明显。组织了计划生育科技大练兵培训，三千人才工程进展平稳。市人口计生委向市财政局申请专项经费30万元，保证“科技大练兵”活动的开展。七是艾滋病工作扎实推进。建立了计划生育技术服务机构、社区计生服务站为主的安全套发放网络，实现了以镇街、村居为基础的免费药具发放全覆盖的目标。全市共有2.2万个免费发放点，年发放安全套6900万只。八是科研探索成果显著。与中国人口发展研究中心合作，在崇文区、海淀区、门头沟区、平谷区、怀柔区5个区开展了“社区避孕知情选择咨询服务规范课题”研究，引用第三方对项目进行评估。

【召开年度病残儿童医学鉴定工作汇报暨培训会】1月5日，市人口计生委组织召开“北京市2009年病残儿童医学鉴定工作汇报暨培训会”。会上，来自协和医科大学遗传系、首都儿研所生长发育研究室、安贞医院儿科心内的三位专家就遗传性疾病鉴定相关问题、儿童智力低下的病因与诊断、儿童心脏疾病简介等进行了专题讲座。会议总结了全市病残儿童医学鉴定及审批工作情况，分析了问题，解答了难点，布置了任务。市人口计生委耿玉田副主任、科技处李晓沪处长、18 个区县病残儿童医学鉴定分管主任、区级鉴定组专家及九家市级鉴定医院医务处负责人等参加了会议。

【开展计划生育药械市场整治行动】根据国人口发〔2009〕20 号文件要求，由市人口计生委牵头，市公安局、市卫生局、北京海关、市工商局、市质量技术监督局、出入境检验检疫局、市药品监督局等8 部门组成全市计划生育药械市场整治行动协调小组，从4 月至11 月在北京市开展了计划生育药械市场整治行动工作。整治行动的重点是：查处计划生育药械生产企业违法行为；查处计划生育药械经营企业违法行为；查处违法计划生育药械和技术广告；查处违法使用计划生育药械和技术的行为；严厉打击无证生产、经营、使用计划生育药械的行为，打击无证生产、经营成人“性用品”的行为；查处生产和销售有质量问题并对消费者人身及财产安全造成严重损害的成人“性用品”的违法行为；查处违法成人“性用品”广告；建立完善计划生育药械和成人“性用品”监管机制。通过专项整治行动，进一步加强了计划生育药械生产、流通、使用的监督管理，规范市场秩序，保障和维护首都群众健康权益。

【北京市健康生育计划经验交流会在西城召开】4 月 28 日，市人口计生委在西城区召开预防出生缺陷——北京市健康生育计划经验交流会。会上重点推广了西城区预防出生缺陷的社区健康生育全程服务模式，国家人口计生委科技司副司长许梅林、副市长丁向阳出席会议并作重要讲话。市人口计生委耿玉田副主任主持会议，市发改委、市财政局、市卫生局、市民政局、市残联、市人力资源和社会保障局、市人口计生委等有关部门负责人，以及 18 个区县政府分管领导参加了会议。

【举办社区计划生育（卫生）服务站医师培训班】6 月 14 ~26 日，市人口计生委举办了社区计划生育（卫生）服务站人员培训班（计入继续医学教育学分 6 分），分两批对来自 18 区县约 300 名社区计划生育（卫生）服务站人员进行了人口和计划生育业务培训。培训班上，国家人口计生委优质服务项目办、国家人口计生委科研所及北京妇产医院和友谊医院专家进行了专题讲座。通过培训提升了社区计划生育（卫生）服务站人员计划生育业务水平，提高了工作积极性，为更好地在社区开展计划生育服务起到了促进作用。

【开展计划生育科技大练兵第三期培训】10 月中旬，市人口计生委科技处在全市人口计生系统开展计划生育科技大练兵培训活动。培训对象是 18 个区县计划生育生殖健康技术服务（指导）中心技术骨干。培训内容有：医院感染管理新进展；计划生育技术服务管理；抗菌药物临床应用指南；常见妇科良性肿瘤的诊治；腹部 B 超检查；宫颈癌前病变的诊治进展；妇科恶性肿瘤的诊治；女性张力性尿失禁的诊治；实验室管理和质量控制。开班仪式上，市人口计生委耿玉田副主任发表了讲话。他指出：经过连续三年的培训，要总结培训经验和效果，对下一步培训工作提供帮助。下一阶段应制定更符合北京市人口计生系统技术服务机构人员的本地化、规范化的培训大纲。要采用多种方式培训，提高培训效果。要制作培训评估表，科学评价培训质量。

【召开北京市计划生育优质服务工作座谈会】 11 月 29 日，为进一步推动全市计划生育优质服务工作的深入开展，市人口计生委召开计划生育优质服务工作座谈会。大会由市人口计生委耿玉田副主任主持，市人口计生委党组书记、主任邓行舟到会讲话。市人口计生委领导彭彧华、李红文、丁勇出席会议。会议邀请国家计划生育优质服务项目专家顾宝昌、谢振明、郭新华、肖绍博等，就北京市实现全国优质服务先进单位全覆盖目标后如何深化的问题、国家优质服务最新工作动态和设想、昌平区学习瑞典 AKC 项目情况等进行了研讨。宣武、丰台、昌平、平谷、东城、海淀等区县人口计生委领导，对各自区县的创新做法和工作设想进行了研讨汇报。

（冯雷　李朝俊　陈婷方）

流动人口计划生育服务与管理

【概述】 2009 年是全面贯彻国家人口计生委关于建立流动人口计划生育全国“一盘棋”的“三年三步走”（2009 年省内“一盘棋”、2010 年重点区域“一盘棋”、2011 年初步实现全国“一盘棋”）目标的第一年。全市流动人口计划生育工作，在北京市流动人口管理委员会的统一领导下，认真落实国务院《流动人口计划生育工作条例》，以统筹解决首都人口问题为动力，以完善工作机制、推进制度创新为重点，把维护流动人口合法权益与治理违法生育行为结合起来，把加强市内合作与深化省际协作结合起来，进一步提高了服务管理水平。

年内全市流动人口计划生育工作的主要特色：一是服务管理工作深入推进。加强婚育证明的管理，全市各区县共查验流动人口《婚育证明》的 219.37 万次，已婚育龄妇女建档数 79.96 万人，原籍婚育证明持证数 62.45 万人，共发限期补通知单 7.95 万张，《婚育证明》总体持证率为 77%；三种责任书应签订 22.2 万份，实签订 21.88 万份，签订率为 98%。二是市内“一盘棋”工作深入推进。以国家人口计生委《关于促进形成全国流动人口计划生育工作“一盘棋”格局的意见》精神为指导，制定了加快形成流动人口计划生育全市“一盘棋”格局的工作方案，下达了具体的工作指标，制定了的检查评估办法。三是调查研究工作深入推进。市人口计生委召开“北京市人户分离人口计划生育工作研讨会”，研讨了人户分离的状况及对策措施。承担了国家人口计生委重点地区流动人口监测工作，选取40个乡镇街道、80个行政村居委会及企事业单位集体户进行样本抽取，给国家及全市进行宏观人口决策提供了第一手基础资料。四是便民维权工作深入推进。增建100个流动人口图书角，配置图书的种类由2008年的70种扩大为90余种。出台了关于流动已婚育龄妇女采取长效避孕节育措施享受一次性奖励政策措施，对在京生育并采取长效避孕节育措施的已婚育龄妇女实施一次性奖励，体现了首都人民对流动人口的关怀关爱。

【确立流动人口“一盘棋”工作总体思路和指标】3月，市人口计生委出台了流动人口计划生育工作意见。意见提出了年度流动人口“一盘棋”工作的整体思路：以统筹解决首都人口问题为动力，以完善工作机制、推进制度创新为重点，切实把维护流动人口合法权益与治理违法生育行为结合起来，把人户分离育龄妇女的信息采集与加强重点人群服务管理结合起来，把加强市内合作与深化省际协作结合起来，进一步提高服务管理水平。下达了11项工作指标为：流动人口计划生育法规政策宣传覆盖率达95%；“三种责任书”的签订率均达95%；成年育龄妇女持证率不低于90%；验证率不低于90%；人机率不低于95%；已婚育龄妇女孕检率不低于80%；为实行计划生育的已婚育龄妇女提供免费技术服务率不低于70%；出生监测的统计覆盖率不低于95%；在京居住半年以上的流动人口计划生育率达到85%；人在户不在育龄妇女现居住地信息登记率不低于85%；市内人户分离人员计划生育信息网上共享率达到80%以上。

【举办人户分离人员计划生育工作研讨会】2月25日，市人口计生委召开“北京市人户分离人口计划生育工作研讨会”。会上分析了全市人户分离人口的基本特征及人户分离人口计划生育情况，指出年度人户分离人口计划生育工作应把握注重信息采集、加强内部合作、强化属地管理三个重点。强调了应做好的五项工作：开好人户分离人口计划生育工作例会；加快WIS系统升级改造工作；加快人户分离育龄妇女户籍地的登记和现居住地的建档工作；细化现居住地考核评估细则；出台人户分离人口计划生育工作市内“一盘棋”工作方案。会议强调，人户分离人口计划生育工作应把握以下三个方向性问题：一是着眼形势发展的大局，牢固树立“一盘棋”观念；二是抓住关系全局的重点，稳步夯实“一盘棋”基础；三是加强综合协调的力度，努力提升“一盘棋”活力。

【启动环渤海地区区域协作工作】在国家人口计生委流动人口司的支持下，市人口计生委牵头启动了北京市、天津市、河北省、山东省和辽宁省等“三省二市”环渤海区域“一盘棋”调研工作。8月底，市人口计生委牵头召开了第一次协调会，对区域协作进行了工作分工。11月召开第二次协调会，对各省工作进展情况进行交流，明确下一步工作任务。年内完成了环渤海地区区域协作工作意见，区域协作格局逐步形成。

【举办流动人口计划生育服务管理干部业务培训班】6月3～5日，市人口计生委举办全市流动人口计划生育服务管理培训班，参加人员包括各区县人口计生委主管主任、流管科长及流动人口计划生育管理干部70余人。培训内容为全国流动人口计划生育工作形势任务及工作要求、《流动人口计划生育工作条例》解读、全市流动人口服务管理工作部署及年度工作要求等。

【举办流管办聘任管理员计划生育业务培训班】10月份，为了进一步加强与流管系统的合作，举办了流管系统管理员计划生育知识培训班。培训的主要内容为《流动人口计划生育工作条例》宣讲及人口和计划生育工作形势和任务等。培训目的是让流动人口管理员进一步了解人口和计划生育知识，更好地配合计生部门做好工作。

【首都人口计生系统慰问建筑工地农民工】4月28日上午，市人口计生委同中国人口出版社、人生杂志社等单位，在北京建工集团六建公司通州区台湖建筑工地举办迎“五一”送知识和慰问劳动者座谈会。会上，工地负责人介绍了工地图书角的建立情况，以及工地依托图书角，组织农民工开展读书活动的有关情况。出席座谈会的领导和专家与农民工朋友进行了面对面的交流，畅谈读书的体会、知识带给人的力量及如何利用好业余时间多读书读好书等。参加座谈的农民工朋友还表演了文艺节目、书法展示等，展示了新一代农民工的风采。这次活动，还给农民工朋友赠送了电视机、DVD播放机、近千份图书杂志等节日慰问品。

【建立流动人口计划生育图书角】为普及流动人口计划生育及相关科普知识，从上一年度始，全市在流动人口较为集中的集贸市场、社区居委会等建立流动人口计划生育图书角。年内，依据“北京市流动人口计划生育工作意见”中的工作要求和国家人口计生委“关怀关爱”流动人口的有关精神，市人口计生委决定在上一年建立100个图书角的基础上，再建立100个“流动人口计划生育图书角”。所配备的图书包括政策法规、技能培训、新婚必读、孕期保健、育儿必读、未成年人教育、生殖健康、防病治病、科学生活、流动人口就业指南、避孕节育、生殖健康等90余种。

【推进流动人口计划生育全市“一盘棋”工作】年内，制定了加快形成流动人口计划生育全市“一盘棋”格局的工作方案（京人口发〔2009〕19号），按照“一盘棋”工作指导思想、目标任务、基本原则的要求，确定了重点工作，规定了工作指标：制定了检查评估办法。检查评估分三个阶段进行。第一阶段为自查阶段，并撰写自查报告；第二阶段由各区县人口计生委分片进行互查；第三阶段为综合评审。12 月考核评估基本结束。

【实施重点地区流动人口监测工作】北京市采取多阶段与规模成比例抽样结合的方法，选取 40 个乡镇街道、80 个行政村居委会，每个行政村（居委会）抽取 50 户流动人口家庭，最终获得 4820 户流动人口家庭样本，其中涉及 9981 个流动人口有效住处，共有 6905 个流动人口个人接受了个人问卷调查。这次调查还收回行政村居委会负责人问卷 71 份，乡镇街道负责人问卷 39 份。调查结果对于及时了解和掌握流动人口现状和发展趋势，反映相关社会经济政策的落实情况，增强决策的科学性，更好地维护流动人口的合法权益具有重要作用。

【加强流动人口计划生育统计和信息化建设】根据国家人口计生委要求建立全员流动人口数据库的要求，结合北京市实际情况，制定了建立《全员流动人口个案信息数据库建设方案》。方案以 WIS、市流动人口和出租房屋综合管理平台为基础，按照与国家全员流动人口库相对应的指标，通过基层核实、查对、补全，数据整合，生成全员流动人口个案信息数据库。再完成制作报表，导入 PADIS 流动人口数据库工作。年内，全市全员流动人口个案入库率达 90%，并将定期进行更新。

（李乐华）

行政财务工作

【概述】2009 年，市人口计生委行政财务工作在国家人口计生委和市财政局的指导下，以科学发展观为统领，调整优化支出结构，着力保障和改善民生，继续落实农村奖励扶助和全市独生子女家庭特别扶助制度；认真落实“十一五”人口计划生育投入目标，完善人口和计划生育事业保障机制；坚持依法理财，统筹兼顾，提升财政资金效能；完善分税制财政管理体制，加强专项资金管理；做好委内后勤服务和车辆保障工作，确保了全市人口计划生育各项工作的顺利完成。

【经费投入】年内，市人口计生委人口和计划生育经费总投入达 1.7 亿元，其中财政投入 1.66 亿元；总支出达 1.6 亿元，其中财政性资金支出 1.56 亿元。经费投入体现了“立足计生、服务民生”的特点，利益导向力度进一步加强。全年共为 1.25 万名农民发放奖励扶助金 1503.12 万元，为 5500 名独生子女死亡家庭人员发放特别扶助金 1320 万元；投入 2090.92 万元为 21 万名农村长效节育户籍已婚育龄群众免费体检；投入 600 万元扶持农村计划生育低收入家庭增收致富；开展药具“普惠易得”工程，投入1800多万元购置发放避孕药具；投入600多万元开展流动人口“一盘棋”服务与管理工作；投入1500多万元开展人口计生宣传教育工作，其中首次为全市大学生印制了80万册性健康教育读本。

市内各功能区的财政投入继续纳入目标管理责任制考核。户籍人口的人均计生事业费投入指标分别是：首都功能核心区6.4元，首都功能拓展区10.4元，城市发展新区12.9元，生态涵养发展区12.9元。经检查，各区县均完成了当年的投入任务。

【利益导向机制建设】继续贯彻落实农村奖励扶助和全市独生子女家庭特别扶助制度，制定了《关于2009年奖励扶助金和特别扶助金发放工作有关事项的通知》（京人口发〔2009〕3号），对工作进度、上报报表、开户、存折管理等事项规定了具体要求。下发了《关于户口迁移的奖励扶助和特别扶助对象资格确认有关程序问题的通知》（京人口发〔2009〕26号），对户口跨区县迁移的对象资格确认工作程序作进一步明确。还出台了《关于北京市独生子女家庭特别扶助和农村计划生育家庭奖励扶助对象资格确认有关问题的通知》（京人口发〔2009〕37号），对三类对象资格之间互相转换的工作程序进行规范。加强与市计生协合作，制定了《扶持农村计划生育低收入家庭增收致富财政贷款贴息专项资金管理办法》，规范了贴息资金的预决算、分配支付、监督管理等环节，贴息资金根据区县当年扶持项目数量和贷款数额在下一年度进行分配。

【绩效考评】市人口计生委上一年度的“农村奖励扶助项目”被列入2009年考评范围，该项目综合得分94.69分，绩效级别为优秀。该项目的实施，在维护实行计划生育的群众的利益方面起到了良好的作用，推动了农村计划生育利益导向机制的建设，促进了各区县对计划生育家庭的奖励和帮扶投入。

【资金管理】根据市委、市政府《关于进一步完善市与区县分税制财政管理体制的通知》要求，按照事权与财力相匹配的原则，将政策明确、标准清晰、涉及群众切身利益及区县管理更有效率的支出事项划转到区县。全市人口和计划生育领域共有3项专项转移支付下划区县，分别是计划生育宣传费、居村计划生育宣传员补助和村级计划生育专干工作补贴。专项转移支付下划区县后，相应的事权、支出责任同时划转。为了进一步加强划转计划生育经费的管理，3月，与市财政局联合出台了《北京市关于计划生育划转事项资金管理办法》，明确了市与区县的职责，对划转事项资金的预算编制、项目实施、绩效考核与监督等作了进一步要求。9月，配合市审计局对划转区县事项进行审计，对各区县划转事项资金的落实情况和使用情况进行了指导和督促。

【课题调研】按照国家人口计生委和财政部办公厅《完善人口和计划生育投入保障机制调研方案》要求和《北京市完善人

口和计划生育投入保障机制调研方案》，对北京市2006～2008年人口和计划生育经费的投入、支出和资金效益进行了分析，对独生子女父母奖励费、奖励扶助和特别扶助金、流动人口服务管理经费等进行了测算，撰写了北京市和环渤海经济区的人口和计划生育投入现状和需求调研报告，初步提出了“十二五”时期人口和计划生育投入保障机制的框架。此外，为了贯彻落实《流动人口计划生育工作条例》，对18个生殖健康技术服务（指导）中心的收费情况进行了现状调查，对收费项目、收费标准、收费资金管理模式进行了摸底调研，并针对存在的问题提出意见和建议。

【审计监督】年内，市审计局对市人口计生委进行了“2008年部门预算执行情况审计”和“领导干部任期经济责任审计”。市审计局充分肯定了市人口计生委年度部门预算执行情况，同时要求进一步消化以前年度结余资金，提高财政资金的使用效益。

【业务培训】3月，举办了全市人口计划生育系统财务业务培训班，对国家人口计生事业财务报表和技术服务体系统计报表进行了专题培训，国家人口计生委财务司有关人员到会进行讲解和答疑。

【政府采购】全年完成政府采购项目146项，其中协议采购29项，采购金额约87万元；项目采购4项，采购金额约1200万元；会议采购53项，采购金额约265万元；印刷采购60项，采购金额约1400万元。

【车辆管理】全年安全行驶63.9万公里，无重大交通伤亡事故。严格遵守车辆按尾号限行的措施，配合新中国成立六十周年庆祝活动封存了30%的车辆。按照市委、市政府关于控制车辆三费的要求，注重节油节电，提倡低碳出行，鼓励乘坐公共交通工具。年内，开发利用OA网上车辆管理系统进行排队派车，改变了过去纯人工派车的局面，节省了人力，提高了工作效率。

（刘颖）

干部教育和人事管理

【概述】2009年，北京市人口计生委组织人事工作紧紧围绕中心任务，围绕贯彻落实中央和北京市两个《决定》精神及市委市政府有关部署和要求，以学习实践科学发展观活动为载体，以新一轮机构改革为契机，拓展“三定”职能，进一步理顺统筹解决人口问题的体制机制；以事业发展目标和人才发展需求为依据，继续深化干部人事制度改革，加强研究，规范管理，提高队伍凝聚力；创新方式，强化培训，提升各级干部综合素质和履职能力；以村级计划生育干部队伍为平台，以生殖健康咨询师为突破口，稳步推进系统干部队伍职业化建设，为全市人口和计划生育工作健康发展提供了坚实的组织保障和人才基础。

【开展学习实践科学发展观活动】年内，市人口计生委在机关、事业单位干部及离退休党员中，深入开展学习实践科学发展观活动，按照市委统一部署，顺利完成了三个阶段11个环节的规定内容。委党组坚持解放思想，突出实践特色，贯彻群众路线，在广泛收集相关委办局、区县、基层干部群众和专家学者意见的基础上，形成了《北京市人口计生委党组贯彻落实科学发展观分析检查报告》，查找出贯彻落实科学发展观存在的7个主要问题及深层存在的8条主客观原因，制定了《北京市人口计生委学习实践科学发展观整改落实方案》，明确7项整改措施和17项工作重点。在学习实践活动满意度测评中，满意率90.4%，较满意率9.6%，满意和较满意率达到100%。

【市人口计生委主要职责有较大幅度拓展】8月8日，北京市人民政府办公厅发文《关于印发北京市人口和计划生育委员会主要职责内设机构和人员编制规定的通知》（京政办发〔2009〕63号）。市人口计生委主要职责有较大幅度拓展，进一步新增“负责本市人口和计划生育工作的综合协调和综合治理”、“协调推动统筹解决人口问题目标和任务的实施”等职能。为统筹解决首都人口问题，争取人口计生工作更大作为，提供了发展平台。市人口计生委机关行政编制49名，其中：主任1名、副主任3名；处级领导职数10正（含机关党委专职副书记1名）8副。下设9个职能处室和机关党委，即办公室、政策法规处、研究室（综合协调处）、规划统计处、流动人口服务管理处、宣传教育处、科技服务管理处、行政财务处、人事处和机关党委（工会）。纪检、监察机构按有关规定派驻。

【采取多种方式开展干部培训】认真贯彻落实《北京市实施〈干部教育培训工作条例〉暂行办法》和《北京市人口和计划生育干部“十一五”教育培训规划》，尝试与高校联合办学，组织市区两级处以上领导干部、局总公司大组组长、全委干部约180人在清华大学举办三期综合素质培训班；组织街乡镇主管领导和计生办主任160人在南京人口国际培训中心分两期进行人口知识集训；组织示范村居计生专干和局总公司专兼职计划生育干部240人分别在北戴河教育基地进行基础知识学习；各处室结合业务工作需要，举办各类专门业务培训19期，参训人数（市、区、镇、村四级）达2100人次。同时，组织全委干部参加北京市网上在线学习，安排16名处级以上领导干部参加组织调训。按照市远程办要求，制作5期在线学习课件，面向广大农村党员干部宣传人口与计划生育工作。各项教育培训工作扎实有效，对提升干部队伍整体素质起到了积极的推动作用。

【加强人口计生干部队伍职业化建设】

年内，市人口计生委与市农委共同制定了《北京市村级计划生育干部队伍职业化建设指导意见》，18 个区县分别研究制定了《干部队伍职业化建设实施方案》。市区两级通力合作，以生殖健康咨询师新职业为突破口，多渠道探索职业化培训路径，全力推动村级干部队伍职业化建设，取得阶段性成效。

【开展第五次人口计生机构和人员信息统计】按照国家人口计生委部署，从 2 月初至 6 月底，组织 18 个区县进行第五次人口计生机构和人员信息统计。通过全面统计，基本摸清了全市人口计生系统机构和干部队伍编制现状，为推进队伍职业化建设及领导决策提供了可靠的信息数据支撑。全市人口计生机构 6345 个，其中区县级人口计生行政科室 51 个，区县级事业单位 58 个，街道人口计生机构 138 个，乡镇人口计生机构 184 个，居（村）委会人口计生机构 6079 个。人口计生专职干部 9537 人，其中区县级机关 279 人、区县级事业单位 350 人、街道 533 人、乡镇 814 人、村居 7397 人。

【表彰先进集体与先进工作者】年内，为激发基层干部工作积极性，进一步弘扬人口计生系统的职业道德和优秀作风，市人口计生委与市人力社保局联合表彰了全市人口计生系统先进集体 50 个、先进工作者 150 名，通报表彰在基层一线累计工作满 20 年的村居计划生育工作者 78 名。

办公室相关业务工作

2009 年，市人口计生委办公室紧紧围绕全委中心工作，着眼提高服务水平，圆满完成了政务公开、政府信息公开、信访、档案及外事等相关工作。

【积极开展政务公开工作】为进一步加强政务公开工作，采取了多种有效措施：第一，确保公开工作落到实处。①加强组织领导，制定具体实施意见，明确各自职责。②健全了工作机制，规范了工作行为。③采取有效渠道，做到政务公开及时。④按照有关要求在中环办公区办理大厅设立全程办事代理窗口。2009 年已有 1167 件次的咨询等内容在网上全部解答，“政风行风热线”132 件，“市长信箱”92 件，直接和间接解答咨询问题 353 万件。⑤2009 年是新中国成立 60 年大庆，确保首都社会的和谐与稳定是我们工作的第一要务。⑥按照有关要求已将所有行政许可事项全部纳入网上监察，并提供了相关监察数据。第二，推进公开工作规范进行。第三，确保公开工作取得实效。在委机关内部设立了举报信箱，在市人口计生委网站设立了“在线留言”，在报刊和电台公布了举报电话，并通过“政风行风热线”、“市长信箱”和政府“市民连线”平台，了解民意，倾听民生，接受社会监督；通过召开座谈会、发放征求意见卡、电话询问、信函联系、基层调研等方式，广泛征求社会各界的意见和建议。

【政府信息公开工作实施情况】2009年是全面施行《政府信息公开条例》第二年，市人口计生委高度重视政府信息公开工作，继续做到机构健全，设施到位、人员到位、资金到位、监督指导到位，保证了政府信息公开工作的正常运行。政府信息公开咨询、主动公开、依申请公开以及申请答复工作均圆满完成。

第一，政府信息主动公开情况。市人口计生委继续探索研究本单位政府信息公开工作机制，明确市人口计生系统政府信息公开范围，坚持抓住关键环节，突出群众关心、社会关注以及与群众利益关系最密切的重要事项，从内容和形式上不断深化公开的广度和深度。重点公开事关群众切身利益的事项，维护群众的知情权、参与权和监督权，有效地调动了广大群众的积极性。根据《北京市人民政府关于机构设置的通知》（京政发〔2009〕2号），及时修改市人口计生委政府信息公开栏内的10项机构职责和领导简介内容。按照市政府和市信息公开办要求，在公开专栏中增设财政预算公开栏目，公开了5项2009年财政预算。针对公开项目的不同情况，确定公开时间，做到常规性工作定期公开，临时性工作随时公开，固定性工作长期公开。通过政府信息公开专栏主动公开政府信息78条，其中全文电子化率达100%。其中，机构职能类信息1条，占总体的比例为1.28%；法规文件类信息20条，占总体的比例为25.64%；规划计划类信息6条，占总体的比例为7.69%；行政职责类信息0条，占总体的比例为0；业务动态类65.39%。

第二，政府信息依申请公开情况。为落实《政府信息公开条例》确定的政府信息依申请公开制度，市人口计生委在市政府中环办公楼办事大厅设置政府信息公开申请受理场所，并公布受理机构的联系方式。2009年，市人口计生委发生了一例依申请公开事项，申请人要求公开“公款出国、公务接待、公车消费”等项目，该申请人不仅向我单位，还向全市多家部门和单位发出依申请公开的要求。在市政府信息公开办的指导下，市人口计生委按照职责范围和工作流程及时有效地答复了当事人，没有产生不良影响。依申请公开政府信息收费是零元。

第三，政府信息复议和诉讼情况。全年没有发生由政府信息公开引起的复议和诉讼。

【信访工作】2009年全市共受理群众来信、来访21.55万件次；受理政风行风群众来信132件次；市长信箱92件次。其中来信642件次，个人访5.67万件次，集体访6批次，电话访1.57万件次，电子访1167件次。对重要的来信、建议和意见通过委领导亲自批示办理的信访25件次。第一，认真排查、防控，化解信访积案，确保全国“两会”和国庆60年平安。2009年是新中国成立60年大庆，确保“平安北京”是全市各部门的第一要务。在这一年中，以化解信访积案为重点，在深入排查的基础上，认真分析研究，制定防控措施和解决方案，努力解决群众生活中存在的实际困难，确保全国“两会”和“新中国成立60年大庆”平安。全年共排查信访积案30件，总结案29件，结案比例96.67%，年终息访数29件，息访比例96.67%。第二，加强领导，完善制度，确保首都社会的和谐与稳定。2009年初，制定了《北京市人口计生系统“平安北京”建设意见》，成立了相应的“指挥协调领导小组”，制定了“市人口计生委领导安全稳定工作承包责任制”。召开了全市信访工作排查会。第三，真情关注民生，加强对重点信访事项的督察督办。对涉及多数群众反映的重点信访问题，及时上报领导，研究解决，加强对信访事项的督察督办。针对上一年度26个退休返京知青反映的1000元独生子女父母奖励费始终得不到落实的情况，信访部门及时将情况向委领导报告，经主任办公会研究决定，由各区财政出资，分别为他们兑现了1000元奖励费，使他们十分感动。针对群众反映的独生子女伤残家庭的实际生活困难问题，出台了独生子女伤残家庭的经济帮助政策，北京市人口计生委政法处和行财处多次组织处室干部下基层逐例督查督办，从而保证了这批资金按时足额地发放给每一个困难家庭，深受群众的赞扬。

【加强国内外交流与往来】全年组织全市人口计生系统出国培训考察组团4批，其中赴美国培训1批，随团7批，共44人次，收缴护照率100%，上交出国总结报告100%，上交外办公务护照100%，完成接待美国、泰国、越南、孟加拉国、中非组织论坛非政府组织代表、澳大利亚、福特基金会、中国台湾等客人18批230人次。完成接待上海、广东、四川、河北、河南、山东、辽宁、内蒙古等省市自治区来京参观人口计生工作约19批，350人次。

【档案工作】根据本委新修订的《三定方案》，完成了本委《北京市人口和计划生育文书档案归档范围及保管期限表》三审稿的有关工作。完成2006～2009年纸质档案的收集、整理及电子扫描和光盘录入等工作。着手进行委员会历年来声像档案的收集整理。

（岑阳　刘磊　潘滑　李坤英　肖利）

市政府重要实事和折子工程办理情况

【概述】根据《北京市政府办公厅关于印发北京市2009年在直接关系群众生活方面拟办重要实事的通知》（京政办发〔2009〕6号）、《北京市人民政府关于印发2009年市政府折子工程的通知》（京政发〔2009〕3号）和《中共北京市委办公厅北京市人民政府办公厅关于印发〈2009 年北京市社会主义新农村建设折子工程〉的通知》（京办字〔2009〕9 号）要求，在市委市政府正确领导下，在全市各相关部门和区县各级党委政府的大力支持下，市人口计生委圆满地完成了 2009 年市政府重要实事第 8、21 两项、市政府折子工程第 119、120 两项和社会主义新农村折子第 93 项工作任务。此外，配合有关部门完成了《中共北京市委办公厅北京市人民政府办公厅关于印发〈贯彻实施《中共北京市委关于率先形成城乡经济社会发展一体化新格局的意见》分工方案〉的通知》（京办字〔2009〕6 号）第 62 项和《中共北京市委办公厅、北京市人民政府办公厅关于印发〈“平安北京”建设折子工程〉的通知》（京办字〔2009〕10 号）第 24、25 项内容。为首都经济社会建设和人口资源环境协调发展发挥了重要作用。

【市政府重要实事第 8 项】为本市农村 21 万名采取长效避孕措施的育龄妇女提供免费健康检查服务。

该项目是针对全市农村采取长效节育措施的户籍已婚育龄群众实施的一项奖励性免费健康体检。体检任务由北京市 13 个区（县）计划生育生殖健康技术服务中心或指定医疗机构承担。投入资金 2090.92 万元，受益群众约 21 万。通过检查，群众得到了正确及时的指导和优质的服务，为宣传倡导国策发挥了重要作用。

【市政府重要实事第 21 项】以 10 个远郊区县为重点，利用财政贴息贷款资助 6000 户困难独生子女家庭发展生产。

这项工作已连续开展多年，为加强指导，2009 年，北京市人口计生委与市财政局、农委、农商行、市计生协会等单位联合出台了《关于进一步推进利用财政贴息贷款扶持农村低收入计划生育家庭增收致富工作的意见》，成立了工作领导小组，下发了有关工作管理规范，举办了培训班，工作更加规范。经过各级努力，全年落实农村计划生育家庭贷款 2.5 亿元，财政贴息 1400 万元，资助困难独生子女家庭发展生产，实际受益家庭为 6764 户。

【市政府折子工程第 119 项】深入研究调控人口规模、统筹解决人口问题途径和措施，创新流动人口服务与管理方式，探索建立人口调控目标责任制。

组织专家和相关委办局，完成了《城乡结合部流动人口属地化管理服务机制研究》课题成果，初步摸清了城乡结合部流动人口及属地化管理服务中存在的问题，总结了一些好的做法和先进模式，提出了相应的对策建议。

【市政府折子工程第 120 项】做好流动人口和市内人户分离人员和计划生育工作，稳定低生育水平，提高人口素质。

制定了《2009 年北京市流动人口和人户分离人员计划生育工作意见》、《关于流动人口已婚育龄妇女实施长效避孕节育措施的奖励规定》等有关文件，进一步加强对流动人口的规范性、综合性管理。明确了奖励条件和标准；召开了环渤海地区三省两市流动人口计划生育工作经验交流会，加强区域协作、内部协调，启动全市流动人口服务管理“一盘棋”工作，基本实现了年初确定的工作目标。全市户籍人口出生近10万，政策符合率达95%以上，低生育水平继续保持稳定。

【社会主义新农村折子工程第53号】 对符合计划生育政策规定、年满60周岁的农民发放奖励扶助金。以远郊区县为重点，利用财政贴息贷款2亿元资助6000户困难独生子女家庭发展生产。实施对农村长效节育育龄群众奖励体检项目。深入开展婚育新风进万家活动，利用农村公共服务中心平台，加强人口学校和“新农村、新家庭图书角”建设。

2009年奖励扶助总人数达到1.25万人，每人1200元的奖励扶助金及时足额拨付到奖励扶助对象个人账户。投入2090.92万元，对实行计划生育长效节育的户籍农村已婚育龄群众广泛开展体检。融入了更多的计生宣教内容。加快宣教阵地建设，全市14个人口文化园已陆续建成。组织撰写编印了80万册《青春健康教育》读本，免费向在校大学生发放。

（王文胜）

人大代表建议和政协委员提案办理情况

2009年市人口计生委承办北京市人大代表建议和政协委员提案共12件。其中代表建议6项、委员提案5项、政协党派团体提案1项。由政法处承办5件，研究室承办5件，宣教中心承办1件，流管处承办1件。由我委承办的建议提案全部提前小结，受到市政府办公厅表扬。

政协北京市第十一届委员会第二次会议第0214号建议的办理报告（A2类）

肖鸣政委员：

您及李焕喜、吴森堂、张礼斌、史朝、张维英、郇倩倩、吴泰然委员提出的“关于北京市人口规模控制”的建议收悉。收到建议，市人口计生委领导十分重视，并组织市流管办、市发改委、市民委有关部门进行讨论和研究，从各自职责范围提出了具体的办理意见。现将有关情况报告如下。

一、建议契合首都人口发展的实际

我们认为，委员们为做好第0214号建议做了大量的调查研究和论证工作：一是符合科学发展观的要求。当前，人口问题已成为制约首都科学发展、建设和谐社会的一大难题。未来一段时期，北京市还将长期、持续面对人口规模快速增长的压力。二是建议本身没有简单提出问题，而是针对“人口规模控制”提出了许对具有针对性和可操作性的措施。这些措施，凝聚了各学科、各行业、各部门委员的共同智慧，对我们今后的工作很有启发。三是建议高瞻远瞩，未雨绸缪，对今后的人口发展形势把握准确。对可能产生人口失控的一些决策，诸如买房转户口的行为，委员们的预见很有警示作用。四是建议处处从提高人口素质的角度，以此为基础达到调控人口的目的，是比较可行的措施。从建议中我们体会到委员们对人口发展工作的高度重视和支持，对首都科学发展的热诚期待。委员们的拳拳之心也将化为我们改进工作、提升水平的信心和动力。

二、各项建议的落实情况和存在问题

1. 关于优化产业结构：《北京城市总体规划》颁布实施以来，我市严格控制低端产业发展，切实加强低端产业的清理，走高端、高效、高辐射力的产业发展之路，大力发展现代农业、现代制造业、现代服务业，大力发展金融业、文化创意产业等吸引高端人才的服务业，目前已率先在全国形成了服务经济主导的产业结构，信息服务、科技服务等知识密集型服务业继续保持引领态势。工业结构调整步伐加快，高技术制造业、现代制造业持续增长，高耗能、高污染产业逐步退出，首钢压缩产能400万吨程序正式启动，化工二厂实现停产，有机化工厂搬迁有序推进。现代农业稳步推进，各类功能区初步呈现差异化、特色化发展趋势。目前，第三产业的比重已高达72%以上，产业发展高端化趋势更加明显。工业布局进一步优化，开发区和城市发展新区聚集效应明显，城市发展新区工业增加值总量和增速均排在各功能区首位，初步形成六大高端产业功能区。这些均为调控我市人口规模和结构，控制人口的无序流入发挥了积极作用。当然，北京的第三产业中还有相当比重的低端产业以及“五小七黑”服务业和灰色经济，相关部门正在制定研究进一步提升产业结构的措施。随着各方面工作的深入，这些不符合首都经济发展的产业会逐步退出。

2. 关于严格执行计划生育政策：近两年，市委、市政府先后出台了《中共北京市委北京市人民政府关于深入贯彻落实科学发展观统筹解决人口问题的决定》、《北京市社会抚养费征收管理办法》、《北京市流动人口计划生育管理规定》、《北京市生育服务证管理办法》和《北京市房屋租赁管理若干规定》等，形成了更加配套的计划生育地方性法规、规章体系，进一步强化了现行生育政策的稳定性。全市常住人口自然增长率控制在3‰左右，低生育水平继续保持稳定，计划生育工作走在全国首位。但我们也清醒地意识到，群众的生育意愿与现行生育政策要求仍有一定的差距，违法生育及瞒报、漏报现象时有发生，低生育水平面临反弹的潜在风险。

关于在京少数民族少生优生的问题，北京市没有出台实施照顾少数民族生育的特别政策。在京少数民族的生育问题，《北京市人口与计划生育条例》第三章第五条规定：从边疆调入本市工作的少数民族职工，调入前经当地县级以上计划生育行政部门批准允许生育第二个子女的，可以在京生育第二个子女。

3. 关于控制买房转户口行为。最近全国一些大城市推出一系列“购房落户”政策，但据我们从北京市公安局人口管理处了解到，在北京买房不施行这一政策。考虑到首都的特殊性，北京的户籍政策，至今没有规定买房可以上户口。为调控首都人口规模，严格限制户籍迁入，市公安局下发了《关于妥善解决外省市人员办理小城镇户口遗留问题实施方案的通知》（京公人管字〔2005〕1106 号），停止小城镇入户政策的执行。在人才引进上，始终坚持正确处理经济发展与人口调控之间的关系，在申报条件和范围上严格限制，切实把握好引进人才的数量、标准、力度、节奏和程序，坚持工作需要、专业对口、总量控制、择优引进的原则，对引进非北京生源毕业生进行适当控制。

4. 关于人口比例结构均衡分布。北京有 56 个民族，是以汉族为主体的多民族城市。少数民族人口为 71.8 万人，占 4.7%，比全国少数民族人口比例低；北京有常住外国人 11 万，比例很低，国际化程度不够是重要原因，优化投资和社会环境建设要加强。

5. 关于优化区域人口密度和产业转移：根据《京津冀都市圈区域规划》，近年来，先后完成了首钢 200 万吨生产能力迁建到河北省迁安市项目；实施了北京焦化厂整体迁建唐山港工程，第一座年产 100 万吨焦炉建成投产；依据国务院批准的首钢结构调整方案，首钢与唐钢共同组建了京唐钢铁联合有限公司。此外，北京一批优势企业主动将生产基地迁移到周边地区，开始形成研发、营销在京，生产基地在外的产业分工格局。北汽福田、金隅集团、燕京啤酒、星海乐器、好利来集团等一批龙头企业，采取多种形式在周边地区联合建立了汽车构件、建材加工、啤酒灌装、钢琴生产、滑雪场开发等合作项目。这些合作项目的实施，对疏解城市功能，推动我市大力推进产业的跨地区转移与合作，引导人口向周边地区扩散，发挥了积极作用。与此同时，加大政府投入，引导中心城区大型公共服务设施向新城整体搬迁、疏散，加强城市功能拓展区和发展新区公共服务设施建设，集中力量实施一批重点项目，解决一批重点问题，加快提升新城、重点镇对产业的集聚能力和对城区常住人口的吸引能力，引导我市人口合理布局。尤其是通过名校办分校、名院办分院等多种方式，提升新城公共服务能力，缩小城乡社会公共服务发展差距，为有序疏解和调整中心城区人口和功能奠定了基础。连接新城与中心城之间的基础设施建设、生态环境整治等措施有效促进了人口向新城的转移。

6. 关于加强教育培训：各级政府相关部门在流动人口中开展了各种知识与技能培训。但总体看，系统性、实效性、持续性不够。

三、根据建议相关部门的工作措施

人口规模调控的研究工作已经列入市政府折子工程，市发展改革委、市流管办及我委都从不同角度，开展人口规模调控的研究，提出对策和建议。市政协也将首都人口规模调控列为本年度重点课题。鉴于我市资源环境的硬约束，从首都长远发展来看，我们同意您的观点：对于人口规模，调控比不调控好，早调控比晚调控好，越晚难度越大。从有些区县的实际工作效果来看，只要思想统一，密切配合，综合治理，就能够逐步取得成效。

根据委员们的建议，结合近期我委及相关部门的调研成果，我们将提案中第1、4、5、6、7条的建议融进以下的工作思路（第2条和第3条建议已经得到严格执行，今后还将继续稳定现有政策）：

（一）转变经济发展方式，实现以业控人

优先发展高新技术产业、现代服务业等知识密集型产业，吸引高素质流动人口来京就业。严格控制以吸纳低素质流动人口为主、能耗大、附加值低的产业发展。加大对低端产业的清理整顿力度，重点整治各类市场、小门店等，坚持边清理、边规范。充分发挥行业协会的作用，吸收行业协会参与制定产业政策、行业标准，引导行业协会制定职业资格条件，支持行业协会通过行业自律等方式，提升本行业从业人员素质。

（二）加强城乡结合、“城中村”、地下空间等城市区域综合治理

清理整治“城中村”、简易房、城市地下空间等违法建设出租行为，逐步关闭或升级位于“城中村”的各类商品交易市场，通过多项措施减少依附在传统市场的流动人口数量。同时对“城中村”周边地区进行统一规划，打击周边地区的非法经济和无照经营，从就业渠道防止低端劳动人口形成新的聚集。提高当地居住环境质量和出租条件，通过市场机制调整人口分布。推进城乡结合部城市化进程，根据市区经济社会发展状况和财力，逐步健全完善城乡一体化的产业支撑体系、社会保障体系、就业服务体系、公共服务体系和城市建设管理体系。

（三）有效控制中心城人口规模，积极引导人口有序迁移

引导支持中心城功能向城市发展新区、城市功能拓展区转移。研究对中心城中央及市属单位（包括科研院所）外迁新区及拓展区实行土地优惠供应。对中心城文保区危房改造、修缮、保护涉及的人口外迁新区及拓展区实行定向安置，并给予专项住房补贴。通过调整迁移中心城部分职能和实施旧城的有机更新，推动科技、教育、

文化、卫生等优质资源向新区及拓展区配置，增强城市功能拓展区和城市发展新区的产业、人口承载能力。

调控住房建设规模、结构、布局，把握好建设节奏。严格限制在核心区新建商品房。在城市发展新区和城市功能拓展区积极储备核心区人口转移安置用房和安置用地，并根据转移人口数量优先保障经济适用房与廉租房建设用地。通过控制核心区投资强度，实现核心区的人口规模与布局的调控。

（四）建立新的人口管理与服务模式，改善外来人口服务

从管好户籍人口入手，切实把流动人口纳入统一的城市人口管理体系。通过管理稳定性较强的户籍人口来管理流动性较强的流动人口，规范房屋建设、出租等行为，从源头上堵塞管理漏洞，提高管理效率。把流动人口纳入统一的城市人口管理体系，通过维护流动人口的合法权益，提高流动人口生活水平，促使其融入北京的经济社会生活。

完善“以房管人”的新型流动人口及出租屋管理工作模式。研究细化北京市房屋出租具体规定，提出出租房屋的最低人均面积，规定环境卫生、安全防范等基本标准，全面推行出租屋租赁合同登记、治安、安监及计生等综合管理责任制度。全面提升流动人口和出租房屋服务管理新水平，积极探索实践和推广区县流动人口和出租房屋管理新模式。

规范企业用工行为，保护流动人口合法权益。强化对劳动力市场的监管，对外来劳动力严格执行本市最低工资标准，同时严格要求企业为流动人口办理医疗、养老、工伤等社会保险，提高流动人口的社会保障水平。同时，不断加强对本市城镇失业人员、就业困难人员、新生劳动力和农村劳动力等不同群体的就业政策支持和就业技能培训，增强其在劳动市场上的竞争力。

（五）完善人口管理法规体系，制定人口疏散与引进人才的综合配套政策

通过制定人口迁移管理、常住人口总量控制、房屋租售、就业、社会保障和违法建设拆迁办法等一系列规定、规章，完善首都人口调控政策和法律法规体系。制定市域内人口流入、流出区域综合的人口迁移政策，加大对核心区人口疏散的激励政策。研究制定市域外“有进有出”的首都人才引进和流出政策，积极引导本市劳动人口向天津、河北沿海产业带转移，同时探索“住在界外，工作界内”的沿边界人口经济带的形成。

调整形成与首都功能定位相吻合的人才引进政策。按照“人文北京、科技北京、绿色北京”的功能定位，适时调整人才引进政策，有针对性地引进人才，改善人才自然分布的不均衡状态，促进人才结构的持续优化升级。

（六）大力发展扶持社会经济，减轻首都外来人口压力

针对许多低技能流动人口在社区服务行业谋生存的现状，市、区政府可以大力发展带有福利性质的社会经济，出台优惠政策，给予资金和政策上的扶持，或者采取项目管理方式直接购买服务，鼓励首都本市低保人员和失业人员中仍有劳动能力的人员，或者就业困难的人组织起来，从事各种社区服务工作，或对本市从事社区公益性服务的组织和人员、对从事便民利民服务的组织和个人应给予税收减免等优惠政策，降低他们的服务价格，增强他们的竞争优势。减轻外来人口对北京市就业压力，同时为社区居民提供更质优价廉的社区服务，减少社会问题的发生。

（七）研究建立人口调控的宏观管理机制

研究成立专门的调控管理机构。建议成立一个专门调控管理机构，由有关部门共同参加，整合行政资源，统筹协调北京人口规模与布局工作，做到长期有战略、中期有规划、年度有计划。其中对进京户口审批工作实行“政策加指标”的调控措施。

研究建立区县人口综合调控绩效考核机制。根据全市四类功能分区的功能定位、对经济与人口的承载能力，设立管理服务类、组织保障类和调控预期类考核标准，并根据各区县、新城、街道、乡镇的实际情况量化测算其承担的人口调控规模、结构、素质、分布及人口管理与服务的长期、动态、科学的考核指标体系，细化考核标准，建立相应的通报和表彰奖励机制。

（八）加强京津冀区域合作，提升周边中小城市的人口疏解能力

建立“京津冀”区域协调发展的组织机构和管理机制，为形成区域内实质性的合作机制和产业分工做好组织保障。根据区域比较优势和资源禀赋，形成整个地区明显的区域分工。抓住国家规划建设京津冀都市圈的战略机遇，构筑以轨道交通、高速公路、交通枢纽为主体的一体化交通网络体系，促进人口、产业和城市功能向外疏散。提升人口疏解能力，打造人口区域就业结构模式，更大范围构建北京人口疏解体系。

人口规模调控是一项长期、艰巨的任务，涉及政治、经济、文化和社会建设的方方面面和政府许多部门。上述工作措施已汇报市政府主管领导，并继续与相关部门开展各项调研工作，争取逐步落实，促进首都人口与经济社会资源环境协调可持续发展。

再次感谢您对首都人口发展工作的关注和支持！请您提出修改意见。

二〇〇九年四月二十九日

主管领导签发：丁勇

承办人：龚伟明　联系电话：83970768

委员意见：同意。希望把我们提案中的建议落实在具体措施中，并予以适当体现。

（肖鸣政）

北京市计划生育协会工作

【概述】2009年，北京市计划生育协会贯彻落实科学发展观，切实加强各级协会组织和队伍建设，扎扎实实开展项目工作，拓展服务内容，创新服务模式，提高了协会服务群众的能力和水平，开创了协会工作的新局面。

【创建市级示范会员之家】年内，北京市计生协投资200万元，创建市级示范会员之家40个。各区县在努力争创市级示范会员之家的基础上，积极开展了区县级示范会员之家创建工作。示范会员之家的建设为计生协更好地为会员和群众服务打下了基础。

【推进计生协会基础建设】年内，市计生协与中国人民大学人口所合作，对计生协的地位与作用、基层协会组织建设情况、市级示范会员之家建设情况等进行了专题调研，并修订了北京市基层协会评估认定标准，认真部署和指导基层开展协会评估认定工作。

【继续开展“生育关怀、亲情牵手”品牌服务活动】通过开展“生育关怀、亲情牵手”活动，至年底，有2400多名志愿者与1000多个特殊困难计生家庭亲情牵手，并形成紧急救助、精神慰藉、走访慰问、医疗救助、项目帮扶、家政服务等六种服务模式。

【生育关怀行动市级项目库不断扩展】在开展生育关怀行动过程中，全市各级计生协设计实施了许多特色鲜明的小项目，以项目动作的方式开展服务活动。至年底，市计生协市级项目库共收集项目30个，资助优秀项目16个。小项目工作有力地推动了全市生育关怀行动的广泛开展。

【开展计划生育家庭意外伤害保险试点工作】5月，市计生协与中国人寿保险有限公司北京市分公司合作，在海淀区、崇文区开展计划生育家庭意外伤害保险试点工作。年内，两个试点单位筹集资金160多万元，为4.1万个家庭办理了计划生育家庭意外伤害保险，惠及12.5万人。

【开展财政贴息贷款工作培训】2月，市人口计生委办公室、政法处、行财处、监察处和市计生协联合开展了财政贴息贷款工作培训，重点培训和讲解财政贴息贷款工作管理规范、资金管理规范、督查要求等，为财政贴息贷款顺利开展奠定基础。

【贴息贷款项目让农村计生家庭受益】年内，财政贴息贷款工作运行平稳，全市共发放2.53亿元贷款，扶持了6764户低收入计划生育家庭发展生产，脱贫致富。财政贴息贷款工作得到市政策重大决策落实暨绩效管理工作专项检查组的肯定，并获得国家级人口和计划生育创新奖。

【幸福工程募捐及项目点运作良好】全年共募集资金283万元。北京市幸福工程共在全国18个省市和市内11个区县设立了项目点，共投入经费1578万元，惠及贫困计生母亲1.2万人（户）。

【“青春健康高校行”启动】市计生协联合清华大学、北京大学等20多所高校在中国人民大学启动“青春健康高校行”活动，推动“青春健康”教育项目在首都高校的广泛开展。

【分层建立青春健康专家及骨干师资、师资队伍】为加强对区县青春健康项目的指导，全市分别建立了青春健康项目专家组、市级骨干师资、市级师资三级师资库。

【加强国际合作与交流】年内，接待了印度尼西亚家计会访问团。该团在宣武区生殖健康中心、青苹果青少年中心和宣武区地税局进行参观访问，并进行了青少年青春健康交流活动。接待了泰国人口与社区发展协会的访问，泰国访问团与西城区计生协进行了扶贫开发、青少年服务、健康生育等方面的交流。

【宣传普及预防艾滋病知识】全市统一制作预防艾滋病宣传展板，发至各乡镇。与中国计生协、国务院预防艾滋病办公室联手，启动了朝阳区莱太花卉市场“卖花姑娘”等流动人口预防艾滋病知识宣传项目。

六、北京市人口计生社会团体和研究机构介绍

北京市计划生育协会

一、机构简介

北京市计生协成立于1982年。是经北京市政府同意，经北京市社会团体行政主管机关核准注册登记的社会团体，是全市性非营利的群众团体。以协助党和政府动员广大群众自觉实行计划生育为目的，是党和政府联系群众的桥梁和纽带。计生协以全心全意为人民服务为宗旨，以促进首都人口与经济、社会、资源、环境的协调发展和可持续发展为工作目标。

二、组织状况

截止到2009年10月1日，全市共有计生协会组织1.2万个，其中，流动人口协会975个。全市共有会员小组8.05万个，全市会员总人数150.53万人。计生协的组织网络覆盖全市村居、社区、高校、非公有制企业以及外来流动人口集中地，是基层计划生育工作的生力军，也是全市最大的群众团体。

三、工作特色与职能

北京市计生协在工作实践中形成了良好的思路、标准和经验，主要是围绕“一个奋斗目标”，即计生协会工作和服务水平要有一个大提高；把握“两个关键”，即生命力在于活动、凝聚力在于服务；坚持“三自方针”，即自我教育、自我管理、自我服务；严格“四条标准”，即组织健全、活动经常、搞好服务、形成风尚；履行“五项职能”，即带头、宣传、服务、监督、交流；实现“六个创新”，即思想理论创新、组织形式创新、工作机制创新、服务领域创新、协调机制创新、工作方式方法创新。各级协会积极动员和组织广大理事、会员参与和宣传计划生育，为群众的生产、生活、生育提供优质服务，在计划生育、发展经济、扶贫开发、社区服务、精神文明建设和国际交流合作中发挥了重要作用，在构建首都和谐人口发展环境，落实各项人口与计生任务的过程中，与人口计生委形成了“车之两轮、鸟之两翼”的有序和谐的伙伴关系。

四、主要工作

财政贴息贷款帮助农村贫困计划生育家庭脱贫致富。为帮助计划生育低收入家

庭脱贫致富，北京市于2002年启动了财政贴息贷款工作，由市人口和计划生育委员会制定工作文件和规范，市财政局支付贴息资金，市农委提供项目支持和技术支持，农村商业银行落实贷款，计生协会具体实施和运作。截止到2009年年底全市累计发放贷款9.87亿元，市财政贴息6000余万元，扶持了4.5万户次的农村低收入计划生育家庭发展生产，其中90%走上增收致富之路。

幸福工程帮助贫困计划生育母亲治穷治愚治病。从1996年起，全市各级计生协每年都在“母亲节”期间开展形式多样的宣传、服务和募捐活动。2009年，首都广大群众和社会各界捐款283万元。市幸福工程办公室采取“小额贷款、直接到户、滚动运作、劳动脱贫”的模式，共投入资金1578万元，在全国18个省市和本市11个区县建立了项目点，救助贫困的计划生育母亲1.2万人（户），受到资助的家庭年均增收3000~8000元。

生育关怀行动服务计划生育特殊困难家庭。生育既需要计划和管理，也需要关怀和服务。北京市计生协会全面开展了生育关怀行动：以关怀计划生育特殊困难家庭为重点，以独生子女意外夭折和伤残的家庭为主要人群，以精神慰藉和利益导向为帮助方式，在全市18个区县普遍开展了生育关怀亲情牵手活动，形成了紧急救助、精神慰藉、走访慰问、医疗救助、项目帮扶、家政服务等六种主要服务形式。以关怀计划生育困难家庭、关怀育龄群众生殖健康、关怀独生子女、关怀女孩健康成长、关怀基层计划生育干部为主要内容，开展各种小项目工作，建立了市级项目库，目前项目库共收集项目30个，资助优秀项目16个。以农村计划生育家庭和城市低保计生家庭为重点，开展了计划生育家庭意外伤害保险试点工作。生育关怀行动聚焦生育行为，维护群众利益，在社会上引起了广泛的反响。

关注人口安全保护群众生殖健康。2000年，北京市承接中国计生协与美国帕斯组织在部分省市和城市开展的青春健康国际合作项目，在中小学生中开展青春期教育。自2006年起，市计生协将项目拓展至全市的18个区县，项目人群拓展到小学高年级学生和社区、企业、部队、宾馆、饭店、市场、工地等青少年人群中，同时开办家长学校，使学生、家长在轻松活泼的气氛中获得青春期知识与技能。协会还开展预防艾滋病知识的宣传和普及工作，并把宣传和服务对象拓展到监狱回归中心，建筑工地，宾馆、酒吧、娱乐城等服务场所的工作人员，提高了社会各界的预防艾滋病知识的知晓率和自我保护意识。

维护群众在计划生育中的合法权益。协会基层组织及时了解并反映群众对计划生育及相关问题的要求，向有关部门反馈，提出解决的建议。积极参与村（居）民计划生育自治工作机制的建设。积极协助政府落实农村计划生育家庭奖励扶助政策、对独生子女父母的奖励和计划生育困难家庭的优惠政策。开展妇女维权、关爱女孩等项目，以项目运作的方式带动群众走上少生快富、健康幸福的发展之路。

参与国际交流与合作，树立开放的城市形象。作为与国外、境外非政府组织交流的窗口，北京市计生协先后接待了美国适宜卫生科技组织总裁克里斯托夫·伊莱亚斯博士、项目主管玛格丽特·布里顿女士对中国的考察；多次接待了瑞典性教育协会参观北京市计生协青春健康项目活动；接待了史蒂文·森丁博士及吉尔·格雷尔博士两任国际计生联执行总干事在北京对青春健康项目的考察。此外，市计生协还先后接待了伊朗国家教育部代表团、伊朗“塔布瑞兹”大学访华代表团、朝鲜卫生部代表团以及肯尼亚、印度、美国、越南等国家及我国港澳台地区的专家学者和官员的访问。

（杨翠欣）

北京市人口研究所

一、机构简介

北京市人口研究所是中共北京市委党校和北京市人口计生委共同建立的一个科研机构。目前共有专职研究人员12名。其中，教授3人、副教授5人、讲师4名，具有博士学位的8名。

名誉所长：邓行舟

所长：姚光业　丁勇

常务副所长：嘎日达

副所长：侯亚非　尹志刚　潘银苗　洪小良　马小红

2005年底，北京社科规划办正式批准挂牌“北京人口发展研究中心”，成为北京市36个社科研究基地之一。

二、主要职能

参与北京市人口发展战略规划研究；承担人口计生委定向课题及其他调研项目；为区县人口计生委提供调研、培训、咨询服务；参与人口计生系统干部理论培训；通过北京人口发展中心平台整合全市人口研究资源；参与首都人口论坛策划及研讨。

市人口计生委领导始终把北京市人口研究所作为一支重要的教学科研力量，纳入全市人口战略和计划生育公共管理研究以及领导干部培训工作之中。人口所积极努力配合市人口计生委开展工作，与18个区县人口计生委形成了良好的合作关系，取得了一定成绩，为首都人口研究奠定了一定基础。

三、主要研究方向

以“立足北京、研究北京、服务北京”为科研原则，将研究领域定位在首都经济与社会发展中的人口与社会发展问题上。根据首都现代化“新三步”发展战略以及《2004～2020年北京城市总体规划》目标，北京市人口研究所的研究方向主要是：

（1）人口理论与方法。

（2）人口与经济社会资源环境可持续发展。

（3）人口流动与迁移。

（4）人口素质与教育、人口文化。

（5）人口问题与人口政策：老龄理论与老龄政策、首都人口发展战略、城市化问题与社会政策、城市贫困问题与社会政策、劳动就业与社会保障。

（6）北京人口发展史。

（季红）

北京市人口学会

一、机构简介

北京市人口学会成立于1980年。目前，单位会员24个，个人会员50个。学会设有：常务理事会、理事会、监事会

二、学会第七届组织机构主要成员

会长：翟振武

副会长：邓行舟　郭志刚　郑晓瑛　黄荣清　张车伟　侯亚非　杜鹏

秘书长：杜鹏（兼）

副秘书长：周彦杰　崔凤垣　苑雅玲

监事长：杜午禄

名誉会长：邬沧萍

顾问：冯立天　田雪原

三、工作领域

（1）组织、指导、推动会员研究人口理论、学习宣传人口政策和调研现实人口问题；

（2）组织会员参与学会承担的科研项目，为有关部门提供科研成果；

（3）召开不同形式、规模与内容的学术讨论会和现实人口问题座谈会；

（4）组织与中国人口学会和各省市的学术交流活动，组织对外学术交流活动；

（5）积极组织人口科学的科普活动；

（6）组织或推荐优秀科研成果参评活动；

（7）组织参加北京市社会科学联合会组织的各项学术活动；

（8）鼓励会员与北京市区、县加强联系，推动基层人口与计划生育工作的开展；

（9）成立学术专业委员会，开展学术咨询，编辑专业出版物。

（周宏宇）

七、论述篇

首都城乡规划与人口发展

杜立群
北京市城市规划设计研究院
（2009 年 11 月 12 日）

城乡规划与人口发展紧密相关，城乡规划从表面看是对城市空间要素的安排及实施部署，但实际上，任何空间要素的安排都离不开人口发展的需要；人口发展既是城乡规划的根本目标，又是城乡规划的重要基础和依据。过去的长期实践，城乡规划对人口的考虑已经形成了一套相对成熟的理论、方法和模式，比较典型的是人口预测、人口与生产力布局、公共设施和基础设施配置等，人口规模的预测涉及确定城市规模、城市功能布局及大部分专业专项规划，在城乡规划工作中发挥了重要作用。改革开放以来，随着社会主义市场经济的深入发展，人口的流动性大大增强，给北京这座首都城市和经济发展水平相对较高的城市带来了前所未有的人口集聚效应，突出表现在人口规模快速膨胀、外来人口大量增加及人口老龄化等方面，人口变化的新趋势给城乡规划提出新的课题。

一、近几年城乡规划研究人口问题的实践总结

近几年，面对首都人口与经济社会发展的新形势，城乡规划坚持以科学发展观为指导，把以人为本和统筹协调可持续发展的理念融入规划工作，重点围绕调控人口规模、引导人口合理分布进行了以下几方面探索：

（一）以新思路和新理念确定人口规模调控目标和人口布局引导方向

《北京城市总体规划（2004—2020年）》改变了传统的人口规模预测模式和方法，坚持科学发展的理念，以人口、资源、环境的协调发展为核心，提出关于人口的引导调控目标和策略。

一是把适度人口规模作为引导调控城市人口规模的目标。在综合分析人口发展趋势、经济社会发展要求、资源环境特点、

区域发展背景以及生态环境质量和居民生活质量的提高等因素的基础上，以基于人口发展趋势、就业岗位需求、生态承载能力、经济发展及水资源和就业需求制约、总合生育率等多方面的研究和预测为依据，从城市适度人口规模的角度确定了2020年城市人口规模为1800万人左右。这一目标的提出，并非以制定一个绝对的控制指标为目的，而是为了使人口规模与资源环境条件、经济社会发展、城市建设相适应，使城市得以健康持续发展，是适度人口规模，也是总体规划中预留城镇发展空间的基础依据。考虑到影响城市人口集聚的多方面因素及其不确定性，为适应首都城市经济社会的快速发展，根据对城市实际发展速度的动态监测，要适时调整城市基础设施建设及城市空间布局，统筹人口、资源与环境，城市总体规划中的基础设施等相关指标按2000万人预留。

二是将调整城市空间结构与促进人口合理分布紧密结合。确定了“两轴—两带—多中心”的城市空间结构调整战略，形成中心城—新城—镇的市域城镇结构。逐步缓解中心城人口和功能过度聚集的压力，引导人口在市域范围内的合理分布。同时提出引导人口合理分布和提高人口素质的相关要求，主要包括：一是积极引导人口的合理分布，通过疏散中心城的产业和人口，大力推进城市化进程，严格控制中心城人口规模，促进人口向新城和小城镇集聚；二是努力控制首都人口过快增长，坚持计划生育的基本国策，做好流动人口的管理服务工作，充分运用政策和经济手段对人口的增长与分布实行有效的引导和调控；三是采取各种措施优化人口社会结构、提高人口文化素质，特别是中心城人口素质。

（二）创新规划工作，积极应对人口变化趋势

一是通过创新规划体系和规划内容，保障总体规划确定的人口调控目标的落实，将人口调控目标落实到更为具体的空间单元上。在确定这些具体的空间单元的人口目标时，则注重人口与土地、建筑、交通、就业等相关因素的综合分析，力求指标确定得更加合理，更易于实现。在中心城，把人口调控指标分解落实到中心城控制性详细规划中。按照中心城布局特征，以城市快速路、主干道、河道等为界线，将中心城划分为33个片区。片区作为人口规模、建设规模、大型城市基础设施、公共设施、建筑高度等内容在分区层次上确定控制指标及相关内容的基础平台。在中心城以外地区，通过编制《东西部发展带规划》—《新城规划》—《新城控规》（含街区层面和地块层面）—《乡镇规划》—《村庄规划》等多个层面的规划，系统地将人口调控指标落实到更便于操作的空间单元上。例如：《东西部发展带规划》根据总体规划的目标和不同地区的发展条件，提出各区县的人口规模调控目标，为编制新城及乡镇规划提供参考和依据。《新城规划》依据

《东、西发展带规划》确定的区县人口规模，在系统分析新城人口现状的基础上，根据新城功能定位和相关发展条件，确定新城人口调控目标。《新城控规》（街区层面）是将新城规划的人口规模控制指标分解落实至各街区，并通过交通、市政、环境、公共设施、就业的综合承载力分析对人口规模进行校核，确保各街区人口规模调控目标的合理性。

二是加强规划工作的统筹协调，积极引导人口分布。例如，轨道交通规划的相关工作中，重视轨道交通与土地、人口、就业的协调，积极调整线位和车站的设置及周边用地的结构和布局，从规划上保障了轨道交通、土地、人口、就业、环境的协调。

三是加强生态环境规划研究，促进人口、资源、环境的协调发展。开展了《北京市限建区规划》、《北京市山区协调发展规划》、《北京湿地系统规划研究》、《北京市节水规划》等，从规划上提出资源、环境保护的空间要求，保障人口、资源、环境的协调发展。

四是创新工作机制，将人口动态调控内容纳入规划管理中。例如在编制完成《中心城控规》的基础上，于2007年初确定了中心城控规动态维护工作机制，随着规划实施进一步完善中心城控规。在维护工作中，采用严格控制居住用地增长的方式调控人口规模。

五是根据人口结构的变化特点及其需求，编制了《北京市养老设施专项规划》，修订了教育设施、医疗卫生设施等专项规划及《北京市居住配套公共服务设施规划设计指标》等。

（三）加强对外来人口集聚区的规划引导调控

城乡结合部地区在规划上包括第一道绿化隔离地区，涉及朝阳、海淀、丰台、石景山、昌平、大兴等6个区县81个乡镇，大约300平方公里的土地面积，约50%的外来人口聚集在这一地区。据统计，北京全市外来人口的聚集村点目前已达183个，其中聚集万人以上的有82个。在这些聚居地区，外来人口与户籍人口的比例大都接近一比一，有些达到几倍甚至几十倍。

面对城乡结合部地区的复杂情况，规划把外来人口引导调控作为重点，采取个案处理的方式，通过调整空间规划和制定具体的配套实施政策，为从根本上解决城乡结合部地区的外来人口集聚问题及其他矛盾和问题创造了条件。例如，按照市委、市政府的统一部署，以海淀北坞村和朝阳大望京村为试点，探索促进城乡结合部更好发展的综合性政策机制。规划部门在全面参与试点工作的同时，开展了整个绿化隔离地区的规划优化和实施政策研究工作，针对不同地区的不同情况，提出多项规划建议和实施措施。

二、对首都城乡规划与人口发展的思考

北京人口、资源、环境的矛盾成为制

约首都健康持续发展的重要问题之一，促进人口与经济、社会、资源、环境协调发展的任务十分艰巨，对城乡规划工作提出更高的挑战和要求，如何应对这些挑战和要求，有以下几点思考。

（一）客观认识北京人口集聚的必然性与阶段性

总体来看，北京现阶段人口膨胀是在外部推力与内部拉力的双重作用下形成的：

一是我国城市化进程推动人口向大城市聚集。历史和国际经验证明，快速城市化进程中的经济发展和城市人口膨胀往往是相伴而生的，农村人口大规模向城市尤其是向大城市聚集，是城市化进程中的一个必然规律。我国是一个人口众多的发展中国家，正处于城市化快速推进过程中，大量农村富余劳动力进入城市是必然的。全国1%抽样调查显示，2005年我国流动人口为14735万人，占全国总人口的比重为11.3%；至2008年底，全国流动人口总数达到2亿；国家人口计生委预计，未来30年，还将有3亿农村人口流入城市，达到总人口数的1/3。

二是区域发展不平衡使周边地区人口向北京聚集。长期以来，区域发展不平衡，北京与周边地区经济发展水平和居民收入差距较大且呈扩大趋势，导致周边地区不仅不能分担疏解涌向北京的人口，而且自身人口大规模流入北京。据统计，环京周边地区是北京市外来人口的主要来源，占总量的60%左右。

三是首都城市的人口吸引力较大。北京作为国家首都，是全国的政治、文化和国际交往中心，是全国人民向往的地方。加上经济社会发展较快，公共服务优质资源相对丰富，社会保障体系日趋完善，尤其是成功举办奥运会，城市建设水平跃上新台阶，良好的生活环境和众多的就业机会，吸引着大量的外来人口来京学习、工作和生活。近年来，北京普通高等教育在校生规模保持70万人左右，成人高等教育在校生规模达到30万人左右，流动人口子女在京就读义务教育人数达到40万以上。

四是北京城市发展对外来人口有一定需求和依赖。北京经济社会快速发展与城市建设规模扩大创造了大量的就业岗位，而户籍人口劳动力供给存在结构性不足。近年来，北京市建筑业、社会服务业、商业和餐饮业成为就业量增长最快的行业，而外来人口已经成为这些行业劳动力供给的一个主要来源。由于人口年龄结构的变化，北京户籍人口中的劳动适龄人口比例逐步减少。北京发展客观上需要更多的适龄劳动力资源。

应该承认北京人口的快速增长和外来人口的集聚具有必然性和阶段性特征，国外发达城市也大都经历了这一阶段，只不过我国人口规模基数大和城乡二元结构差异大的特征使人口集聚现象更明显、集聚周期也更长。城乡规划既要积极采取措施引导调控人口规模和分布，又要承认和应对人口集聚的过程。

（二）城乡规划工作中应加强对人口问题的研究

针对北京人口变化的趋势和规划工作在人口问题研究中的薄弱方面，应加强以下几方面人口问题的研究。

一是加强对人口结构的研究。长期以来城乡规划在研究人口问题时存在“重规模、轻结构”的倾向，实际上，在某种程度上，人口结构对城市空间资源配置的影响作用很大。例如，受计划生育政策的影响，北京较长时期保持低生育率水平，户籍人口自然增长率持续较低，人口老龄化趋势明显，截止到2008年底，全市60岁及以上常住老年人口占全市常住人口总数的15.6%，年均增速约4.9%，约为同期总人口年均增长率的两倍。人口结构的变化造成小学、幼儿园设施资源相对过剩，而老年服务设施明显不足，在城市教育发展和老年事业发展规划中，就需要充分考虑到人口结构及其变动的影响，并制定相应的对策。

二是加强对就业岗位的研究。以往的城乡规划中比较重视以户籍统计为基础的居住人口，基本以居住人口状况模糊地替代了其他口径的人口，实际上居住人口更接近夜间人口特征，这在计划经济体制下人口的居住与就业基本在同一地区内，夜间居住人口和白天就业人口基本一致的情况下尚可。随着市场经济的快速发展，人口流动性大大增强，人口就业地与居住地分离，就业岗位则更能代表白天人口的状况，应该成为城市规划工作中不容忽视的重要基础内容。以就业岗位的规模和布局为依据确定城市规模、合理配置土地使用功能与开发强度、确定交通、市政设施的供给能力和优化基础设施空间布局应该成为城乡规划的重要研究内容之一。

三是加强对外来人口的研究。以往的城乡规划工作中比较重视外来人口规模，而对其分布、年龄、就业、居住、消费、需求和其他行为活动特征缺乏深入研究。北京常住人口中有30%左右是居住半年以上的外来人口，且有滞留时间延长的趋势，对城市经济社会的影响越来越大，而外来人口在居住、就业及其他公共活动方面都与户籍人口存在明显差异，决定了他们对城市设施和城市空间的需求与本地人口存在一定差距，只在规模上考虑外来人口因素，将外来人口等同于本地人口显然是不合适的。因此深入研究和掌握外来人口的特点对提高城乡规划工作的科学性及合理引导调控外来人口具有重要作用。

四是加强对人口、就业岗位等基础数据的统计及空间分析研究。国外很多城市非常重视人口和就业岗位的统计及动态更新，人口统计基本落实到了某个具体建筑且能实时更新，就业岗位统计可具体到每个企业且能年度更新，这些统计数据对制定人口分布调控策略和城乡规划工作非常有益。相对而言，我们可获取的人口和就业岗位统计数据相对粗略，基本是按行政区或行业划分的，很难得到与规划空间相匹配的准确信息，影响了规划工作及相关政策的合理性和准确性，必须加强人口、就业岗位等基础数据的统计及空间分析研究。因此，北京应更加重视人口和就业岗位数据统计工作，深化细化统计内容，建立动态更新机制，建议在明年的人口普查工作中增加就业岗位的相关内容，并在普查的空间单元划分和汇总工作中采用统一的地理空间划分标准，使统计数据更好地为经济社会发展服务。另外，规划工作中应注重运用先进的空间信息技术对人口、就业岗位等基础数据进行空间分析研究，综合分析人口、就业岗位与其他空间要素的关系，提出更为具体有效的人口引导调控策略。

五是加强对产业结构升级与人口调控关系的研究。以往规划工作中更偏重于产业布局的研究，而对于产业布局优化的内在动力机制及相关规划策略研究不够，特别是如何通过产业结构与布局优化引导调控人口规模与分布还不够深入和落实。产业结构升级是实现城市功能布局与人口分布优化的重要条件，产业结构升级的空间表现就是产业布局优化，而产业布局优化能有效带动城市功能结构优化和人口的合理分布，因此产业结构升级是改变目前人口空间分布结构与城市功能结构失衡、提高人口素质和缓解人口过度膨胀的根本途径。

六是加强对小城镇和农村地区发展与人口调控关系的研究。要改变以往偏重中新城和新城的规划、而忽视小城镇和农村地区规划的做法，重视和加强农村地区规划工作，实现规划工作的城乡一体化，保障人口调控目标的全面落实。同时加强对小城镇和农村地区经济社会发展特点与人口集聚特征的研究，将小城镇和农村地区作为缓解首都人口集聚、优化人口空间分布的重要方面。

人口是首都发展的核心，人口发展也是城市发展中的一道难题，城乡规划中要更加关注人口因素，加强人口结构及城市发展要素与人口关系的研究，坚持以人为本，促进首都经济社会与人口、资源、环境的健康持续发展。

我看北京人口增加和竞争力提升

牛凤瑞

中国社科院城市中心

城市是区域发展的龙头，也是区域竞争力的载体。人口和非农产业以及公共设施的大规模高度聚集，是城市的本质特征。这种大规模的高度聚集则是城市取得聚集效应和规模效应的物质前提。目前包括北京、上海在内的特大城市、超大城市面临的拥挤、污染、公共安全、占地等问题是城市发展过程当中必须支付的成本。当然，如何减少这种成本，是另外一个问题，或者是下一个层次的问题。与城市正效应相比，城市的成本要远远小于收益。

最近几年我一直写文章论述这样一个命题：中国要实现又好又快发展，必须积极稳妥地推进城市健康发展；实现城市化不仅是人口布局的优化，而且是大幅度地提高社会要素整体配置效率的前提；没有城市化为依托的工业化，将支付极高的分散化成本，第三产业、服务业的大发展也要以城市化水平的提高为前提。一个大多数人生活在农村的大国要实现现代化是不可想象的，一个多数人从事农业生产的社会是不可能极大富裕的。因为农业是国民经济的基础，但农业不具有物质财富的代际积累功能。三农问题的根本解决有赖于城市化。统筹城乡发展的基本前提是什么？是城市的率先发展，是农村向城市看齐，而不是城市向农村看齐。以城带乡的基本前提是城市的强大，没有城市的强大就没有真正的以城带乡。解决三农问题的总钥匙不在农村，而在城市。三农问题的核心是农民增收问题，为什么农民增收难？原因很多，但最根本的原因就在于农民人多，没有农民的减少何来农业的规模经营？调整农业结构，对农民增收只具暂时的、局部的效应，不具有长远的全局的效应，因为农产品有一个市场容量上限。要减少农民，根本路径在于推进城市化。

保护环境，节约资源的主体在城市。享受同等生活水平，在城市消费比在农村更节约。人口和产业的高度聚集，必会有集中的消耗和排放，会造成环境污染。但这种集中的污染和排放，又为规模化的治理提供了前提。所以建设治污工程必须依托于城市才更有效率。环保项目设施、治污工程依托于城市，才能实现良性的自我循环。

合理的城市化用地是更节约的用地，不会对中国的粮食安全形成威胁。中国近十年减少了1.14亿亩耕地，其中因为城市化用地造成的减少不足6%，80%是因为退耕还林所致，跟城市化没什么关系。如果中国80%的人口生活在城市，城市占地面积仅占国土面积的1.3%，耕地占用也仅将增加6500万亩。但理论上农村居民点用地可以置换出一亿亩以上。所以，中国的城市化占地与农村居民点用地的减少之间存在着后者大于前者的置换关系。这种置换关系之所以没有实现，是因为我们土地政策调整的滞后。

要增加就业岗位，就要推进城市化，因为城市可以创造出更多的就业岗位。构建和谐社会、科学发展的主体在哪里？在城市！因为城市不仅是工业化的主体，而且是科学发展、和谐发展、可持续发展的主体。有人问我说，让农民进城，农民进城后干什么？那我要反问你，农民留在农村干什么？农民进城，就业机会才会大大增加。城市是人口的高度聚集，这种高度聚集为更深度的分工、更快的技术进步、更专业化的生产提供了前提。社会深度分工会有更多的新工作岗位创造出来，在农村没有这种机会。

同样，在城市较少制度和传统的束缚，有更多的由下一个阶层向上阶层流动的机会，为人们的充分发展、实现自我价值提供更广阔的空间。所以构建和谐社会、实现科学发展，主体在城市。这是全国的大局。积极稳妥地实现健康的城市化，应该作为国家级的一项重大的战略，在思想上不能有任何的犹豫。说中国城市化冒进、超前，依据都是不能成立的。比如有人说，中国城市化的超前表现在大规模农民工潮，但这种流动恰恰是城市化滞后的表现。农民工长期生活、工作在城市，但是不能扎根于城市、不能融入城市，因此产生了空巢家庭、留守儿童等一系列社会问题。农民工及其子女面临着各种就业和社会保障方面的不公平待遇，形成新的城市内部二元结构，不利于城市的可持续发展，这些更应引起警惕。

城市是一个开放的系统。城市的人口、物资、能量、信息、资金等与外部区域时时处于相互交流的状态。城市人口与资源环境的平衡，应该放在更大的范围来考量。有一些城市曾问我：我市的人口环境的承载力到底有多大？我说，你是不是要想来一个限制外来人口进入？如果那样考虑就错了。我国城市发展规划，范围是建制市的行政辖区，但这是人为划定的，衡量城市人口和资源环境的承受能力平衡问题应该在更大的范围内去考虑。比如说北京市，现在有1700万人口，而土地面积为1.6万平方公里，人口密度非常高了，超过1000人/平方公里。有人说应该限制人口迁入，这种观点是错误的。中国正处于城市化的加速时期，大城市、特大城市、超大城市的率先发展是这一阶段的基本特征。长期人为地限制大城市的发展，已经支付了极高的社会成本。所谓的大、中、小协调发展，是普遍的、永远适用的口号，是我们追求的远景，但它没有解决现实的、当前的矛盾问题。

当前我们面临的主要矛盾是什么？抓住主要矛盾才能制定我们的战略、战术和政策。北京是一个古老的城市，又是一个正在成长中的城市。我认为，中国整体上还处于城市化的“极化”阶段，北京还处于一个以规模扩张为重要特征的发展阶段。今年北京市的人均GDP可能超过1万美元，但是即使超过一万美元，北京仍然还处在发展过程中，处于成长之中。有人问我，北京现代化什么时候实现，我说至少20年、30年，短了不行。看看北京城市的现代化建设，看看北京地铁的建设速度就知道了，没有20年以上不可能基本解决北京的公共交通问题。所以北京目前面临的问题仍是发展中的问题。

北京的人口问题，主要是人口进入问

题。大量的进入人口，首先是北京财富的创造者。进入人口是高素质占较大比例的年富力强的劳动群体，是北京的建设者。大量人口的进入是北京繁荣、昌盛的重要标志，也是北京发展的重要条件。换个角度来说，为什么这么多人愿意进入北京呢？因为在北京的就业机会多、创业的环境好、发展的空间广。这是要素向高回报的区域流动的规律，是挡不住的。

北京人口规模尚未达到极限，未来 20 年、30 年的增量至少在 400 万人以上，甚至 600 万人以上。过高地估计北京人口压力不利于北京市提升竞争力。科技的进步和发展路径的调整可以大大缓解北京发展与资源环境的矛盾。一个城市的发展，本质上是一个自然的、历史的过程，它的人口规模也不取决于人为的测算和设定。随着科学技术的进步，城市现代化水平的提高，城市人口规模的上限也在发生变化。对这一点我持乐观态度。

1996 年到 2006 年，北京市人口增加了 322 万人，其中 2001 年到 2006 年增加了 198 万人。这 198 万人除了自然增长的以外，主要是迁入人口，所以北京每年迁入的人口大概在 30 万人以上。就是说，十年就是 300 万人，到 2020 年，北京市人口将在现有的存量的基础上将再增加数百万。这是北京面临的挑战，同时也是北京面临的机会。同时，也正是因为这种人口增加造成的拥挤，为北京加快现代化交通设施提供了强大的动力和支持。所以强化北京市的人口进入的行政壁垒，对于北京的发展有利有弊，但可能是弊大于利。行政限制人口进入好处是什么呢？无非是可以减轻公共财力的压力，减轻公共产品供给的压力。但是，这种限制可能使北京支付更高的社会代价，对于未来北京的可持续发展弊端多多。北京的人口规模是由北京功能定位决定的，人口整体的素质提高也是一个过程，人口结构的优化，更多地应该通过市场的调节。一个城市的存在和发展，不仅需要高素质的人才，同时也离不开普通的劳动者。北京不仅需要大批的博士、硕士、工程师，同时还需要也离不开厨师、理发师、环卫工人、市政工人等普通体力劳动者。这是北京存在和发展的必需条件。

从全国来讲，统筹城乡发展，要把握政策的三大逻辑起点：一是允许农民自主进城，撤销农民进城的门槛；二是给已经进城的农民工以市民待遇，使其平稳地融入城市，成为市民平等的一员；三是逐步实现城乡公共服务的均等化。北京有北京的特殊性，应该充分考虑这种特殊性，但是不能过度地强调。逐步降低北京人口迁入的门槛，更多发挥市场配置劳动力资源的作用，更多通过工资、房价、生活指数以及知识产权保护等的制度安排，推动人口的合理流动，实现人口布局与资源环境相对均衡，应该是北京人口迁入政策改进的方向。

对人口动态与低碳城市建设的一些思考

彭希哲

复旦大学社会发展与公共政策学院

低碳经济已成为一个非常重要的话题，从世界范围来看，人们对全球环境变化的关注在进一步提升，中国也明确表态要承担和我国的经济发展水平相适应的碳减排方面的责任。国际上解决碳排放问题的手段，一般来说是碳税或者是碳交易。碳交易是按照GDP或者按照人口总量等指标分配各个国家、各个城市和地区一个碳排放的基本指标，以此为碳交易的起点进行碳排放量的买卖。如果国家把碳减排的指标分解到各个城市，城市的政府部门就需要考虑，碳减排指标对城市经济会产生的影响。从这个角度出发，城市人口的总量将成为影响城市在低碳背景下发展，提升综合竞争能力的一个重要因素。

从西方发达国家的状况来看，生产性碳排放所占得比重较大，影响碳排放最主要的是能源供应业、工业、林业、农业、交通运输业，这五大工业部类是全球碳排放的主要部门，但西方经济发展道路的可持续性已经成为了一个问题。在碳减排条件下的经济增长模式和城市发展模式，必然会与传统的城市发展和经济增长模式有很大的区别，所以当前全球金融危机可能是一个变革的机遇，12月份哥本哈根会议可能达成的协议，以及中国政府所作的承诺，会为未来城市发展提供一些新的思路。

20世纪70年代中东战争以及所引发的石油危机推动了能源节约型经济的发展，并催生了以互联网技术为特征的新经济的迅速发展，日本和美国等国家因此实现了整体产业的转型，并从技术转让和全球贸易中获得了巨大的财富。在应对全球金融危机过程中，在提升城市竞争能力中我们面临着这样的机遇，是按照既有的经济增长模式实现经济复苏？还是适时抓住经济发展契机，推动中国经济和城市经济的成功转型，为中国经济发展找到新的增长点，重构经济增长模式，并且用低碳的模式推动我们城市发展？

奥巴马政府执政以后，对环境问题的重视其中隐藏着巨大的经济利益考虑。布什政府执政时担心对碳的减排会影响美国经济的发展，但奥巴马认为碳减排会促进美国低碳经济的发展，可以利用它的高科技优势，在新的低碳经济条件下进一步输出科技，保持在全球经济科技领先的地位。因此，我们的城市像北京这样科技人才高度集聚的地方，在未来经济转型过程当中，没有把握这一点的话，可能会错失良机。

我们在讨论人口和环境之间关系的时候存在一个误区，经常有人会说环境恶化是因为中国人口太多造成的。我个人认为这是一个似是而非的观点，大量的研究表明，在过去30年间造成中国环境恶化的主要原因，不是人口的过快增长，而是经济增长模式，是城市化发展模式和我们的生活方式的原因。在21世纪的前几年中，我国碳排放量急剧增长，但我们的人口增长速度一直保持在很低的水平。我们过去说是为了环境保护，我们一定要控制人口，在大城市中更要控制人口总量，这是事实。但我们的研究结果表明，真正对于环境造成压力的是在过去30年间我们消费水平和模式的变化，这占到整个碳排放的1/3，人口城市化对碳排放增长的贡献率也是1/3左右，人口数量的影响不到1/3。因此，虽然人口增长对环境的压力还很大，但我们不应当把人口数量作为我们环境恶化的罪魁祸首，特别是在讨论人口及其相关政策时，需要进行客观的判断。

中国的城市化是一个不可抗拒的、必然的潮流，关键问题不在于城市化本身，而在于城市化的模式。我们走什么样的城市化道路，是发达国家的城市化道路，还是中国条件下，特别是在低碳经济的条件下，走新型的城市化道路，资源节约型、环境友好型的发展道路？中国过去30年中间，城市化有了迅速的发展，但这样一种资源、土地和资本大量投入的发展模式，在未来30年是不可能持续的，也是不利于协调好中国人口、环境和资源之间关系的。

我们过去讨论的控制人口常常是把人口当成是统计的概念，重点是人口总量，而实际上我们人口学家研究人口的结构、人口的分布、人的生命周期，包括家庭的形成、发展和衰亡。掌握人口的这些特征对低碳城市的发展有很大的帮助。研究表明，家庭规模的变小，在很大程度上抵消了人口总量增长减慢对环境资源压力的减小。中国平均家庭规模从20世纪80年代的4个人多一点降到了现在的3个人左右，这是家庭核心化的结果。如果家庭规模还是维持在平均4个人的水平，现在中国的碳排放大概可以减少约20%。家庭结构和规模与碳排放之间有什么关系呢？简单来讲，三口之家用一个冰箱，用了一个空调。两个老人单独成家，独居老人也单独成为一个家，也要用空调和冰箱，如果独居老人和子女一起生活就变成四口之家，只要一套家用电器，全社会的碳排放总量自然就可能减少。这样的解释可能过于简单，但它是一个事实，它部分地揭示了在我国人口总量增长减缓的情况下，由于因为家庭规模的变小（加之消费水平的提升），而使得整个碳排放量飞速地增长。

结合上海的发展状况，对北京的低碳城市背景下的人口发展提一点不成熟的建议。

第一，必须以人口规模的适度扩张来

调节人口的结构。这个结构主要是指人口的年龄结构，我们都希望一个城市人口不要太多，我们希望城市中间都是比较年轻和高素质的人才，但是越是高级人才越是流动性强，越是相对弱势的群体、劳动力素质相对较低的人口更容易沉淀在一个城市当中。随着时间的推移，这批人会越积越多。因此，我们既想维持原来的人口规模，同时又想提升人口素质、优化人口结构是做不到的，只能通过人口规模的适度扩张来调整城市人口结构，所以人口增长是必然的。以前我们研究认为上海适度人口规模在2200万左右，上海“十一五”人口规划的规模是1900万，现在常住人口已经接近了1900万，明年肯定会突破这个规划的目标。为了将上海建成四个中心的发展目标，上海还需要大量引进人才，因此上海人口总量在短期内的继续增长是必然的。因此现在上海做各种规划都要考虑到上海人口的峰值可能达到3000万这一情景。也就是城市发展规划按照最大的人口规模而不是最适度人口规模来做。城市人口增长并不一定是单向增加的，在初期的人口持续增长以后，由于各种原因，人口增长会放缓甚至出现下降，最后回归到适度规模。这个过程当中，如果规划没有领先的话，可能会对一个城市的未来发展带来新的问题。

第二，依靠人口流动性的加强来提升人口素质。我们都希望在一个城市当中高素质人口在增长，除了提高本市人口的教育和技能素质外，另一种办法是使低端人口流出，这在现实生活中是比较困难但也不是完全不能实现的办法。比如可以通过让老年人口迁移到大城市之外的地方养老，由于在中小城市或农村地区的异地养老成本更低，在比较低的收入下也可以获得更好的社会服务和更好的生活质量。当然需要有相应的公共服务设施的配套，以保证这些异地养老的老年人口的生活质量不下降。所腾出的空间可以让更年轻、更具有劳动生产力的人进入城市中心，来推动城市发展，这是一个可以考虑的思路。

第三，以人口合理分布来优化区域人口配置。上海的土地面积比北京少得多，是0.63万平方公里，北京是1.6万多平方公里。从平原面积来说，北京也比上海要大，上海现在是1900万常住人口，每平方公里接近3000人，这个人口密度远远超过了北京，因此北京未来人口容量可以比上海大得多。上海在600平方公里左右的中心城区居住了1000万人口，其余的5700多平方公里居住了另外1000万人口。所以上海希望减少中心城区人口，通过在外围地区建设大规模的新城镇，并通过大规模的轨道交通建设实现人口的再分布。经过十多年的努力，疏解上海中心城区人口这个目标并没有很好地实现。这不是一个规划的问题。因为中心城区人们享受最好的交通便利，所有地铁都经过在中心城区，最好的教育、医疗和社会服务资源都在中心城区，中心城区的房价和周边的房价相比也没有达到像美国中心城区和边远城区的 3∶1 的比例。在这样一个状况下，人们为什么要离开那么好的中心城区移到周边去，所以要真正实现人口的合理分布需要相关的配套政策和公共服务体系的重组。

第四，要拓宽发展腹地来减轻单一城市的资源压力。上海现在已经建成400 多公里的市内轨道交通。从轨道总长度来说，上海比北京要发展很多。上海规划中最长的一条轨道从上海的西北一直延伸到东南，全长128 公里。上海的轨道交通正在和苏州接轨、与杭州相连。随着城际高铁的建成，上海到南京只要一个小时，到杭州40 分钟，到苏州半个小时。通过长三角一体化发展的办法，拓展上海腹地，减轻上海作为一个大都市面临的人口压力和资源压力。现在很多人住在昆山，到上海来上班。昆山到上海动车只需 25 分钟，通勤时间和住在上海一个边缘地区几乎相同，但昆山的房价是上海的1/3。因此，今后居住和通勤形式会发生很大变化，也会有效地降低大城市的人口压力，通过拓展腹地是解决单一城市资源压力的有效途径。

第五，通过技术、制度创新，体制改革，文化传播来推动低碳社会的形成。在这一方面我们可以有很多政策选择。比如我们前面说过的小家庭的人均碳排放会比大家庭要高，我们是否可以采取更积极的措施鼓励老年人口特别是单身老年人回到子女的家庭养老，或者通过建立老年社区和老年公寓的办法使得老年人口的居住相对集中，这样既可以解决养老问题，有利于更有效地提供为老服务，也有助于减少与居住和消费有关的碳排放问题。通过科学合理规划交通布局，减少交通出行量，在普遍“拥”车的情况下改变人们的用车模式，真正实现公交优先。我们需要文化和观念的转变，需要促进低碳经济条件下生活方式的转变，需要改变我们已经习惯的工作和交往方式。我这次坐飞机到北京参加会议，我的出行碳排放是200 公斤，如果可以逐渐改变会议模式，改变交通、出行和就业模式对我们发展低碳城市都会起到非常大的作用。

八、区县工作篇

东 城 区

【概况】2009年，东城区人口计生工作结合深入学习实践科学发展观活动，围绕新时期人口计生工作重点，在推动统筹解决人口问题工作机制创新、改进依法行政和宣传服务、打造“阳光计生行动”、提升人口计生干部队伍综合素质、保障平安国庆等方面加大工作力度，锐意创新，全面推进，较好地完成了北京市政府下达的各项工作任务和指标。

综合治理。东城区区委和区政府对人口计生工作高度重视，将人口和计划生育指标列入区政府年度工作目标责任制（折子工程），区长与各人口计生综合治理部门领导签订了人口和计划生育综合治理工作责任书，与各街道主要领导签订了人口和计划生育工作目标管理责任书，完善了统筹解决人口问题的决策调控机制和综合协调机制。将人口发展战略规划和人口计生工作纳入东城区国民经济和社会发展计划体系、精神文明创建体系、全区党政工作目标管理考核体系和社会建设和管理体系。出台了《东城区人口和计划生育领导小组专门工作组成员单位统筹解决人口问题工作职责》，明确了相关部门在探索研究人口规模调控、提高出生人口素质、加强流动人口服务与管理、应对人口老龄化等项工作中的具体职责。建立了统筹解决人口问题的引入外脑工作机制，成立了东城区统筹解决人口问题专家顾问组。通过加强机制建设，使统筹解决人口问题工作在全区形成了多方配合、齐抓共管、综合治理的“一盘棋”工作格局。

宣传教育。全区人口和计划生育的宣教工作以《北京市人口和计划生育委员会关于加强和改进宣传教育工作的意见》为指导，树立统筹协调理念，营造大宣传工作格局。区人口计生委成立了宣传工作小组，通过跨科室、跨职能合作实现“大宣传”工作目标，形成了统筹全委资源、共同参与人口计生宣传的工作格局。加强对街道计生办宣传干部、特邀通信员技能培训和对基层社区宣传活动的指导，合理利用人力资源，提升宣传工作质量。继续扎实推进“婚育新风进万家”活动，注重与相关部门协调配合，抓好落实。实施了环境宣传“三百计划”，做到了“百块展板进单位”、“百场电影进社区”和“百个灯箱广告亮街区”。位于青年湖公园的东城区人口文化园区雕塑工程落成，全区17处大型计划生育宣传栏、宣传橱窗实现了式样、内容、时间的“三统一”。积极拓展渠道，建立符合首都中心城区特点的部门合作、资源共享的计划生育宣传服务机制，面对不同人群，开展知识讲座、文艺演出、征文演讲等多种形式的宣传教育活动，在群众中普及科学婚育知识，促进群众建立和谐美满的幸福家庭，让人口计生宣传辐射到各个层面、走进千家万户。自编自拍反映流动人口独生子女父母在北京生活的纪录片《军港老兵的幸福生活》，在国家人口计生委和广播电视协会举办的“生命的钥匙——首届中国家庭全国纪录片周”评比活动中，获得铜奖。

依法行政。区人口计生委作为政府的职能部门和执法单位，在落实行政执法责任制的工作中，认真贯彻落实人口计生“一法三规”和北京市地方法规规章政策。调整依法行政工作领导小组成员责任分工，改进工作流程；采取委内科室、区街两级分工负责的方式，层层签订依法行政工作岗位责任书。区人口计生委为加大依法政务公开力度，加强执法责任管理，进一步完善了服务管理规范，落实分解工作职责，与各街道计生工作负责人签订了《委托执法责任书》，明确了岗位责任分工，严格了行政执法程序。收集整理了区人口计生委和街道委托执法人员的基础信息，为新参加执法工作的执法人员办理执法证，及时更新执法资质档案资料，建立电子数据管理信息。针对全区社区管理改革和社区居委会换届，开展全区法制干部业务培训，确保依法行政、执法规范、程序合法。修订了《东城区2009年街道人口和计划生育工作考核评估方案》，将计划生育依法行政及落实行政执法责任制工作指标进行了量化，在考核手段上不仅注重年底一次性考核，同时加强了对日常工作的考核，既注重落实行政执法责任制的结果，又注重日常的执法工作过程。

流动人口工作。努力构建流动人口计划生育“一盘棋”工作格局，印发了《关于转发〈北京市人口计生委关于印发《加强形成流动人口计划生育工作全市“一盘棋”格局工作方案》的通知〉的通知》（东人口发〔2009〕24号），将流动人口计划生育工作纳入人口和计划生育工作目标管理责任制和相关部门工作职责。与综合治理部门建立联系会议制度，与综治、公安、工商、民政、劳动、卫生等部门就健全“以现居住地管理为主”的流动人口管理机制进行座谈；与公安、民政、卫生、流管办等部门建立信息通报制度，最大限度地实现信息共享，有效地掌握现居住地育龄流动群众基础信息，推进了流动人口计划生育管理与服务工作的进程。建立了省际间双向管理机制，通过国家人口计生委流动人口省际交换平台，主动与流动人口户籍地人口计生行政部门进行育龄妇女计划生育信息的双向交流，建立流动人口和人户分离信息季度通报制度。充分利用宣传栏、报刊、宣传品等进行宣传，提高生殖健康知识的知晓率。印发了《关于印发〈东城区对辖区内低收入群众和流动人口实施免费计划生育手术管理办法〉的通知》（东人口发〔2009〕22 号）、《关于转发〈北京市人口和计划生育委员会关于流动已婚育龄妇女采取长效避孕节育措施享受一次性奖励的规定〉的通知》（东人口发〔2009〕23 号），与北京市第六医院合作，对流动人口实施免费计划生育手术。通过开展免费体检、知识讲座和发放宣传材料，扩大流动人口免费技术服务的宣传和服务覆盖面。与区流管办联手，认真落实《关于开展流动人口和出租房屋调查推进“平安东城”建设工作的方案》文件精神，开展流动人口育龄妇女信息核查登记工作。在流动人口相对集中的社区、企业和集贸市场设立标志明显的计划生育避孕药具免费发放点，为流动人口提供便捷的避孕药具服务。

信访工作。年内根据东城区的实际特点和群众反映突出问题，区人口计生委确定了“人口计生部门继续加大政策宣传，做好信访矛盾排查工作，及时调处化解矛盾纠纷，防止反弹，促进全区人口和计划生育工作持续发展，确保社会和谐稳定”的工作思路。区人口计生委主任王力宇高度重视信访工作，真正做到了放在心上，抓在手上，带头解决信访疑难问题，有力推动了信访工作的良性发展。区人口计生委领导严格按照市、区工作部署，参与党政领导干部大接访活动。为了保证国庆期间安全稳定，区人口计生委印发了《关于开展“国庆平安行动”信访矛盾排查工作的通知》（东人口发〔2009〕29 号），在全区开展了“国庆平安行动”信访矛盾大排查工作，对排查出的信访重点人建立了信息台账，制定了工作预案，明确了包案主管领导及稳控措施，同时积极开展各项稳控化解工作。区人口计生委还印发了《关于全力做好相关工作，确保“平安国庆”的通知》（东人口发〔2009〕41 号），委领导亲自带队到信访矛盾比较集中的街道进行走访和调研，详细了解重点信访矛盾纠纷情况及相关工作措施，具体指导街道妥善解决矛盾纠纷，协助街道和社区做好矛盾纠纷调处工作。全区还结合政策咨询服务开展了政策宣传和疏导工作，引导群众依法信访、合理诉求。建立健全维护群众合法权益的有效机制，做到“四个到位”：诉求合理的解决问题到位，诉求无理的思想教育到位，行为违法的依法处理到位，生活困难的帮扶救助到位。通过这些努力，把矛盾化解在萌芽状态，确保了全年无集体访、越级访和重大影响事件发生。

药具工作。年内，开展了计划生育药具“进机关、进学校、进流动人口”活动。在区政府、市政府、中科院、林产设计院、国家大剧院、中国进出口银行、全国妇联等 18 家单位设置避孕药具自取架；为协和医院、北京市妇产医院等21家医院的候诊大厅和计划生育门诊开通了避孕药具供应直通车，尝试以政府购买服务的方式，与物流公司合作对发放网点进行运送和维护。同时结合流动人口图书角的建设，为流动人口密集的集贸市场配置药具自取柜；在10个街道的办事大厅和18家医院的计划生育服务大厅及部分社区单位更新和补装了药具自取柜。全年免费发放避孕药具2419箱。

协会工作。加快协会组织建设和队伍建设步伐，注重把触角延伸到单位内部、非公企业和流动人口集中区域，加大协会建设的工作力度。在新型社区和以高科技人群、流动人口为主的企业中建立协会组织，继续做好流动人口集中的社区、企业、集贸市场等场所的协会组织工作，全区共建立社区协会115个、企事业单位协会和团体会员单位449个、流动人口协会99个。继续开展“市级示范会员之家”创建活动，全区创建了7个“市级示范会员之家”。发挥“生育关怀基金”作用，对320户独生子女家庭特别扶助对象，在调查了解其需求的基础上，有针对性地开展了经济帮助、家政服务和精神慰籍等服务活动。区计生协向基层计生协组织下发《关于做好2009年度“幸福工程——救助贫困母亲行动”工作和募集“生育关怀行动基金”工作的通知》，全区参加捐款近千个单位，共募集捐款38.74万元，其中“幸福工程”捐款11.97万余元，“生育关怀行动基金”26.76万余元。与区教委合作，在东直门中学建立了“东城区青春健康驿站”，将性与生殖健康的内容纳入到初中的健康课和高中的心理课中。开通了青少年咨询热线，开展了学生个体心理咨询，提供了有关青春期心理的辅导，解答青少年在成长中遇到的有关性与生殖健康的个性问题。利用学生社团进行青春健康知识的科普宣传，在对外交流展示中，扩大青春健康驿站的影响，在全区起到示范、引领作用。

调研工作。完成了《〈东城区“十一五”人口与计划生育事业发展规划〉中期评估报告》，开始进行“十二五”规划前期研究准备工作。为了提高避孕药具工作的针对性，与北京中医药大学管理学院合作，开展了“东城区三所医院人工流产人员意外妊娠原因及避孕服务需求研究”调查活动。分析了在东城区三所医院就诊的人工流产人员发生意外妊娠的深层次原因和对避孕服务的需求，探讨适合东城区避孕药具发放的工作机制和工作模式，为政府部门建立高效的避孕药具发放工作网络、改进工作方式，提高计划生育药具的服务质量，降低人工流产率等提供决策依据，同时也为计划生育科技部门加强个性化、人性化服务，提高育龄人群生殖健康服务的满意度奠定了基础。

【人口和计划生育数据】截至2009年12月末，全区户籍人口为61.95万人，与去年同期相比变化不大。户籍人口育龄妇女数为15.36万人，已婚育龄妇女占育龄妇女的58.98%。全区外来流动人口17.7万人，外来流动人口育龄妇女1.85万人，其中已婚育龄妇女1.45万人。年内全区户籍人口共出生4390人，计划生育率97.68%，晚育率92.19%。年度人口自然增长1751人，自然增长率为2.83‰。

【市人口计生委领导慰问计划生育困难家庭】 1月5日，市人口计生委主任邓行舟一行，在副区长章冬梅、区人口计生委主任王力宇及东直门街道有关领导陪同下，到东直门街道走访慰问计划生育困难家庭和基层计划生育干部，送去了慰问金及慰问品，并向他们致以新春的祝福。

【建立第三方评价公共服务工作机制】 为最大限度地发挥政府公共服务功能、提高公共服务质量和工作效率，建设服务型政府，东城区人口计生委建立了第三方评价公共服务工作机制。1月，聘请中国人民大学世纪谨勤市场研究有限公司，开展了流动人口计划生育关怀关爱专项行动效果调查评估工作。全年共开展3次调查评估工作，通过电访、面访两种方式对按比例随机抽取的样本进行定量和定性评估，对专项行动在工作设计、宣传品购置、日常服务管理以及群众满意度、资金合理有效使用等方面进行调查评估，出具了报告。7月，与清华大学媒介调查实验室合作，启动《东城区健康生育计划调查评估项目》。通过调查了解育龄人群对健康生育计划项目满意度和需求，为进一步做好对准孕家庭的优质服务提供参考依据。8月，调查工作完成并提交了调查评估报告。

【开展深入学习实践科学发展观活动】 3月至8月，区人口计生委开展了深入学习实践科学发展观活动。围绕“科学发展创首善，打造国际化、现代化新东城”大主题，紧密结合东城区人口计生工作实际，按照三个阶段六个环节的规定动作，结合自身特点设计自选动作，认真学习，深入基层开展调查研究，解决影响人口计生委科学发展和育龄群众切实需要的实际问题；加强领导班子思想政治建设，认真查找领导班子和个人在贯彻落实科学发展观方面存在的突出问题，结合加强领导干部作风建设年活动要求，深刻剖析原因，制定整改措施。通过开展学习实践活动，进一步加强领导干部作风建设，提高了党员干部勤政为民、廉政为民意识。

【开展“阳光计生”行动】 区人口计生委以科学发展观为指导，以《北京市关于落实国家人口计生委阳光计生行动方案的意见》和《北京市人口计生委阳光计生行动方案》为指导，以完善人口和计划生育政府信息公开、民主评议、社会监督为重点，确定了“以人为本创新统筹机制，改善民生打造阳光计生”的活动主题。结合东城区人口计生工作实际，印发了《关于印发〈关于开展东城区“阳光计生行动”的实施方案〉的通知》（东人口发〔2009〕20号），在全区深入开展了以政府信息公开带动“阳光管理”、以社会监督和民主评议保障“阳光维权”、以促进生殖健康落实

"阳光服务"、以落实利益导向政策推动"阳光扶助"和以"关怀关爱"行动实行"阳光关怀"的五个专项行动。

【组织流动人口计划生育双向管理服务工作交流会】4月15日，区人口计生委与信阳市人口计生委共同组织了"北京市东城区与河南省信阳市流动人口计划生育双向管理服务工作交流会"。双方就流入地和流出地的流动人口管理和服务工作中的困难和问题进行了研讨，签定了双向管理协议书。

【中国计生协领导到东城区调研】4月24日，中国计划生育协会秘书长李艳秋、国内工作部部长吴光华等在北京市计生协副会长耿玉田、秘书长胡兰的陪同下到东四街道罗家社区调研。区计生协常务副会长王力宇、副会长张世红、北京市计生协办公室主任路连山、东四街道办事处主任王品军等参加了调研。区计生协常务副会长王力宇、东四街道计生协会长曹永军、罗家社区计生协会长尹淑芬分别汇报了区、街、居计生协"示范会员之家"建设和围绕"生育关怀行动"开展特色活动情况。李艳秋秘书长对东城区计生协示范会员之家建设给予高度评价，并就计生协工作发展方向，如何利用会员之家开展宣传、服务活动等提出了要求。

【健康生育计划项目惠及群众】东城区将"健康生育计划——六项免费服务"纳入全区社会建设公共服务体系，并列为区政府为民办实事之一。全年，婚检658人次，婚前、孕前保健咨询6610人次，发放新婚礼包1.09万人次，发放叶酸5622瓶，发放《育儿百科》2972本，孕前保健筛查1944人次，参加准妈妈俱乐部活动410人次，共惠及育龄群众2.91万人次。4月28日，在全市健康生育计划经验交流会上，副区长章冬梅在大会上代表东城区作典型发言。5月，经市人口计生委推荐，区人口计生委副主任张世红参加了在智利举办的2009年世界妇女峰会，介绍了健康生育计划项目，获得国际社会好评。东城区健康生育计划项目得到了社会各界的普遍认可，《北京日报》、《今日东城》、《京华时报》等多家媒体进行了专版报道。

【召开区人口和计划生育业务工作培训会】5月12日，区人口计生委召开东城区人口和计划生育业务工作培训会。围绕流动人口服务与管理工作，市人口计生委流管处处长张瑞霞、区人口计生委调研管理科干部分别作业务辅导，各街道主管主任和区街两级计划生育干部近60人参加。6月25日，区人口计生委对115个社区改革换届后新当选的社区居委会成员、社区服务站工作人员，进行人口和计划生育基本知识上岗培训，激发他们投身社区人口计生工作的积极性、主动性，全面提高业务素质。

【召开区人口和计划生育领导小组会】5月18日，东城区召开人口和计划生育领导小组会，会议由副区长章冬梅主持。市人口计生委主任邓行舟、区长杨艺文以及领导小组成员单位的主要领导出席了会议。区人口计生委主任王力宇作题为《认真贯彻落实科学发展观，推动统筹解决人口问题工作深入发展》的报告，区流管办副主任杜津芳作题为《探索专门工作组运行机制，促进流动人口的服务和管理》的发言，东四街道办事处主任王品军作题为《更新观念、开拓创新、真情奉献、努力构建人口和计生工作新格局》的发言。区长杨艺文对2009年人口计生工作提出了指导性意见。

【开展学习型组织创建活动】在区人口计生委机关开展学习型机关建设取得良好成效的基础上，2009年拓展到全区计生系统。5月份，举行了东城区人口计生系统学习型组织建设启动仪式，成立了东城区创建学习型组织领导小组。在创建活动中，以丰富多彩的活动形式作为有效载体，开展了专家讲座、参观交流、“我参与、我献策、我快乐”主题征文、主题演讲和学习成果展示等活动；举办了一系列涉及依法行政、职业道德、办事技巧等相关知识的培训，全面提高依法行政、优质服务水平，提升干部队伍的学习能力、工作创新能力、环境应变能力等综合素质，为全面推进人口计生工作再上新台阶奠定良好基础。

【举办“我与国策共成长”演讲比赛暨优秀征文颁奖仪式】6月6日，区人口计生委、区计生协联合举办了“东城区‘我与国策共成长’演讲比赛暨优秀征文颁奖仪式”。市人口计生委正局级委员李芸莉、宣教处处长刘凤婷，区人口计生委主任、计生协常务副会长王力宇等出席，社区群众、驻区单位代表350余人参加了活动。“我与国策共成长”征文及演讲比赛活动历时三个月，经过全区10个街道、115个社区的层层遴选，最终从500余篇征文中评选出30篇入围作品，11名演讲选手脱颖而出参加决赛。在近两个半小时的演讲比赛中，11名参赛选手讲述了自己与计生国策共成长的故事，表达了对计生国策的理解和支持，讴歌了计划生育基本国策实施三十年来取得的举世瞩目的成就。演讲比赛结束后，出席本次演讲比赛及征文颁奖仪式的领导为获奖选手和获得优秀组织奖的街道颁奖。

【建立“居站分工合作”工作运行机制】为落实社会建设4+1文件中的居站运行机制要求，东城区建立了社区居民委员会、社区服务站分工协作、有效衔接的计划生育工作运行机制。区人口计生委出台了《关于在社区建设中明确和完善社区计划生育工作内容和运行机制的指导意见（试行)》（东人口发〔2009〕35号），明确社区居委会和社区服务站各自的计划生育工作内容，建立了社区居委会、社区服务站分工协作、有效衔接的计划生育工作运行机制，切实加强了对社区计划生育工作的分类指导和支持力度，保证社区计划生育工作的稳定性和连续性。

【健全人口计生工作评议和监督机制】结合学习实践科学发展观和“阳光计生行

动”，印发了《东城区人口计生委民主评议行风工作实施办法》。建立了特约监督员制度，聘请育龄群众代表和社会知名人士担任行风监督员。在全区开展“请育龄群众评计生”和“请流动人口评计生”活动，在系统内开展“下评上”活动，对市、区、街、居等四个渠道征求的意见建议，进行认真梳理和重点调研，制定了整改措施。完善了主动接受舆论监督制度和委内内审制度、主任办公会决策制度。

【切实做好政务公开和政府信息公开工作】为提高人口和计划生育工作透明度，充分发挥人口和计划生育公共信息对人民群众生产、生活和经济社会活动的服务作用，年内全面清理了区人口计生机关成立以来形成的特别是涉及人民群众切身利益的政府信息，重点清理了2003年1月1日至《条例》施行前制作和保存的政府信息，并将此类政府信息形成电子文档。按照政府信息公开工作制度，全年共公开5类信息81条，其中法规文件类信息23条，占总体比例为28%；规划计划类信息1条，占总体比例为1%；业务动态类信息57条，占总体比例为71%。

【开展流动人口计划生育关怀关爱专项行动】年内，区人口计生委以“传递一份真情，同享一片蓝天”为主题，开展了关心流动人口生产、生活、生育，维护流动人口实行计划生育合法权益，为流动人口育龄群众送温暖、办实事的关怀关爱专项行动。在流动人口工作或居住较为集中的社区、农贸市场、批发市场、重点大街、商店、餐饮店等场所新建了12个图书角，配发了市、区人口计生委关于政策法规类、技能培训类、生殖健康知识类、科学育儿类等50余种图书、刊物和书架；在18所小学和3所中学开展“流动人口计划生育关怀关爱征文”活动，并将优选征文汇编成《暖心》一书；还把温暖送到了流动人口家乡的留守亲人身边；区人口计生委、区流管办与区计生协联合开展了表彰“三星”活动，评选出“东城区流动人口创业者之星”28名、“东城区流动人口服务者之星”21名、“东城区流动人口协作者之星”88个。专项行动历时11个月，受益人群涉及各个层面。关怀关爱活动的开展，让在东城区工作或居住的流动人口深切感受到了政府对他们的关怀，归属感明显提高，流动人口对活动的满意度达到94.2%。

【进一步做好计划生育技术服务】区人口计生委与北京市第六医院合作，认真落实《东城区对辖区内低收入群众和流动人口免费实施计划生育手术管理办法》，年内已婚育龄夫妇免费技术服务落实率达100%。区计划生育生殖健康技术指导中心咨询室、新婚咨询室和社区“生命蓝岛”等计划生育服务场所，通过面对面、电话、健康教育大课堂、义诊等方式为育龄群众提供避孕节育、优生优育、生殖保健、性传播疾病、男性健康及妇科疾病等相关知识的咨询指导。举办“女性生殖健康”、“乳腺癌防治”、“预防出生缺陷”和“关注男性健康，促进家庭和谐”等专题讲座20余场，受惠育龄群众2000余人，活动中发放各种宣传材料、宣传品万余份。区计划生育生殖健康技术指导中心接待流动人口孕情检查4363人次，其中发现疾病186人次，转诊186人次。

【开展计划生育药械市场专项整治行动】按照市专项行动领导小组的统一部署，区人口计生委、公安分局、卫生局、工商分局、药监分局、质量技术监督局六部门联合出台了《东城区计划生育药械市场专项整治行动实施方案》，并成立了以副区长章冬梅为组长，各相关部门领导为成员的东城区计划生育药械市场专项整治行动协调领导小组；召开了“东城区计划生育药械市场专项整治行动”调度会。按照《东城区计划生育药械市场专项整治行动实施方案》安排，5月31日至10月开展了自查整治，8～9月开展了系列集中整治行动，累计开展监督检查816次，区级联合执法检查行动2次，出动执法人员1204人次，共督察354户次，受理投诉举报37件，办结37件，查处无证经营50户，下发督察意见71户，警告7户，责令改正30户，移送案件至相关部门立案9件，办结9件，罚款1480元。在整治违法经营的成人保健品店的过程中，普及了法律知识，教育了周边群众，净化了东城区社会环境。在区领导和各部门领导的重视和大力协作配合下，计划生育药械市场专项整治行动取得阶段性显著成效，得到市领导的肯定。

【举办“相伴国策路、携手铸辉煌”主题宣传活动】7月9日，区人口计生委举办了“相伴国策路、携手铸辉煌”主题宣传活动，市人口计生委正局级委员李芸莉、人事处处长杨春雁，副区长章冬梅、区人口计生委主任王力宇、区民政局局长赵凌云、区社会建设办公室副主任肖俊等与全区500余名人口计生工作者参加。活动中，区人口计生委发布了《相伴国策路、携手铸辉煌》公开信，号召向老一代计生工作者学习，创新人口计生公共服务模式，提升服务水平。社区计生工作者代表向全区社区计生工作者发出倡议：发扬团结协作精神，强化为民服务意识；履行计生工作职责，确保基础工作到位；树立终身学习理念，不断提高工作水平。会上，15位有丰富工作经验、富有责任心的退休社区计生主任接受了聘书，成为东城区首批社区计划生育督导员。

【区人口计生委领导到江苏省无锡市和上海市宝山区学习考察】9月，区人口计生委主任王力宇一行前往江苏省无锡市和上海市宝山区学习考察全员人口信息系统的建设使用情况。无锡市人口计生委领导详细介绍了人口计生信息化建设工作进展情况，双方就综合管理信息系统建设进行了深入探讨与交流。王力宇主任一行还参观考察了上海市宝山区外来流动人口孕检点。此次考察活动，为东城区全员人口信息系统建设奠定了基础。

【印制《东城区社区计划生育工作宝

典》】10月，区人口计生委印制了《东城区社区计划生育工作宝典》。《宝典》明确了社区居委会和社区服务站为群众办理计划生育具体事务方面的工作流程，说明了办理事务依据的相关法律、法规、条文。《宝典》的印制，有利于社区计划生育主任和社区服务站计划生育工作人员全面了解新形势下社区计划生育工作的任务、内容和方法；有利于社区居委会与社区服务站的计划生育管理和服务的互补、互动、信息互通，有利于帮助基层计划生育工作人员实现“想服务、会服务、能服务、服好务”的工作目标。

【举办人口文化金秋游园会暨人口文化园区揭幕仪式】年内，区人口计生委在市人口计生委和区园林局、青年湖公园的大力支持下，完成了“东城区人口文化园区”的建设。园区由四部分组成：四座主题雕塑匠心独具；游泳场边“德、智、体、美、劳”五个主题创意造型构成的铁艺围栏别具特色；青少年轮滑场四周人口计划生育宣传灯箱围栏相映成辉；一列大型计划生育宣传橱窗和阅报栏群众争相观看。10月22日，在青年湖公园举办了“人口文化金秋游园会及人口文化园区揭幕式”。市人口计生委副主任彭彧华、宣教处处长刘凤婷，副区长章冬梅、区人口计生委主任王力宇，区婚育新风进万家领导小组成员单位主管领导和各街道的主管领导、计生干部、群众等500余人参加。彭彧华与章冬梅共同为人口文化雕塑园揭幕。游园活动现场举办了东城区基层计划生育宣传特色活动及宣传品展示评比活动，与会领导和群众共同投票评选“我最喜欢的宣传活动”和“我最喜欢的宣传品”。主题活动中，还穿插了精彩的文艺演出，区人口计生委还专门为这次活动创作了歌曲《守望幸福》。

【“人口文化印”展现人口计生视觉新形象】区人口计生委与国内资深品牌形象设计师合作，对东城区人口计生工作的整体视觉形象（VI）进行了规范的系列设计，产品以极具东城特色的“人口文化印”为代表，从办公用的信封、信纸、便笺纸，到对外交往的名片、请柬、胸牌等尺寸和色调都进行了规范。同时，以“人口文化印”为基础，延伸设计出各类平面宣传品的构图和色调的具体应用。10月22日，在“人口文化金秋游园会”上，“人口文化印”向社会正式发布。

【建立社区计划生育督导机制】年内，成立了东城区社区计划生育工作督导委员会，聘请有一定社区计划生育工作经验、目前已离岗的原社区计生主任和社区工作者为社区计划生育督导员。11月，组织20名社区计划生育督导员分成6组，利用4天的时间，对辖区内10个街道115个社区计划生育工作的基础资料，按照《东城区社区计划生育工作宝典》中八项类别内容进行了专项实地督导。通过对社区计划生育工作面对面的指导和当场书面反馈的督导方法，对社区的计划生育工作起到了重要的推动作用。

【举办提高人口素质论坛】12月2日，区人口计生领导小组提高出生人口素质专门工作组举办“人口发展与打造国际化现代化新东城论坛—2009·提高人口素质分论坛”。市人口计生委正局级委员李芸莉，区人大、区政府、区政协领导金旭、章冬梅、危天倪出席论坛，提高出生人口素质专门工作组成员单位、人口问题科研院所、街道主管主任、全区人口计生系统干部等300人参加。论坛以“提高人口素质从基础抓起”为主题，为政府全面贯彻落实科学发展观，加强公共服务职能，促进人口素质的提高等，提供了重要的决策建议。论坛向全社会发出了“关注人生起点，倡导素质立国”的倡议，呼吁把公共资源更多地优先投资于人的全面发展，突出以人为本，从基础抓起，促进人口素质全面提高。本届论坛共收到相关部门和专家报送的论文29篇，内容涉及“出生缺陷干预”、“婴幼儿早期教育”、“独生子女培养”三个部分，全部编入《“人口发展与打造国际化现代化新东城”论坛“提高出生人口素质”分论坛论文集》。

【区人大领导到区人口计生委调研工作】12月3日，区人大副主任金旭、教科文卫工作委员会副主任委员牛怡平一行四人到区人口计生委进行调研。区人口计生委主任王力宇和班子成员就将统筹解决人口问题工作纳入东城区十二五发展规划、建立综合人口信息共享平台，实现资源整合共享、开展《东城区人口承载力》课题研究、继续开展健康生育计划、落实生育关怀行动、安全避孕行动和青少年性健康教育、为全区育龄群众提供优生优育和避孕节育优质服务、做好独生子女家庭特别扶助等方面工作进行了汇报。金旭对区人口计生委2009年的工作和2010年的工作思路给予了充分肯定，提出希望区人口计生委能够抓住制定十二五发展战略规划的机遇，开展人口战略研究，为区委、区政府在经济社会发展和历史风貌保护等问题上提供决策依据。

（王佳）

西 城 区

【概述】2009年，西城区人口计生工作在区委、区政府的正确领导下，在市人口计生委的关怀指导下，以科学发展观为统领，落实党的十七大和中央、北京市两个《决定》精神，按照西城区《实施意见》的要求，通过一个统领（以科学发展观统领全区人口计生工作）、两个强化（强化大人口理念和统筹意识）、三个品牌（全程服务、信息化建设、宣传教育）、四个机制（完善流动人口、项目运行、利益导向、优质服务）、五个力度（领导、经费、依法行政、政务公开和队伍建设）的工作方略，坚持抓基础、创特色、保民生、促和谐，全力做好人口和计划生育工作，完成了市下达的计生各项工作指标。荣获北京市2008～2009年度人口和计划生育工作模范区称号。

干部队伍建设。区人口计生委坚持抓班子、带队伍、树形象，不断优化干部队伍结构，加强干部队伍建设，切实提高工作水平和服务能力。首先，建立奖惩分明的考评激励机制。建立了以群众满意度评价为核心，政府考核、日常工作评估结合的综合考评机制。区街计生干部依目标定职责，依职责定岗位，实行目标管理考核与绩效挂钩。对社区计生专干的管理使用，采取由街道、社区居委会负责，考核则要在专干进行工作述职和自我评定的基础上，由街道、社区居委会、居民群众分别考核、测评。并通过开展征文和演讲比赛，知识竞赛和业务技能练兵等活动，激励广大计生专干爱岗敬业。在目标管理考核中加大对社区计生专干的奖励，初步形成了基层计生干部队伍建设的管理考核奖励机制。其次，建立完善高效的廉政监督机制。通过建立完善内部监督制度，落实“首问负责制。对“三重一大”（即重大决策、重要干部任免、重要项目安排和大额度资金使用）的决定和审批都有严格的规定和监督制度。实行廉政风险防范管理，根据不同岗位确定防范重点，预防为主。同时，对行政审批工作采取集体讨论，审批权实行互相监督。层层签订党风廉政责任书，明确责任。强化人大代表对人口计生工作的监督，聘任社会各界人士担任计划生育执法监督员，监督全区的计划生育执法工作。定期征求街道及社区群众的意见，在开展政风建设年活动中，设立区、街两级群众投诉箱和投诉电话，在网站开设“主任信箱”和“政策咨询及信访举报信箱”，建立违法生育有奖举报制度，主动接受群众监督。年内还加强了干部队伍的培训力度。

依法行政。严格执行审批政策，进一步规范街道一孩审批程序，充分利用街道行政审批大厅综合服务管理系统软件对全区一孩审批工作进行规范，制定了全区《街道一胎审批规范要求》。坚持再生育一个子女审批三审制度，对于申请人上报材料由审批干部初审，科长再审，最后上审批会三审通过。梳理、规范社区工作站24项为居民办实事项目，圆满完成独生子女家庭伤残、死亡特别扶助工作，开展违法生育清理清查工作，制定工作计划和安排，召开启动会和计生办主任专题汇报会，对2001～2008年违法生育人员社会抚养费征收和出生上报情况进行了逐一比对，清查违法生育案件。加强社会抚养费征收工作，建立了社会抚养费征收工作审批会制度，成立征收工作审批领导小组，制作征收工作审批会议记录，坚持家庭情况调查制度，坚持加大党纪政纪处理力度。制定了《西城区违法生育有奖举报办法》，设立了举报电话、举报信箱，并向全区公开。建立计划生育政策法规和办事程序语音咨询系统。

审批第二个子女《生育服务证》372例，受理计划生育政策咨询和信访件1.58万件，均在规定时间内处理完毕。

统筹解决人口问题。年内，统筹解决人口问题取得阶段性成果。为了加强组织领导，调整了领导小组成员，发文增加区委组织部、区委社会工委、区监察局、区文委、区红十字会为成员单位，并对成员单位的职责进行调整。根据《关于深入贯彻落实科学发展观统筹做好人口和计划生育工作的意见》进行职责分解，明确了成员单位的职责。召开了“西城区可持续发展——人口·环境·健康”论坛，采取了专题主讲、专家点评和互动交流相结合的模式，多角度、多层面，有针对性地围绕“人口、环境、健康”主题进行探讨和交流。

人口问题研究。为了深入学习落实科学发展观，启动了西城区人口承载力课题研究，以住宅预测西城区承载人口规模；进行了西城区出生缺陷社区干预效果课题研究，调查结果显示参加“健康生育快乐园”培训活动的妇女在孕前和孕期主动规避危险因素的比例明显高于没有参加的人群，准备怀孕的夫妇前3个月服用叶酸率达93%，孕早期服用叶酸达98%，计划妊娠率和新生儿生命质量明显提高；开展了西城区人口和计划生育目标管理考核评估工作课题研究，完善了计划生育目标管理考核评估机制。

流动人口服务与管理工作。落实国家人口计生委《关于促进形成全国流动人口计划生育工作“一盘棋”格局的意见》及《全国流动人口计划生育服务管理工作规范》，全面宣传贯彻《流动人口计划生育工作条例》精神，组织开展了《条例》学习、宣传和培训工作。建立流动人口计划生育专项工作考核机制，各街道实现了人口宏观管理与决策信息系统中的流动人口子系统在线操作，户籍地与现居住地的双向交流更加顺畅，数据核实更加及时和准确。召开街道流动人口计划生育服务管理特色工作经验交流会，交流和推广了流动人口计划生育工作经验。全年共组织流动人口已婚育龄妇女孕检1.11万人次，免费孕检8608人，免费“四术”215人，报销金额3.76万元。进一步做好与地区内五家产科医院的流动人口出生监测工作，全年监测核实在区内出生婴儿468人，计划生育率为99%。

宣传教育。西城区以“倡导婚育文明、构建和谐家庭”为核心，以社会宣传机制化、主题宣传系列化和环境宣传人文化为特点，开创了人口计划生育宣传教育工作立体化格局。一是部门联动，社会宣传机制化。联合区委宣传部、区委党校、区文委、区妇联等单位开展了一系列社会宣传活动，在《北京西城报》开辟“人口文化苑”专栏，创办了《西城人口计生》（季刊），展示基层工作风采，反映人口计生工作动态，形成了部门联动的社会宣传长效机制。二是全员发动，主题宣传系列化。

以“婚育文明促和谐”为主题，以“一、十、百、千、万”活动为主线（即一场全区的“我与国策共成长”主题演讲比赛，十场人口大讲堂，百场公益电影进社区，千名中小学男生免费生殖健康体检和千个“新婚优生服务包”送新人活动，万户读书活动），广泛、深入地开展婚育新风进万家活动。三是资源整合，环境宣传人文化。以“倡导先进人口文化，培育现代婚育文明”为主题积极建设南礼士路区级人口文化园。建立了一系列雕塑、浮雕墙、候车亭广告牌，为所有街道安装了新的人口宣传报栏、宣传橱窗等。

技术服务。对社区卫生工作的基础资料进行规范，编写《西城区计划生育技术人员工作手册》，制作《西城区社区计划生育技术服务人员合格证》，将咨询记录、药具发放、工作量统计表整合为《社区计划生育服务综合登记本》。对五个社区卫生服务中心（站）咨询室进行规范化建设，并组织了社区计划生育技术服务人员培训。

经费投入。西城区根据“十一五”期间对计划生育事业经费投入的要求，继续保持了人均增长0.6元的标准。全区计生经费投入按人均7.7元标准，区、街各3.85元，流动人口经费72万元。按照区长与市长签订责任书的内容，根据2009年区财政计生经费决算结果分析，全区超额完成了人均经费投入计划，圆满完成了市下达的经费投入指标。2009年全区计生经费财政投入共计1163万元：其中市财政投入344.8万元，区、街财政投入818.8万元（含区财政投入流动人口管理服务经费72万元）。全区户籍人均投入达到9.4元（不含市级投入）。其中街道财政投入486.5万元。7个街道经费投入分别为：西长安街街道财政投入50.16万元，人均4.08元；什刹海街道财政投入82.39万元，人均3.98元；新街口街道财政投入62.78万元，人均3.85元；金融街街道财政投入68.41万元，人均4.7元，月坛街道财政投入74.69万元，人均3.85元；展览路街道财政投入74.96万元，人均3.86元；德胜街道财政投入73.14万元，人均4.48元。

【人口和计划生育数据】年末，公安户籍总人口79.3万人，其中育龄妇女为18.7万人，已婚育龄妇女11.2万人。按照北京市人口计生委规定的出生统计口径统计，2009年全年出生上报5892人，其中男孩3106人，女孩2786人；出生性别比111，人口出生率6.72‰，人口死亡率3.46‰，计划生育率97.6%。全年结婚1.44万对，晚婚率97.6%，晚育率93.2%，已婚育龄妇女综合避孕率87%。

【积极推进计生协组织建设】1月14日，区计生协召开六届三次常务理事会，区计生协会会长陈蓓出席并讲话。年内，协会陆续展开社区居委会协会换届工作，区计生协、各街道计生协组织召开专题会议，对换届选举工作进行全面安排部署，换届工作圆满完成。

【召开人口和计划生育领导小组会】2月4日，西城区召开2009年人口和计划生育领导小组工作会，市人口计生委主任邓行舟，区长、区人口和计划生育领导小组组长张建东，区委常委、宣传部部长傅华出席会议，副区长陈蓓主持会议，区人口和计划生育领导小组30个成员单位领导及部分专家顾问团代表参加了会议。会上对2008年度先进集体和先进工作者及示范社区、规范市场达标单位进行奖励兑现。共表彰先进集体168个，先进工作者290人，示范社区18个，规范市场达标单位1个。制定了《西城区2009年人口和计划生育目标管理考核评估方案》，继续实行党政一把手亲自抓、负总责，各级层层签订计划生育目标管理责任书，完善考核机制，坚决实行"一票否决"制度。市人口计生委主任邓行舟在讲话中对西城区人口计生工作取得的成绩给予了肯定，希望西城能够结合区域特点在稳定低生育水平、提供优质服务、老龄化应对、流动人口和人户分离人员管理服务以及人口规模调控方面继续做好相关工作。

【建立计划生育专家顾问团】2月，西城区建立计划生育专家顾问团，聘请了34位人口、医学、教育等相关领域的专家学者，组成全区人口计生工作的"智囊团"和"思想库"。在西城区计划生育工作领导小组会议上，由区长张建东给各位专家颁发了聘书。12月，召开了专家顾问团研讨会。专家们认为，在"十二五"期间，西城区的人口问题研究应该立足于为区委、区政府领导提供决策的数据参考，做好人口基础数据的调查研究。即紧扣区委、区政府工作重点，把握政府的发展方向和脉络，提供针对性、前瞻性、趋势性研究；紧密结合区域特点，把握区域功能定位，做好实践性研究；着眼于工作创新，探索尝试做一些有预见性的调查研究。

【开展深入学习实践科学发展观活动】按照区委统一部署，在区委指导组的指导下，作为第二批学习实践科学发展观活动单位，区人口计生委于3月17日正式启动了学习实践活动。委党组坚持统筹兼顾的工作方法，精心组织、周密安排，认真把握区域特点和深入学习实践科学发展观的总体要求，并结合人口计生工作实际，确定了"学习实践科学发展观，全面践行'以人为本，优质服务'理念，着力推进西城区人口计生事业科学发展"活动主题。在深入调研和广泛征求意见的基础上，召开了领导班子民主生活会，回顾总结了近年来贯彻落实科学发展观的情况，认真查找制约人口和计划生育工作科学发展的突出问题，并对问题的根源进行了全面深入分析，对整改工作进行了认真研究，理清了科学发展的思路，明确了科学发展的方向。

【加强人口计生基层基础工作】规范基层计划生育统计信息管理，对育龄妇女信息系统中的信息进行逐人核实，查漏补缺，健全统计基础资料，完善基础工作。3～5

月，结合人户分离育龄妇女状况调查，开展孕情普查工作，掌握了全区育龄妇女的孕育状况，依据全年出生计划，对全区育龄妇女怀孕、生育、避孕措施情况及育龄妇女人户分离情况进行摸底。按照国家和市人口计生委要求开展基础信息核查工作，成立了西城区基础信息核查工作领导小组，对2000～2009年10月间出生的户籍和流动人口进行登记入机，录入全国信息核查离线软件5.03万条信息，其中户籍人口3.64人，流动人口1.39人。

【大力加强干部培训工作】西城区把人口理论和国情国策知识纳入全区党政正职领导干部培训班、处级干部培训班、中青年后备干部培训班、科级干部任职班等党校、行政学校主体班课程内容。先后邀请中国人民大学教授刘爽、北京市人口计生委主任邓行舟进行“国际视野下的中国人口形势和政策”和“新时期人口和计划生育工作形势和任务”专题讲座。同时，通过播放光盘、发放资料等多种形式面向各级领导、机关干部开展人口计生国情国策教育。举办了全区社区计划生育工作者业务知识培训，近200名计生干部参加学习。全年，面向区、街、居计生干部举办新闻宣传、优质服务、政策法规、信访、避孕节育知情选择、流动人口管理服务、政务信息报送等培训20余次。

【创新社区健康生育全程服务模式】年内，开发“西城区孕前风险自助评估系统”，实现与“优孕通”、“孕事通”网络优生指导卡无障碍链接。充分利用“健康生育快乐园”这一宣传教育平台，深入社区，走进单位，面向户籍人口、流动人口和工作人口中的已经结婚准备怀孕的夫妇开展孕前保健宣传咨询，全年举办活动109期，参加夫妇4294人，发放叶酸1.35万瓶，建立孕前信息档案3988份。为291名困难家庭准备怀孕夫妇进行免费孕前优生检查。开展西城区2006～2008年出生情况调查，评估工程实施效果；《人民政协报》、腾讯网、首都之窗网以专版、专题、专栏的形式，宣传报道西城区健康生育全程服务工作，介绍西城区在预防出生缺陷方面的做法和成果，市人口计生委在健康生育计划经验交流会上向全市推广西城区社区健康生育全程服务模式。

【出台违法生育有奖举报办法】为了落实公民依法实行计划生育的权利和义务，加大社会监督力度，年内，区人口计生委出台了《西城区违法生育有奖举报办法》。《办法》以稳定低生育水平为中心，以加强依法行政为重点，以提高群众满意度为根本标准，坚持“实事求是、公开透明、实名举报、保密守信”的原则，将违法生育有奖举报的范围、内容、方式、奖励标准等内容向社会进行了公布，对举报西城区户籍居民违法怀孕或生育子女，经查证属实的，将给予每例1000元的奖励。为切实维护群众的知情权和参与权，《办法》对举报受理的程序、时限等做出了明确规定。

**【建立计划生育困难家庭救助专项经

费】为完善西城区人口和计划生育利益导向体系，缓解部分计划生育家庭的实际困难，体现社会公平，西城区建立了专门用于救助计划生育困难家庭的专项经费，并出台了《西城区计划生育困难家庭救助专项经费办法》。该办法以西城区政府财政拨款、社会各界捐助和其他资金为主要来源，救助内容包括：对独生子女死亡、伤残的困难家庭，每年给予2000元救助金；对突发意外灾害或重大疾病，造成损失或自付医疗费用达5万元以上的计划生育困难家庭，给予3000~5000元的一次性救助；对无业的计划生育困难家庭育龄妇女，每年提供一次免费生殖健康检查；对无单位的独生子女死亡家庭60岁以上的老人，每年提供一次免费体检。《办法》的出台，进一步完善了计划生育利益导向机制，使计划生育困难家庭能够优先分享改革发展的成果。

【推进婚育新风进万家活动】年内，西城区召开婚育新风领导小组成员单位联席会议，下发《2009年西城区“婚育文明促和谐”主题宣传教育活动实施方案》。7·11世界人口日期间，区人口计生委与区委宣传部、团区委联手，组织全区“我与国策共成长”主题征文演讲比赛活动，收到征文700余篇，举办演讲比赛12场。西城区荣获北京市征文演讲活动优秀组织奖，西城区选送的演讲者获得全市演讲比赛一等奖。9·25公开信发表纪念日，举办“迎祖国华诞·传国策新风·展计生风采”全区人口计生知识竞赛，近200名干部参与活动。将人口计生宣传融入“百场数字电影进社区”行动，在每场电影正片播出前放映区人口计生委制作的10分钟短片，面向群众广泛宣传健康生育知识。依托民政婚姻登记处，宣传计划生育法律法规，倡导优生优育，把5000个内容丰富的“新婚优生宣传包”送到新婚人员手上。向新生儿家庭发放《儿童成长测试图》、《科学育儿0~3岁丛书》、《致西城区0~3岁婴幼儿家庭的一封信》及《儿童早期教育联系卡》等早教宣传品；面向家庭和驻区单位，发放《关爱生命全程》图书5万册和《国情国策》读本10万册，启动以“关爱生命全程，构建幸福家庭”为主题的万人读书及答卷活动。积极参加北京广播电台“人口直通车”征文活动，编印《西城人口计生》杂志（季刊）4期，充实栏目内容，扩大发送范围；全年共有296篇反映人口计生工作的新闻稿件在媒体发表。

【营造人口计生工作宣传环境】在区行政学校（区经科大）建立区人口学校宣传阵地，利用“西城讲坛”、区街人口学校等基地为千余名机关干部、社区群众开办人口大课堂系列公益性讲座十期，内容涵盖女性保健、儿童早教、男性健康等多方面，区人口学校还被确定为全区首批30家市民终身学习服务基地之一。以“生命、生育、爱情、家庭”为主线，在南礼士路公园内建成区级“人口文化园”，在宏英园小区建造以“和谐”为主题的大理石雕塑，完善西城外国语学校外墙约50米的“青春、阳光、和谐”人口计生文化雕塑墙。在区内百个公交站点，发布2期100块以“健康生育幸福家庭”、“统筹解决人口问题，促进和谐社会建设”为主要内容的灯箱公益广告。为7个街道补充安装了统一的人口宣传报栏、宣传橱窗80组，为148个社区订阅了《中国人口报》、《人口文摘》、《人口与计划生育杂志》等报刊。

【加强人口计生工作信息化建设】西城区加强内外网站建设，对区人口计生门户网站进行改版升级，增加了生育场景式服务模块，在政务内网上开发了“即时消息”和“政务短信信息平台”。开展人口动态监测系统二期工程调研，在一期建设基础上进行改版升级需求调研，完成了设计方案及可行性报告。加强育龄妇女管理服务系统四级建设，邀请区街居三级计生干部座谈研讨四级模块开发使用，为四级网络建设做好前期调研准备工作。完善目标管理考核评估信息系统，年内系统正式上线，系统录入数据成为各街道全年工作开展情况的重要参考，自动汇总的考评成绩成为全年工作考核评估的重要依据。

【开展计划生育药械市场专项整治行动】西城区成立了以主管区长为组长，由计生、卫生、工商、药监、质监、公安、城管等七部门领导组成的整治行动小组，通过制订整治行动方案、联合发文、制作宣传海报、联合执法等环节，大力开展药械市场专项整治工作，使全区的计划生育药械市场有了较大的改观。9月21日，由市人口计生委主任邓行舟任组长，市药监局、市公安分局、市卫生局等单位组成的联合督查组对西城区计划生育药械市场专项整治行动工作进行联合督查。邓行舟主任充分肯定了西城区工作，他指出，西城区领导高度重视，成员单位分工明确，底数清楚，重点突出，注重长效机制的研究。

【启动人口计生工作“三心”行动项目】年内，区人口计生委、区教委、区流管办、区计生协联合发文，正式启动“流动人口连心、青春健康育心、生育关怀融心”行动项目，旨在通过整合行政、社会资源，为流动人口、中小学生、计划生育特殊家庭提供更有针对性的特色优质服务。“连心行动”以西长安街街道和平门社区为试点，总结成功经验，以点带面，逐步在全区开展宣传服务活动，形成了为流动人口服务与管理并重的新局面；“育心行动”项目在原有基础上继续加强青少年青春期健康教育，提高青少年适应青春期的各种生理和心理变化能力。积极探索学科渗透开展青春期健康教育的新模式，获得最理想的教育效果；“融心行动”项目则在了解计生困难家庭、独生子女伤残或死亡家庭的实际情况和不同需求的基础上，建立由专业人员和志愿者组成医疗、家政、恳谈、文体服务四支队伍，开展“3 + X”服务活动（“3”：建立一张联系卡、进行一次走访慰问、签订一份帮扶协议；“X”：根据不同对象的不同情况，提供个性化的服务和关怀）。

【全面开展青春健康教育项目】 区人口计生委与区教委紧密结合，以西四中学为试点，以点带面，探索学校全面开展青春健康教育工作模式，使全区青春健康项目工作稳步发展。加强队伍建设，努力提高教师队伍专业水平。年内组织师资座谈会2次，师资培训3次。继续在学校、宾馆开展青春健康知识讲座。年度授课22次，受众2000余人次。继续开展为中小学新入学男生体检工作，全年共检查1649人。少男少女门诊全年提供面对面咨询服务178人次，免费咨询电话607人次，书信回复咨询7人次。

【深入开展“预防艾滋病”项目】 区人口计生委邀请专家、师资深入社区、学校开展“毒品与艾滋病预防”为主题的禁毒防艾知识宣传讲座，并发动青少年、学生、流动人口积极参加宣传活动，全年共授课7次，受众2000人次，发放宣传资料1000余份，安全套2000只。

【全面开展生育关怀行动】 利用元旦、春节、5·29会员活动日和9·25公开信发表纪念日等活动契机，深入开展走访慰问及生育关怀救助活动。9·25期间为70户特困计生家庭发放救助款。其中独生子女意外伤残死亡家庭8户，计生困难家庭51户，流动人口婚嫁家庭5户，社区计生专干6户，共发放救助款8.15万元。为辖区内51名特扶人员（独生子女死亡家庭60岁以上老人）进行免费健康体检，使老人掌握了自身的健康状况。开展养生保健知识讲座2次，共计200余人次参加。

【推进避孕药具发放工作】 年内，调入免费药具35.82万（盒、板、本），调出37.06万（盒、板、本）。投资12万余元制作了350个药具自取箱发放到有需求的驻区单位。制订《西城区药具“三进”（进机关、进学校、进市场）工作实施方案》。开展摸底调查，明确重点是将药具发放进中央国家机关。开展“百名星级发药员”的评比工作。对全区新老计生专干、部分驻区单位专干及社区卫生计划生育服务人员进行避孕节育知情选择知识培训。

【召开人口·环境·健康论坛】 11月，西城区政府在金台饭店召开了“人口·环境·健康”论坛，国家人口计生委、国家环保部和国家科委的领导，市人口计生委主任邓行舟、副主任丁勇，北京市科委、环保局领导，西城区委、区政府、区人大、区政协相关领导出席了论坛，邓行舟主任作了大会致辞。论坛坚持以人为本，围绕事关民生和可持续发展重点领域，采取了专题主讲、专家点评和互动交流相结合的模式，多角度、多层面，有针对性地围绕“人口、环境、健康”主题进行探讨和交流。《中国人口报》、《北京晚报》、中国网、《京华时报》、《西城报》等多家媒体，对西城区“人口·环境·健康”论坛作了报道。

（陈雅芹）

崇文区

【概述】2009年是新中国成立六十周年，也是崇文区深入开展学习实践科学发展观活动，全面落实“十一五”规划的重要一年。一年来，在区委、区政府的正确领导和市人口计生委的精心指导下，全区紧紧围绕贯彻落实中央、北京市《决定》精神这一核心，以“稳定低生育水平、统筹解决人口问题、促进人的全面发展”为目标，以推动人口计生事业综合改革为关键，重点做好“大人口”调研成果“政策性”转化、计划生育利益导向机制建设、流动人口服务管理、生命全周期优质服务等项工作，有效推动了区域人口计生工作的科学发展。

综合治理。继续坚持“四个纳入”工作机制，将《决定》纳入全区理论中心组学习内容和党校、行政学院教学计划，加强宏观倡导；将人口问题纳入区域经济与社会发展的战略布局，实现协调发展；将人口问题纳入社会建设的总体部署，促进和谐发展；将人口问题纳入《政府任务书》和为民办实事工程，确保责任到位、措施到位和投入到位。年初，区政府全体扩大会议专题听取了主管区长就人口计生工作的专题汇报，进一步巩固了新时期人口计生工作的国策地位。区长、副区长坚持与33个综合治理单位及其个街道党政主要领导签订《2009年人口和计划生育目标管理责任书》，各街道也分别与综合治理部门、社区居委会签订了《责任书》与《指导书》，有效强化了各级部门做好人口计生工作的法律责任。重新修订了《2009年度人口和计划生育工作考核评估方案》，将“大人口”的职责与任务分解落实到综合治理部门，有效推动了区域统筹解决人口问题的工作格局。

依法行政。继续深化全程办事代理制和一站式服务，完善“一次说清、两次办结”工作模式，有效提升了政务公开水平和行政审批效率，认真履行综合执法责任制。全区行政审批再生育子女125例，审核一次性经济帮助18例，流动人口执法157次、910人。在开展违法生育清埋清查专项治理行动中，通过“日常检查、群众举报、信息交流”等方式，收集违法生育信息。按照“查实一例，征收一例，处理一例”的原则，征收社会抚养费并加强了案例分析，将生活困难，违法生育“行为早、情节轻”的个案作为重点解决对象，在标准范围内，依照下限征收社会抚养费，既提高了工作效率，又维护了法律权威，为全市户口清查奠定了良好的基础，全区计划生育法制建设得到巩固与加强。

宣传教育。围绕“倡导婚育文明、构建和谐家庭”宣传教育思路，夯实“媒体、环境、文化、资源”四大体系建设。重点推进“三工程·一行动”覆盖生命全周期优质服务，深化“玫瑰之约、希望之星、幸福之光、生育关怀”等品牌服务。在区婚登处开设“玫瑰之约”服务室，设专人为新婚人员提供政策咨询、知情选择等方面的具体指导，普及婚前检查和孕前筛查。免费为2650对新婚夫妇赠送“大礼包”。扎实推进人口文化阵地建设，在全市率先建设完成人口文化园，实现了宣传载体的创新。成功举办“我与国策共成长”演讲比赛和“迎甲子华诞、传国策新风、展美好憧憬”摄影比赛，在全市荣获了组织奖和单项奖，营造了良好的宣传氛围和舆论环境。

流动人口服务与管理。坚持“属地化管理、市民化服务”的原则，按照《全国流动人口计划生育工作“一盘棋”“三年三步走”实施方案》，依托全国流动人口计划生育信息交换平台（PADIS），加强与户籍地的交流合作，共同做好管理和服务。完成了PADIS数据转换与软件升级，为实现区域协作和“一盘棋”工作格局提供了技术支持。在天坛、同仁医院采用电子档案，加强流动人口在京出生监测力度。举办专题培训班，宣传普及《流动人口计划生育工作条例》，依法维护流动人口合法权益。在流动人口密集的市场、单位建立“人口计生图书角”，提供书籍借阅、药具发放等服务，有效提升了流动人口的知晓率和满意度。区生殖健康技术指导中心为流动人口提供孕检服务6353人次，其中，免费孕检3015人次。认真落实为民办实事工程，为500名流动人口已婚育龄妇女进行了免费健康体检和疾病筛查，建立了追踪服务档案。

人口问题研究。积极参与《2009年至2020年崇文区国民经济和社会发展中远期规划》编制工作，提出“以区域经济和社会发展为主线，科学确定中远期规划纲要的人口发展指标”的建议。以“住宅”为载体科学预测2020年全区可容纳人口数量的极限和不同区域人口素质概况，为公共资源均等化配置和行政区域调整提供了数据支持。认真组织《崇文区“十二五”人口和计划生育事业发展规划》前期调研工作。成立领导小组和写作班子，认真分析、研究“十一五”期间崇文区人口发展的内在规律和人口与经济社会发展的必然联系，为“十二五”规划顺利启动奠定了坚实的组织基础。

药具工作。自觉地把药具工作摆到人口和计划生育事业发展的重要位置，将药具工作改革纳入综合改革之中，把药具工作作为人口计生部门关注民生、保障民生、改善民生的实事项目来抓。抓住新中国成立六十周年的重要契机，进一步提高政府提供计划生育公共产品和公共服务的社会知晓率和群众满意度，全面提升崇文计生药具服务软实力。继续加强流动人口免费药具服务，加快建立流动人口计划生育统一管理、优质服务新体制。联合药监部门开展全区计划生育药具市场专项整治行动，规范市场秩序，维护群众合法权益。启动避孕药具和生殖健康知识“普惠易得”工程。全区七个街道在继续巩固传统药具发放模式的基础上，确定每月第四周的星期二作为全区避孕药具免费发放日。区药具管理站进一步加强了对街道药具工作的指导和服务，在服务创新和管理创新上下工夫。

【人口和计划生育数据】年内，全区出生2316人，计划生育率97.63%，户籍人口人均事业费6.41元，流动人口管理经费37万元，圆满完成了市政府下达的各项指标。

【市人口计生委领导慰问困难独生子女家庭】1月4日，市人口计生委副主任彭彧华，在副区长刘玉芳和区人口计生委主任李评修的陪同下，慰问了崇文区部分独生子女困难家庭。在新春佳节来临之际，市人口计生委领导为计生困难家庭送去了慰问金和生活用品，并向他们致以新春的祝福。

【国家人口计生委纪检监察领导调研廉政建设工作】1月6日，中纪委监察部驻国家人口计生委纪检组监察局局长杨云凯一行，到崇文区就廉政风险防范管理工作进行了调研，并就贯彻落实科学发展观进行了群众座谈和评议。调研组领导认为，崇文区人口计生委廉政风险防范管理工作具有群众参与性、科学性、创新性，希望进一步创造新经验，在全国人口计生系统得到广泛推广。市人口计生委纪检组组长李红文参加了调研。

【召开社区计划生育服务示范站表彰会】1月14日，区人口计生委与区卫生局联合召开“社区计划生育服务示范站表彰会。会上，区人口计生委作了题为“以人为本，深化社区计生优质服务理念”的报告，全面分析了社区计划生育技术服务工作中的特点与优势。长青园社区卫生服务站介绍了“发挥社区卫生六位一体服务功能，面向社区群众开展计划生育服务”的经验。会议还表彰了2007~2008年计划生育示范站和先进工作者。

【区委领导慰问助学对子“十佳”女孩耿玉梅】1月22日，区委副书记滕盛萍在区人口计生委主任李评修和龙潭街道主要领导的陪同下，来到夕照寺西里社区走访慰问了“一帮一”助学对子——崇文区“家境困难、顽强拼搏”十佳女孩耿玉梅，捐送了助学金和学习用品，并鼓励她坚定信念，克服困难，努力学习。

【“四项拓展”助独生子女成功飞翔】3月21日，区人口计生委与区教委共同举办以“让独生子女成功飞翔”为主题的报告讲座，聘请北京师范大学著名心理学博士、国际行为发展研究协会会员、中国红十字会总会特聘专家——沃建中教授，为北京第五十中学的900余名高三学生和家长进行了以“备战高考”为目标的心理辅导。沃建中教授围绕“明确目标、了解自己、坚定信念、稳定情绪、注重行动”五个环节进行了深入浅出的分析和讲解，引导考生、家长充分重视考前的心理健康与情感培养，明确目标，释放压力，为独生子女的成功飞翔奠定了坚实的心理基础。

【举行学习实践科学发展观专题报告会】4月2日，区人口计生委举行了深入学习实践科学发展观专题报告会。区人口计生委党组书记、主任李评修从深刻认识开展深入学习实践科学发展观活动的重大意义、深刻领会科学发展观的精神实质和实践科学发展观、加强党的执政能力建设等方面作了专题报告。

【药具免费发放日活动走进建筑工地】4月16日，龙潭街道计生办的工作人员将咨询台摆在了北京青少年科技中心建筑工地，为工地的农民工开展计划生育咨询活动，免费向农民工发放避孕药具和宣传折页。

【市人口计生委领导到崇文区调研】4月17日，市人口计生委副主任彭彧华到崇文区进行调研。通过听取区人口计生委领导的工作汇报和实地考察后，彭彧华副主任指出：崇文区人口和计划生育宣传教育工作基础扎实、特色突出，新型人口文化阵地建设和宣传环境打造方面取得了可喜的进展，彰显了区域特色。青春健康教育取得了阶段性成果，为全市青春健康教育探索了先行的经验。

【举办“我与国策共成长”演讲比赛决赛暨征文活动表彰大会】6月10日，崇文区隆重举办“我与国策共成长”演讲比赛决赛暨征文活动表彰大会。经过街道、社区的层层选拔，最终脱颖而出的9名选手意气风发登上讲台，通过讲述自己的故事，与现场观众一起重温了新一代独生子女与计划生育基本国策共同成长的光辉历程。此次演讲征文活动群众参与热情高涨，影响范围面广，社会反响强烈，宣传效果突出。

【召开人口计生系统统计培训会】6月16日，崇文区召开人口计生系统统计培训会，七个街道科长和统计干部参加了培训。针对街道统计干部人事变动较大的实际状况，为了使新上岗的统计干部尽快进入角色，熟悉工作流程，培训会以统计日常工作为出发点，围绕统计报表指标解释、统计上报口径、“统计孩次”计算等方面，为与会人员讲解统计基础知识。此外，为了提高基层干部的统计分析能力，培训会上重点讲解了部分常用的人口统计指标，希望借此推动街道进一步注重统计数据的挖掘深度和使用率，分析地区人口形势与经济、社会发展的关系，进而提高管理与服务水平。同时，此次培训也为各街道提供了交流与学习的平台，通过探讨日常工作中出现的问题与难点，达到相互借鉴、共同提高的目标。

【举办纪念建党八十八周年特殊党日活动】6月26日，在党的第八十八个生日到来之际，区人口计生委党支部与天坛街道永内东街西里社区党支部，联合举办了以“淡泊名利、奋斗终身”为主题的特殊党日活动，庆祝共建支部的29名老党员光荣入党50周年。区委常委、区直属机关工委书记丁茂战到会并讲话，原崇文区计生委主任安谨和中纪委监察部离休干部王文波分别代表老党员作了会议发言，回顾了老一辈共产党员淡泊名利，无私奉献，为党工作、为党奉献和为党奋斗的光荣事迹；共建社区党支部老党员郭马海向全体党员发出了“只争朝夕、无私奉献”的倡议；区人口计生委青年党员代表作了发言；全体共产党员在党旗下重温了入党誓词，高唱《没有共产党就没有新中国》和《国际歌》。

【召开宣传调研工作会议】7月16日，区人口计生委召开2009年度宣传调研工作会议，各街道主管主任、科长和宣传干部参加了会议。会上，总结了2009年上半年工作进展，部署了下半年任务；表彰了新闻报道、征文演讲和摄影比赛等单项工作的获奖集体和先进个人；解读了重新修订的《崇文区人口和计划生育信息报送管理办法》；为全区七个街道统一配置了单反数码相机。

【开展计生药械市场联合执法行动】7月16日，崇文区组成由区人口计生委、工商分局、药监局、卫生局、公安分局、质监局参加的联合执法组，对重点地区和排查出的经营计生药械的4家门店进行联合执法督查，查处取缔无照经营和无药械经营许可证的1家，查缴计生用品和成人性用品46盒；超范围经营的1家，并责令限期改正。

【启动人口和计划生育工作系列培训】7月24日，崇文区人口和计划生育工作系列讲座正式启动。市人口计生委副主任彭彧华以“如何做好新时期人口和计划生育宣传教育工作”为主题进行了培训授课，她重点围绕“全国形势、全市思路、方式方法、能力素质”四个方面，进行了深入的分析和浅出的讲解。全区七个街道的主管主任、科长、专干、协管员，社区书记、主任、计生主任共计230余人参加了培训。

【举行“人口文化园”开园仪式】8月19日，崇文区隆重举行“人口文化园”开园仪式，北京市人口计生委副主任彭彧华、副区长刘玉芳，为“人口文化园”剪彩。作为新型人口文化阵地建设的重要载体，崇文区“人口文化园”项目受到市、区领导的高度重视，纳入了政府任务书和为民办实事工程。近一年来，在区人口计生委、区园林局、区城管委等部门的共同努力下，建设完成了这座“环境宜人、品位高雅、特色彰显、生动形象”的人口文化园。

【举办全员人口信息系统培训】8月25~28日，崇文区全员人口信息系统一期培训在崇文区职工大学拉开帷幕，街道计生办科长、统计干部，社区计生主任及协管员都参加了培训。这次培训使社区计生专干全面了解信息系统功能，熟练掌握全员人口信息系统使用要领，从容应对日常业务操作，及时对辖区育龄妇女建立电子台账，纳入管理与服务，从而为提高工作效率和工作水平创造条件。

【召开人口和计划生育领导小组会议】10月16日，崇文区召开2009年度人口和计划生育领导小组会议，全区33个综合治理部门的主管领导参加了会议。与会人员观看了《创新理念、完善机制、不断提升新时期人口计生工作水平》——崇文区全国计划生育优质服务先进区"回头看"专题影片；集中学习了从10月1日起开始施行的《流动人口计划生育工作条例》。区人口计生委以领导小组办公室的名义部署了《加快形成流动人口计划生育工作全市"一盘棋"格局工作方案》。各单位结合部门职责进行了研讨。

【考核评估街道人口计生工作】 12月14～17日，区人口计生委考核组在李评修主任的带领下，到辖区7个街道就2008年、2009年人口和计划生育工作进行考核评估。各街道主管人口和计划生育工作的副主任系统汇报了2008年、2009年人口和计划生育的主要工作和取得的主要进展，并阐述了2010年的工作要点和设想。街道综合治理单位的主要领导参加了会议并讲话。区人口计生委各科室对街道计生办、社区计划生育咨询服务站和社区居委会的基础资料进行了检查验收，并对街道辖区内的部分育龄群众和市场的流动人口进行了问卷调查。

【全面启动人口和计划生育基础信息核查工作】 11月12日，刘玉芳副区长主持召开了领导小组成员单位会议，制定并下发了《崇文区人口和计划生育基础信息核查工作实施方案》。全区成立人口和计划生育基础信息核查工作领导小组，副区长刘玉芳任组长，区人口计生委主任李评修任副组长，区人口计生委、区公安分局、区卫生局、区流管办、区教委、七个街道办事处主管领导为成员。从11月上旬开始，全面启动了人口和计划生育基础信息核查工作。

【召开人口和计划生育基础信息核查工作培训会】 11月13日，崇文区召开人口和计划生育基础信息核查工作培训会。七个街道计生办科长、专干及流管办工作人员参加了会议。会上对人口和计划生育基础信息核查工作的主要任务、工作要求、时间进度、具体工作方法与步骤进行了部署和讲解。

【市人口计生委检查流动人口计划生育"一盘棋"工作】 11月18日，市人口计生委流管处及由朝阳、海淀、丰台、石景山四区组成的检查组一行7人，对崇文区流动人口计划生育"一盘棋"工作落实情况进行检查。检查组首先观看了流动人口服务与管理为主题的宣传片，听取了区人口计生委副主任冯巧云就流动人口计划生育全市"一盘棋"格局落实情况汇报，并对统筹管理、服务均等、信息共享、区域合作、双向考核五大项目完成情况进行了全面查验。随后检查组对体育馆路街道红桥市场、龙潭街道光明北里社区流动人口计划生育协会、流动人口育龄妇女持（验）证、孕检、免费技术服务、药具免费发放等情况进行了实地考察。

【建立和完善社区计划生育工作运行机制】 为确保人口和计划生育工作在社区新机

制建设、社区规范化建设中，管理不缺位，服务不断档，基础资料不流失，崇文区组织对人口计生工作社区规范化管理工作进行了研究论证，重点是社区新机制建设过程中社区居委会、社区服务站的计划生育工作职责，建立分工协作、有效配合的计划生育工作运行机制等问题。经过研讨和论证，区人口计生委和社工委制定了《崇文区关于在社区建设中建立和完善社区计划生育工作运行机制的指导意见》（试行）。

【开展流动人口信息平台大练兵活动】为进一步做好全区流动人口计划生育管理服务工作，有效解决跨省流动人口计划生育管理服务，实现流动人口服务管理的信息化、规范化、网络化，12 月 2 日，崇文区集中组织各街道人口计生办主任、计生办流管干部开展了流动人口信息平台大练兵活动。练兵活动结合 PADIS 流动人口子系统在线平台，开展对流入和流出信息录入、登记、维护、查询等服务管理的演练。通过培训演练，街道干部对系统的操作流程有了更清晰的认识，工作效率大幅提高，信息质量更加规范、全面、准确，为全面推进"一盘棋"格局的形成和流动人口计生工作信息化建设奠定了坚实的基础。

【举办青春健康模拟法庭活动】12 月 25 日，区人口计生委、区计生协以"青春健康"项目为载体，联合区团委、区教委、区法院、区检察院等部门，在北京市第 109 中学举办"'青春飞扬　法律护航'——青春健康模拟法庭"活动。活动以 14～15 岁在校青少年和全区中小学校法制副校长、德育副校长为目标人群，由中学生亲身扮演法官、公诉人、被告人、辩护人、法警等角色，通过被告人迷恋上网，结交女朋友，致使经济拮据，于是萌发抢劫念头的案情重现的形式，再现青少年人群高发的寻衅滋事案件全过程，进行了生动而规范的模拟审判。崇文区公、检、法、司系统和小学、中学、职高学校的全体法制副校长、德育副校长以及 109 中学初二年级学生等 200 余人参加了活动。

【市人口计生委评估验收崇文区人口计生工作】12 月 30 日，市人口计生委党组书记、主任邓行舟一行 16 人，在副区长刘玉芳的陪同下，对 2008～2009 年崇文区人口和计划生育工作进行评估验收，区委书记夏强到会并讲话。检查组一行观看了《创新理念、完善机制、不断提升新时期人口计生工作水平——2009 年崇文区全国计划生育优质服务先进区回头看》专题影片。区人口计生委主任李评修以《深入学习实践科学发展观，开创人口计生工作新局面》为主题，系统总结汇报了 2008～2009 年崇文区人口和计划生育工作取得的主要进展，详细分析了全区人口出生情况、面临的问题和 2010 年工作愿景。北京市人口计生委各处室的领导对区人口和计划生育委员会各职能科室基础资料进行了检查验收，对社区计划生育咨询服务站、社区居委会、街道一站式办公大厅进行了具体指导，召开了社区居民座谈会，并进行了问卷调查。

北京市人口计生委对崇文区人口和计划生育各项工作给予了高度的评价。

宣武区

【概况】2009年，宣武区人口和计划生育工作以科学发展观为统领，以稳定低生育水平、统筹解决人口问题为主线，坚持“大人口”统筹推进的工作思路，以创新工作体制机制为重点，认真贯彻中央《决定》和市委《决定》精神，落实《中共宣武区委区政府关于统筹解决人口问题的实施意见》，统筹解决人口问题有了新进展。以实施中国/联合国人口基金第六周期生殖健康/计划生育项目为载体，进一步深化优质服务，加快职能转变，国策惠及民生，促进人口、资源、环境的可持续发展。圆满完成了市政府下达的目标任务，荣获北京市人口和计划生育工作模范区县称号。

培训工作。年内，继续开展“五型领导班子”（学习型、创新型、服务型、和谐型、廉洁型）创建和“五型机关建设”活动。按照区委统一部署，紧紧围绕“强素质应对人口新形势，务实效服务宣武新发展”部门实践载体，扎实开展学习实践科学发展观教育活动，举办了四场专题报告会，即学习实践科学发展观专题辅导报告会，宣武区区情报告会、加强党性修养，树立和弘扬良好作风暨廉政风险防范管理工作专题报告会、社会性别视角与科学发展报告会，使党员干部受到教育，推动各项工作上水平。建立廉政风险防范管理监督机制，党员干部结合本职工作岗位，认真查找廉政风险点，制定防范措施，确定重点防范环节，深入推进全委党风廉政建设和干部队伍思想道德建设。区、街两级计划生育干部、公务员参加北京市及区级各类专门业务知识培训，培训率100%，邀请国家人口计生委项目办领导、专家对委机关干部、街道计划生育主管领导和计划生育专职干部进行培训，了解国内外计划生育优质服务先进理念，人口计生工作形势、任务及开展情况。针对社区换届，组织计生主任初任培训。

人口研究与调控工作。年内，区委常委会、区长办公会共7次听取、研究全区统筹解决人口和计生的重点难点问题，将完善人口规模调控机制列为区政府折子工程，切实将人口工作纳入国民经济和社会发展规划。区人口计生委充分发挥区人口与计划生育领导小组办公室的职能，认真贯彻区委常委会、区长办公会精神，组织召开领导小组会成员单位会议，协调区委、区政府办公室出台配套文件，形成了政府多部门参与统筹解决人口问题的良好环境。调整区人口计生领导小组成员单位，成立并下发了五个专门工作组（稳定低生育水平、人口规模调控、提高人口素质、流动人口管理、应对人口老龄化）工作职责、定期联席会制度和例会制度，不断强化了各部门参与统筹解决人口问题的意识。在机构改革中，向区编办提交了区人口计生委“三定”规定，申请增加内部机构、人员编制的说明和多个文件依据，加强大人口工作力量。抓好调研成果的转化应用，整合全区资源，突出调研制约区域可持续发展的人口规模问题，将研究成果《宣武区人口规模现状情况的报告》及时转化为调控人口规模的具体措施，形成《宣武区完善人口规模调控机制，促进宣武可持续发展的意见》和任务分解表，使人口调研成果及时转化为调控人口规模的具体措施并得以落实。抓住影响人口规模的关键环节，开展废弃地址人户分离及流动人口专项清理活动。

宣传教育。以深入宣传贯彻中央、市委决定和区委实施意见为主线，多项措施并举开展了多部门、多层次、多内容、多载体的宣传活动，推动人口与计划生育宣传不断深化。举办新时期人口与计划生育形势大讲堂活动，有约90名领导参加了中心组人口理论学习，有千余名街道、社区干部和机关干部听取了人口形势报告。利用传统节日和计生宣传日，采取经常性宣传与重点活动结合方式，持续开展婚育新风进万家群众宣传活动。利用人口计生纪念日，加大基本国策和文明婚育文化的宣传，开展“弘扬婚育新风、关注计生家庭民生”送温暖等大型宣传活动。通过座谈交流、文艺演出、征文演讲、书法比赛、知识竞赛等多种形式，在全区范围内动员社会单位和广大群众积极参与，努力营造和谐计生、和谐家庭的氛围，使国情、国策宣传有力度，宣传内容有深度，普及人群有广度。在坚持利用人口学校、人口报栏、悄悄话室等人口宣传阵地开展经常性宣传的同时，形成了小而精的“六个一批”的人口文化宣传新载体。抓住宣武区在莲花河畔建设大型城市休闲公园的契机，积极落实市人口文化园建设任务，协调市政管委、园林局、财政局和规划委等部门，通过对设计方案公开招标，确定了人口文化园的设计方案并已经市人口计生委批准。

法制工作。坚持公平公正原则和集体审批制度，依法落实生育政策，把好依法行政关，使行政执法行为合法、恰当、规范。继续开展违法生育清理清查专项整治，各街道将2001年以来统计上报的违法生育人员名单与法制征收社会抚养费人员名单进行比对，摸实情，报实数，共清理违法生育63人。为依法落实群众对计划生育的参与权、监督权，加大对违法生育行为清理清查力度，在广泛开展调查研究，征询多方面意见的基础上，出台违法生育有奖举报办法。按照北京市人口计生委的统一要求，开展对2000年1月1日至2009年10月31日户籍及流动人口出生的核查工作，制定工作方案，明确工作职责，保证落实。加大利益导向，本着“企业尽责、财政补助”的思路，有效地解决了困难企业独生子女父母年老时一次性奖励费落实难的问题。

流动人口服务与管理。以形成流动人口“一盘棋”服务与管理为抓手，加强区级统筹、部门统筹、机关内部统筹，探索建立流动人口统筹服务与管理的长效机制。印发宣武区人口计生委《关于加快形成流动人口计划生育全市“一盘棋”格局的工作职责》，成立了委主任为组长的“一盘棋”领导小组。建立了委内跨科室的“流动人口协调工作小组”，使流动人口计划生育工作职责明确，任务落实。以贯彻国务院新颁布的《流动人口计划生育工作条例》为契机，抓好流动人口计划生育宣传、服务与管理，落实流动人口计划生育权益。采取多种形式加大宣传力度，结合纪念9·25和国庆开展“条例宣传月”活动，组织万人流动人口学条例知识答卷竞赛活动，普及计划生育法律法规。配合流出地加强流动人口计划生育管理，开展流动人口计划生育执法检查385次，1.45万人。为1.08万名流动人口育龄妇女进行免费的集中孕检和乳腺检查，落实流动人口计划生育“四术”免费服务，并做好术后落实避孕措施等随访服务。发放避孕药具55万余只，并指导育龄群众实行知情选择。

协会工作。加强基层协会组织建设，指导和推进示范会员之家建设，实现了街街有示范，身边有典型。全面开展了基层计生协评估认定标准工作。全区积极开展幸福工程救助贫困母亲活动。召开宣武区中国计生协/联合国人口基金第六周期青年参与——青年网络项目工作座谈会，探讨青年网络发展方向。举行宣武区青春健康青年志愿者进社区启动大会及青春健康青年志愿者培训班，组织在“价值观与行为”、“生殖健康与避孕”、“预防艾滋病”主题活动课上进行系统的现场互动演练。作为资源区，多次为国家级、北京市级青春健康青年志愿者及兄弟区县提供培训师资。

药具工作。采取多种措施，抓好避孕药具易得工程。围绕育龄群众“用得上、用得好”避孕药具，转变药具管理模式，甩掉手工记账，实现区、街、居药具管理三级联网。转变了药具领取形式，针对上班族、网络族和白领族的工作、生活特点，研发满足个性需求的网上申请免费药具系统。转变了药具培训方式，社区计生主任药具培训进避孕套生产企业。优化发放网络，新增140个中英文药具架，方便群众免费自取。继续推行避孕方法知情选择的宣传和服务，同时加强部门协调联动，抓好计划生育药械市场专项整治工作。

【人口与计划生育统计数据】年内，全区户籍人口出生3570人，符合政策生育率98.26%；人口出生率6.66‰；自然增长率1.69‰；人口出生性别比正常。

【两节期间开展计生宣传服务活动】元旦春节期间，区委宣传部、区人口计生委、区计生协联合下发关于开展“弘扬婚育新风、关注计生家庭民生”宣传活动的通知。

全区计生系统走访慰问特困计生家庭 3063 户，困难计生干部 19 人，送慰问品、慰问金 104.73 万元。6 万余人参加各类宣传活动。为 39 个失去独生子女的 60 岁以上老年人安装紧急医疗救助门铃，为 40 人办理了公园年票。

【在积极化解矛盾中实现“保民生、保稳定”】年初，经多方协调和多次督办，使镀锌丝厂 73 名职工领到了独生子女父母年老时一次性奖励费。此案的工作方法和成效，被北京市纠风工作办公室入选为北京市政风行风热线第 19 期直播间节目，作为在解决群众诉求问题，减少矛盾激化，积极化解社会矛盾中实现了“保民生、保稳定”的典型范例。4 月，引导上访职工通过司法渠道解决了北京低温设备厂拖欠的 63 名职工独生子女父母年老时一次性奖励费问题。

【市领导慰问困难计生专干及独生子女家庭】1 月 15 日，市人口计生委副主任丁勇、研究室主任潘银苗、规统处处长臧萝茜一行在区人口计生委主任彭秀颖的陪同下，先后到天桥街道、大栅栏街道走访慰问了生活困难的社区计生专干和特困独生子女家庭，为他们送去慰问品和千元慰问金，送去党和政府的关怀和温暖。

【召开计生卫生联手年会】1 月 22 日，宣武区计生卫生联手年会召开，就如何进一步完善和发挥联手机制，将信息引导服务抓实抓细进行了研讨。会议向椿树街道椿树园、天桥街道仁民路、广外街道小红庙等 3 个社区卫生服务站颁发了“北京市社区计划生育服务示范站”奖牌；向贾纯花等 6 名社区卫生服务人员颁发了“北京市计划生育技术服务先进工作者”奖章。区妇幼保健院发布了 2008 年为育龄群众生殖健康体检的评估分析报告。区人口计生委主任彭秀颖、区卫生局副局长蒋景春到会并讲话。

【完善人口规模调控机制】2 月 4 日，第 75 次区长办公会和 2 月 12 日第 58 次区委常委会分别讨论通过了《关于完善人口规模调控机制，促进宣武可持续发展的意见》及任务分解（宣人口领导小组〔2009〕2 号），并印发至各单位。同时区人口计生委牵头组织召开了 4 次专门会议，协调区发展改革委、公安宣武分局、区住房和城市建设委、区教委、区民政局、区劳动保障局等单位研究宣武区在城市建设中加强进行人口规模调控的管理办法，形成了《宣武区户口外迁奖励办法》，已经区长办公会审议。

【召开人口和计划生育工作责任书签订大会】2 月 16 日，召开全区人口和计划生育工作责任书签订大会，总结 2008 年人口计生工作，部署 2009 年工作任务。会上获得 2008 年北京市级红旗单位的天桥和陶然亭街道办事处分别作了经验发言；区委副书记、区长王刚分别与 8 个街道办事处和 16 个区委、区政府职能部门签订了“加强人口和计划生育工作，统筹解决人口问题”目标管理责任书和职责责任书并作重要讲话。区人大副主任郑然、区政协副主席袁双梅出席。市人口计生委副主任丁勇出席会议并讲话。

【市人口计生委领导调研指导宣武区青春期教育工作】2月20日，市人口计生委副主任彭彧华到宣武调研青春期性健康教育工作。区人口计生委主任彭秀颖、区教委、区人口计生委有关科室负责人及区青春健康中心的教师参加座谈，并就宣武区计生教委联手，多部门配合，坚持10年开展青春期性健康教育的工作特色、成果、经验和体会，进行了广泛的交流和讨论。彭彧华副主任对宣武区开展青春期性健康教育所取得的成绩给予充分肯定并指出宣武区的成功经验在全市是唯一的，是一项有利于青少年健康成长的民心工程、和谐工程。

【召开人口规模调控研讨会】3月24日，副区长王瑞珠主持召开宣武区人口规模调控研讨会议，区委常委、公安宣武分局局长陈思源、副局长贾启强、分局人口管理处副处长静云，区人口计生委主任彭秀颖及区人口计生委有关科室人员参加。会议就人口规模调控机制建设问题进行了研讨。

【京城茶叶第一街流动人口计生协召开第二届会员代表大会】5月21日，广外街道京城茶叶第一街流动人口计生协会召开第二届会员代表大会。会议在认真总结上届工作的基础上，选举产生了有9个茶城负责人、街道流管办、计生办、工商所、医院、社区等相关部门负责人19人组成的新一届理事会，明确了组织建设、业务培训、调查研究、开展宣传服务等四项工作目标。"即要当好老板，做文明茶商，又要当好计划生育宣传员和倡导者"成为了新一届理事会的鲜明口号。北京市计划生育协会秘书长胡兰出席会议并讲话。区人口计生委副主任王美玉出席了会议。

【举办流动人口管理系统软件培训】2月24日，区人口计生委举办了PADIS流动人口管理系统软件应用培训班。市人口计生委流管处领导就PADIS流动人口管理系统软件应用、新报表填写及相关问题进行培训和现场答疑，各街道计生科长、专干及协管员30余人参加了培训。

【市药具站领导调研指导宣武区药具工作】2月25日，市计划生育药具管理站站长李兵等到宣武区听取开展计划生育药具社会营销试点情况汇报，并对天桥、大栅栏、广内三个试点街道进行了510份终线问卷调查。调研结果表明：通过宣传倡导，目标人群对预防性病/艾滋病知识的知晓率和药具使用率均提高10%。区人口计生委副主任王美玉，三个试点街道计生科长及有关人员参加了会议。

【杭州市人口计生委到宣武区交流人口统筹工作经验】3月19日，在市人口计生委正局级委员李芸莉和副主任丁勇的陪同下，杭州市人口计生委党组书记蒋建安、主任姚雅仙一行8人来到宣武区，就统筹解决人口问题进行工作交流。区人口计生委主任彭秀颖介绍了宣武区在统筹解决人口问题上，加强调查研究、建立工作机制、开展部门协作等具体做法。

【组织“我与国策共成长”征文演讲比赛】4月，区人口计生委与团委共同组织“我与国策共成长”征文演讲比赛，收到征文158篇。5月26日举行决赛，曹鹤荣获特等奖，韩怡、王洋、王佳慧获一等奖，区卫生局、区环卫中心、天桥街道、牛街街道、陶然亭街道、椿树街道获组织奖。市人口计生委宣教处处长刘凤婷、区人口计生委主任彭秀颖、团区委书记王干等领导向获奖选手颁奖。

【举办“宣武青年与国策同行”师资培训】6月13～14日，区人口计生委与团区委、区计生协会联合举办了“宣武青年与国策同行”青春健康同伴教育师资培训班。来自全区各直属团组织、卫生系统、各街道计生部门的志愿者及社会招募的志愿者共100余人参加了培训并获师资聘书。此次青春健康同伴教育师资培训是“宣武青年与国策同行”系列活动之一。活动中志愿者们将走进社区、辖区单位，将自己所学知识传播给更多的青年，在全区广大青年中形成学习和践行计生国策的良好氛围。

【举办第六周期项目专家讲座】4月16日，举办中国/联合国人口基金第六周期生殖健康/计划生育项目专题报告会，邀请第六周期项目专家组社会性别组组长、西安交通大学人口与研究所所长李树茁教授，就第六周期项目推广的“社会性别主流化”理念结合学习实践科学发展观活动，为项目领导小组成员单位领导、从事计划生育技术服务的卫生部门人员、全区人口计生系统干部300余人作“社会性别视角与科学发展”专题报告。

【开展对废弃地址人户分离户口动迁工作】5月6日，区人口计生委提请区长办公会讨论通过了《关于对废弃地址人户分离人员集中开展户口动迁工作实施方案》，并由区政府办发文。宣武区成立动迁工作领导小组，与公安宣武分局共同制定户口动迁及奖励发放工作流程，协调区教委、民政局、劳动局落实相关配套优惠政策。7月13日，组织召开培训和工作部署会，各街道完成宣传发动、人员组织、调查摸底、户口动迁等工作。年内，迁走576户、1209人，死亡注销户口870人。

【举办人口理论讲座】5月14日，区人口计生委主任彭秀颖为区党校2009年第一期中青班讲授人口理论课《宣武人口与发展》。彭秀颖主任就“两种生产理论和可持续发展理论，世界关注中国人口与发展，宣武人口规模现状与经济、社会、资源、环境的发展关系”等三个问题，从宏观到微观，从理论到实践，进行了深入浅出的论证解读，并就宣武区的人口增长趋势，给区域发展带来的严峻挑战以及调控人口规模的对策向学员进行了详细介绍。

【组织残疾育龄妇女生殖健康检查】5月中旬，区人口计生委出资与区残联携手，为289名30岁以上未婚和已婚残疾育龄妇女进行首次专场免费生殖健康检查，使用先进方便的诊疗设备，工作人员全程陪护，耐心询问和解答问题，同时对192位患有不同程度妇科疾病的妇女进行跟踪随访服务。

【开展“优孕红五月”系列宣传活动】 年内，区人口计生委投资近30万元，开展“优孕红五月”系列宣传活动，推进“健康生育计划”，降低出生缺陷。5月15日至8月15日，在区内40个公交候车亭滚动性发布灯箱公益广告，宣传健康生育从孕前开始，介绍区政府向全区户籍已婚待孕和怀孕三个月内的妇女免费发放叶酸增补剂情况。为8个街道和107个社区集中制作1千块“预防出生缺陷、免费发放叶酸”知识宣传展板、展架，印制“免费发放叶酸”1万张宣传卡、3万个折扇、手机链和服务包等实物宣传品、1600张招贴宣传画。5月23~24日，区、街、社区三级联动设立64个宣传站，集中开展大型宣传倡导活动，2.74万余人参加。发放宣传品2.92万余份，接待2936人咨询，211人领取叶酸。

【开展青春期健康教育活动】 6月1日，区人口计生委与区教委、区青春健康中心在广安中学开展青春期健康教育活动，区教委副主任张燕军、区人口计生委副主任王美玉向学生赠送了《青春期的故事》、《给雨季的你一把伞》等书籍；区青春健康中心教师温方讲授青春期健康知识，近200名初一、初二学生参加。

【组织计生药械市场专项整治行动】 6月15日，召开工作部署会，贯彻落实国家、市人口计生委计划生育药械市场专项整治行动要求。6月24日，区政府办下发《宣武区计划生育药械市场专项整治行动实施方案》，明确各部门职责。7月20日，主管区长部署开展医药市场综合整治行动整体安排。工商、卫生、计生、药监、质监、公安、街道单独执法1560次，对重点地区联合执法7次，加强检查指导和工作规范。9月21日，市计生药械专项整治领导小组对宣武区进行联合督查，对各部门相互配合，联合执法，深入扎实开展计生药械专项整治行动的主要做法、取得的成效以及积极探索建立长效机制等方面给予充分肯定。

【组织社区计生主任初任培训】 7月9~10日，区人口计生委组织社区计生主任初任培训，各街道计生干部、社区换届后初任计生主任140人参加。培训采取一讲一练、一考一评的方式，内容简明实用，重点突出，可操作性强，并穿插互动游戏、工作情景再现等环节，效果显著，达到了预期目标。

【专题研究居、站职能分开工作】 7月，区人口计生委召开专题会议，以牛街街道为“居、站职能分开”工作试点，就社区居委会与服务站各自承担的计生服务事项进行梳理，并将初步梳理的19项居委会工作事项和9项服务站工作事项征求街道意见，在此基础上，进行修订和完善，逐步实现全区统一规范。

【市计生协领导和专家调研会员之家创

建活动】7月23日，市计生协领导及有关专家一行4人在区人口计生委副主任、计生协理事王美玉和秘书长李玉静的陪同下对宣武区开展市级示范会员之家创建活动进行评估调研。调研组到天桥街道香厂路社区、牛街街道牛街西里二社区，通过访谈、问卷调查、召开会员座谈会，了解协会会员之家建设、发挥作用、会员参与等协会工作情况。调研组对宣武区在市级示范会员之家创建中贴近群众、贴近生活的协会活动成果给予充分肯定。

【开展纪念9·25、庆新中国成立六十周年系列宣传活动】区人口计生委举办了《建国大业》电影招待会，慰问区人口计生领导小组部分成员、人口计生系统干部、计划生育协会会员及社会各界干部群众千余人；区、街、社区分别采取不同形式开展"生育关怀"行动，走访慰问计划生育工作者，慰问计划生育宣传员和计划生育特殊家庭；将《流动人口计划生育工作条例》宣传贯彻与国庆六十周年庆祝活动相结合，发放宣传折页4万册和6种3.2万个实物宣传品，并组织开展了万人答题宣传活动。

【解决困难企业计生奖励费落实问题】8月5日，第95次区长办公会讨论通过了《宣武区集中解决原区属国有困难企业落实独生子女父母年老时一次性奖励费的工作方案》，成立了领导小组和办公室，采取企业尽责、财政补助、计生督办的方式，明确了各相关部门、街道的工作职责和工作流程。10月21日，区人口计生委牵头召开工作部署会，区财政局、国资委、信访办及各街道主管主任、计生办科长参加，明确了落实独生子女父母年老时一次性奖励费的工作部署和措施。至2010年3月10日，全区为662人解决了计生奖励费问题。

【开展计生关怀进工地慰问活动】8月14日，区人口计生委与区建委、椿树街道办事处联合在椿树棉花片危改小区住宅楼工地举行"您为首都做贡献，计生为您送关怀"慰问活动。活动中向工地外来务工人员赠送计生政策宣传漫画书300本、预防出生缺陷宣传扑克300副、计生避孕药具4000支及650件T恤衫、腰包等宣传慰问品。区人口计生委副主任王美玉、区建委副主任刘志兵、椿树街道办事处副主任韩忠等有关领导参加了慰问活动。

【举办妇女更年期保健系列知识讲座】8月15日，区人口学校举办的"女性如何对待更年期综合征及自我保健知识讲座"，54名45岁以上的妇女参加。授课专家通过互动教学、一对一咨询，指导帮助育龄妇女学习掌握更年期自我保健知识。为扩大群众参与，区人口学校制作了宣传卡，在各街道和社区发放。

【启动基层计生协评估认定工作】10月9日，区计生协召开基层计生协评估认定工作动员部署会。会上按照中国计生协制定的《基层计生协评估认定标准》和市计生协《基层计生协评估认定实施细则》要求，下发了区计生协的《实施方案》和《培训提纲》。8个街道计生协秘书长、协会专职干部及工作督察组成员参加会议。

【联合国人口基金会考察人口计生工作】10月16日，联合国人口基金会执行主任奥贝德女士一行7人，到宣武区考察中国/联合国人口基金第六周期生殖健康/计划生育项目情况。

【举办流动人口计生法规培训活动】10月19日，区人口计生委举办学习贯彻国务院颁布《流动人口计划生育工作条例》大型培训，邀请市人口计生委正局级委员李芸莉对《条例》全文进行解析，区人口与计划生育领导小组成员，街道主要领导，区、街、社区三级计生干部，中介、物业公司代表共300余人参加。

【关怀独生子女伤残家庭】11月初，区人口计生委制定《宣武区独生子女伤残家庭特别扶助工作方案》，举办了相关政策、工作程序及工作流程培训，街道及相关单位40余人参加。同时，组织126名志愿者与独生子女特扶家庭结成亲情牵手服务对子，开展生育关怀活动。

【市人口计生委科技处领导督察“健康生育计划”落实情况】10月30日，市人口计生委科技处领导到宣武区督导“健康生育计划”暨免费发放叶酸工作落实情况。督导组采取听汇报、查资料等方式，现场检查了区计划生育生殖健康技术指导中心、广外街道和区婚姻登记处宣传发放点的工作情况，对宣武区投资近30万元开展预防出生缺陷、免费发放叶酸“优孕红五月”宣传活动及产生的良好效果给予高度评价并提出宝贵的建议。

【举办青春期性健康教育论坛】11月6日，区人口计生委举办区青春期性健康教育论坛暨小学“心理及性健康教育研究”活动。会上，区人口计生委主任彭秀颖作题为“宣武区青少年性健康教育的现状及思考”的主旨发言。中国人民大学人口研究所教授刘爽、市性健康教育学会专家闵乐夫、《中国中学生报》高级编辑吴若梅，分别就国内外开展小学生性健康教育的前沿信息、成功模式、存在问题进行了研究讨论。区青春健康中心主任苗和平就“小学开展心理及性健康主题教育活动研究”实施方案作了介绍。

【印度尼西亚外宾考察人口计生工作】11月5日，受中国计生协之邀印度尼西亚家庭计划协会执行主任Inne Sviane女士等一行八人在中国计生协国际部项目处处长丁丹平等领导的陪同下考察青少年性健康教育工作。分别参观区生殖健康技术指导中心、青春健康中心、区妇幼保健院少男少女关爱门诊，观摩了牛街街道计生协和宣武区地税计生协共同举办的“青春健康——预防意外怀孕”主题活动。

【市人口计生委领导检查流动人口计划生育“一盘棋”工作】11月19日，市流动人口计划生育“一盘棋”工作检查组到宣武区检查指导工作。检查组听取了宣武区流动人口计划生育“一盘棋”工作汇报，详细查看工作考核指标完成情况档案材料；

到牛街天源市场和陶然亭街道黑窑厂社区检查流动育龄妇女《婚育证》持证、孕检及相关服务开展等情况。此次检查采取区县互查方式，促进了区县交流学习和全市流动人口计划生育“一盘棋”工作的开展。

【市人口计生委领导到宣武区考核评估】12 月 29 日，市人口计生委主任邓行舟一行 21 人，到宣武区检查考核评估 2008 ~ 2009 年人口计生工作。考核评估组听取了工作汇报，区领导王宁、王刚、郑然、梁昌新、袁双梅等出席。考评组召开座谈会，查看了档案资料，考察了区计划生育生殖健康技术指导中心、人口学校，对大栅栏街道百顺社区、陶然亭街道黑窑厂社区的计生工作进行实地考核与群众需求调研。

【出台社区计生工作者队伍职业化建设实施细则】年内，区人口计生委与区社工办、民政局联合印发《宣武区落实北京市人口计生委开展社区计划生育工作者队伍职业化建设试点工作的实施细则》。从工作目标、组织领导、计生主任职责、任职资格、严格职业准入、待遇、评估与奖惩等方面做出具体规定，成为社区“两委”换届及加强社区计划生育工作者队伍职业化建设的指导性文件。

【开展人口计生基础信息核查工作】年内，区人口计生委坚持“统一部署，部门协同，摸清底数，到户到人，夯实基础，提高质量，健全机制，信息共享”的原则，制发实施方案，成立组织机构，加强部门协调，明确各自职责，建立相关单位的信息沟通协调机制，扎实开展人口计生基础信息核查工作。各街道招聘 27 名工作人员，落实了办公用房、设备及经费等具体事宜，为人口计生基础信息核查工作提供了相应保障。

【出台违法生育有奖举报办法】年内，宣武区出台违法生育有奖举报办法，规范了举报工作程序，制定了相关管理制度，采取严格的保密措施，保证举报人的信息安全。同时规定，举报一例户口在宣武区的公民有违法生育行为经核实属实的，可获得区人口计生委 1000 元奖励。

【完善网上并联审批工作】年内，宣武区加强部门协调和基层指导，完善了宣武户籍居民政策性二孩跨部门网上审批工作。根据居民反映的计划生育审批手续烦琐的情况，实现了民政、公安、法院等部门网上协同办公，大大缩短了申请人在窗口办理的时间和往返次数，完成生育第二个子女网上并联审批 88 例，提高了办事效率和服务质量。

【宣武区中学心理健康教育工作获市级二等奖】年内，由区教委、区人口计生委、区青春健康教育中心共同开展的宣武区青春期心理健康教育工作，在北京市教委举办的第三届基础教育教学成果奖评比中荣获二等奖。

【加强流动人口计划生育图书角阵地建设】年内，区人口计生委开展了《宣武区关于流动人口图书角使用效果的调查》，制定了《宣武区流动人口图书角管理办法》，在市配9个图书角的基础上，多配了26个区级图书角，为每个图书角同步配备规范的政府采购书柜，制作了统一标识。根据调研结果显示的群众需求，新增书刊70种、2751册，共投入13.58万元。同时抓好图书角利用，做好借阅登记，开展读书交流会。

【天桥街道人口大讲堂解析热点问题】 4月16日，天桥街道人口大讲堂特邀北京市人口协会监事长、北京市统计局高级统计师杜午禄教授作了一场《北京市人口发展的热点问题》讲座。杜午禄教授重点对婚育观念的现状、养老问题、继续稳定低生育水平和新形势下人口发展新模式等问题进行了介绍和分析，各社区计生主任和计划生育宣传员125人参加。

【大栅栏街道关注计划生育家庭，促进妇女创业发展】 在7·11世界人口日，大栅栏街道计生办与街道社保所联合举办"关注计划生育家庭，促进妇女创业发展"为主题的独生子女家庭育龄妇女创业明星代表和幸福工程资助的手工民艺坊经验交流会暨妇女技能培训活动。大栅栏街道在会上宣读了地区促进就业工作方案和具体措施，并就自主创业就业小额贷款政策进行宣传；延寿社区民艺坊老师为70名妇女开展了制作宫灯培训；社保所还设立了就业咨询台和创业明星先进事迹展板。区人口计生委主任彭秀颖参加活动并讲话，充分肯定了街道计生、社保密切联手为社区育龄妇女开创就业基地，为妇女主动创业、谋求发展搭建了平台，展示了女性群体自主创业、自强不息的精神和创业成果。同时指出再就业基地也是展示计生工作的一个窗口，如有好的开发项目能够使妇女特别是计生家庭妇女再就业，区人口计生委将给予资金扶持。这一承诺使在场的70余名育龄妇女更增添了自主创业的决心和信心。

【广外街道开办流动人口子女暑期托管班】 7月20日，广外街道采取集中活动、分散管理的形式开办流动人口子女暑期托管班，街道与各茶城共同组织青少年开展了形式多样、有教育意义的暑期活动。

【大栅栏街道青春期健康教育进企业】 8月21日，大栅栏街道计生办邀请宣武区第三职业学校高级心理教师李菲来到位于大栅栏商业街的狗不理食品有限公司，为60余名来自天津的"80后"青年员工开展青春期性健康教育讲座。通过老师生动活泼的讲解，自然亲切的互动方式，逐渐打开了这些年轻人封闭的心理。大家纷纷就如何把握爱情与性的分寸，以及如何进行安全、健康的性行为展开讨论。这些二十多岁的流动青年摆脱了羞涩，坦言自己对性与爱的认识，也表达了他们对青春期性健康知识的需求和渴望。

【天桥街道关怀关爱献真情】 9月24日，天桥街道计生办、计生协以"关怀关爱献真情"为主题，组织独生子女死亡和意外伤残特扶家庭共47人参观了鸟巢和水立方。在活动中，街道计生办干部、社区计生主任和志愿者付出了大量劳动，热情地为独生子女伤残和死亡的家庭服务，帮助推轮椅、拍照、引导参观，交流沟通，发放慰问品，以抚慰他们心中伤痛。参加活动的家庭都努力融入充满爱的集体活动中，感激之情溢于言表。

【广内街道挂牌成立全市首家商务楼宇姐妹驿站】10月15日上午，全市首家商务楼宇姐妹驿站在广内街道挂牌成立。姐妹驿站采取“多楼一站”的形式，以乐凯大厦为站点，辐射周边广信嘉园、翔龙大厦等5座商务楼宇，覆盖160余家两新组织单位、550多名女职工。姐妹驿站整合计生、妇联、司法、劳动、卫生及楼宇单位等资源，固化工作人员，成立心理咨询、法律援助、交往联谊、综合服务四个小组，提供司法维权、劳动保障、计划生育、文化教育、矛盾疏导、保健美容等服务。自年初姐妹驿站试运行以来，已为近百名楼宇姐妹提供了服务，受到广大女职员的欢迎和喜爱。

【椿树街道举办“邀中秋明月、庆六十华诞”群众歌咏活动】在欢庆祖国六十年华诞期间，区人口计生委与椿树街道计生办共同举办“邀中秋明月、庆六十华诞”群众歌咏活动，来自椿树地区10个单位的300余名群众参加。参加活动的既有70多岁的老人，也有20来岁的青年社区工作者；有户籍人口组成的合唱团，也有以“三缘小组”成员为主力临时组建的合唱队，大家用激情的歌声抒发对祖国六十年华诞的深情祝福，对计生政策的赞扬。活动中还穿插了围绕国家新出台《流动人口计划生育工作条例》的计生知识问答，发放计生宣传品和药具。

【牛街街道人口计生宣传为伊斯兰开斋节增亮点】在牛街伊斯兰教传统节日开斋节上，区人口计生委与牛街街道计生办共同举办“纪念9·25《流动人口计划生育工作条例》宣传活动。醒目的主题横幅、宣传展板以及《流动人口计划生育工作条例》预防出生缺陷知识宣传品，吸引了大量参加开斋节活动的群众。区、街计生干部边发宣传品，边不时向群众解答问题，开斋节上的计生宣传也为少数民族传统节日增加了热烈而祥和的气氛。街道还走访慰问了独生子女困难户210户、乡佬40余户、协会志愿者及计生宣传员250余人，送去香油、茶叶、月饼等慰问品。

【广外街道早期教育家长大课堂开课】年内，广外街道计生办会同文教科、三义里第一幼儿园共同举办0～6岁早期教育家长大课堂，请市优秀教师工作室成员、三义里一幼教研室主任杨东红老师就婴幼儿早期教育的必要性、婴幼儿发展关键期的教育内容以及如何建设和谐家庭环境、帮助孩子健康成长等内容，作了题为《走好起始之路》早期教育专题讲座，社区45名散居婴幼儿家长参加。广外街道充分发挥地区社区教育学院资源的优势，探索0～6岁婴幼儿早期教育的模式，实现社区教育对幼儿园教育、家庭教育的有效延伸，促进婴幼儿全面健康成长。

【白纸坊街道组织“我参与、我幸福、我快乐”有奖征文活动】年内，白纸坊街道计生办、计生协在辖区单位、社区居民和流动人口中开展以“推进攻坚项目，提高人口素质”为主题的计划生育宣传教育月活动。组织辖区内6个流动人口图书角的外来务工人员参加“我参与、我幸福、我快乐”有奖征文活动，将优秀征文编辑成《白纸坊街道流动人口图书角征文集锦》，在流动人口中广泛宣传。

（辛云平）

朝阳区

【概述】2009年，朝阳区人口计生工作在市人口计生委的悉心指导下，在区委、区政府的正确领导和区人大、政协的监督支持下，以科学发展观为指导，全面贯彻落实中央、市、区统筹解决人口问题的“两个《决定》、一个《意见》”和区委十届九次全会精神，坚持“‘小人口’决不放松，‘大人口’统筹推进”，努力探索统筹解决人口问题的体制机制，夯实基层基础工作，加强利益引导，深化优质服务，积极改善民生，总体工作继续保持了健康发展的良好势头。

基础建设。年内，在全力做好保增长、迎国庆等中心任务的同时，朝阳区委、区政府毫不放松对人口计生工作的领导。3月5日和12日，在全区大力精简会议的情况下，及时召开了全区人口计生领导小组会和工作会，研究探讨人口计生工作中的重点难点问题，统筹安排全年工作任务。区人大将人口和计划生育工作列入监督的重点。针对当前人口面临的形势和问题，区人大常委会高度重视，专门听取了区政府关于人口计生工作的情况汇报，并组织部分人大代表对全区人口计生工作进行专题调研，推动政府相关工作开展。在机构改革中，增加人员编制，强化区人口计生委作为综合部门的作用，增加了“统筹区域人口发展的综合协调”和“加强对区域人口问题的研究”职能，并赋予全区人口统计分析、实有人口库建设等新的任务。继续完善考核评估体系，把对街乡的考核项目由51项合并到26项，考核分数从190分压缩到170分，完善了以日常考核为主的考核评估体系和机制。为贯彻落实区委作风建设年的工作要求，出台了《关于大力推进村级计划生育干部职业化建设的实施意见》。加大干部培训力度，组织多种业务知识培训，提高干部综合素质，规范业务操作流程。深入开展廉政风险防范和阳光计生行动，完善行政审批事项审核、立项及重点工作督办等工作制度，为促进人口计生工作持续健康发展，奠定了坚实基础。

法制建设。年内，全区共发放一胎《生育服务证》16031个、《独生子女父母光荣证》9244个，审批再生育一个子女1118例，其中贡献二胎生育规划35例，做到了审批、办理、发放合格率100%。坚持奖罚并重，对违反规定生育子女的当事人征收社会抚养费。落实计生家庭奖扶政策，发放各类奖励扶助金884.69万元，惠及5.5万人。完成了全区1909例符合2008年、2009年两年独生子女伤残家庭特别扶助制度的申报审批工作，无一例涉诉涉访案件发生。先后六次联合工商、卫生、药监等部门，严厉打击“非法开展胎儿性别鉴定”和“非法终止妊娠”等活动，效果显著。为维护国庆期间的安全稳定，加大信访排查力度，有效化解历史遗留疑难问题30例，实现了无重大重复上访户和集体访“双零”指标，无行政诉讼、行政复议败诉案例。

规划统计工作。认真开展基础信息核查工作。为保证信息收集的及时、准确，在区级层面上加强了与公安、民政、卫生部门的协作，还加强了对基层信息质量的管理，采取有力的措施，保证统计信息的真实、准确。成立了信息核查领导小组，举办了核查工作启动暨培训班。加强协作，把提高统计信息质量贯穿于核查工作的全过程。充分利用WIS系统，向各基层反馈跨街乡流动人员信息，共提供信息2.39万条。在工作开展过程中加强督促、检查，每月定期跟踪各街乡登记进展情况，并将此项工作列入对街乡日常工作的考核。

流动人口服务与管理。区人口计生委将加强人户分离人员计划生育工作列为重点，在继续推进现居住地管理的基础上，出台了《朝阳区关于加强人户分离人员计划生育工作的实施意见》，制定了《朝阳区人户分离人员委托管理细则》，加强人户分离人员计划生育工作双向管理，将其作为现居住地常住人口考核的重要内容；加大了流动人口计划生育考核评估力度和评分权重，强化了居住地的责任，使工作落在实处。年内，全区计生登记流动人口为101.95万人，其中成年育龄妇女18.82万人，家庭式流入6.52万户。通过完善日常登记、推进区域协作、强化出生监测、健全部门协调机制，不断夯实工作基础，促进了计划生育工作对象由户籍人口向包括流动人口、人户分离人员在内的常住人口转变。同时，深入贯彻《流动人口计划生育工作条例》，强化服务意识、拓展服务内容，广泛开展流动人口关怀关爱活动，做到免费宣传教育、技术服务、药具发放全覆盖。在流动人口中开展以查治妇女病为主的生殖健康服务和新生儿出生缺陷干预、关注男性健康、预防艾滋病等服务和教育活动，努力实现公共服务的均等化。

调研工作。充分发挥专家作用，深化与专业机构的交流合作。为深入研究朝阳区的人口规模、结构、素质、空间布局及变动趋势，区人口计生委邀请北京大学、中国人民大学、北京城市研究院等研究机构的11名专家学者，组织召开了专题研讨会，充分听取专家对朝阳人口计生工作的意见建议。同时，加强与专业机构的长期合作，设立了“中国人民大学社会与人口学院教学实习基地”，共同开展人口问题研究。在重大调研课题、人口论坛、人口库建设等具体工作中，及时征求专家意见，提升工作水平。围绕人口问题，采取上下联动、部门协作等形式，广泛进行交流研讨，开展了《朝阳区优化人口结构，强化公共服务研究》、《核心区人口外迁对朝阳的影响》、《国际大都市背景下的外国人服务和管理研究》、《新世纪以来朝阳区人口自然增长特点与趋势分析》等专题调研，收到调研报告50余篇。加强对街乡人口问题研究工作的指导，形成了一批有较高价值的调研成果。

宣传教育。深入学习、宣传两个《决定》和一个《意见》，以“倡导婚育文明、构建和谐家庭”为核心，进一步加强人口文化建设，开展多种形式的人口文化宣传活动。在全区普遍开展了“我与国策共成长”征文演讲比赛活动，共征文1419篇，并在全市取得了演讲比赛一等奖。举办了《华诞六十载，新风晟朝阳》人口和计划生育成果展，展示人口计生工作走过的辉煌历程和取得的丰硕成果。依托朝阳有线《人口视窗》、朝阳报《人口之窗》、朝阳区人口和计划生育网、朝阳政务网四个区域媒体平台，充分发挥区域宣传媒体的传播优势，宣传人口和计划生育政策、法规和工作，为国庆六十周年营造良好的人文环境。做好《流动人口计划生育工作条例》的宣传，组织开展了“四个一”活动（即做好一期专访，办好一期专刊，开展一次活动，组织一次培训），以“同庆建国六十华诞，共建朝阳筑和谐”为主题举办了朝阳区宣传贯彻《流动人口计划生育工作条例》暨流动人口才艺展示活动。

生殖健康。认真实施“出生缺陷一级预防干预工程”，努力提高出生人口素质、降低出生缺陷发生率。全区共发放叶酸8394盒，设置出生缺陷展板2588块，面向群众开展优生培训2000余场，发放宣传品近4万份，服务群众2.8万人次。充分发挥朝阳区计划生育科普讲师团的资源优势，为群众授课100余场，受众群众达万余人。持续关注群众生殖健康，完成2.17万例农村长效节育育龄妇女的免费健康检查，完成孕检4.19万人次，其中免费1.3万人次。加强社区卫生（计生）服务站建设，区人口计生委为全区43个社区卫生服务中心、226个社区计划生育服务站全部配备了避孕药品展柜、宣传展板和各种生殖健康宣传材料及避孕药具，使全区育龄群众在社区就能享受到便捷的生殖保健服务。

药具工作。深化“避孕药具普惠易得工程”，投资对区计划生育药具库房进行改造，以多种方式拓展药具配送渠道，提高免费发放的覆盖面。以高校为突破口，推进药具发放“三进”（进院校、进机关、进工地）工作，定制了50台避孕药具发放机，在9所高校开展药具免费发放试点。与区疾控中心联手开展“首都预防艾滋病宣传志愿者十进行动”之“进宾馆”活动，并向各类文化娱乐场所延伸。联合工商、卫生、药监等多家部门，对全区计划生育药械市场进行了专项整治。在专项整治行动期间，共检查350次，出动3239人次，查处无证118户，下发督查意见460户，警告41户，责令改正135户，暂停执业3户，罚款2.4万元，没收非法所得0.3万元。

协会工作。召开朝阳区计划生育协会第六次会员代表大会，完成协会理事会的选举换届工作。区计生协继续加强与区慈善协会的合作，利用“两节”、“5·29”、计生会员活动日和“9·25”《公开信》发表纪念日，为3000户计划生育困难家庭发放了150万元的救助金；在中秋节期间，为409户独生子女意外伤残死亡的独生女空巢家庭送中秋月饼进行慰问；为遭遇突发事件的计划生育困难家庭建立了一次性紧急救助金制度，已有两户家庭分别获得了5000元的救助。深入开展“一元捐”活动，为生育关怀项目捐款50.1万元，扩大了项目的社会效果和影响力。组织开展了独生子女意外伤残死亡家庭的需求调研，为深入推进生育关怀行动明确了方向。继续开展示范会员之家创建活动，全区评选出80个区级示范会员之家，推动了人口计生工作基层阵地建设。

【人口和计划生育数据】年内，全区常住人口为317.9万人，比2008年末增加9.6万人，增长3.1%。其中户籍人口185.3万人，全年出生1.64万人，出生率8.96‰，死亡人口7310人，死亡率3.98‰，自然增长率4.98‰，符合政策生育率97.63%，出生性别比为107，育龄妇女49.43万人。

【召开人口和计划生育领导小组会议】3月5日，朝阳区召开2009年人口和计划生育领导小组会议。会议由区人口领导小组组长、副区长张春秀主持，24家小组成员单位主要领导参加了会议。会议首先听取了区人口计生委史素珍主任“关于2008年工作情况及2009年工作安排”的汇报。然后，会议分别对成员单位职责、《朝阳区村级计划生育干部队伍建设实施意见》、《朝阳区关于加强人户分离人员计划生育工作的实施意见》、《2009年朝阳区人口和计划生育工作目标管理考核评估方案》、2008年度人口和计划生育检查评估结果等七项内容进行了审议。区委常委、区纪委书记、区人口领导小组副组长宋连娣作了重要讲话。

【召开人口和计划生育工作会议】3月12日，朝阳区召开2009年人口和计划生育工作会议，北京市人口计生委委员李芸莉，朝阳区区长程连元，区委常委、纪委书记宋连娣，区人大副主任闫学锋，副区长张春秀，区政协副主席关三多等领导出席了会议。区四套班子领导，区人口和计划生育领导小组成员，各街道、地区办事处正职领导及主管计划生育工作领导和全体计划生育干部300余人参加了会议。会议由张春秀副区长代表区委、区政府作人口和计划生育工作报告。区人口计生委史素珍主任宣读了2008年度街、乡及计划生育综合治理部门考核评估结果。安贞街道、崔各庄乡分别从强化基础工作、加强流动人口服务管理的角度作了典型发言。市人口计生委委员李芸莉肯定了朝阳区2008年人口计生工作取得的成绩，介绍了当前北京市人口计生工作面临的形势和挑战，并结合贯彻落实科学发展观对2009年朝阳区人口计生工作提出了指导意见。朝阳区区长程连元在讲话中强调要加强对人口计生工作的领导，要完善计划生育利益导向机制，要注重流动人口计划生育工作，要强化人口计生队伍建设。

【国家人口计生委对朝阳区计划生育药具社会营销试点工作进行终期评估】3月13日上午，国家人口计生委药具发展中心社会营销办公室主任张之华一行6人对朝阳区计划生育药具社会营销试点工作进行终期评估。在试点工作中，区人口计生委严格按照国家人口计生委和市人口计生委的工作部署，按照统一管理、统一采购、统一标识、统一价格、统一质量检测等工作要求，建立机制、规范运作，并成立了“计划生育药具社会营销试点工作领导小组”，出台了《关于开展药具社会营销工作的实施意见》。国家人口计生委领导对此给予高度评价，认为朝阳区计划生育药具社会营销试点工作领导重视，精心谋划，规范运作，初见成效。市人口计生委副主任耿玉田、北京市药具管理站站长李兵也参加了此次考核评估工作。

【市人口计生委主任邓行舟到朝阳区调研】3月25日，市人口计生委主任邓行舟到朝阳区调研社区居委会换届改革工作。邓行舟主任一行集中听取了朝阳区香河园、八里庄、六里屯等街道社区居委会换届改革的情况介绍，详细了解了“社区党委、社区居委会、社区服务站规范性工作职责（征求意见稿）”等文件中涉及社区计划生育工作的具体内容。与会人员对社区居委会换届改革可能给人口计生工作带来的影响进行了讨论。邓行舟主任指出，在社区换届改革中如何强化基层机构并合理实现社区计生人员配置、有效保证社区计生工作健康开展，是社区居委会换届改革中应该着力关注的问题。同时，就如何开展好工作，邓行舟主任提出了明确的要求。

【区人大代表调研人口计生工作】3月30日上午，区人大副主任于五一带领12名区人大代表先后深入八里庄街道和小红门乡对全区人口计生工作进行了视察和调研。在听取了区人口计生委、八里庄街道和小红门乡的人口计生工作情况汇报后，代表们围绕现阶段全区人口和计划生育工作现状、经验、存在困难以及今后工作重点、改革发展方向等进行了坦率、热烈的讨论。代表们在充分肯定全区人口计生工作成就和经验的同时，就强化全社会的人口问题意识，加强新形势下人户分离、流动人口等新问题、新难题的研究和对策制定，加强行政执法力度维护法律法规权威以稳定低生育水平，稳定和加强人口计生机构和队伍为统筹解决人口问题提供必要保障，进一步形成综合治理人口问题体制机制与合力等重大问题提出了意见和建议。

【举办人口计生干部培训班】4月27～29日，区人口计生委在平谷教工休养院举办了2009年朝阳区人口计生干部培训班，全区43个街乡计生工作主管领导及计生干部200余人参加了培训。副区长张春秀从人口计生工作回顾，计生工作当前形势以及如何提升人口计生工作信心等三方面进行了开班动员。国家人口计生委宣教司司长张建、北京市人口计生委正局级委员李芸莉、市人口研究所教授尹志刚分别就《新时期人口计生工作》、《关于依法行政和流动人口计划生育工作》、《人口发展与调查研究》等专题进行培训。区人口计生委主任史素珍从加强干部队伍建设，做好清理清查工作，强化调研意识以及严肃财政纪律等方面作总结发言。培训期间还举办了“传承奥运精神”——朝阳计生干部体育健身活动，活动充分展现了朝阳人口计生系统干部职工的良好精神风貌。

【举办“生育关怀、慈善献爱”一元捐活动】5月11日，区计生协会举办“生育关怀，慈善献爱”一元捐主题活动。各街乡大力挖掘本地区资源，通过在社区、村设立宣传栏、黑板报等多种形式，倡导“送人玫瑰，手有余香”，体现了团结互助、扶贫济困的传统美德，营造了良好的社会风尚，为构建和谐朝阳做出了贡献。据统计，全区累计捐款50万元。

【越南代表团到朝阳区考察流动人口计生工作】5月30日，越南国家卫生部副部长阮伯水一行13人在北京市人口计生委正局级委员李芸莉、朝阳区人口计生委主任史素珍等人的陪同下，到朝阳区生殖健康技术服务中心考察流动人口计划生育服务与管理工作。区人口计生委有关负责人介绍了朝阳区在流动人口计划生育工作中“同宣传、同服务、同管理、同考核”的管理理念，以及流动人口服务管理机构、免费为流动人口提供健康检查及开展流动人口系列教育大课堂等工作开展情况。考察中，代表们还详细了解了少数民族计划生育政策、为流动人口提供服务的保障资金来源等情况。会后考察团参观了区计划生育生殖健康技术服务中心，并前往南磨房乡南新园社区实地考察流动人口工作。

【广州市人口计生局调研朝阳区人口计生工作】7月29日，广州市人口计生局领导在市人口计生委领导的陪同下，到朝阳区进行参观与工作交流。朝阳区人口计生委领导介绍了全区人口预警机制建设、流动人口管理服务经费投入情况、流动人口宣传服务等方面工作开展情况。广州市人口计生局领导介绍了计划生育信息化建设所取得的成绩。双方就流动人口计划生育服务新模式、新举措进行深入探讨。广州市人口计生局领导还观看了流动人口计划生育专题片，参观了朝阳区计划生育生殖健康服务中心，对中心先进的设备、优良的环境，以人为本的服务给予高度评价。

【组织计划生育药械市场专项整治行动】为深入贯彻落实《北京市计划生育药械市场专项整治行动实施方案的通知》精神，在经营单位按照要求进行清理清查的基础上，8 月 13 日，朝阳区张春秀副区长带领区人口计生委、区卫生局、工商朝阳分局、药督朝阳分局、区城管监察大队、公安朝阳分局、区质量技术监督局等七个部门组成的联合执法组，对位于十里河的程田古玩城市场地下一层的计划生育药械经营市场进行执法检查。对检查中发现的问题进行了沟通，提出了整改意见。区长助理郭光星、区人口计生委主任史素珍、工商朝阳分局副局长赵学山等七个职能部门相关领导和执法人员参加了此次联合执法行动。

【迎双节分享成果，暖民心慰问计生家庭】在新中国成立六十周年华诞、中秋节佳节和“9·25”纪念公开信发表二十九周年到来之际，区人口计生委、计生协会与区慈善协会联手开展了“迎国庆、度佳节，享成果、暖计生家庭”慰问活动。这次活动走访慰问了全区 409 户计生空巢家庭，请邮递员为每户家庭送去价值 125 元的月饼，还特别送上精心设计的祝福卡片，祝老人们身体健康，晚年幸福。同时还走访慰问了 1000 户计生困难家庭，为每户送去 500 元救助金，共投入资金达 55 万余元。

【举办《华诞六十载，新风晟朝阳》人口文化成果展】9 月 8 日上午，为“庆祝中华人民共和国成立六十周年暨纪念《公开信》发表二十九周年”，区人口计生委以“同庆和谐盛世，共创美好朝阳”为主题，在太阳宫体育休闲公园隆重举办了《华诞六十载，新风晟朝阳》人口文化成果展。区各委办局领导，各街道、地区办事处领导以及全区人口计生工作者共 400 多人参加。此次展览得到各级领导的高度重视和全区各街道、地区办事处以及广大群众的支持，共报送书画作品 400 多幅、摄影作品 700 多幅，手工艺品 200 余件、人口计生宣传品 200 余件，通过大量图片、实物、书画和手工艺作品，集中反映了朝阳区人口计生工作的发展、群众生活发生的变化以及各界人士参与人口文化建设的主动性和创造性。市人口计生委副主任彭彧华、市人口计生委宣教处处长刘凤婷、市人口计生委宣教中心主任刘成宝、区委常委宋连娣、区长助理郭光星、区人口计生委主任史素珍为人口文化成果展剪彩。

【张春秀副区长主持召开人口发展专题会】9 月 17 日下午，副区长张春秀主持召开人口发展相关情况专题会，区人口计生委、教委、信息办、流管办、老龄办、公安分局、统计局、民政局、劳动保障局等部门主管领导参加了会议。会上，北京国际城市发展研究院院长连玉明就与区人口计生委共同开展的《朝阳区优化人口结构，强化公共服务》课题研究进展情况及初步成果作了汇报；区信息办副主任王臻代表人口计生委、信息办就朝阳区人口库建设情况作了汇报。围绕上述两个汇报，各单位主管领导积极发言，提出了意见和建议。张春秀副区长在充分听取大家意见的基础上，进一步强调区人口计生委要按照区政府的要求发挥在人口问题上的统筹、协调、牵头作用，坚持部门协作，为实现统筹全区大人口管理打好基础；各部门要按照"以条为主、以块补充"的思路、坚持共建共享做好人口库的开发、建设，更好地服务于区域的发展。

【迎接流动人口计划生育全市"一盘棋"考评验收】11月16日，区人口计生委迎接市人口计生委和兄弟区县的流动人口计划生育全市"一盘棋"考评验收。考评组成员由崇文、宣武、西城的主管主任和流管科科长组成，市人口计生委正局级委员李芸莉带队。考评组首先听取了朝阳区人口计生委流动人口工作汇报，前往高碑店康惠富利市场现场查验婚育证明，然后到平房乡黄渠村听取流动人口工作介绍，查看相关工作资料，视察了黄渠村流动人口图书角。各区县互查的考评方式，拓宽了流动人口计划生育的工作视角，增强了区域协作的力度。

【召开计划生育协会第六次会员代表大会】11月19日，区计划生育协会第六次会员代表大会在北京会议中心隆重召开。中国人口文化促进会常务副会长朱明媚，中国计生协办公室主任王景水，《人生》杂志社社长、主编秦剑波，北京市计生协副会长耿玉田，朝阳区副区长张春秀、区人口计生委主任、区计生协副会长史素珍出席了大会，全区43个街乡的主管领导、计生协会理事等150人参加了大会。大会由区人口计生委副主任崔贵然主持。大会通过了《北京市朝阳区计划生育协会章程》，选举了新一届的协会领导班子，研究部署了今后一个时期全区计生协会的工作任务。大会共选举产生第六届理事会理事47人、监事会3人、常务理事会理事13人。选举朝阳区副区长张春秀任协会会长、区人口计生委主任史素珍任常务副会长、区人口计生委副主任崔贵然任副会长，并聘任了正、副秘书长各一名。

【举办第三届"人口与发展"论坛】12月17日下午，由朝阳区政府主办，朝阳区人口计生委和朝阳区流管办共同承办，北京国际城市发展研究院提供学术支持的以"统筹人口发展，推进民生改善"为主题的第三届"朝阳人口与发展论坛"在北京长城饭店隆重举行。此次论坛以落实科学发展观要求、促进后奥运时期朝阳区人口与经济社会资源环境全面协调可持续发展、服务区委和区政府"四个走在前列"和"保稳定、保增长、保民生"工作要求为目标，重点围绕区域人口结构，区域农业人口、流动人口、外籍人口的服务与管理，首都核心区人口外迁，"十二五"时期人口发展趋势与战略选择，人口管理服务体制机制改革创新等重大现实问题进行研讨交流。论坛由朝阳区副区长张春秀主持，市人口计生委党组书记、主任邓行舟在论坛上发表了致辞，朝阳区区长程连元、国家人口计生委流动人口管理司司长张春生分别作了《朝阳人口结构对区域发展的影响》、《城市“十二五”期间人口趋势与战略选择》的主旨演讲，中国人民大学社会与人口学院院长翟振武教授对论坛进行了点评。中国计划生育协会办公室主任王景水、《人生》杂志社社长秦剑波、《人口与计划生育》杂志社常务副社长周双超，北京市人口计生委正局级委员李芸莉、北京市流动人口和出租房屋委员会办公室常务副主任苗林，朝阳区人大副主任孔德琴、副区长张春秀、政协副主席关三多等领导和来自市人口计生委、朝阳区、江苏省无锡市的政府官员，中国人民大学、首都经贸大学、北京市人口研究所、北京国际城市发展研究院的专家学者等二百多人参加了研讨交流活动。

【朝阳区与中国人民大学联手共建教学实习基地】为了发挥首都人才资源优势，促进朝阳区人口与经济、社会、资源、环境的全面、协调、可持续发展，统筹解决人口问题。朝阳区政府和中国人民大学社会与人口学院双方商定，在朝阳区设立“中国人民大学社会与人口学院教学实习基地”，并以此为基础深化合作，共同推进人口问题的研究，促进朝阳区人口的科学发展。12月17日，在第三届朝阳人口与发展论坛上，中国人民大学社会与人口学院翟振武院长、朝阳区人民政府程连元区长共同为教学实习基地揭牌。

【人口和计划生育工作获奖情况】年内，朝阳区连续两次蝉联北京市人口和计划生育工作模范区，朝阳区人口计生委获得“全国流动人口计划生育先进集体”（2009年国人口发2号）称号。

（曲恩达）

海淀区

【概述】2009年，海淀区人口计生工作以科学发展观为统领，围绕“稳定低生育水平，统筹解决人口问题，促进人的全面发展”这一中心任务，深化综合改革，不断推进理念创新、服务创新和管理创新，以“强基”、“丝雨”、“阳光”、“易得”、“春晓”五个工程建设为支撑，全力打造“国策关怀—健康促进计划”总体架构，在基础工作、宣传教育、依法行政、优质服务等方面取得新进展，圆满完成了全年各项工作任务，并荣获北京市2008～2009年度人口计生工作模范区县称号。全区17个计划生育综合治理部门、22个街道、7个乡（镇）均为达标单位。其中，羊坊店街道和四季青镇被评为北京市人口和计划生育工作红旗单位；区委办公室等35个单位被评为北京市人口和计划生育工作先进集体；徐敏等108人被评为北京市人口和计划生育先进工作者；永定路街道等350个单位被评为海淀区人口和计划生育工作先进集体；杨美娥等430人被评为海淀区人口和计划生育先进工作者。年内，区人口计生委重新修订主要职责、内设机构和人员编制。新的“三定方案”中，区人口计生委新增职责为参与海淀区人口基础信息数据库建设；转变职责为：加强对全区人口发展战略的研究，加强流动人口计划生育管理和服务，稳定低生育水平；主要职责中，强化了统筹解决人口问题职责。

综合治理。年内，先后组织召开年度区人口计生领导小组会、人口计生工作会、综合治理会，研究部署和督促落实人口计生工作。年底，十届区委常委会第113次会议听取人口计生工作汇报，充分肯定了全区人口计生工作取得的成绩和进步，并提出具体工作要求。充分发挥党校干部培训主渠道作用，在中青年干部培训班中继续开设“人口形势和理论”课程。继续坚持计划生育“一把手”亲自抓、负总责，逐级签订目标管理责任书。坚持“一票否决”，加大对全区党员、干部和社会公众人物违法生育行为的行政处分和党纪处分力度，全年有两人受到党纪政纪处分。在区委、区政府《关于加快推进城乡一体化发展的意见》和区政府《海淀区流动人口和出租房屋管理办法（试行）》等文件中，体现出促进人口有序流动和流动人口计生服务管理的内容。在北坞村“城乡一体化”改革试点工作中，推动制定“按本地区已批准的合法有效宅基地土地面积置换回迁安置楼房建筑面积”的拆迁办法，保护了计划生育家庭的合法权益。与综合治理部门建立不定期会商制，专题研究依法行政、利益导向机制建设等人口计生重点难点问题。与区卫生等六部门联合开展计生药械市场整治行动，进一步规范了全区计生药械市场秩序。结合社区规范化建设试点、法制社区创建、文明社区创建、人口信息数据共享等方面，与区社会办、司法局、公安、文明办、卫生、民政等部门加强合作，确保计划生育综合治理工作落到实处。与区公安、卫生等部门合作开展2000年1月1日至2009年10月31日出生人口信息核查工作，为2010年“六普”的开展奠定坚实的基础。

人口研究。充分利用人才资源优势，成立“海淀区统筹解决人口问题专家顾问团”。完成《计划生育30年来海淀区取得的成就及未来发展态势研究》和《海淀区计生宣传阵地现状及发挥作用情况》，牵头完成《关于统筹人口资源环境提高城市承载力的对策研究》。通过下发调研参考课题、论文交流、编印文集等形式，促进调研成果的交流和转化。召开以“人口发展与自主创新示范区核心区建设”为主题的第三届人口发展论坛，对海淀人口发展和管理等问题进行了深入探讨。启动“十二五”人口全面发展规划工作，公开选聘

《“十二五”时期海淀区人口发展和管理研究》的合作研究单位，保证了规划前期调研的前瞻性和专业性。

宣传教育。制作三段影前数字电影专用动漫科普片，开发网上人口学校“电子杂志”和“有奖点击”版块。与区文化委、电影管理处合作启动“万场计生动漫科普片进居（村）活动”，累计放映4800余场。在全区7处大型户外广告牌制作“纪念7·11世界人口日二十周年”户外广告，收到了良好的社会效果。举办“我与国策共成长”征文演讲比赛和“纪念7·11世界人口日20周年文艺演出”，继续以“樱花节”、“桃花节”等节日为载体，开展特色宣传活动。以新中国成立六十周年庆典、征文演讲比赛、幸福工程捐款、“母亲节”等活动为契机，开展“迎国庆颂国策献爱心”计生协宣传和“送温暖、献爱心”关怀服务活动。广泛开展基层宣传工作“三个一”工程，要求所有社区（村）都有“一个人口文化活动室、一个人口文化阵地、一支宣传志愿者队伍”，巩固了基层社会宣传的窗口。总结提升“生育文化精品工程”建设，充实完善“人口生育文化一日游”内容和管理制度，打造第七大生育文化环境景区。

依法行政。重新修订《海淀区中介机构存档人员计划生育管理规定》，规范人才、职介存档人员计生管理服务工作流程。开展规范性文件的整理、修改和废止工作，共清理建立计生办以来12份规范性文件（以区政府名义发文5份），修改2份，废止5份，保留5份。组织开展违法生育情况专项清理清查工作，对违法生育情况进行专项清理清查，对两起行政复议案件和一起行政诉讼案件进行复议答复和诉讼答辩，两起复议案件维持原判，无败诉案件。按时答复人大代表建议和政协委员提案，加大政府信息公开和政务公开力度，自觉接受相关部门及群众对人口计生系统的监督。继续做好各项奖励扶助、经济帮助、帮困等11项惠民工作，进一步完善利益导向机制。加大独生子女死亡家庭特别扶助力度，经第97次区政府常务会审议通过，对独生子女死亡家庭父母的扶助在市财政投入每人每年2400元的基础上，由区财政配套投入每人每年1200元资金。启动独生子女伤残家庭特别扶助，对符合政策的独生子女伤残家庭父母，由市财政给予每人每年1920元的扶助金，直至亡故或子女康复。

流动人口服务与管理。继续加强区内合作，结合区内流动人口分布特点，通过在白领人群聚集地区建立“生育文化吧”，在餐饮企业聚集地开展争创“流动人口计划生育示范杯”等活动，探索政府与企业共同管理的模式。采取“走出去、请进来”的方式，加强区域合作。与人口流入大省的安徽省巢湖市、陕西省宝鸡市、山东省德州市人口计生委签订了《流动人口计划生育双向服务管理意向书》，就流动人口服务和管理方面规定了双方职责和合作意向。积极开展异地联合执法，对违法生育人员征收了社会抚养费。紧紧抓住流动人口“生活”和“工作”的两个落脚点，深入开展流动人口特色“示范社区（村）、市场”创建活动，全年新增上报27个示范单位，创建合格25个。继续做好流动人口基础信息工作，在全市试点开展为人在户不在育龄妇女登记建册工作，共登记的人在户不在育龄妇女3.46万人。依托流动人口出生监测系统，监控流动人口在京生育情况，圆满完成全国重点地区流动人口监测试点调查。打造特色流动人口计生宣传，通过在社区（村）建立“流动人口图书角”、在高档物业设立“生育文化吧”等形式，为流动人口搭建新的宣传平台。以《流动人口计划生育工作条例》颁布为契机，借助宣传橱窗、流动人口宣传员队伍、新闻媒体等载体，开展特色宣传活动。

优质服务。深入开展生殖健康技术服务易得工程，继续落实对流动人口和户籍育龄群众的生殖健康服务工作，全年提供孕检服务近5万人次。完成对全区756名村（居）计生专干的免费体检；与卫生部门合作，将“两癌普查”内容纳入免费体检项目，为7254名“农村采取长效避孕节育措施妇女”进行体检。不断完善“生命全周期”服务体系，继续做好流动人口生殖健康教育基地工作。加快社区计生服务站建设步伐，加强人员培训，统一社区计生服务站标牌，使社区计生服务站在整个优质服务网络中发挥更大的作用。开发生殖健康技术服务信息管理系统，与区内五家生殖健康技术服务协作医院实现数据无障碍交流。

药具工作。启动以“国策献爱心、服务长久远”为主题的“计生药具宣传服务年”活动。活动中，各乡（镇）街道积极成立“流动人口计生宣传服务队”，利用同伴关系向流动人口宣传计生政策、发放避孕药具，同时广泛开展人口计生知识动漫科教片、生殖健康避孕节育大讲堂、避孕节育知识展板进社区、进院校、进工地、进市场、进写字楼的“五进”活动。计卫联手在影院、地铁站等人口聚集地开展药具宣传。针对人流人群，制作专用宣传服务包在全区56家开展计生手术的医院发放，宣传计生政策和生殖健康知识。不断完善药具五星级管理模式，推动第三期药具易得工程向纵深发展，截止到年底，全区共有1582个免费药具发放点。

出生缺陷一级预防。在新婚登记、领取生育服务证和社区计生服务站“三个关口”，免费发放“暖心服务包”。该服务包括“春晓工程”服务指南、避孕药具、毛巾等宣传品，广泛宣传婚检的重要性、优生优育、孕期保健、避孕节育等知识，全年累计发放“暖心服务包”2.2万余件。与海淀有线台联合制作“出生缺陷一级预防电视专题片”，在公共频道播出；制作专题海报2万余份，在全区各社区张贴，为出生缺陷一级预防工作的开展创造了良好的舆论氛围。充分发挥五所区级人口文化学校的阵地作用，聘请专家为待孕妇女提供生殖保健讲座和优生咨询，共举办各类培训班300余期。采取多种方式，加大对社区计生服务站人员的培训力度。坚持开通优生优育咨询电话，解答育龄群众提出的问题。建立叶酸制剂发放统筹机制，计生、民政、卫生三部门统筹叶酸制剂发放工作，规范发放规则和流程，在自愿选择的基础上为全区待孕妇女提供免费叶酸的发放，全面完成为“待孕妇女提供免费出生缺陷干预”区政府为民办实事工作，全年共发放7000余人份。

队伍建设。不断完善委内干部选拔任用制度，完成委科级领导岗位的竞聘上岗工作。建立健全“抓落实”工作机制，采取走访指导、分析评估、协调落实、综合培训、业务培训、编印工作指导书等多种手段，提高各级人口计生干部的执行力。结合社区换届工作，按照“上任一批，培训一批”的原则，对260余名新上岗计生专干进行了业务培训，保证工作的衔接。

协会工作。全区共有各级计生协会组织1465个，协会会员13.7万名；流动人口协会组织61个，会员5349人。年内，继续加强基层协会组织建设，加快全区流动人口聚集的市场、高新企业等新型协会组织建设情况进行摸底调查。深入开展生育关怀行动，推进“生育关怀—金辉计划”助老服务项目，拓展亲情牵手家庭，继续向独生子女夭亡或伤残的计生家庭提供每月10小时的家政服务、医疗卫生保健服务并订阅报刊杂志等。承办北京市青春健康高校行启动仪式，继续抓好“生殖健康快车进校园”活动，先后在中央民族大学、首都师范大学等9所大学安排讲座22次，受教育大学生千余人次。在驻区大学组织开展“青春的感悟”大学生有奖征文活动，共收到征文120余篇。推进小学高年级青春健康教育，编写《海淀区小学高年级青春健康教师教学用书》，并在15所试点小学试用。作为全国和北京市的试点区县，经第97次区政府常务会审议通过，在全区范围内开展计划生育家庭意外伤害保险试点工作，由区财政出资（全部或部分）为独生子女死亡的计划生育家庭、城镇低保计划生育家庭、农村计划生育家庭三类人群，以家庭为单位办理计划生育家庭意外伤害保险。试点阶段，全区共完成财政补贴投保的农村、低保、独生子女夭亡三类计生家庭1.85万户，个人自愿投保计生家庭2.33万户；财政补贴39万元，个人支付保费91万元。

【人口和计划生育数据】2009年12月底，海淀区户籍人口216万人，户籍人口出生1.65万人，户籍出生性别比108，计划生育率97.62%，完成区长与市长签订的人口计生目标管理责任书各项内容。流动人口在海淀生育1.7万人，其中在海淀居住、在海淀生育8240人，流动人口出生性别比122，计划生育率85.03%。审核发放各类奖励扶助、帮困、帮扶资金共计1182余万元。

【召开全区人口计生领导小组会】1月

20日，区人口计生领导小组副组长、副区长吴亚梅主持召开了海淀区2009年人口和计划生育领导小组会。吴亚梅副区长对全区2008年人口计生工作进行了全面总结，提出了2009年的工作思路。会上审议并原则通过了《海淀区2008年度人口和计划生育工作目标考核评估及先进评比结果》、《海淀区2009年人口和计划生育工作要点》和《海淀区2009年人口和计划生育目标管理评估方案》。区委书记谭维克在会上强调：要进一步增强责任意识，完善工作机制，解决突出问题，加强组织领导，全面做好全区人口计生工作。会后，以区政府名义印发《海淀区2009年人口和计划生育工作要点》。

【召开全区人口计生工作会】2月25日，海淀区召开2009年人口和计划生育工作会。会议由副区长吴亚梅主持。市人口计生委副主任彭彧华，区长林抚生、区委常委刘建朝、区人大副主任王鲁豫、区政协副主席王洪秀等领导出席会议，全区人口计生系统约200人参加会议。会议总结了2008年工作、表彰了先进，并全面部署了2009年全区人口计生工作。区长林抚生与人口计生综合治理部门、乡镇、街道领导代表签订了2009年人口和计划生育目标管理责任书。市人口计生委副主任彭彧华对海淀区人口计生工作给予了充分肯定，并提出了新的要求。会上，林抚生区长强调，要深刻认识当前人口计生工作面临的机遇和挑战，切实加强对人口计生工作的领导，增强责任意识、统筹意识和保障意识，着力完成人口计生各项任务。

【开展违法生育清理清查工作】为维护计划生育法律法规的严肃性，严格社会抚养费征收，按照市人口计生委的统一部署，自2月起，区人口计生委在全区组织开展了违法生育情况专项清理清查工作。通过与专家、相关部门、地区单位以及信访人的沟通，协商解决了部分疑难、重复访、特困、非婚信访案件，做到"查实一例，促征收一例"。年内共清理清查出尚未征收缴纳社会抚养费违法生育案例228件，促缴征收140余件。

【举办《我与国策共成长》征文演讲比赛】2月起，区人口计生委在全区开展"我与国策共成长"人口计生征文演讲比赛，共征集作品1000余篇，举办各类演讲比赛80余场。6月3日，举办第六届文化节《我与国策共成长》暨"7·11世界人口日"征文演讲比赛决赛，共有10名选手参加决赛。经过角逐，八里庄街道的选手获得了冠军，并代表海淀区参加北京市的比赛，荣获二等奖。

【深入开展学习实践科学发展观活动】按照区委统一部署，区人口计生委开展了以"统筹人口发展，构建和谐计生"为主题的深入学习实践科学发展观活动，完成了学习实践活动3个阶段11个环节的规定工作。结合地域特色，分别开展了街乡、高薪企业、高校人口计生工作研讨会、征文等自选实践活动。活动期间，区人口计生委邀请市人口计生委主任邓行舟为人口计生系统党员干部作了题为“学习实践科学发展观，推动首都人口计生工作”的专题报告。同时，深入开展高新企业、高校人口计生工作调研，确定了整改落实的19项重点工作。

【举办全区人口计生干部综合业务培训】3月17～19日，区人口计生委举办全区人口计生系统综合业务培训。各乡（镇）街道人口计生工作主管领导和计生办全体干部、区人口计生综合治理部门主管领导和联络员、区人口计生委全体干部200余人参加了培训。培训邀请了国家人口计生委发规司副司长郭振威、市人口计生委正局级委员李芸莉、市人口计生委副主任彭彧华、解放军总医院教授赵霖等人口计生专家就全国人口与计划生育工作形势、人口计生法律法规及流动人口管理、当前形势下如何开展计生宣传工作、营养健康知识等方面内容进行讲授。培训期间，还安排全体人员赴天津乳胶有限公司参观了安全套生产过程。

【继续开展“健康关爱工程”】年内，继续开展以生殖健康技术服务为主要内容的“健康关爱工程”。3月，在武警总医院体检中心为756名村（居）计生专干进行了免费健康查体。6月，区人口计生委与区卫生部门合作，将“两癌普查”内容纳入免费体检项目，为7254名“农村采取长效避孕节育措施妇女”进行免费体检。在健康查体的同时，区生殖健康技术服务中心围绕不同主题，通过提供宣传折页、现场咨询等方法，对计生专干进行生殖健康、乳腺保健知识的宣传。

【《海淀区小学高年级青春健康教师教学用书》通过专家评审】4月2日，区人口计生委邀请首都师范大学教授张玫玫、北京大学医学部心理学教授胡佩城、北京师范大学教育科学研究所研究员刘文利、中国人民大学副教授赵颖、北京市101中学心理健康教师于惠莉，海淀区教委小教科、区计生协及三所试点小学的领导和编写委员会的老师，共同对《海淀区小学高年级青春健康教师教学用书》进行审定。评审专家认为，该书为一本适合当代小学高年级学生的性与生殖健康教育教材，可供小学高年级教师、家长、学生使用和参考。年内，该书在全区15所试点小学开始试用。

【继续完善计划生育利益导向机制】4月21日，海淀区第97次政府常务会听取区人口计生委《关于继续推进计划生育利益导向机制建设》的汇报。审议并通过加大对独生子女死亡家庭父母的特别扶助，在市财政每人每年2400元的基础上，由区财政配套投入每人每年1200元，年内全区共扶助814人，区财政投入97.7万元。同时，会议审议并通过从2009年起由区财政出资（全部或部分）为独生子女死亡的计划生育家庭、城镇低保计划生育家庭、农村计划生育家庭三类人群，以家庭为单位办理计划生育家庭意外伤害保险（每户每年保费30元，保险金额为40000元/份），全区试点阶段共完成财政补贴投保的农村、低保、独生子女死亡三类计生家庭1.85万户，区级财政投入保费约40万元，乡镇级财政投入12万元。

【开展宣传教育工作“三个一”工程】 年内，区人口计生委在全区范围内广泛开展了基层宣传工作“三个一”工程，要求所有社区（村）中要进一步建立和完善“一个人口文化活动室、一个人口文化宣传阵地、一支宣传志愿者队伍”，巩固基层社会宣传的窗口，最大限度地扩大宣传覆盖面。

【承办北京市“青春健康高校行”活动】 5月26日，由中国计生协、市计生协共同主办，区计生协、中国人民大学青年志愿者协会承办的“放飞青春梦想，健康美丽人生”北京市“青春健康高校行”启动会在中国人民大学逸夫会议中心举行。中国计生协常务副会长潘贵玉、市人口计生委主任邓行舟、副区长吴亚梅、中国人民大学党委副书记马俊杰等领导出席会议。会上，来自首都各高校的大学生志愿者代表共同发起倡议，号召大学生们积极参与到青春健康活动中。中国计生协会长姜春云为大会发来贺信；中国计生协常务副会长潘贵玉在大会上接受访谈，介绍了中国计生协在全国启动“青春健康高校行”活动的背景和意义。市人口计生委主任邓行舟在接受访谈时认为，北京地区作为中国的文化教育中心，开展青春健康活动具有非常重要的现实意义。中国人民大学社会与人口学院院长翟振武对该项活动进行了积极的评价，并提出了很好的建议。

【启动“万场计生数字动漫科普片进居村”活动】 年内，区人口计生委开发三段科普动漫片，包括避孕方法知情选择、提倡婚前检查、妇女病知识等内容，每段片长5～6分钟，以动漫的生动形式，浅显易懂的语言传达给受众科普知识和婚育理念。同时，与区文化委及电影管理处合作，将三段计生动漫科普片制作成数字格式，通过数字电影进居村这一平台，扩大宣传的覆盖面。8月5日，海淀区“万场计生数字动漫科普片进居村”活动正式启动，年内共放映影片4800场。

【开发人口计生电子杂志和网上人口学校抽奖统计系统】 为进一步扩大改版后网上人口学校的普及率，区人口计生委开发了人口计生电子杂志和网上人口学校抽奖统计系统，这是继电子宝宝、电子贺卡系统之后，海淀区人口计生电子宣传形式的又一突破。人口计生电子杂志以丰富的色彩、活泼的动画背景，使阅读者在轻松愉快的氛围中获得计生知识；网上人口学校抽奖统计系统，以抽奖问卷调查的形式增加浏览者的参与性，拓宽人口计生工作调查渠道，并且通过统计系统掌握人口学校在全市以及海淀区范围内的普及情况。

【流动人口出生监测管理软件上线运行】 年初，由区人口计生委自主开发的流动人口出生监测管理软件正式上线运行。该软件实现了以下几项功能：一是通过规范乡（镇）、街道地址，使软件具有自动拆分生成数据的功能；二是规范录入信息项目，对必填项进行设定，有效防止信息重复录入，保证信息的完整有效；三是软件具有导入、导出、汇总、分析、报表统计等功能；四是按规范的格式输出信息表格；五是充分考虑数据备份与恢复功能，有合理的权限设置，以保证数据的安全性。

【完成重点地区流动人口监测试点调查工作】年内，海淀区有4个乡（镇）、街道中的9个社区参加了国家人口计生委重点地区流动人口监测的试点调查。区人口计生委经过严密部署、认真实施，并从基层抽调了文化素质高、工作能力强、认真负责的计生专干担任调查员，确保了调查的质量。8月17日该项工作圆满结束。

【继续加强流动人口区域合作】5月，区人口计生委与巢湖市人口计生委签订了《流动人口计划生育双向服务管理意向书》，这是海淀区首次与外省市签订流动人口计划生育服务管理合作协议。《意向书》就流动人口服务和管理，包括计划生育政策宣传培训、办理和查验《流动人口婚育证明》、计划生育免费技术服务、政策外怀孕和生育、社会抚养费征收及信息采集和交换等方面规定了双方职责和合作意向。并根据工作需要，建立两地联席会议制度和联络员制度，共同探索和完善流动人口互动有序管理机制，及时协调管理和服务中出现的问题。年内，区人口计生委还与陕西省宝鸡市、山东省德州市人口计生委签订了《意向书》。8月10~14日，区人口计生委会同巢湖市无为县人口计生局在区域内联合开展了针对流动人口违法生育人员的异地执法工作。

【开发海淀区计划生育生殖健康技术服务信息管理系统】为更加方便群众，实现工作的快速、高效运行，同时为决策提供及时的信息支持，区人口计生委开发了“海淀区计划生育生殖健康技术服务信息管理系统”。该系统在区生殖健康技术服务中心、各乡（镇）街道及羊坊店医院、上地医院等五家协作医院之间形成了统一管理网络，实现计划生育免费技术服务网上申请、各种医疗信息汇总及费用自动结算等功能。

【开展计生药具宣传服务年活动】6月17日，启动“海淀区计划生育药具宣传服务年”活动。此次活动以“国策献爱心、服务长久远”为全年活动主题（2009年6月至2010年6月），通过播放人口计生知识动漫科教片、举办生殖健康避孕节育大讲堂、巡展避孕节育知识展板等活动，在全区各乡（镇）街道开展“进社区、进院校、进工地、进市场、进写字楼”的“五进”活动。成立流动人口计生宣传服务队，利用同伴关系宣传计生政策、发放避孕药具。活动期间，区人口计生委开发了一系列有关计生药具质量、生殖生理、避孕节育、预防艾滋、药具获取途径、网上学习、药具自取地点等宣传品8万多份、展板174块。继续开展计生药具第三期易得工程，在社区、公共场所、机关、写字楼、市场等有需求的场所安装了药具自取箱。

【开展计划生育药械市场专项整治行动】6～9月，区人口计生委与区卫生局、公安分局、工商分局、区质监局、药监局等六部门联合开展计生药械市场整治行动，对全区2家计生药械生产企业，421家经营企业，120家成人“性用品”店，168家使用单位以及22家计划生育药械和技术广告主进行了整顿，进一步规范了全区计生药械市场秩序。

【市人口计生委对流动人口全市“一盘棋”工作进行考核评估】11月17日，由市人口计生委正局级委员李芸莉带队的流动人口计划生育全市“一盘棋”评估组到海淀区考核评估流动人口计划生育全市“一盘棋”工作，副区长吴亚梅参加。考核评估组对照全市“一盘棋”考评细则，通过查看档案、文件、基础资料和信息系统，以及现场考察香山街道便民农贸市场和香山第二社区等方式，对流动人口计划生育工作的五个大项25个指标进行了测评。

【市人口计生委领导指导新任计生专干培训工作】11月20日，区人口计生委召开2009年新任居委会计生专干培训会，市人口计生委主任邓行舟、副区长吴亚梅等和新任计生专干260余人参加培训会。邓行舟主任为居委会计生专干就人口计生工作所面临的新形势作了深入分析，并对如何在基层开展人口计生工作进行具体指导。

【召开人口与计划生育综合治理工作总结汇报会】11月26日，海淀区召开2009年度人口与计划生育综合治理工作总结汇报会，全区17个综合治理部门主管领导参加。副区长吴亚梅对全年的人口计生综合治理工作给予了充分肯定，并要求各部门要正确认识人口计生工作形势，增强大人口意识，充分发挥部门职能作用，努力构建人口计生综合治理新机制。

【举办第三届海淀人口与发展论坛】11月30日，海淀区举办主题为“人口发展与中关村国家自主创新示范区核心区建设”的第三届海淀人口与发展论坛，副区长吴亚梅主持论坛开幕式。区委副书记关成启，市人口计生委党组书记、主任邓行舟，国家人口计生委办公厅主任陈立分别作论坛致辞。区人大副主任王鲁豫宣布“成立区统筹解决人口问题专家顾问团”，并向11位专家颁发了聘书。区人口计生委主任刘彦作了题为“着眼大人口统筹，优化‘创新海淀、科学发展’的人口环境”的主题发言。北京大学社会学系教授陆杰华、区人力资源和社会保障局副局长武凯、中国人民大学心理健康教育与咨询中心副教授赵颖、海淀街道副主任徐丽萍分别作了专题发言。中国人民大学人口学教授段成荣、刘爽就统筹人口发展和计划生育管理部分作了精彩点评。出席本次论坛的领导还有国家人口计生委宣教司司长张建，北京市人口计生委副主任丁勇，中国人民大学社会人口学院院长翟振武教授。全区29个乡镇街道的主管领导、计生办全体干部，区人口计生领导小组成员单位、综合治理部门的主要领导和联络员200余人参加了论坛。

【市人口计生委对海淀区人口计生工作进行考核评估】 12月23日，由市人口计生委主任邓行舟带队的考核评估组对海淀区2008～2009年度人口计生工作进行考核评估。区长林抚生、区委副书记关成启、区人大副主任王鲁豫、区政府副区长陈双、区政协副主席王洪秀等领导陪同考评。考评组听取了区人口计生委主任刘彦作的题为“立足计生、服务民生、深入推进国策关怀健康促进计划”的工作汇报，与人口计生综合治理部门领导代表和各乡（镇）街道领导进行了座谈，查阅了工作档案资料，到八里庄街道颐慧嘉园社区、四季青镇西山村委会及上地医院进行了检查指导。经过评估，海淀区被评为北京市2008～2009年度人口计生工作模范区县称号。

（程晓红）

丰台区

【概述】 2009年，丰台区人口和计划生育工作在市人口计生委的指导和区委、区政府的领导下，坚持以科学发展观为指导，贯彻落实中央和市委两个《决定》精神，着力完善制度机制，推进大人口工作科学发展，低生育水平持续稳定，人口计生公共服务水平不断提升，统筹解决人口问题的各项工作在探索中前进。年内，区人口计生委被评为2009年度北京市人口和计划生育工作模范区县，荣获北京市“三八”红旗集体称号。

组织领导。区委、区政府重视统筹解决人口问题，人口计生工作列入区委区政府重大督查项目，层层签订责任书，各项考核评比坚持计划生育“一票否决”。年初召开了人口和计划生育领导小组会和人口计生工作大会。建立联席会议制度，定期研究人口计生工作的重点、难点问题。建立和实施了综合治理的部门协作机制、强化现居住地管理的三街两镇区域协作机制和推进流动人口服务管理的跨省协作机制。2月份，成立了由区委、区政府主管领导担任组长，14个职能部门和14位专家组成的统筹解决人口问题工作小组。工作小组下设“调控人口规模”工作组、“流动人口管理与服务”工作组、“提高出生人口素质”工作组、“应对人口老龄化”工作组，明确了各工作组履行的职责。

学习实践科学发展观活动。在学习实践活动中，区人口计生委围绕“科学发展为民生，统筹人口促和谐”的主题，通过深入开展调研，广泛“问计于民”，集中各方面智慧，凝聚了科学发展共识，形成推动人口计生工作科学发展的新理念，增强人口计生干部破解难题和统筹解决人口问题的能力。通过深刻分析检查，认真查找问题，扎实进行整改，把学习实践活动过程中学到的理论、形成的思路、制定的措施，转化为推进人口计生工作的动力。

平安北京建设。为新中国成立六十周年庆典营造和谐氛围，计生系统分层次举办计生干部培训班，提高服务能力。全面检查规范计生宣传环境，加大了信访矛盾排查调处力度，强化了流动人口的管理与服务工作，避免因计划生育管理引发恶性事件，认真做好促进社会和谐稳定的工作。

依法行政。3 月份，区人口计生委与区公安分局人口处联合起草印发《关于建立工作联系机制的实施意见》，与区社会办联合下发《关于在社区建设中建立和完善计划生育运行机制的意见》。上半年对街乡计生干部进行法制培训，开展了对违法生育的清理清查工作。年内审批一胎生育服务证 7000 例，审批二胎 480 例，办理《独生子女父母光荣证》4500 例；查排登记人在户不在育龄妇女 5.2 万人，入机 4.8 万人；编印下发《计生宣传员工作手册》1.4 万册。年内发现计生管理空白小区 45 个，都已委托临近居委会管理。加强计生药械市场联合整治工作，查处无证经营 175 户，责令整改 60 户。信访工作年内受理群众咨询电话 3000 余人次。重新规范审批一胎、二胎、光荣证、随父审批及发奖励费等 6 种告知单，印制 12 万份发至街乡计生办，进一步规范了各项工作流程。

人口问题研究。年内，围绕“幸福家庭工程与人口计生综合改革、与社会和谐、与基础管理工作的关系”等问题开展了八项重大课题调研。各街乡（镇）围绕推进幸福家庭工程和夯实基础管理工作，密切联系实际，积极探索本地区人口发展的新思路、新办法。10 月份，由区委和区政府举办、区人口计生委承办的区第二届人口与发展论坛，以“幸福家庭共建，计生民生同行”这一主题，围绕创新人口计生公共服务、推进服务型政府建设等问题，进行了广泛交流和研讨。这届论坛具有主题鲜明，研究深入，参加人员广泛，突出成果转化的鲜明特点。

幸福家庭工程。幸福家庭工程是丰台区人口计生工作服务民生的品牌工程，年内依托丰台区科技、文化、卫生“三下乡”活动，走访慰问计生困难家庭，并开展计生政策咨询、生殖健康知识宣传以及发放避孕药具等工作。在全区开展“我与国策共成长”征文暨演讲比赛，313 名选手参加比赛，并获得市里征文演讲比赛第 2 名。为“农村长效节育户籍已婚育龄群众健康体检项目”列入年内区政府为民办实事项目，完成体检 1.03 万人。年内制作药具自取架 260 个，发放药具 2689 多件，发放叶酸 3043 人份，1.83 万盒；婚孕检共投入资金 93.46 万元；发放科学育儿网卡 1 万余张。春节期间，为独生子女伤亡家庭举办“国情亲情友情，爱在丰台”联谊活动，给165名空巢老人送上鲜花和每人1000元的慰问金。在纪念《公开信》发表二十九周年之际，隆重表彰百户“幸福家庭之星”；从首批30家“科学育儿示范基地”授牌开始，幸福家庭工程从八项行动增加到九项行动，将关爱贯穿人生命的全过程，将服务覆盖人需求的各方面。

宣传工作。统筹宣传资源，采取外部环境宣传、节日活动宣传、人口学校培训、进村入户宣传、“三下乡”活动等多种形式，大力宣传人口计生法规和优生优惠政策，引导群众树立科学、文明、进步的婚育观念。充分用好计生图书角、“幸福家庭文化屋”、“幸福家庭快乐园”和人口文化园，让数万群众感受到文化关爱，得到精神实惠。人口计生宣传片与数字电影捆绑进社区，免费放映900余场。电视公益广告将孕前保健服务内容送到广大电视观众面前。《丰台报》创办的“人口计生专栏”，成为重要的计生宣传窗口。年内，在市级以上报刊发稿176篇。

流动人口服务和管理。按照市人口计生委《关于贯彻国家人口计生委流动人口计划生育工作全国“一盘棋”，三年“三步走”的实施意见》，区人口计生委切实改进、做好相关工作。以学习贯彻《流动人口计划生育工作条例》为契机，进一步探索依法管理和群众自治相结合的契约化管理模式。加强对各地育龄妇女计划生育信息的采集、核实、建卡工作；对上报信息进行分析整理，从中梳理出92条违法生育信息向其户籍地反馈。对基层流动人口计生协管员和统计员进行全国流动人口信息交换平台使用培训，推广楼门组长工作经验。将流动人口计划生育服务管理工作纳入村（居）民自治章程，编印宣传员、协管员计划生育工作手册，规范和指导基层计生工作人员的工作。

干部队伍建设。以开展学习实践科学发展观活动为契机，用科学理论武装干部头脑，把理论学习成果转化为谋划工作的思路、促进工作的措施、解决问题的办法。坚持民主集中制原则，充分发挥领导班子的整体效能。加大人口计生干部的培训力度，特别是抓好街（乡）、社区（村）两级工作人员的培训，邀请国家、北京市人口计生委领导和专家做专题报告。坚持学习型机关建设，在全系统开展业务知识竞赛。积极开展基层计生专干职业化建设培训工作，针对社区居委会换届，有1/3的社区计生干部换新人的情况，对全区的社区、村计生专干进行为期3天的集中培训，并派干部到基层指导工作，举办现场工作交流会，使新上任的计生专干尽快熟悉本职工作。

信息化建设。探索人口计生专业网络化建设模式，重点推动基层网络深入发展。连接了公安、卫生、民政、流管等部门和层级间信息共享交换，全区人口计生信息系统实现了四级联通。年内投入94万元，为全区21个街乡（镇）配套PADIS系统。应用率达到100%。

协会工作。举办第三届“和谐计生、舞动丰台”健身舞活动，吸引了1万多名群众参加。通过幸福花季网站、青少年性健康教育中心和学校教育，开展性与生殖健康咨询服务，得到青少年的积极参与和响应，幸福花季网站注册会员5819人，发帖总数多达4.8万个。举办了“让独生子女成功飞翔”讲座及青春期教育进校园活动，共有47所学校1万余名学生参与该项活动。成立流动人口计生协会195个，发展会员1.21万人，开展送政策、送知识、送温暖活动，维护流动人口的合法权益。

【人口和计划生育数据】年内，全区户籍人口出生8406人，计划生育率98.73%，出生人口性别比保持在107，完成了市政府下达的责任指标。全年区财政投入1442万元，完成市政府责任书下达的投入目标。

【国家和市人口计生委领导到丰台区调研】1月17日，在丰台区西国贸酒店，国家人口计生委及北京市人口计生委有关领导和专家对区人口计生委“幸福家庭工程”进行工作调研。区委常委、宣传部长李明圣、副区长李丽萍参加座谈并汇报工作。

【区领导听取人口计生工作汇报】2月6日，区委常委、宣传部长李明圣，副区长李丽萍到区人口计生委听取工作情况汇报。区人口计生委主任张林平汇报了2009年度工作安排。

【区召开统筹解决人口问题协调会】2月12日，副区长李丽萍组织召开全区统筹解决人口问题协调会。会议总结回顾了人口研究工作，提出了今后工作方针，对下一阶段的工作做了安排部署。区人口计生委主任张林平汇报工作，对下一步工作提出建议；12位人口问题专家顾问组成员及4个职能部门的主管领导参加了会议。

【召开人口和计划生育领导小组会议】3月3日，丰台区召开人口和计划生育领导小组会，区委书记、区人口和计划生育领导小组组长张大力参加会议，区长李超钢主持会议。会议听取了区人口计生委2008年工作情况汇报和2009年重点工作，与会的各领导小组成员单位针对工作汇报提出了建设性的意见。会议确定了2009年丰台区人口计生工作的总体思路：坚持以科学发展观为指导，按照区委关于“积极推进社会各项事业发展，着力改善民生，促进社会祥和稳定”的工作要求，找准人口计生工作与改善民生之间的结合点，积极推进人口计生这一重大民生工程的持续发展。

【召开人口和计划生育工作大会】3月6日，丰台区人口和计划生育工作大会在区工人俱乐部召开，区委、区政府、区人大、区政协有关领导以及全区21个街、乡、镇的党政一把手、计划生育干部400余人参加了大会。区人口计生委主任张林平主持会议，副区长李丽萍在会上作了题为《认真贯彻落实科学发展观，努力实现统筹解决人口问题的新跨越》的工作报告。卢沟桥乡、和义街道和大红门街道在大会上作了典型发言。区委常委、宣传部长李明圣在会上讲话；北京市人口计生委副主任耿玉田到会，对丰台区人口计生工作给予充分肯定，并提出了要求和指导意见。

【组织计生系统干部培训会】3月18～19日，区人口计生委举办了全区街、乡（镇）计生系统干部培训会。培训班邀请了中国人口与发展研究中心、中国社科院、北京大学的教授分别就干部队伍职业化建设、计划生育生殖健康与幸福家庭工程的理性思考等问题进行了授课。区人口计生委还布置了年内人口计生工作，要求通过巩固基础，保持低生育水平的稳定；通过完善机制，推进民生工程常态化；通过加强干部队伍建设，推进民生工程专业化；通过多部门联动和群众参与，推进民生工程社会化；通过专项工作的实施，促进人口计生事业持续发展。

【召开学习实践科学发展观活动动员会】3月16日，区人口计生委在圣地苑宾馆召开全委开展深入学习实践科学发展观活动动员大会。会议传达学习了丰台区委书记李朝纲在全区党员干部深入学习实践科学发展观活动动员大会上的讲话精神，委党组书记、主任张林平作学习实践科学发展观活动动员报告，对全委学习实践活动进行全面动员和部署。丰台区委学习实践活动领导小组第四指导检查组组长王玉莲到会并讲话。

【召开计划生育药械市场专项整治行动动员会】6月19日，丰台区召开计划生育药械市场专项整治行动动员会。李丽萍副区长到会并讲话，区人口计生委、区卫生局、区流管办、区工商分局、区药监分局、区质监局、区公安分局、区城管大队主管领导和联络员，以及部分街乡主管领导和计生办主任参加会议。会议对计划生育药械市场专项整治行动进行了动员部署。

【召开“幸福家庭之星”评选表彰会】9月22日，区人口计生委隆重举行“纪念《公开信》发表二十九周年暨百户幸福家庭之星表彰大会”。“幸福家庭之星”评选采取了在全区社区（村）、街乡（镇）层层选拔的方式，每年评选一次，每次评选一百户。

【举办丰台区第二届人口与发展论坛】10月28日，丰台区在京丰宾馆举办了第二届人口与发展论坛，国家人口计生委两位司长、市人口计生委主任、丰台区区长等人口及相关学科的专家、学者出席论坛。会上，与会领导和专家、学者与丰台区从事计生工作的人员就推进幸福家庭工程、打造惠民计生及丰台现代化新城区建设中的人口问题进行了广泛深入的探讨，积极为区域科学发展创造良好人口环境出谋划策。

【举办“科学育儿示范基地”授牌仪式】10月17日，丰台区政府隆重集会，为全区首批认定的30家“科学育儿示范基地”举行授牌仪式。“科学育儿”行动是开展“幸福家庭”工程的一项重要内容，也是丰台区政府全面贯彻落实科学发展观，倡导优生、优育、优教的人口计生理念的重要举措。

【孟加拉国卫生部长考察丰台区人口计生工作】10月20日下午，孟加拉国卫生部长一行在该国大使馆人员和市人口计生委领导的陪同下，对丰台区人口计划生育工作和妇幼保健工作进行参观考察。

【市人口计生委考评丰台区流动人口“一盘棋”工作】11月18日，市人口计生委正局级委员李芸莉带领由兄弟区县人口计生委主管主任组成的检查组，对丰台区流动人口计划生育全市“一盘棋”工作进行了考评验收。

【召开人口和计划生育工作总结汇报会】11月20日，区人口计生委在京丰宾馆召开丰台区人口和计划生育工作总结汇报会，全区21个街乡（镇）主要领导和区直机关11个职能部门主要领导汇报了工作。区委常委、宣传部长李明圣，副区长李丽萍参加了会议。

【区长办公会听取人口计生工作汇报】12月3日，区政府召开区长办公会，听取人口计生工作情况汇报。会议在听取区人口计生委主任的工作汇报后，财政局、卫生局等部门领导汇报了各自履行人口计生工作职责的情况，主管副区长介绍了区人口计生工作的成功做法和今后应重点研究解决的问题。

【市人口计生委检查考评丰台区人口计生工作】12月17日，市人口计生委主任邓行舟带队的检查组对丰台区2008～2009年度工作进行了检查，区委常委、宣传部长李明圣，副区长李丽萍参加了会议。上午，检查组在京丰宾馆听取了工作汇报，下午分两组对社区、村居进行了检查考评。

（宋新华）

石景山区

【概述】2009年，石景山区人口和计划生育工作在市人口计生委的关怀指导和区委区政府的正确领导下，以深入学习实践科学发展观活动为主线，以“稳定低生育水平，统筹解决人口问题，促进人的全面发展”为中心，以“转变观念、创新机制、关注民生”为重点，推进人口战略研究、加强宣传倡导、深化优质服务、强化依法行政、完善流动人口服务与管理，实现了“小人口”不放松，“大人口”不落空的工作目标。年内圆满完成了人口计生工作各项任务指标，并荣获北京市人口和计划生育工作模范区和全市唯一一家“全国军民共建人口和计划生育工作先进单位”称号。

综合治理。进一步强化“政府领导、部门协调、社会参与”的人口和计划生育综合治理机制。在年初全区人口与计划生育领导小组会和全区工作大会上，区领导与各综合治理部门、街道、部队、驻区大企业一把手签订《责任书》，按照《2009年石景山区人口和计划生育工作评估方案》，进一步明确了各部门的人口计生工作职责和任务。加强与各部门的沟通与协调，在人口战略研究、人口信息库建设、流动人口服务管理、药械市场整顿等工作中加强协作，进一步形成了人口计生工作合力。积极配合区人大对人口计生工作开展专项督察，重点就统筹解决人口问题职责落实情况进行专题汇报，并形成专项调研报告经区政府常务会和人大常委会审议通过。通过人大督查，进一步促进了区内统筹解决人口问题机制的建立和完善。

人口战略研究。年内，全区重点课题的调研工作取得全面进展。区人口计生委组织了“石景山区流动人口服务和管理问题及对策研究”的课题调研，区委常委、副区长付生柱亲自担任课题组组长，多次组织召开课题组成员会议，协调调研工作的实施。区人口计生委协调8个课题调研单位设计了调查方案和调查问卷，并组织实施入户问卷调查，完成了数据处理和调研报告的撰写，提出了对策性建议，为提高区内流动人口服务管理水平提供了政策参考。区人口计生委参与了“首钢搬迁后社会管理与服务所面临的问题和挑战”的课题调研，完成了“首钢搬迁对石景山区人口和计生工作带来的问题和挑战”子课题调研任务，撰写了调研报告，为区委、区政府决策提供了对策建议。此外，区人口计生委还与区统计局联合开展了“石景山区区域经济与人口发展研究”课题调研。

人口信息化建设。为推进区人口信息平台建设，年内重点协调区信息、公安、人保、民政、教委、流管等部门，加快人口基础信息的整合，已形成了以“公民身份证号码 + 姓名”为唯一标识的、拥有49万余条信息的全员人口基础信息库，建立了人口基础信息的采集、处理、储存、更新、交换、服务为一体的信息化体系，实现了与各委办局业务系统相连接的信息共享，为各部门业务应用及区委区政府宏观决策提供了人口基础数据支持和服务。组织进行了 WIS 四级系统的试点工作，联合区经信委将 WIS 四级与人口信息库建设同步进行，已完成研发工作，并在古城和鲁谷的2个社区开展了试点。

宣传教育。在媒体宣传方面，与区电视台联合创办了《人口视窗》电视栏目，陆续就出生缺陷干预、利益导向政策、男性健康工程等专题进行了深度宣传，加深了群众对人口计生工作的理解。在活动宣传方面，先后举办了5·29会员活动日、7·11世界人口日、10·28男性健康日三次大型主题宣传活动，引起社会各界广泛关注，引导群众对人口问题的深度思考。各街道、社区充分利用传统节日、纪念日等时机，组织开展消夏晚会、主题灯会、文艺汇演、征文比赛、书画展览等丰富多彩、寓教于乐的宣传活动，如组织观看《生命的呼唤——人口篇》大型电视专题片、开展“我与国策共成长”演讲征文活动等，取得了良好的宣传效果。

优质服务。年内，继续巩固和深化“全国计划生育优质服务先进区”成果。一是深入推进“出生缺陷干预工程”。在各街道举办准妈妈准爸爸优生优育大讲堂，拓宽叶酸免费发放渠道，开设“婴幼儿早期教育大课堂”，开展出生缺陷实验室筛查可行性分析，实行孕期“唐氏综合征”的免费筛查，提高了出生缺陷的干预等级。二是深入推进“男性生殖健康关爱工程”。编印《男性生殖健康知识手册》10万册，为区内1000余名男性提供免费生殖健康检查和服务，与市人口计生委宣教中心、北京军区司令部联合举办男性健康走进北京军区大型主题宣传活动，普及男性生殖健康知识，使男性生殖健康关爱工程向部队延伸。三是深入推进避孕节育知情选择工程。广泛开展药具服务进社区、进机关、进流动人口聚集地、进大学校园、进企业、进公交车站、进高危人群等系列活动，进一步拓宽了药具服务的覆盖面；完善了区药具站服务设施，健全了制度，规范了管理，进一步提高了服务质量；联合相关部门开展了计划生育药械市场专项整治行动，进一步规范了计划生育药械市场。四是进一步拓宽优质服务覆盖面。为不同人群举办生殖健康知识讲座，开展“拒绝两癌、健康相伴”行动、“优质服务企业行”活动等，拓展服务方式和服务内容。

依法行政。认真落实计划生育家庭的各项奖励扶助政策，全年共兑现各项奖励和经济帮助138.2万元。认真做好社会抚养费的征收工作，集中开展了违法生育未处理案件清理清查。规范行政审批工作，制定了《石景山区违法生育有奖举报制度》，规范了一孩生育服务证的办理和二孩审批程序，缩短了二孩审批时间，调整了病残儿鉴定的审批次数。实施“阳光计生行动”，实行政务信息公开，建立了重大决策信访风险沟通制度，开展重点信访案件的排查调处工作，切实维护群众的合法权益。

流动人口服务与管理。年内，全面贯彻落实国家和北京市人口计生委工作要求，积极推进流动人口“一盘棋”工作。以贯彻落实《流动人口计划生育工作条例》为契机，进一步完善“统筹管理、服务均等、信息共享、区域协作、双向考核”工作机制，全面提升流动人口计划生育服务管理水平。建立健全委内委外协调机制，制定“一盘棋”工作任务分解，加强了对“一盘棋”工作的组织领导。举办流动人口新春联谊会、5·29文艺汇演等活动，加大了对流动人口的宣传服务力度。进一步完善了流动人口服务管理机制。与19个县市人口计生部门签订了双向管理《协议书》，落实了流动已婚育龄妇女采取长效避孕节育措施的一次性奖励规定，完成了国家流动人口信息平台的更新和入机工作，建立了“新居民服务站”、“楼宇服务站”，召开了人户分离计划生育工作交流会，积极发挥流动人口计划生育协会作用，为做好流动人口计划生育服务管理开辟了新途径。集中开展了《流动人口计划生育工作条例》宣传月活动，录制《北京新居民》节目，通过组织专题培训、制作宣传品、举办知识竞赛等，进一步增强了流动人口的法律意识。

队伍建设和基层基础工作。以开展学习实践科学发展观活动为契机，注重加强机关的自身建设，夯实基层基础工作。通过为期6个月的学习实践活动，认真检查剖析制约人口计生工作科学发展及领导班子建设方面存在的突出问题和主要原因，进一步明确了工作思路和主要举措，增强了党员干部做好人口计生工作的自觉性和坚定性，提高了干部队伍的凝聚力和战斗力。开展“肩负时代新使命，再谱国策新篇章”——计生人的承诺活动，举办区、街、居三级计生干部业务培训班，全面提高干部队伍的管理服务能力。夯实基层基础工作，继续开展示范社区创建活动，并对进入到北京市计划生育示范社区行列的25个社区进行了表彰。加强对基层基础工作的指导，积极发挥示范社区的引领作用，使社区计生工作更加扎实有效，管理更加规范，服务更加深入，群众满意度不断提高。

协会工作。年内，协会组织建设得到进一步加强，建立了玉泉鲁谷批发市场等4个流动人口计划生育协会，创建了老山街道东里北社区等3个市级示范会员之家。开展协会特色宣传活动，如青春健康教育活动、艾滋病知识讲座、感言母亲座谈会、关爱特别扶助家庭活动等，增强了各级协会组织的影响力和凝聚力。开展了“幸福工程——为贫困母亲捐款”活动，共募集善款11.9万余元。

【人口和计划生育数据】全区常住人口60.5万，其中：户籍人口39万，流动人口21.5万。年内，户籍人口出生2881人，其中计划内出生2810人，计划生育率97.54%。与2008年相比，户籍人口出生略有增加，共增加172人，计划生育率仍保持在较高水平；户籍人口自然增长率有所提高，达到3.49‰。60岁以上老年人口达到7.19万人，占全区户籍人口的19.97%，人口老龄化日益严重。

【召开人口与计划生育领导小组会】2月10日，召开区人口与计划生育领导小组会，区委书记荣华、区长周茂非出席会议，区委常委、副区长付生柱主持会议，全区38个综合治理部门、北京军区计生办、首钢总公司、北重、发电厂主要领导参加了会议。会上，区人口计生委主任宋平汇报了2008年工作及2009年工作思路，周茂非区长与区劳动保障局、区财政局、区民政局、区教委的主要领导签订了人口与计划生育综合治理责任书。最后，荣华书记作了重要讲话，并提出三点意见：一是提高认识，坚持不懈抓好人口计生工作；二是狠抓重点，指导到位，切实稳定低生育水平；三是齐抓共管，综合治理，统筹解决人口问题。

【举办流动人口新春联谊会】春节前夕，由石景山区人口计生委主办、金顶街街道计生办协办的流动人口新春联谊会，在金顶街街道模西居委会召开。会上，各级领导对流动人口家庭为石景山区做出的贡献表示感谢，并向他们发放了爱心大礼包，把关爱送到他们身边。流动人口代表李春英发言，并表示做好计划生育宣传员，为石景山区的发展做出自己的贡献。区人口计生委、区流管办、金顶街街道领导和各街道计生办主任及流动人口家庭80多人参加了活动。

【召开人口和计划生育工作会】2月24日，召开2009年人口和计划生育工作会。驻北京市人口计生委纪检组长李红文，区委副书记、区长周茂非，区委常委、副区长付生柱，区人大副主任张文华，区政协副主席张守信，首钢总公司计生办主任毛武等领导出席会议。各街道党政一把手、主管主任，区人口与计划生育领导小组联络员，北京军区四大部计生办、驻区大企业和区、街、居人口计生干部近300人参加了大会。区政府办公室主任田利跃主持会议。会上，周茂非区长与首钢总公司、北京军区四大部计生办和街道办事处领导签订了2009年人口和计划生育目标管理责任书；区人口计生委宋平主任作了2008年工作总结、部署了2009年工作。市人口计生委纪检组长李红文在讲话中充分肯定了石景山区人口计生工作取得的成绩，并就如何进一步做好人口计生工作提出了具体意见。

【举办机关女干部健康知识讲座】三八妇女节前夕，区人口计生委携手区妇联共同举办了大型女性健康知识讲座，邀请200余名机关女干部参加，并向她们赠送了精美的节日礼物。北京肿瘤医院袁凤兰教授、北京大学第一医院乳腺疾病中心刘荫华教授应邀授课，两位教授分别就如何预防乳腺癌、乳腺癌发病趋势做了精彩讲解，并与听众进行了互动交流，受到广大女干部的欢迎。

【召开驻区企业计生工作现场会】3月3日，区人口计生委组织召开驻区企业计划生育工作现场会，对企业招用外省市协力工的计划生育服务管理工作进行了研讨，驻区九大厂矿的计划生育干部参加了会议。会上，首钢总公司、首钢焦化厂分别介绍了在外省市协力工的招聘、使用、管理、服务等方面进行的探索和取得的经验。区人口计生委主任宋平就做好企业人口计生工作提出三点意见：一是提高对人口问题的认识，在新形势下，稳定低生育水平、统筹解决人口问题任务艰巨；二是服务多样化是企业人口计生工作的良好抓手，计生服务要向全人群、全过程拓展；三是“小人口”工作不放松，要积极探索企业协力工的服务管理模式，关注特殊人群。通过召开现场会，增强了政府与企业之间、企业与企业之间人口计生工作的交流，有助于及时解决企业发展过程中面临的新情况和新问题，是在人口计生工作新机制建设方面进行的积极探索。

【举办“弘扬红丝带精神，传承关爱理念”活动】3月11日，区计生协与首钢计生协联合，在首钢工学院举办了主题为“弘扬红丝带精神，传承关爱理念”青春健康活动。活动聘请青春健康项目优秀教师杨光，为首钢工学院大一的学生讲解青春健康和预防艾滋病知识，300 余名学生和佩戴红丝带的志愿者参加了活动。讲座内容涉及未来计划、青春期保健、艾滋病预防、人际交往等多方面，以角色扮演、讨论、游戏互动的教学方式，引导学生自由发言，在轻松、和谐的气氛中传播知识，增强学生的自我保护意识和社会责任感。活动现场还设置了 20 块展板，并发放了宣传材料和礼品，受到大学生们的欢迎。

【开办《人口视窗》电视栏目】为加强“大人口”宣传，强化“大人口”意识，促进人口问题统筹解决，区人口计生委与区广电中心联合开办了电视杂志类栏目——《人口视窗》。栏目分为“小城故事、天下博览、深度解读、视点聚焦”四个板块，其创办宗旨是“关注人口问题，促进区域发展，提高人口素质，构建和谐家庭”。4 月 22 日，栏目第一期——《全球看人口》在石景山电视台正式播出并收到了很好的宣传效果。年内，栏目每月制作播出 1 期，全年共9 期，就人口计生领域不同专题进行了深度宣传。该栏目是石景山区在人口计生宣传教育工作中的大胆尝试，是人口计生宣传教育的新平台，是“大人口”宣传的重要窗口和载体。

【区人大对人口计生工作进行专项督查】年内，区人大对石景山区近年来人口计生工作开展情况，尤其是统筹解决人口问题职责落实情况进行了专项督查。4 月份以来，区人大领导先后听取了区人口计生委专项工作汇报、走访了驻区部分企业和街道社区、开展了统筹解决人口问题情况书面调研并组织召开综合治理部门座谈会，全面了解人口计生工作进展情况、存在的难点和问题，并提出下一步发展的方向。9 月 17 日，在石景山区第十四届人民代表大会常务委员会第二十次会议上，区人大就专项督察工作进行了报告并审议通过。区人大充分肯定了近年来全区的人口计生工作，认为在统筹解决人口问题工作机制、人口计生法制化建设、出生缺陷干预工程等方面进行了积极探索并取得了显著成绩。

【开展流动人口服务管理专项调研】年内，为全面深入了解流动人口工作和生活状况，掌握流动人口的流动与聚居特点，发现流动人口管理服务中存在的难点与问题，在区委、区政府的组织协调下，区委常委、副区长付生柱亲自主持，由区人口计生委牵头、政府相关部门配合，开展了流动人口大型抽样调查，并完成区重点调研课题《石景山区流动人口服务和管理问题及对策研究》。2 月份，召开课题开题会，进行统一部署。区人口计生委协调8 个课题调研单位设计了调查方案和调查问卷。5 月份组织了入户调查，对全区 9 个街道 50 个社区的 3500 名流动人口进行了问卷调查，全面深入了解流动人口基本情况、子女教育、就业与社会保障、卫生服务需求与供给、居住与融合等方面的现状，并完成了 3246 份有效问卷的数据处理和调研报告的撰写，提出了对策性建议。

【举办流动人口计划生育大型宣传活动】5月27日，举办以“爱我家乡，情系北京，遵守国策，共促和谐”为主题的纪念计划生育协会成立29周年流动人口大型宣传活动。市人口计生委副主任耿玉田、市计划生育协会秘书长胡兰、区委常委副区长付生柱、区人大副主任张文华、区政协副主席张守信等领导出席，区委宣传部、区文明办、区文委等部门领导参加活动。此次大型宣传倡导活动是由石景山区流动人口计划生育协会会员参与并发起的，活动内容有：流动人口文艺汇演，包括歌舞、小品、相声、诗朗诵等10个文艺节目，演员大多是居住在石景山区的外省市流动人口，其中还包括首钢工学院31名来自5·12地震灾区的学生；耿玉田、付生柱等领导为全区30名春蕾奖学金获得者发放了奖学金。来自石景山区3所流动人口学校的30户流动人口学生家庭、社区流动人口共300余人参加了活动。

【开展深入学习实践科学发展观活动】作为石景山区第一批开展深入学习实践科学发展观活动的单位，区人口计生委在3月份正式启动学习实践活动。在为期6个月的学习实践科学发展观活动中，全委干部通过学习交流、专题调研、征求意见、召开专题民主生活会等形式，紧密联系思想和工作实际，查找分析问题和不足，提出切实的整改措施，取得了显著成效，并在全区学习实践活动交流会上进行了经验介绍。

【举办“我与国策共成长”演讲征文比赛】为纪念世界人口日，在全区范围开展了“我与国策共成长”演讲、征文比赛活动。活动历时三个月，共征集稿件186篇。参加演讲比赛的选手有计生干部、学生、退休干部、企业职工、部队官兵等，登台演讲人数达90人次，年龄最大的选手74岁，他们以亲身经历讲述了与国策风雨同舟、共同成长的历程。经过层层角逐，9名演讲选手参加区演讲比赛。6月12日，举办“我与国策共成长”演讲比赛暨优秀征文颁奖活动，市人口计生委、区委宣传部、区文明办、区妇联、区文委等部门领导参加活动并担任评委，全区各街道、社区计生干部170人参加活动。古城街道的选手孟玉凤获得一等奖，并代表石景山区参加了市演讲比赛，获得三等奖。

【开展生育关怀系列活动】年内，开展了生育关怀系列活动。在元旦、春节期间，对全区102户计生困难家庭进行了走访慰问。不仅送去慰问品、慰问金，更向他们传递了党和政府对困难家庭的关怀之情。全年兑现各项奖励和经济帮助138.2万元，其中：发放独生子女父母奖励费85.7万元，一次性奖励费45.5万元，全区189名奖励扶助对象每人每月200元的奖励扶助金发放到位。6月23日，区计生协组织39名计划生育特别扶助家庭的老人走进鸟巢、水立方，体验奥运场馆的精彩与辉煌，感受新中国成立六十周年的伟大成就，弥补了这些老人没有到现场观看比赛的遗憾，为他们送去和谐社会大家庭的关怀和温暖。

【区政协委员视察人口计生工作】7月3日，区政协社法委领导一行20人到人口计生委视察工作。政协委员们首先听取了宋平主任关于人口计生工作形势的汇报，并结合当前人口计生工作的热点和难点问题进行了深入的研讨。委员们还参观了性与生殖健康科普展，对展览工作提出了有益的建议。区政协社法委领导对人口计生工作取得的成绩给予了肯定，并计划进行专项调研，促进石景山区人口问题统筹解决。

【举办纪念7·11世界人口日主题活动】7月7日，为纪念第20个世界人口日和新中国成立六十周年，在万达广场铂尔曼大饭店举办了“关注人口发展，促进社会和谐”主题宣传活动。市人口计生委党组书记、主任邓行舟，区长周茂非、区人大主任赵玉民、副区长付生柱，区人大代表、政协委员，区人口与计划生育领导小组各成员单位、驻区部队、企业领导和计生干部共300余人参加了活动。活动以鲜明的主题、独特的视角和数字的形式，展现了新中国成立六十年来人口发展的历程和计划生育工作取得的辉煌成果。活动还特邀中国人民大学社会与人口学院副院长、人口专家段成荣教授，市文物局正局级巡视员巴爱民，北师大第二附属中学高级教师、中央电视台《百家讲坛》栏目主讲纪连海老师进行现场访谈，受到与会人员的欢迎。

【开展计划生育优质服务企业行活动】7月21日，“与健康牵手，与幸福有约——计划生育优质服务企业行”活动在大唐国际高井热电厂拉开了帷幕。活动聘请健康专家为现场职工讲解健康知识，并以互动形式使现场职工积极参与，展示了当代企业职工的新风貌，受到了企业领导和职工的热烈欢迎和肯定。随后，这项活动陆续在首钢、北重等驻区大企业推开，受益人数逾万人。

【组织全区计生专干业务培训】针对社区换届选举后计生专干调整变化大、年度工作任务重的特点，8月27~29日，举办了区、街、居三级计生专干共191人参加的全区人口计生系统干部业务培训班。邀请市人口计生委正局级委员李芸莉和全国优质服务指导组成员郭新华，分别就如何把心理健康引入信访机制和如何从基层角度做好优质服务工作进行了专题辅导，开拓了工作思路。培训活动中，重点就法律法规、流动人口、药具管理、计生协会、信息统计等工作进行了系统讲解，使大家对经常性工作的政策、规定、程序、标准等更加熟悉和掌握。同时，就街道计生工作半年检查情况进行了总结分析，特别是针对存在的突出问题逐项进行了指导，为顺利完成全年工作目标奠定了基础。

【开展计划生育药械市场专项整治行动】为落实国家和北京市关于开展计划生育药械市场专项整治行动的要求，6月18日，区委常委、副区长付生柱亲自主持，召开了石景山区计划生育药械市场专项整治行动协调小组会议，成立了由区人口计生委、药监分局、质量技术监督局、卫生局、工商分局、公安分局、城管大队七部门组成的专项整治行动领导小组，并印发了石政办发〔2009〕33号《印发〈关于计划生育药械市场专项整治行动实施方案〉的通知》。在3个月时间内，全区多次组织部门联合执法，对重点地区进行了清理整治，规范了计划生育药械市场管理，维护了群众的健康权益。9月21日，市人口计生委主任邓行舟带领计划生育药械市场专项整治行动联合督查组一行6人莅临石景山区检查指导。督查组听取了副区长付生柱关于计划生育药械市场专项整治行动工作情况的汇报，并就专项整治行动情况进行了讨论。在区领导陪同下，督查组还对重点地区成人性用品商店进行了抽查。

【启动“青春健康校园行”活动】9月14日，由区计生协主办的“青春健康校园行”活动启动仪式在京源中学隆重举行。此次活动以“青春健康、和谐成长”为主题，来自该校高中年级200多名师生参加了启动仪式。在仪式上，志愿者代表宣读了参加青春健康教育活动倡议书，并接受了区计生协赠与的青春健康教育书籍和笔记本。与会师生聆听了北京市青春健康骨干师资陈萱老师——《男女同学如何交往》专题讲座。

【建设石景山区人口基础信息库】为整合全区人口信息资源，实现区域人口资源共享，区人口计生委与区信息中心、太级公司合作，启动了区人口基础信息库建设项目。区委常委、副区长付生柱亲自协调，多次组织召开协调会，成立了由区人口计生委、区信息办牵头，区流管办、区民政局、区公安分局、区劳动保障局、区残联、区卫生局、区教委等9个人口信息集中的部门参加的领导小组，共同建设石景山区人口基础信息库。年内，在各成员单位的大力配合下，依托电子政务专网和市区两级共享交换平台，融合育龄妇女、流动人口等相应人口信息资源，建立起覆盖全区人口的包括核心基础信息、基础扩展信息、主题扩展信息、业务服务信息四个层次的人口基础信息库，系统功能初步实现。人口基础信息库建设，为全区政府部门业务应用、跨部门业务应用和宏观决策提供人口基础数据支持和服务，取得了良好的效果。

【开展《流动人口计划生育工作条例》系列宣传活动】《流动人口计划生育工作条例》颁布后，石景山区开展了学习贯彻落实《条例》的系列活动。一是制作宣传片。8月份，区人口计生委与区广电中心联合录制了一期《北京新居民》节目，邀请中国人口学会秘书长解振明和市人口计生委正局级委员李芸莉作为节目的嘉宾对《条例》进行了深度的解读。节目在北京电视台公共频道播出，收到了很好的宣传效果。二是组织专题培训。9月11日，邀请市人口计生委流动人口管理处处长张瑞霞对全区区、街、居三级200余名计生专干进行了专题培训，使他们对《条例》内容有了全面的了解和认识。三是制作了宣传品。根据流动人口的特点和《条例》内容，制作宣传品10余万份，发送到流动人口手中，使《条例》内容家喻户晓，深入人心。四是开展集中宣传活动。10月9～14日，各街道在繁华商业街、流动人口大院等流动人口密集的地段，通过悬挂标语、条幅，发放宣传品，文艺演出等形式，掀起学习贯彻落实《条例》的热潮。五是举办知识竞赛。为了使广大的计生专干充分掌握《条例》的精神和内容，增加学习《条例》的趣味性，举办了辖区单位计生专干参加的《条例》知识竞赛并进行了表彰。

【举办“肩负时代新使命，再谱国策新篇章”主题活动】9月24日，区人口计生委、计生协联合举办了以“肩负时代新使命，再谱国策新篇章”为主题的人口计生系统迎接新中国成立六十周年暨“9·25”《公开信》发表二十九周年纪念活动。市人口计生委人事处处长杨春雁、宣教处处长刘凤婷出席，区、街人口计生专干60余人参加活动。活动以区人口计生委部分干部倾情演绎的合唱《歌唱祖国》拉开序幕，宋平主任为活动致辞，并为区人口计生委历任老领导和区、街计生专干，现场颁发了贡献奖、耕耘奖、特别贡献奖和荣誉奖四个奖项，27名干部获奖。此外，还向离开人口计生工作岗位的老领导、老专干颁发了证书，聘请他们担任人口计生工作的监督员和宣传员。

【男性健康宣传活动走进北京军区】10月22日，由市人口计生委宣教中心、区人口计生委与北京军区司令部、北京军区某部队联合举办的“与健康牵手，与幸福有约——石景山区第十个男性健康日‘走进北京军区’大型宣传活动”在北京军区某部队礼堂隆重举行。市人口计生委副主任彭彧华、副区长付生柱、北京军区司令部计生办主任李维伟出席活动并讲话，800余名官兵参加了活动。活动中播放了知识性短片《男性健康现状》和《男性健康与生活的关系》，北京大学第三医院泌尿外科副主任姜辉、北京大学心理专家汪冰、中国性学会副秘书长杨大中三位专家坐客活动现场，为战士们讲解男性健康知识并进行现场互动，战士们就有关男性健康问题与专家进行了交流。活动现场气氛活跃，并邀请部队首长和部分战士一起做了换水游戏，使他们更加形象化地了解艾滋病传播途径。市、区人口计生委还向部队官兵赠送了男性健康书籍、健康礼包、知识光盘和展板等。

【开展“唐氏综合征”产前免费筛查工作】经过半年多的调研与论证，区政府印发石政办发〔2009〕53号文件——《关于印发〈石景山区出生缺陷二级预防孕中期唐氏综合征产前筛查方案〉的通知》，决定自2009年11月1日起在全区开展“唐氏综合征”产前免费筛查工作，政府埋单，启动出生缺陷二级预防。凡在区内领取《生育服务证》的已婚育龄夫妇和经批准的再生育夫妇，可在怀孕15~18周到石景山医院、北京大学首钢医院、朝阳医院京西分院、清华大学玉泉医院等四家指定医院接受“唐氏综合征”产前免费筛查服务。这项工作是石景山区出生缺陷干预工程的拓展和延伸，是石景山区开展民心工程的又一新举措。

【召开人户分离计生工作交流会】12月15日，召开街道、社区计生专干和流动人口协管员参加的“石景山区人户分离人员计划生育工作交流会”。会上，总结了石景山区人户分离人员计生工作，八宝山街道和远洋山水物业管理中心分别介绍了做好人户分离人员和流动人口计划生育工作的主要做法和经验；人户分离人员代表结合自身感受作了发言；区人口计生委主任宋平对人户分离人员计划生育工作提出了具体要求。

（郁岚）

门头沟区

【概述】2009年，门头沟区人口和计划生育工作在区委、区政府的正确领导和市人口计生委的支持指导下，坚持以科学发展观为统领，深入贯彻落实中央《决定》和市委《决定》精神，全面落实区委、区政府《关于深入贯彻落实科学发展观，统筹解决人口问题的实施意见》，全面实施了“人文计生”、“普惠民生”、“幸福人生”三大工程，进一步巩固了创优成果，稳定了低生育水平，为生态涵养发展区建设营造了良好的人口环境。

宣传教育。在7·11世界人口日期间，全区围绕“关注计划生育家庭，促进妇女创业发展”主题，开展了丰富多彩的宣传服务活动。区人口计生委发放《关爱生命，传递健康》宣传折页3200份，宣传画2400张。各单位还采取文艺演出、播放健康知识光盘、举办健康知识讲座、义诊咨询服务、出板报、墙报、写标语、挂横幅等多种形式，在全区形成人口日宣传高潮。区人口计生委举办“情系弱势群体，关注女性生殖健康”为主题的宣传服务活动，2033余名残疾和低收入家庭已婚育龄妇女接受了免费健康体检。在“男性健康日”期间，区计划生育生殖健康宣讲团成员先后深入到永定、东辛房等镇街开展男性健康宣传，为138名男性朋友讲授了男性健康知识，讲座现场悬挂宣传横幅，发放了《男性健康手册》、《北京人口》等宣传材料。

生殖健康与优质服务。年内，区人口计生委在东辛房地区社区卫生服务中心举行免费体检启动仪式。体检项目包括妇科、B超、乳透、血糖等项目的检测。医务人员为该地区400多人进行了免费体检，咨询服务数百人，共举办社区健康知识讲座7场。

区人口计生委还带着政策法规、生殖健康知识宣传册等来到建筑工地，发放《流动人口服务指南》、《北京人口》、计生《家庭历书》等宣传资料600余份，避孕药具600盒。区人口计生委技术服务中心大夫还现场为工地上的农民工讲解了男性健康知识和艾滋病的预防等知识，深受外来建筑工人的欢迎。全区开展了对农村采取长效节育措施的户籍已婚育龄群众进行的奖励性免费健康体检。体检项目包括：一般检查、乳腺检查、超声波检查、一般化验、生化检查、妇科检查以及男性泌尿生殖系统检查。区人口计生委还举办“幸福沙龙”活动，北京大学医学部符绍莲教授为30多位年轻夫妻详细讲解了生殖健康、优生优育、孕产期保健等知识，并与大家互动交流，现场答疑解惑。12月，“计生讲座大课堂”走进龙泉雾村，区计划生育生殖健康宣讲团成员深入该村，为60多名育龄群众讲授了计划生育生殖保健、优生优育、平衡饮食、有氧运动等知识，提供健康咨询服务，解答群众提出的疑难问题，受到群众的热烈欢迎。

药械市场专项整治。为深入贯彻落实北京市计划生育药械市场专项整治行动大会精神，门头沟区召开计划生育药械市场专项整治会议，部署药械市场专项整治工作。成立了由副区长贾文勤任组长的专项整治行动协调小组，制定了专项整治行动实施方案。专项整治行动以部门自查为主，有关单位将组成联合督查组，适时进行分片督查，对重点地区、重点行业进行联合执法检查。副区长贾文勤带领专项整治行动检查组，对门城重点地区、重点行业经营计划生育药械的部分门店进行了联合执法检查。全区共有药店76家，保健品商户23家，自从开展计划生育药械市场专项整治行动以来，专项整治行动检查组已对其中的42家门店进行了检查。

流动人口服务与管理。区人口计生委与山东省烟台、东营、菏泽、德州、济南、淄博、泰安7个地市结为流动人口计划生育服务管理工作友好单位，签订了《流动人口计划生育双向服务管理工作协议书》，明确了流动人口计划生育服务管理职责。区人口计生委召开流动人口出生监测工作座谈会，区卫生局、区妇幼保健院、区医院、京煤集团总医院的妇产科主任及具体工作人员参加了座谈会。与会人员针对流动人口出生监测工作中存在的不足和工作难点进行了讨论，提出了改进措施和建议。年内圆满完成重点地区流动人口抽样调查，此次调查以龙泉镇三家店村和水闸西路社区作为调查点，旨在了解流动人口家庭、个人在生产、生活及生殖健康方面的需求信息，为积极探索有效的流动人口服务管理机制提供有力的数字依据，并为在全国开展的大范围流动人口调查工作奠定基础。下半年区人口计生委、区计生协、区流动人口和出租房屋管理委员会办公室、龙泉镇政府联合在双峪农贸市场举行“爱在你身边”流动人口计划生育宣传服务活动。

副区长贾文勤参加宣传服务活动，并向群众发放宣传材料。活动现场设立了计划生育政策咨询、药具发放、宣传品发放服务台，医务人员开展了内科、妇科、儿科、中医等义诊咨询服务，工作人员向群众发放了《致流动人口的一封信》、《流动人口计划生育常识》、《服务指南》、《知情选择》等宣传材料，发放避孕药具2000多盒、计划生育宣传袋500多个。

培训工作。年内，一是举办PADIS流动人口系统应用培训。市人口计生委流管处工作人员对PADIS流动人口子系统试运行期间的工作进行了部署；授课老师对PADIS系统具体操作应用，进行了细致的讲解。区人口计生委相关工作人员及13个各镇街计生办主任和负责流动人口管理工作人员参加了培训。二是举办人口计生工作综合培训班。市人口计生委宣教处处长刘凤婷以“改革中的人口和计划生育宣传教育”为主题，就计划生育宣传教育的历史沿革、宣传教育方法、宣传教育的主要内容等几个方面做了详细培训。区人口计生委各科室负责人分别就统计、法规、药具、协会、技术服务等工作进行了详细讲解。三是举办法制工作综合培训班，就区人口计生委新编的《法规工作规范要求（试行）》进行讲解并征求意见；对各镇街计划生育案卷进行了评查；就进一步做好全区计划生育法制工作进行了研讨。各镇街计生干部、流动人口计划生育协管员认真学习了《流动人口计划生育工作条例》。四是举办人口计生基础信息核查工作培训班，根据国家和北京市人口计生委相关文件精神，印发了《门头沟区人口和计划生育基础信息核查工作实施方案》。工作人员就此次人口计生基础信息核查登记对象、主要核查内容进行了详细解读。各镇街主管领导、计生干部以及区公安、卫生、妇幼、流管等部门的领导及具体工作人员参加了培训。五是举办独生子女伤残家庭特别扶助制度培训班，工作人员就北京市独生子女伤残家庭特别扶助制度政策解释、特别扶助对象资格确认工作程序、特别扶助制度工作用表填表说明等内容进行了详细讲解。符合独生子女伤残家庭特别扶助条件的，政府给予每人每月160元的特别扶助金。

机关学习。2月，区人口计生委以“巩固创优成果，再创工作佳绩”为主题开展为期三天的学习讨论活动，全体工作人员学习了国家、市人口计生委有关文件精神，公布了修改完善后的区人口计生委机关各项规章制度。3月中旬，区人口计生委召开深入学习实践科学发展观活动动员大会，传达了区委有关文件，宣读了《区人口计生委党组开展深入学习实践科学发展观活动实施方案》，全面部署了学习实践活动。区人口计生委党组书记、主任姜淑琴做动员，区委第一批学习实践活动指导组有关领导出席了动员大会。区人口计生委主任姜淑琴以《唱响时代旋律，建设和谐计生》为主题作学习实践科学发展观报告。区人口计生委结合本单位实际情况以“我为科学发展献一策”、“门头沟区人口计生工作科学发展所面临的问题”等题目开展大讨论，由主要领导、主管领导分别作学习实践科学发展观报告。6月上旬，区人口计生委召开学习实践科学发展观专题组织生活会，全体党员、入党积极分子参加了会议，大家围绕深入贯彻落实科学发展观，结合本部门、本单位的实际工作，深入查找个人在贯彻落实科学发展观活动中存在的突出问题，从宗旨意识、责任心、事业心、艰苦奋斗作风、组织纪律等方面分析产生问题的原因，制定了改进措施，明确了努力方向。8月中旬，区人口计生委召开了学习实践科学发展观活动总结会，全体机关干部和镇街（村居）计生干部参加了总结会，区委学习实践科学发展观活动指导组的领导出席会议并予以具体指导。区人口计生委党组领导总结了全委开展学习实践科学发展观活动的情况，由基层干部群众对活动开展情况进行了书面评议。

【人口和计划生育数据】年内，全区户籍人口出生1702人，计划生育率97%，一孩率92.24%，晚育率87.64%。户籍人口出生率为6.97‰，比2008年同期下降了0.38个千分点。户籍人口死亡率为6.4‰，比2008年同期提高了0.66个千分点。户籍人口自然增长率为0.57‰，比2008年同期降低了1.04个千分点。全区户籍育龄妇女总数为6.06万人，占总人口比重24.79%；已婚育龄妇女总数为4.32万人，占总人口比重17.66%，生育旺盛期妇女占育龄妇女总数的27.28%，比2008年同期提高了0.79个百分点。婚嫁育龄妇女7707人，比2008年同期增加了470人。婚嫁育龄妇女占户籍育龄妇女总数的12.71%，比2008年同期提高了0.67个百分点，婚嫁育龄妇女数逐年增加。全区流动人口总数约7.3万人，其中育龄妇女为1.53万人，与2008年同期相比，流动人口总数减少了0.48万人，育龄妇女增加了955人。

【市、区领导慰问计生干部】1月4日，市人口计生委正局级委员李芸莉在副区长贾文勤的陪同下，分别走访慰问了大峪街道向阳东里社区计划生育家庭王金玲、张建玲夫妇和永定镇万佛堂村计生专干董淑香，感谢他们为人口和计划生育事业做出的贡献，给他们送去了慰问品和慰问金以及新春的祝福。

【召开创建全国计划生育优质服务先进单位总结会】1月20日，门头沟区召开创建全国计划生育优质服务先进单位总结会。区委常委、宣传部部长陈志强、副区长贾文勤出席会议。副区长贾文勤宣读了《国家人口计生委关于表彰2008年全国计划生育优质服务先进单位的决定》。区委常委、宣传部部长陈志强对巩固创优成果、进一步做好全区人口计生工作提出要求。各委办局、各镇街计生工作领导、计生干部、村居计生专干共200多人参加了创优工作总结会。

【召开人口与计划生育领导小组会】2

月16日，门头沟区召开人口与计划生育领导小组会，区长刘云广、宣传部部长陈志强、副区长贾文勤、区人口与计划生育领导小组成员单位领导出席了会议。区长刘云广强调要进一步做好全区人口计生工作，总结成功经验，巩固创优成果；加大宣传力度，完善工作制度；搞好计划生育优质服务，加强对计生干部的管理与培训，建设一支责任心强、素质高、专业化的计生工作队伍，为全区经济社会的全面、协调和可持续发展做出应有的贡献。

【区政府督查考核人口计生委工作】 2月17日，区政府督查考核组到区人口计生委进行督查考核，对区人口计生委2008年工作给予充分肯定，对巩固创优成果、进一步做好全区人口计生工作提出意见和建议。

【召开人口和计划生育工作会议】 3月9日，门头沟区召开人口和计划生育工作会，市人口计生委正局级委员李芸莉、区长刘云广、区人大主任李慷云、区政协主席高连广、宣传部长陈志强、副区长贾文勤，区人口和计划生育领导小组成员单位和各委办局主要领导，各镇街党政一把手、主管领导参加了会议。副区长贾文勤在工作报告中总结过去一年全区人口计生工作，部署了工作任务。市人口计生委正局级委员李芸莉要求巩固创建全国计划生育优质服务先进区成果，继续搞好计划生育优质服务。加强人口战略研究，探索城镇地区人口计生工作机制，让计生家庭优先享受改革成果。区长刘云广与相关单位代表签订了《2009年人口和计划生育目标管理责任书》并就进一步做好全区人口计生工作提出要求。

【奖励扶助和特别奖扶工作检查】 4月21日，市人口计生委主任助理古丽率队指导奖励扶助工作，首先听取了奖励扶助工作汇报，审核了相关材料，到龙泉镇龙泉务村与奖扶对象面对面交流，核实奖扶对象资料，检查资格确认程序是否完整准确、公示程序是否符合要求等。市人口计生委领导对门头沟区奖励扶助工作给予了充分肯定。年内，全区有247人享受农村部分计划生育家庭奖励扶助政策，每人每年将得到市区两级总额不少于1500元的奖励扶助金；有84人享受独生子女家庭特别扶助政策，每人每月将得到200元的特别扶助金。

【召开宣传工作会暨婚育新风部门联席会】 5月25日，门头沟区召开人口计生宣传工作会暨婚育新风部门联席会，副区长贾文勤参加会议并对人口计生工作提出要求：一是要高度重视人口计生工作，切实搞好婚育新风进万家活动。二是要继续稳定低生育水平，把人口统计数据做实，严格管理、严格考核。三是要加强人口计生宣传教育，让群众了解人口计生政策，掌握生殖保健知识，树立科学文明进步的婚育观念。

【京西人口文化节开幕与人口文化园揭牌】 5月27日，第四届京西人口文化节开幕，市人口计生委副主任丁勇，区委常委、宣传部部长陈志强，副区长贾文勤等领导出席开幕式。这届人口文化节以“实践科学发展观·构建和谐生态区”为主题，从5月开始，到11月结束。主要活动有：区人口文化园落成揭牌仪式、“生殖健康与生命质量”婚育新风进万家主题活动、世界人口日宣传、“生殖健康在京西·幸福生活伴你行”宣传服务、生育关怀行动、京西女孩宣传、纪念《公开信》发表29周年、男性健康日宣传等一系列活动。人口文化节期间还举办了区人口文化园落成揭牌仪式。人口文化园坐落在葡萄嘴环岛北侧的葡山公园内，主要由文化园标志、文化园简介、生命奇迹、享受阳光、青春乐章、拥抱明天、彩色人生等7组雕塑、4组人口文化宣传灯箱以及14块宣传标语牌组成，诠释了“倡导婚育新风，构建和谐家庭”的人口文化主题。

【举办“我与国策共成长”征文演讲比赛】6月5日，区人口计生委举办“我与国策共成长”征文演讲比赛，各镇街选拔推荐的13名选手参加了演讲比赛。副区长贾文勤到场观看演讲并致辞。比赛评选出一等奖1名，二等奖2名，三等奖3名，优胜奖7名，主办单位领导向获奖者颁发了奖杯和奖品。7月31日，举办“京西女孩亮京西”摄影书画展启动仪式。此次摄影书画展是第四届京西人口文化节的重要组成部分，时间持续半年，作品征集旨在引发社会各界人士加强对女孩的关注和关爱，进一步推动关爱女孩行动的深入开展。仪式上聘请了专家顾问和评委。10月10日，“京西女孩亮京西”摄影书画作品征集活动圆满结束，共征集摄影作品139幅，书画作品160幅，经专业人员评审，7幅摄影作品、11幅书画作品分获此次征集活动一、二、三等奖。

【组织项目扶持户到房山区学习参观】6月24日，区计生协会组织各镇计生协会秘书长、项目扶持户到房山区学习参观。在房山区听取了“三结合”贴息贷款采取抵押方法的具体做法和经验，参观了十渡镇三个农家乐项目扶持户。两地扶持户相互交流，切磋技艺，取长补短，共谋发展致富之路。

【举办“生殖健康与生命质量”科普知识大课堂】7月10日，区人口计生委在内蒙古蒙建公司门头沟项目部建筑工地，举办“生殖健康与生命质量”科普知识大课堂，为建筑工人们讲授男性健康、预防艾滋病、避孕药具使用等知识，发放《流动人口服务指南》、《北京人口》等宣传材料1400多份、避孕药具1200盒，咨询服务100多人。

【调研市级示范会员之家活动情况】7月中旬，中国人口与发展研究中心公共管理研究部主任郭维明在市计生协领导的陪同下到门头沟区调研市级示范会员之家活动情况。郭维明主任到军庄镇东山村和永定镇万佛堂村，实地考察了示范会员之家的阅览室、咨询室、活动室和人口学校，分别与会员代表和理事会成员进行了座谈，详细了解了活动开展情况及存在的问题和建议。

【区政协领导视察计生工作】 7月22日，区政协副主席侯建华率领部分政协委员视察人口和计划生育工作。委员们听取了区人口计生委主任姜淑琴对近年来全区人口计生工作的情况汇报，观看了反映全区人口计生工作成就的电视专题片，并实地察看新落成的区人口文化园。政协委员们对全区人口计生工作取得的突出成绩给予充分肯定。政协副主席侯建华对进一步做好人口计生工作提出建议：一是要巩固人口计生工作取得的突出成果，加强人口和计划生育工作，稳定低生育水平不放松。二是要从基础工作抓起，完善管理体制，健全服务网络。三是要创新宣传教育，用先进的知识教育人，用先进的理念引导人。四是要提高计生优质服务工作水平，加强部门协调沟通，把优质服务工作做深、做细、做全面。

【开展“生殖健康进军营”宣传服务活动】 7月27日，区人口计生委与区统战部联手在驻区某部队开展“生殖健康进军营·优质服务暖人心”宣传服务活动。门头沟区生殖健康讲师团成员、区妇幼保健院主任医师任长安为120余名部队官兵讲授了生殖健康知识和男性健康知识。主办单位还邀请了区医院、区中医院有关专家义诊、咨询服务，耐心解答官兵们的咨询，受到部队官兵的热烈欢迎。

【开展党员联系低收入农户帮扶活动】 8月20日，区人口计生委领导带领单位部分党员来到雁翅镇马套村，开展党员联系低收入农户帮扶活动。机关党员与帮扶对象见面，逐一入户了解帮扶对象情况。在党员联系低收入农户帮扶活动中，区人口计生委与雁翅镇马套村、杨村结成帮扶对子，主要领导多次到两村了解情况，扳住农户解决实际问题。

【市督查组督查药械市场专项整治工作】 9月22日，市督查组到门头沟区督查计划生育药械市场专项整治工作，副区长李建军，区计划生育药械市场专项整治行动协调小组成员单位领导参加。市督查组听取了计划生育药械市场专项整治行动工作汇报，与相关部门进行了交流座谈，实地查看了3家成人用品商店。市督查组对门头沟区的专项整治工作给予充分肯定，对进一步巩固计划生育药械市场专项整治行动成果提出了要求。

【举办“爱在你身边”宣传服务活动】 10月21～23日，区人口计生委、大台街道办事处、京煤集团木城涧煤矿以“爱在你身边”为主题，联合开展《流动人口计划生育工作条例》宣传服务活动，医务人员先后深入到木城涧煤矿、大台街道、千军台坑上门服务，为大台地区771名流动已婚育龄妇女进行B超、妊娠检验。

【举办人口发展论坛与京西人口文化节】 12月4日，门头沟区举办第二届京西人口与发展论坛暨第四届京西人口文化节。市人口计生委正局级委员李芸莉、副主任丁勇，区委宣传部部长陈志强，区人大副主任赵爱娟，区政协副主席侯建华等领导出席了本届论坛。陈志强同志在开幕式上致词。副区长贾文勤主持论坛开幕式及人口文化节闭幕式。论坛以“统筹解决人口问题，推进人口科学发展”为主题，采取主题报告和宣讲论文相结合的方式进行，共同研究探讨统筹解决人口问题。北京大学教授、博士生导师陆杰华作题为《着眼统筹与民生，构建大人口服务平台——门头沟区人口与发展建言》的主题报告。这届论坛由区委宣传部、区委研究室、区人口计生委、区计生协共同举办，共收到论文及调研文章35篇。

【市人口计生委考核评估门头沟区人口计生工作】12月14日，市人口计生委主任邓行舟带领市考核评估组对门头沟区2008~2009年度人口计生工作进行全面考核评估。区长刘云广，副区长贾文勤，区人口和计划生育领导小组成员单位及部分镇街领导出席了考核评估汇报会。考核评估组与区卫生、民政等7个相关部门和军庄、雁翅、大峪三个镇街主管领导进行了座谈。考核评估组对门头沟区人口计生工作取得的成绩给予充分肯定，对进一步做好人口计生工作提出了意见和建议。

【计生宣传品陆续发放到户】12月21日，全区“两节”计生宣传品陆续发放到户。区人口计生委设计制作了《2010年工作手册》5000册，以宣传计划生育生殖保健知识、家庭生活常识为主要内容的《家庭历书》4.5万册，年历画4.8万张、“福”字2万张、台历2000本以及其他宣传品共计11万多份。各单位结合两节期间开展的走访慰问活动，陆续将计生宣传品送到群众家中。

（陈涛　付延路）

房山区

【概况】2009年，房山区人口计生系统坚持以邓小平理论和“三个代表”重要思想为指导，深入贯彻落实科学发展观，认真落实中共和北京市两个《决定》精神，人口和计划生育事业取得新的可喜进展。人口和计划生育工作的健康发展，为全区经济、社会各项事业又好又快发展提供了有利的人口环境。

队伍建设。为了落实北京市人口计生委《关于加强村级计划生育干部队伍职业化建设的意见》和《北京市居村计划生育宣传员管理办法》，区人口计生委与各乡镇合作，共同培训村级计生干部和宣传员，提高村级计生干部做好人口计划生育工作的能力和水平。年内对城关、拱辰、石楼等16个乡镇的村级计生专干、计生宣传员进行了业务知识培训，重点对政策法规、避孕节育、优质服务、生殖保健等知识内容进行了系统学习，培训近3000人次。区人口计生委各个科室还根据专项工作举办了专题培训班。

统计信息工作。加强统计信息基础工作，完成了《房山区2008年人口与计划生育形势分析》。坚持《统计月报》制度，对重要数据每月做出说明，使领导可以直观了解计划生育情况，为领导决策提供参考。及时准确地向有关科室和相关单位提供统计信息，发挥了信息的引导作用。为提高人口出生统计质量，加强了对人口出生及育龄妇女信息的核查力度，定期对各种统计数据进行检查，并及时反馈民政、卫生基础数据。根据国家人口计生委信息化建设的指导意见和国家人口统计监测项目的要求，着手建立人口信息综合管理交换平台。年初与市人口计生委信息中心、区信息中心、东方正通科技有限公司进行可行性研究，初步制定了建设方案。已经完成系统硬件的采购工作，并与开发公司签订软件开发合同，系统软件正在开发中。

政策法规。加强了生育服务证的管理，按照《审批生育第二个子女的规定》办理、发放北京市第二个子女《生育服务证》369本。加强了行政执法工作，根据市人口计生委在全市范围内集中开展违法生育情况专项清理清查工作要求，将全区违法生育的具体情况进行了调查摸底，对未上报的督促及时上报，并将各类数据进行汇总。为进一步规范行政执法工作，保障当事人的合法权益，在执法工作中进行了有益探索和创新，制定了“谈话告知书”，内容包括当事人缴纳社会抚养费应携带的相关证件，社会抚养费征收标准等，并下发到各乡、镇（街道）。各乡镇在确认违法生育之后，及时将告知书下发到当事人手中。当事人通过告知书了解了需要办理的事宜，及时接受处理，以免出现损害违法生育当事人权利的情况。

流动人口服务与管理。年内，出台了《关于房山区流动人口计划生育工作“一盘棋”“三年三步走”实施方案》，明确了目标和任务。区人口计生系统落实流管工作机构和人员，成立了流动人口管理科。区人口计生委内部科室均把流动人口与户籍人口同安排、同服务、同管理，形成了全委“一盘棋”的格局。各乡镇街道计生办、村居根据流动人口数量配备工作人员，将流动人口管理服务工作覆盖到每一个村居。夯实基层基础，规范各类台账，建立了绿卡为主的动态管理制度。积极与卫生局、区内六家医院协调做好流动人口出生监测登记工作，实现了计生、公安、民政、卫生等部门信息资源共享。强化优质服务，满足群众需求，为部分流动人口提供就业、就医、入托、入学等服务，解除他们的后顾之忧。积极为流动人口提供生殖健康服务，年内免费提供技术服务率达 到91%。在流动人口聚集区建立流动人口计划生育协会，全区组建流动人口计划生育管理协会22个，吸纳会员1240人。区人口计生委与河北、河南、四川等8个流动人口相对集中的县市计生部门长期保持联系，通过相互协作、互通信息，认真开展流动人口计生均等服务，基本形成了流动人口计划生育服务管理的长效协作机制。

宣传教育。充分利用报刊、广播、电视等新闻媒体的主渠道作用，在房山电视台开办人口与计生的专题、在房山广播电台开办“婚育文化专栏”、在《房山报》开办“人口计生看台”专版、区人口计生委自己编辑《龙乡婚育报》，做到了电视经常有影，广播经常有声，报上经常有字。区、乡两级宣讲团常年坚持入村、入社区面对面向育龄群众宣传讲解人口和计划生育法律法规、避孕节育知情选择、男女生殖健康等知识。全区共建成生育文化街313条，生育文化大院132个，树立大型广告牌、文化墙715块。人口学校的教育活动进一步得到规范，有力地发挥了三级人口学校的阵地作用。推进“四园一工程”示范点建设，已基本建成新农村人口文化图书屋56个，人口文化园建设一期工程已完毕，共建成12组雕塑。通过组织“我与国策共成长”主题征文演讲比赛等多次活动，营造了具有浓厚辖区特色的宣传舆论氛围。

技术服务。按照市人口计生委文件精神，开展第二批“农村长效节育户籍已婚育龄群众免费体检”工作，从4月份开始实施，2.9万人的体检任务全部完成，并逐步录入计算机，建立了电子健康档案。继续以计划生育“大篷车”为龙头，以区内各级医院、卫生院为依托，在全区各乡镇开展妇女健康体检活动。同时依托免费技术服务平台，拓展生殖健康服务，扩大受益人群。在三八节到来之际，与区工商局开展健康体检活动，并与教委合作，开展了“健康工作、快乐生活”女性生殖健康知识讲座。全年技术中心门诊生殖保健服务1.3万人次。依托178个村级社区计划生育服务站开展计划生育宣传、咨询、服务活动，区人口计生委结合社区计生宣传、服务要求，统一制作计划生育社区服务站四种登记手册，规范社区计划生育服务内容。增加37个社区计划生育服务站，并配备相关设备，充分发挥了计划生育社区服务站的职能作用。年内还投入200多万元，改造了技术中心环境，添置了先进的医疗设备。

避孕药具。年内，在全区范围内开展了免费避孕药具“发放日”活动。每月的23日为发放活动日，特殊情况各乡镇另定时间。活动中以国家提供的免费避孕药具的品种、供应渠道、领取方式为主，兼顾发放免费避孕药具。此项工作做到了四有四促进：有计划（逐月活动日安排）、有活动记录、有照片、有结果（经验、收获信息收集与整理总结），促进了药具工作的管理与服务，促进了政府工作者形象的提高，促进了整体人口计生工作的开展，促进了育龄群众生殖健康生活水平的提高。为提高药具工作整体水平，规范服务、规范业务、交流工作，以《全国计划生育药具业务管理规范》、《全国计划生育药具质量管理规范》和药具站制定下发的《房山区计划生育避孕药具工作评估方案》的要求为依据，开展了药具业务展示与评比活动。

优生优育。继续与北京长城生物产业有限公司和区妇幼保健院合作，聘请北京妇产、同仁等知名医院的专家教授为新婚夫妇和现孕妇女们讲解“如何生育一个健康聪明宝宝”的优生优育知识，共举办讲座45期，听课人员达3600人。免费提供叶酸增补剂是“健康生育计划”中一项重要内容，为此及时购置了足量的叶酸增补剂，并请有关专家对参与叶酸领取的人员进行了培训。设计了知情同意书和登记表格，制定了科学的发放流程。按照区人口计生委培训中心听课时间，待孕和怀孕三个月内的夫妇在参加优生讲座时，由区计划生育生殖健康技术服务中心技术人员指导，免费领取叶酸增补剂。为了育龄群众方便领取叶酸，在各乡镇（街道）计生办建立免费叶酸领取点。为加大宣传力度，实现关口前移，将健康生育计划宣传海报张贴到各乡镇、街道、村、机关、企事业单位，医院、卫生社区服务站等公共场所。在叶酸增补剂发放的同时，做好了指导、登记、统计、随访等工作，既保证叶酸的足量供应，又保证没有浪费现象。全年共发放叶酸增补剂3620人，共2.1万瓶。

利益导向。继续利用政府贴息贷款和幸福工程项目款，开展帮贫致富活动。全年共发放贴息贷款3183万元，扶持820户计划生育家庭。幸福工程项目也取得新的进展，拓展了燕山迎风顺康利德养殖场、青龙湖北四位村的项目基地、良乡镇后石羊村蔬菜种植项目、琉璃河镇西地村蔬菜种植项目和燕山迎风广告公司项目。年内全区累计为幸福工程项目投入265万元，在14个乡镇建立了27个项目基地，累计扶持了258名贫困母亲。7月份，召开了“亲情牵手暖人心 暖心工程促和谐”生育关怀推广会暨“暖心工程—特扶对象享受养老保险补贴”项目启动会。30户计生空巢家庭，分别领取了参加新型农村养老保险时缴纳的898元的补贴款。

经费投入。2009年投入计划生育事业经费2088万元，人均达到27.5元。

【人口与计划生育数据】年末全区户籍总人口76.73万人（统计局），户籍育龄妇女19.96万人，其中已婚育龄妇女13.87万人，综合避孕率88.08%。全区共上报出生人口6017人，政策内生育5859人，计划生育率为97.37%。上报出生男孩3106人，女孩2911人，出生性别比106.7。

【召开人口计生工作会】2月18日，房山区召开人口计生工作会，区长祁红主持会议，副区长马丽英作了题为《统筹解决、重点突破，推进人口和计划生育工作稳步发展》的工作报告。区委书记刘伟就进一步加强和改进人口计生工作提出要求：强调要充分认识稳定低生育水平和提高出生人口素质工作的长期性、艰巨性和复杂性；要把握重点，突破难点，统筹解决好人口问题；要坚持党政“一把手”亲自抓、负总则，落实目标管理责任制、岗位责任制、责任追究制。会上，签订了2009年人口和计划生育目标管理责任书和计划生育工作职责责任书，两个单位作了典型发言。市人口计生委副主任彭彧华和区人大主任郭先英、区政协主席范文彦、区委副书记苗立峰、区政协副主席高维魁出席会议。

【举办《婚育文化》广播节目听众座谈会】3月31日，区人口计生委与房山人民广播电台联合举办《婚育文化》广播节目听众座谈会。会议邀请了《婚育文化》广播栏目的部分听众与节目主持人面对面畅谈听后感，并对栏目提出了具体的意见和建议。区人口计生委主任张广华、区广播电台主任高国峰、栏目组全体成员及乡镇计生办主任参加座谈会。

【深入学习实践科学发展观活动成效明显】按照区委统一部署，区人口计生委作为第一批学习实践科学发展观活动单位，于3月20日正式启动，8月底基本结束。通过学习实践活动，全区计生系统党员干部转变了不适应、不符合科学发展观的思想观念，解决了影响和制约人口计生工作中科学发展的突出问题以及党员干部党性党风党纪方面群众反映强烈的突出问题，并对问题的根源进行全面深入分析，对今后工作进行认真研究，明确了人口计生工作科学发展的方向，进一步构建起有利于科学发展和统筹解决人口问题的体制机制。

【启动人口综合信息交换平台建设工程】根据国家人口计生委信息化建设的指导意见和国家人口统计监测项目的要求，着手建立人口信息综合管理交换平台。年初区人口计生委与市人口计生委信息中心、区信息中心、东方正通科技有限公司进行可行性研究，初步制定了建设方案。该系统包括宏观人口管理系统和全员人口管理系统。宏观人口管理系统即依托区信息中心《房山区信息资源门户网站》定期收集各委办局相关人口信息，以统计报表形式反映全区的人口宏观状况。全员人口管理系统就是整合民政社区信息、经管站农村信息、流管办流动人口信息、育龄妇女综合管理信息等区内人口信息资源，建立全员人口信息库，动态反映人、户等个案信息，为全区各项管理工作提供有价值的、及时、准确的人口数据。目前已经完成系统硬件的采购工作，并于9月与开发公司签订软件开发合同，系统软件正在开发中。

【加强人口计生干部教育和培训】为落实市人口计生委《关于加强村级计划生育干部队伍职业化建设的意见》和《北京市居村计划生育宣传员管理办法》，区人口计生委与各乡镇合作共同培训村级计生干部和宣传员，进一步规范和指导他们的工作，提高他们做好人口和计划生育工作的能力和水平。2009年对城关、拱辰、石楼等16个乡镇的村级计生专干、计生宣传员进行了业务知识培训，就政策法规、避孕节育、优质服务、生殖保健等知识内容进行了系统学习，培训近3000人次。

【落实北京市农村部分计划生育家庭奖励扶助和特别扶助制度】对前一年已享受奖励扶助对象的1293人按照规定的程序进行审核，对不符合条件的79人，逐级办理退出手续；对本年度符合条件的263人，作为新增人员给予申报。年内已享受奖励扶助金人数达1477人。对前一年已享受特别扶助的193人进行了年审，对不符合条件的5人逐级办理退出手续，新增人员18人，年内享受特别扶助的为206人。此外，对独生子女发生意外伤残致使基本丧失劳动能力或死亡的家庭，按规定年龄全部落实了每人给予5000元的一次性经济帮助，年内共计兑现7人，兑现金额3.5万元。

【规范行政执法，保障当事人的合法权益】年内，区人口计生委在执法工作中进行了有益探索和创新，制定了“谈话告知书”。内容包括当事人缴纳社会抚养费应携带的相关证件、社会抚养费征收标准等，并下发到各乡、镇（街道）。各乡镇在确认违法生育之后，及时将告知书下发到当事人手中，并且及时上报。当事人通过告知书了解了需要办理的事宜，及时接收处理。“谈话告知书”的有效使用取得了良好的效果，违法生育当事人都能在第一时间得到“谈话告知书”，不仅能尽快到机关办理相关事宜，而且保护了当事人的合法权益。

【构建流动人口计划生育“一盘棋”工作格局】出台《关于房山区流动人口计划生育工作“一盘棋”“三年三步走”实施方案》，明确了目标任务。区人口计生系统落实流管工作机构和人员，成立流动人口管理科。委内部科室均把流动人口与户籍人口同安排，同服务，同管理，形成了全委“一盘棋”格局。各乡镇街道计生办、村居根据流动人口数量配备工作人员，将流动人口管理服务工作覆盖到每一个村居。积极与卫生局、区内六家医院协调做好流动人口出生监测登记工作，实现了计生、公安、民政、卫生等部门信息资源共享。积极为流动人口提供生殖健康服务，免费提供技术服务率达91%。在流动人口聚集区建立协会工作进一步开展，全区组建流动人口计划生育管理协会22个，吸纳会员1240人。与河北、河南、四川等8个流动人口相对集中的县市计生部门长期保持电话联系，通过相互协作、互通信息，认真开展流动人口计生均等服务，形成了流动人口计划生育服务管理的长效协作机制。

【开展“农村长效节育户籍已婚育龄群众免费健康体检”工作】健康体检工作以区计划生育生殖健康技术服务中心为龙头，以医疗机构为依托，以各乡镇（街道）计生办为主要责任人，采取计卫联手的方式进行。全年共服务23个乡镇，200多个村，健康体检2.9万人。并对每一份体检报告进行计算机录入，建立电子健康档案，撰写出健康体检情况分析报告。通过体检促进了农村长效节育措施的落实，激发了广大育龄群众实行计划生育长效节育措施的主动性和积极性。

【深入开展“计划生育生殖健康伴你

行”下乡服务活动】以计划生育“大篷车”为龙头，以区内各级医院、卫生院为依托，在全区各乡镇开展妇女健康体检活动。年内，计生卫生联手开展生殖健康下乡服务共计200多个村，妇女生殖健康普查10余万人次。

【采取多种途径宣传生殖保健知识】在三八节来临之际，区人口计生委与区工商局合作开展健康体检活动，与教委合作开展“健康工作，快乐生活”女性生殖健康知识讲座。区生殖健康服务中心派有丰富临床经验的医生免费为教师员工进行多媒体授课，为教委女教师、女职工和各学校女校长、女园长等开展生殖健康知识讲座4次，听课人数达到500多人。计划生育宣讲团共下乡讲课百余个村，听课人数达到万余人次。

【大力改善生殖健康技术服务中心环境条件】年内，区人口计生委投入200多万元，改善生殖健康技术中心环境条件，添置先进医疗设备。各科室门牌、楼层科室导引、服务流程等图文并茂，颜色温馨，更加人性化。添置了彩超、全自动生化仪，全自动血压仪、电动手术床、电动妇科检查床，术后电动休息椅等各种医疗设备，努力实现服务理念人文化、服务环境家居化、服务人员专业化、服务过程规范化、服务对象全员化、服务质量标准化，提高了育龄群众满意度。

【充分发挥计划生育社区服务站的作用】年内，房山区增加37个社区计划生育服务站，并配备相关设备。计划生育社区服务站的职能作用得到充分发挥，提高了村级计生、卫生握手率，使群众不出社区就能享受方便、快捷、周到的计划生育指导和生殖健康服务。

【推进“健康生育计划”一级预防项目】区人口计生委继续与北京长城生物产业有限公司和区妇幼保健院合作，聘请北京妇产、同仁等知名医院的专家教授为新婚夫妇、现孕妇女们讲解“如何生育一个健康聪明宝宝”的优生优育知识。年内，共举办讲座45期，听课人员达3600人。免费提供叶酸增补剂是“健康生育计划”中一项重要内容。为此，区人口计生委聘请有关专家对参与叶酸领取的人员进行了培训，设计了知情同意书和登记表格，制定了科学的发放流程。按照在培训中心听课的时间，待孕和怀孕三个月内的夫妇在参加优生讲座时，由区计划生育生殖健康技术服务中心技术人员指导，免费领取叶酸增补剂。为了方便群众，还在各乡镇（街道）计生办建立免费叶酸领取点。在叶酸增补剂发放的同时，注重做好指导、登记、统计、随访工作。全年发放叶酸增补剂3620人，共2.1万瓶。

【启动免费避孕药具“发放日”活动】1月12日，房山区启动了免费避孕药具“发放日”活动。固定为每月的23日为发放活动日，特殊情况各乡镇另定时间。活动中以宣传国家提供的免费避孕药具的品种、供应渠道、领取方式为主，兼顾发放免费避孕药具。此项工作做到了四有四促进，即：有计划（逐月活动日安排）、有活动记录、有照片、有结果（经验、收获信息收集与整理总结），促进了药具工作的管理与服务，促进了政府工作者形象的提高，促进了整体人口计生工作的开展，促进了育龄群众生殖健康生活水平的提高。发放日活动的开展，增加了免费避孕药具的透明度，避免了药具的积压，方便了使用人群。发放日活动是药具工作的一项创新，得到了市人口计生委领导的认可，深受广大育龄人群的好评。

【开展药具业务展示与评比活动】为规范服务、规范业务、交流工作，区人口计生委以《全国计划生育药具业务管理规范》、《全国计划生育药具质量管理规范》和《房山区计划生育避孕药具工作评估方案》为依据，于4月份开展了药具业务展示与评比活动，评选出了一等奖2名、二等奖4名、三等奖6名，纪念奖13名，分别给予了表彰奖励。

【计划生育幸福工程项目取得新的进展】年内，房山区计划生育幸福工程项目在原有基础上，拓展了燕山迎风顺康利德养殖场、青龙湖北四位村的项目基地、良乡镇后石羊村蔬菜种植项目、琉璃河镇西地村蔬菜种植项目和燕山迎风广告公司项目。全区累计为幸福工程项目投入265万元，在14个乡镇建立了27个项目基地，累计扶持了258名贫困母亲。并制作了《幸福工程塑造幸福母亲》专题片，在房山区电视台播放，扩大了幸福工程的影响。

【举办“我与国策共成长”主题演讲决赛】6月10日，区人口计生委举办“我与国策共成长”主题演讲比赛决赛。此次活动首先在城关、佛子庄、长沟三片进行三场预赛，并从中选拔出10名优秀选手参加决赛。最终评出一等奖2名，二等奖3名，三等奖5名。国家人口计生委宣教司副司长施春景、中国人口宣教中心副主任伦秀伟、市人口计生委宣教中心主任刘成宝、区人大常委会副主任刘顺林出席活动，副区长马丽英参加活动并致辞。

【召开“暖心工程—特扶对象享受养老保险补贴”项目启动会】7月9日，区人口计生委召开“亲情牵手暖人心，暖心工程促和谐”生育关怀推广会暨“暖心工程—特扶对象享受养老保险补贴”项目启动会。会上，30位计生空巢家庭的特别扶助对象，分别领取了2008年参加新型农村养老保险时自己缴纳的898元的补贴款。项目启动会上，在现场领取养老保险金补贴款的这10位老人，还与并无血缘关系的“兵儿子”、“村官儿女”，亲情牵手喜结国策亲戚，并亲亲热热地拍摄了“特别亲情全家福”。这些志愿者给予了空巢老人无微不至的关心和照料，节假日提着水果看望老人、陪老人聊天、帮老人做家务，天冷了帮老人生火、储菜。12月5日，是郑全玉老人的60岁生日，区计生协了解到这一情况，组织镇村两级的计生干部一同为老人庆贺。与老人牵手的兵儿子张东伟和张先进特意买了鲜花和蛋糕，送上了生日的祝福。

【组织庆祝7·11世界人口日宣传活动】为纪念第20个世界人口日，7月9日，区人口计生委、西潞街道联合在安庄市场以“关爱女性身心、提高素质能力、鼓励自主创业、促进家庭和谐”为主题举办计划生育文艺演出及宣传活动。区人口计生委和西潞街道办事处领导、计生宣传员、社区群众及流动人口1000多人参加活动。

【圆满完成全国人口和计划生育统计调查任务】8月14～19日，根据国家人口计生委《关于开展2009年全国人口和计划生育统计监测工作的通知》要求，在三个乡镇（街道）开展了统计监测调查工作。房山区抽取了燕山东风街道南里社区、窦店镇普安屯村和史家营乡莲花庵村3个样本点。为优质高效地完成任务，首先制定详细的调查方案，成立了以区人口计生委主任为组长的领导小组，选取18名责任心强、业务知识过硬的计生干部作为调查员，并集中进行培训。统计调查中每名调查员严格按照国家人口计生委下发的统一标准认真填写调查表，耐心询问每一项内容，加班加点对调查表进行校对和审核，市、区领导及时检查调查质量，确保了调查数据的真实性和准确性。此次调查共填写1189份调查表，调查3358人，1471个自然户。通过调查，不但圆满完成国家人口计生委安排的任务，同时也宣传了人口和计划生育知识。

【市人口计生委对药械市场专项整治工作进行联合督查】9月23日，由市人口计生委主任邓行舟任组长，市药监局、市公安分局、市卫生局等单位组成的联合督查组对房山区计划生育药械市场专项整治行动工作进行联合督查。区长祁红出席会议，副区长马丽英汇报了计划生育药械市场专项整治行动情况。联合督查组查看了专项整治行动相关材料，并对两个成人保健品店进行现场督查。邓行舟主任充分肯定了房山区工作，他指出，房山区领导高度重视，成员单位分工明确，底数清楚，重点突出，注重长效机制的研究，希望在摸清底数的基础上，根据群众需求建立一整套计生药械市场管理规范和标准。

【区委、区政府领导到区人口计生委调研】9月24日，区委书记刘伟、副区长马丽英到区人口计生委调研。刘伟书记充分肯定了几年来人口和计划生育工作所取得的成绩，就进一步加强和改进工作提出要求。刘伟书记强调要充分认识稳定低生育水平和提高出生人口素质工作的长期性、艰巨性和复杂性，把握重点，突破难点，探索流动人口的计生管理规律，坚决堵住计划外生育的漏洞。要狠抓计生干部队伍建设，加强业务教育和培训，确保计生队伍的政治业务素质和技术服务水平不断提高。

【乡镇主管领导座谈人口计生工作】9月24日，区人口计生委召集部分乡镇计生主管领导以及村级书记、人大代表、政协委员开展“房山区纪念9·25《公开信》

发表29周年暨新时期如何做好人口计生工作座谈会”。会上，区人口计生委主任张广华介绍了《公开信》发表以来人口计生工作所取得的成绩，分析了人口计生工作形势，提出了下一步工作安排。与会人员纷纷发言，共同回顾了人口计生工作历程，交流心得、交流计生工作好的做法、好的经验。会上，副区长马丽英高度评价了人口计生工作所取得的成绩，对下一步人口计生工作提出新的要求。

【市人口计生系统廉政风险防范座谈会在房山召开】10月14日，市人口计生系统廉政风险防范管理暨“阳光计生”示范单位创建工作座谈会（城市发展新区组）在房山区召开。市人口计生委党组成员、驻人口计生委纪检组组长李红文主持座谈会，房山、通州、顺义、大兴、昌平五个区县人口计生委代表参加会议并分别进行座谈交流。五个区县结合各自实际、突出功能特色，发言生动详细，具有很强的学习交流价值。李红文组长总结了各区县在开展廉政风险工作以及阳光计生行动中的特点，对下半年的廉政风险工作提出了要求。

【举办男性健康日宣传活动】10月26日上午，在第10个“男性健康宣传日”来临之际，围绕“关注男性健康，幸福你我同享”主题，区人口计生委与城关街道办事处联合举办男性健康日宣传活动。活动期间特邀请房山区第一医院泌尿科张士祥主任在中煤北京煤机公司举办男性健康知识讲座，把健康知识送到职工中间。讲座深受职工的欢迎，百余名男女职工听得津津有味，并提出问题与专家交流。

【举办“国策杯”全国漫画大赛作品评选活动】11月11日，区人口计生委举办“辉煌中国六十载，和谐计生三十年‘国策杯’全国漫画大赛”作品评选活动。经过专家们认真评选，共评选出一等奖1名、二等奖3名、三等奖6名，并分别颁发了数额不等的奖金。

【市人口计生委检查评估房山区人口计生工作】12月15日，市人口计生委主任邓行舟，副主任耿玉田、丁勇，驻市人口计生委纪检组组长李红文，以及市人口计生委各处室负责人一行，对房山区2008、2009两个年度的人口和计划生育工作情况进行评估检查。房山区领导作了题为《规范管理、搞好服务，推进人口和计划生育工作健康稳步发展》的人口计生工作总结报告。邓行舟主任等领导与房山区部分人口与计划生育领导小组成员单位，包括宣传部、农委、公安分局、民政局、卫生局，以及拱辰、西潞、沿村三个乡镇的行政正职和主管进行了座谈。市人口计生委处室领导对人口计生工作资料进行了详细查阅。下午，检查组到拱辰街道宜春里社区和阎村镇张庄村进行了实地察看，与部分育龄群众座谈，并进行了问卷调查。房山区区长祁红，副区长卢国懿、马丽英和区人大领导参加了检查。

【区政府领导到区人口计生委调研】12月23日，房山区副区长卢国懿到区人口计生委调研，听取了区人口计生委主任张广华对全区人口计生工作与现状的汇报，就目前人口计生工作中存在的问题、难点等情况与区人口计生委科级以上干部进行了交流与座谈。随后卢国懿副区长对区生殖健康技术服务中心进行了视察。

（晋朝晖）

大兴区

【概述】2009年，大兴区人口计生工作在区委、区政府的正确领导和市人口计生委等部门的支持帮助下，深入贯彻落实科学发展观，紧紧围绕全区经济社会发展大局，以创建全国计划生育优质服务先进区为契机，全面优化服务，强化基层基础工作，不断提高人口计生系统工作人员素质，圆满完成了各项任务指标，成功地创建了全国计划生育优质服务先进区。

基础建设。以建设学习型、创新型干部队伍为目标，在全区开展多层次、全方位的计划生育优质服务工作。采取“请进来，走出去，广交流，多研究”的模式，请专家为区、镇、街道主管计生工作的领导干部、基层专干讲授优质服务理念；举办“创国优”学习班；组织领导班子成员和科、室、站负责人先后到通州区和门头沟区人口计生委学习、交流创国优经验。通过开展系列活动，提高了全区人口计生干部队伍的政治业务素质和职业道德标准，为构建和谐大兴，争创计划生育优质服务先进区打下坚实的基础。

依法行政。健全计划生育行政执法责任制，定出行政执法目标、行政执法职责及考核办法，并对行政执法职责进行分解，将行政执法职责落实到人。在规范执法行政工作人员的行为及工作理念和政务公开上下工夫，按法定程序着力抓好生育政策、奖扶政策、社会抚养费征收等依法行政工作。及时梳理政务公开目录，通过公开栏、网站、报刊、计生宣传材料等形式将相关项目向群众公布。并将计划生育政务公开及行政执法各项制度上墙，加大依法行政的透明度。召开计划生育行政执法监督员座谈会，对人口计生工作提出合理化建议。深入学习、宣传《人口法》、《条例》及相关配套规章，普及计生政策、法规知识，加大执法程序化和处罚案卷规范化的管理力度，提高行政执法水平。年内，办理生育审批330件，全部办结。来人来电政策咨询659件次，网上咨询54件，群众满意率均为100%。

宣传教育。联合《大兴报》举办“答百题”活动，投资20万元印制《人口计生相关知识手册》15万册，全区有万余名群众参与答题；联合大兴广播电台，参与《我说我家》——与爱同行系列征文活动；与大兴电视台联合制作“创‘国优’园地”

栏目。年内，市级以上报纸、杂志的采稿量为114篇。投资5万余元在主要街道以及人员活动密集的场所安装了计生标语宣传墙、宣传栏、卡通宣传画、宣传展板；建立了五处村级文化书屋和18个流动人口阅览室，为人口计生工作开辟新的宣教阵地。深入开展人口文化体系建设，举办以“我与国策共成长”为主题的征文活动及演讲比赛，并在市人口计生委组织的演讲比赛中获得二等奖。通过整合电视媒体、报刊媒体、活动媒体“三个平台”，使得人口计生知识进乡村、进社区、进学校、进机关、进市场、进商城、进楼道、进家庭，有效的扩大了宣传覆盖面，消除了宣传死角。紧密结合创“国优”活动，从全区育龄群众入手，与《大兴报》合作，两次对创“国优”工作进行整版报道，下发到各镇（街道）育龄群众手中。同时，将人口计生政策法规、流动人口、生殖健康、避孕药具知情选择、优生优育等多方面内容，制作成音频光盘，在各镇（街道）、村（社区）的广播站定时播放。从各镇街和各成员单位入手，将全国创“国优”讲座录像制作成光盘，下发到各镇（街道）计生办，使全区上下深入学习、了解创“国优”工作。与中国宣教中心合作，拍摄以帮助育龄人群创业致富为主题的专题片《奶香飘出幸福路》，在中国数字电视“家庭健康频道”的《人口与家庭》栏目播出。

生殖健康技术服务工作。为了进一步提高计生服务水平，在工作中体现“以人为本，优质服务”的理念，区人口计生委与卫生部门联手，充分利用18家免费定点医疗机构和遍布全区的162个社区计划生育服务站，为广大育龄妇女开展生殖健康服务。年内，进行生殖健康检查7.4万人次，并将生殖健康体检结果记入生殖健康档案，以便更好地为育龄妇女提供进一步的服务。在深入推进以技术服务为重点的“避孕节育知情选择”、“生殖道感染预防”和“出生缺陷干预”的过程中，把为育龄群众的优质服务落到了实处。首先，在深入落实避孕节育知情选择过程中，利用人口学校、宣传折页、宣传手册（15万册）和各种各样的宣传品，提高知晓率。在进行宣传的同时，采取入户调查等形式，进行需求调查，以群众的需求作为工作的方向。其次，在开展“生殖道感染预防”服务过程中，利用一年多的时间对全区5.22万名“农村长效节育户籍已婚育龄群众”进行免费健康体检，使广大育龄群众受益的同时，有效促进了长效节育措施的实施。再次，在实施“出生缺陷干预”过程中，利用人口学校为载体，通过聘请专家讲课，邀请专业技术人员当面传授等途径和方法，免费发放叶酸。全年免费发放1万多瓶，并详细记录了领取人群的怀孕情况及联系方式，定期进行电话回访，回访率在90%以上。

流动人口服务与管理。年内，全区流动人口超过50万人。在加快推进城乡一体化建设过程中，针对流动人口人员结构复杂、素质偏低、自我管理意识较差等特点，全区积极探索，创新思路，以服务促管理，以管理促稳定，全面加强流动人口服务与管理工作。淘汰转移与本地区功能定位不相符合的落后低端产业，加强促进本地人就业的政策引导。推进网络化管理模式，按照“逐级分片包干”的原则，划分责任网格，明确了每一级领导、每一名管理员的责任区域和任务，将责任落实到人，减少了工作漏洞和死角。在流动人口密集区，建立流动人口计划生育协会，以流动人口管理流动人口。全区共建立流动人口计划生育协会20个。同时，注重加强对流动人口的服务。全区共在406个村、社区设立来京人口和出租房屋服务站，以服务促管理。其中109个服务站为综合管理模式，为流动人口提供“一站式办公服务”，简化办公程序。

药具工作。紧紧围绕创“国优”这一主题，以满足不同群众的需求为出发点，制作不同种类的避孕药具免费自取架1000个，为村居配备避孕药具专用柜600个、免费发放牌和紧急避孕需求电话牌500套。加大避孕药具工作投入力度，全年共投入126万余元新建药具库房、制作《避孕药具宣传手册》。搞好宣传培训，普及药具知识，全年下乡讲课38次，提高全区药管员的整体素质，使每位药管员达到“三懂”、“三会”、“三清”、“三到户”，更好地服务于育龄人群。药具管理站组织镇、街道的药管员到西红门和旧宫镇进行观摩学习，达到互帮、互学、互促的效果。

协会工作。区计生协会深入到17个镇、街道，对协会基础工作进行了认真的摸底检查，规范镇、村两级基础工作。年内确定魏善庄镇张家场村计生协、西红门镇金星庄村计生协为市级示范会员之家。同时，指导黄村镇后辛庄村、瀛海镇瑞二村、北臧村赵家场村、庞各庄西黑垡村、采育镇沙窝营村等5个村，完成了市级示范会员之家评估验收准备工作，并接受了市计生协组织的考核验收。推进流动人口计划生育协会创建，指导清源街道开发区居委会和泰中花园居委会建立了流动人口协会组织。组织群众开展各种活动，内容包括救助贫困母亲、义诊、上街宣传等活动。年内，区计生协出资9000元，继续资助采育镇小皮营村冯翠兰和安定镇杜庄屯村吕秀兰两位贫困母亲家庭。

经费投入。全年人口计生经费投入2830.39万元，人均计生经费达到22.06元；流动人口经费总投入394.81万元。

【人口和计划生育数据】年内，大兴区户籍人口为58.09万人，全年出生5393人，计划生育率为97.05%，晚育率为79.61%，人口出生率为9.25‰，自然增长率为2.92‰。全区现有户籍育龄妇女15.04万人，已婚育龄妇女10.88万人，一孩育龄妇女7.43万余人。一孩独生子女父母领证率逐年上升，2009年独生子女父母领证率为80.61%。

【春节期间慰问独生子女贫困家庭】1月5日，市人口计生委党组书记、主任邓行舟在副区长曲凤宏、区人口计生委主任帅淑敏和党组书记陈照立的陪同下，慰问了部分独生子女贫困家庭，为他们送去节日的问候及慰问金。随后，区人口计生委分五组对全区 34 户独生子女贫困户、107 户特困家庭和 17 名村级计生专干进行慰问，送去米、面、油等生活必需品。

【加强流动人口出生监测工作】3 月 26 日至 4 月 10 日，区人口计生委流管站对所属辖区内的 14 个镇、3 个街道办事处的人员信息进行入户核实，共核实出生 128 人。针对核查中发现的问题，将流动人口出生信息季报工作改为月报；各镇、街道计生办加大了查验“两证”和及时为流动人口育龄妇女建卡的工作力度。

【召开区人口计生工作会议】4 月 9 日，区委、区政府召开 2008 年度计划生育工作大会，市人口计生委正局级委员李芸莉、区委书记林克庆、区长李长友、区人大副主任周静溪、区政协副主席刘志茹、副区长曲凤宏参加了会议。会上表彰了 72 名人口计生工作优秀村（居）领导、191 名优秀计生干部、174 户独生子女模范家庭、129 个人口和计划生育工作示范村示范社区、34 个人口计划生育工作优秀综治部门。市人口计生委正局级委员李芸莉对大兴区人口计生工作给予了肯定，并提出建议；区委书记林克庆在会上作重要讲话；区长李长友与相关单位代表签订了《2009 年人口与计划生育目标管理责任书》，进一步明确了工作目标和责任。

【召开创建全国计划生育优质服务先进区动员培训会】4 月 9 日下午，大兴区召开创建全国计划生育优质服务先进区动员暨培训大会。副区长曲凤宏在会上作动员讲话，并邀请国家人口计生委优质服务项目办专家作了题为《开展计划生育优质服务的实践与体会》的报告。

【继续深化利益导向机制的建设】积极探索对计划生育家庭，尤其是独生子女家庭各项优惠政策的制定与实施。年内，奖励扶助对象总数达到 1121 人，特别扶助总人数达到 119 人。利用财政贴息贷款资助困难独生子女家庭发展生产的工作继续推进，完成贷款 2041.8 万元，资助 596 户。根据《大兴区关于建立完善人口和计划生育利益导向机制的实施意见》，鼓励各镇（街道）结合本地实际，积极探索利益导向机制新思路，协调相关部门给予政策倾斜，为基层落实、稳定、拓展各项奖励和优惠政策提供依据。积极利用社会力量帮助贫困独生子女家庭有了新进展，“李嘉存助学基金”年内资助采育镇计划生育困难家庭中品学兼优的高中生、大学生 30 人，总金额超过 10 万元。

【组建兴秀手工艺产销协会】针对农村妇女年龄偏大、文化偏低、缺少技能、就业难的现状，大兴区北臧村计生办、妇联牵头组建兴秀手工艺产销协会。协会通过组织妇女免费参加十字绣、珠绣、勾编等手工技能培训，来增加就业技能。与此同时，组织妇女进行家庭加工，参加家庭加工的妇女有300多人，其中60%以上是独生子女户，15%是流动妇女。参加加工的妇女们每人每年增加收入少的4000元，多的10000元。

【开展统计信息质量大检查工作】4月下旬至5月上旬，区人口计生委对全区14个镇、3个街道进行统计信息质量大检查工作。对选定的49个村居、1103名育龄妇女进行了育龄妇女卡项检查，完善了育龄妇女卡片项目的各种数据，掌握了基层第一手材料。

【举办“我与国策共成长”主题活动】通过全区上下的积极宣传，各镇（街道）从大量的来稿中精心筛选出51篇上报到区人口计生委，经区文化馆的资深评委对征文进行评选，评选出3篇报送市人口计生委，并被编入由市人口计生委宣教处发行的《“我与国策共成长”优秀征文选编》。演讲活动采用层层选拔的方式，通过镇、街道选拔，最终各推荐17名选手参加全区演讲比赛。6月2日在区人口文化学校举办了“我与国策共成长”演讲比赛，评出一等奖1名，二等奖2名，三等奖3名。

【继续深化青春健康项目】为进一步推进校园内的性健康教育，6月12日，区人口计生委、计生协召开了“青春健康”项目座谈会。区教委、进修学校、黄村一中及妇幼保健院等单位参加了座谈，深入探讨了青春期健康中“性健康教育”的问题。10月，区教育委员会、区人口计生委、区计生协联手，面向全区中小学及职业学校举办“大兴区青春期健康教育征文活动”。征文活动共收到来自全区各小学、中学以及职业学校负责人和参与青少年青春期健康教育工作的行政主管领导、青春期教育专任与兼任辅导教师、班主任、学科教师、校医等撰写的300余篇文稿，并评出了一、二、三等奖。

【调研人口计生基层干部队伍建设情况】7月21～22日，市人口计生委人事处协同国家人口计生委人事司“基层干部队伍建设调研组”来大兴区对基层干部队伍建设情况进行调研。调研组对120名村级计生专干进行了问卷调查，与区人口计生委领导进行了座谈，全面了解基层计生专干基本现状，重点对“区聘、镇管、村用”的做法进行了研究探讨。

【开展创国优大巡查工作】7月至8月，区人口计生委利用23天时间，对各镇、街道“创国优”工作贯彻落实情况进行大巡查。根据创国优检查评估项目，对各镇、街道创国优工作的开展情况进行了认真检查，对存在的问题当场指出并逐个指导进行完善，进一步夯实了人口和计划生育基层基础工作。

【创办《大兴区创建全国计划生育优质服务先进区专刊》】为全面推进创“国优”工作，区人口计生委创办了《大兴区创建全国计划生育优质服务先进区专刊》，重点刊登全区创建活动情况，根据工作需要和信息量随时编发，为各镇、街道创建了一个展示工作亮点、交流学习服务经验的平台。

《专刊》共发表十期，从不同层面反映全区创建工作情况，为创优工作增添了动力。

【检查计划生育药械市场专项整治工作】9月22日，市计划生育药械市场专项整治联合督查组到大兴区检查、指导工作。区人口计生委主任甘连义就计划生育药械市场专项整治工作情况作了详细汇报，副区长常红岩及各综治部门负责人参加了汇报会，并具体回答了督查组的提问。会后，督查组又对部分成人用品店进行实地检查，未发现违法现象。

【召开创国优检查验收会】10月29日，大兴区召开创国优检查验收会，市人口计生委主任邓行舟及相关处室领导到大兴区就创建国家级优质服务区进行检查验收，副区长潘新胜陪同。会上听取了区人口计生委主任甘连义对创国优工作的汇报，并到西红门镇金星庄村检查基层基础工作。

【创建文化书屋】为满足群众文化需求，丰富老百姓的业余文化生活，区人口计生委经过实地考察，确定建设五处村级文化书屋，分别是榆垡的求贤村、瀛海的千倾堂村、旧宫的庑殿二村、安定的徐柏村和青云店的三村二村。设立文化书屋，村民不出村就能看到各种计生知识读本、科普读物、文化刊物和计生知识光盘等。

【北臧村镇五位一体做好人口计生工作】北臧村镇党委、政府以稳定低生育水平、统筹解决人口问题、促进人的全面发展为宗旨，把人口计生工作纳入党委、政府的重要议事日程，坚持开好五会（即党委会及扩大会、党委和政府大会、镇长办公会、主管镇长例会、计生办例会），签订三项责任书（即，镇党委与村党支部签订责任书，政府与村委会签订责任书，计生办与各村计生专干签订责任书），为人口计生工作开展提供了机制保障。通过出台相应的政策性文件，如《北臧村镇人口与计划生育管理办法》、《北臧村镇人口和计划生育领导小组成员单位职责》等，做到镇村及职责部门责任分工明确，从而形成了齐抓共管，共同做好人口计生工作的良好氛围。

【完善利益导向机制，推进计划生育村民自治】随着部分村的土地被征占，以至整体拆迁的进行，转非安置前，按人分配生活费是必然的。为了少让独生子女家庭的利益受影响，大兴区北臧村镇党委从引导村完善利益导向机制，推进计划生育村民自治入手，出台了《关于北京生物工程与医药产业基地征占地各村发放生活补助的指导意见》。规定涉及拆迁的独生子女家长每人每年可以享受500～800元的奖励补贴。整体拆迁的5个村通过召开干部、党员、村民代表会一致通过，每年给独生子女家庭父母每人奖励800元。年内，新完成拆迁的天宫院村也对独生子女父母进行了奖励，奖励金额达41.76万元。

（杜娟）

通州区

【概况】2009年，在区委、区政府的正确领导下，在市人口计生委的大力支持和帮助下，通州区人口计生系统以科学发展观为指导，认真贯彻落实国家人口计生委《关于进一步深化综合改革创新体制机制的指导意见》和中央、市委两个《决定》精神，服从服务于保增长、保民生、保稳定大局，围绕"稳定低生育水平、统筹解决人口问题"这一主线，坚持"小人口"不能松，"大人口"探索推进的思路，积极采取有力措施，不断健全运行机制，创新有效载体，狠抓工作落实，为建设现代化国际新城创造良好的人口环境，圆满完成了年初既定的工作目标。

政策法规。年内，法制工作紧紧围绕稳定低生育水平中心任务，抓紧抓好违法生育文书下发和再生育审批年工作。全年社会抚养费征收率为87%。办理再生育审批365例，其中政策性321例，病残41例，特批3例，坚持每月10日进行审批，做到时限内审批、材料齐全、程序规范，无错批和漏批现象。为认真贯彻落实各种奖励政策，年初制定下发《通州区奖扶及特扶工作方案》，按照"三级三审核，村级三公示"制度，全区奖扶新进入392例、年审1780例、特服新进入51例、年审165理。

宣传教育。以阵地建设为重点加强宣传教育工作，继续实施"百千万"工程，全区共涌现出100个计生新农村新社区示范村（居），1000个计生示范新家庭，1.6万名计生文艺宣传员。实施了"六有六建一培训"宣传教育计划，营造有利于人口计生工作的浓厚氛围。全区共建立人口文化广场164个、人口计生宣传队150支，人口文化楼门1609个，人口文化一条街570条、人口文化书屋110个、人口文化学校518个，新建了占地10000平方米，集宣传、教育、休闲、娱乐、健身为一体的通州区人口文化园。与区广电中心联合开办了"漫话计生"专栏，以"关注人口问题，促进区域发展，提高人口素质，构建和谐家庭"为宗旨，增强了电视宣传的系统性、针对性。以开展活动为载体加强宣传教育氛围。在全区开展了生殖健康大讲堂活动，开展了"我与国策共成长"征文暨演讲比赛活动，共收到征文稿件1000余篇，组织演讲比赛20多场，200多人参加演讲，近2万人受到了教育。先后开展"关注人口，共创和谐"、"计生文艺走进运河人家"、"庆祖国六十华诞，展人口计生风采"等大型宣传教育活动13场次，直接受教育群众达4万余人次。充分发挥计生志愿者的宣传作用，新组建150支计生文艺宣传队，投资60余万元为1.6万名计生文艺宣传队队员统一配置演出服装，从而使人口计生唱响社区，活跃村庄，深入万家。

技术服务。实施健康体检计划，提供计划生育技术服务。加强外来务工人员计划生育管理的力度，及时进行生殖健康孕情监测，全年共为外来育龄人群提供生殖健康孕情监测 1.49 万人次。继续加大技术服务投入力度，开展优质服务。投资 255 万元，为 5 万多名已婚育龄妇女免费提供了生殖健康检查服务；投资 200 万元，为 3 万名采取长效节育措施的已婚育龄妇女免费提供了更全面的体检服务；投资 40 万元，为 5000 名无业下岗育龄妇女免费提供了体检服务。实施健康生育计划，完成新生儿出生缺陷的一级预防。从 4 月份叶酸免费自愿领取工作纳入服务中心管理以来，按照有关要求进行宣传指导，严格叶酸领取的出入库登记工作。发放 4000 余套叶酸知识宣传画，开通多条叶酸免费领取渠道，使符合免费领取条件的适龄人群在培训中心、服务中心、乡（镇）街道计生办及时方便地领取到叶酸制剂，预防新生儿神经管畸形的发生，减少新生儿出生缺陷。服务中心及乡、镇、街道计生办发放叶酸 265 盒。年内，与法规科合作完成病、伤残鉴定工作，并对两名癫痫患儿进行家系调查，绘制了家系图谱，有效防止新生儿遗传疾病的发生，达到优生优育目的。

流动人口服务与管理。根据国务院颁布《流动人口计划生育工作条例》和国家人口计生委《全国流动人口计划生育“一盘棋”“三年三步走”实施方案》精神，积极探索建立流动人口计划生育的管理和服务工作模式。开展了流动人口清查清理工作，研究制定了《通州区 2009 年流动人口违法生育清查清理方案》，利用半年时间，对全区流动人口进行清查清理，对 143 例流动人口违法生育个案进行了核实处理。开展流动人口免费体检服务工作。与京通医院合作，一方面在医院内，为已婚育龄妇女免费健康体检；另一方面深入到全区各乡镇、街道、企业，开展“关爱流动人口免费体检”活动，全年为 2300 名流动人口已婚育龄妇女进行了免费健康体检。建立流动人口出生监测机制。针对流动人口出生监测难的问题，在全区 21 家有接生资质医院建立了出生监测网络，全年监测流动人口出生共计 5159 人，提高了流动人口出生监测工作质量，流动人口管理服务工作得到了有效推进。

干部队伍建设。针对全区村级计划生育干部队伍存在的年龄老化、文化程度低等诸多问题，根据市人口计生委《关于加强北京市村级计划生育干部队伍职业化建设的意见》精神，结合通州区实际，制定出台了《通州区关于落实北京市村级计划生育干部队伍职业化建设的实施细则》，在全区大力推行公开选聘和竞争上岗制。全区各乡镇主要领导高度重视，分别召开村支部书记、计生专干参加的各种形式座谈会，通过制定政策，畅通出口，拓宽进口，合理选配，顺利实现了新老专干的交接和维稳工作，破解了人口计生干部队伍“超稳定”现象。截至 2009 年年底，55 岁以上计生专干已经全部退出计生岗位，全区新聘任村级计生专干185人，计生专干队伍平均年龄由调整前的54岁下降到调整后的44岁，高中以上学历占75%，大专以上文化有86人，占18%，切实提高了基层计生专干队伍的整体素质和工作水平。

药具工作。认真贯彻“三为主”方针，按照宣传教育为先导，技术服务为保障，深入基层，满足群众需求，对村居育龄群众进行避孕节育、生殖保健知识培训达8300人，及时解答群众所提出的问题。进一步加大避孕药具管理的力度，确保向育龄群众提供优质服务到位。1月初，区药具站与全区15个街乡镇计生办主任和辖区27家由区药具站直供免费避孕药具负责人签订《免费避孕药具免费宫内节育器管理责任书》，提高避孕药具管理使用的社会效益，为满足群众需求提供了更好的方便，快捷的服务提供有利保障。实行药具配送工作，采取上下齐动形式，按需对乡镇街道办事处实行上门服务，1～10月共配送免费避孕药具1100件。同时各乡镇都分别为建筑工地、大型单位及流动人口聚散地配送530件避孕药具。年内，避孕药具免费发放易得工程新增避孕药具免费自助发放机161台，免费自助发放箱700个，全区药具免费发放点达到978个。继续完善出生缺陷一级干预体系，为10000名新婚夫妇提供了免费生殖健康、优生优育知识的培训。根据群众需求，有效开展了“生殖健康大课堂”村居行活动，有近10万人次接受了避孕节育、生殖健康、知情选择、科技致富等方面的培训，增强了广大群众的自我保健意识。

协会工作。全区各级计生协继续按照市计生协三级管理工作规范，对协会基层基础工作、会员之家、协会组织发展等进一步规范，提高了计生协整体工作水平。按时完成社团网上年审登记工作，结合年检工作，进一步规范协会各项工作制度，提高协会工作水平和协会组织的社会影响力。全区各级计生协认真搞好计生家庭致富需求调查，充分利用政府贴息贷款，积极扶持计划生育家庭发展生产、增加收入。全年，贴息贷款金额达到2147.93万元，帮助计划生育家庭623户。按照市计生协示范会员之家标准考察审核标准，建立完善了梨园镇半壁店村计生协和潞城镇常屯村计生协的市级示范会员之家。上半年，全区全面开展“生育关怀、亲情牵手活动”，截止到年底，全区共有亲情牵手家庭49对，覆盖15个乡镇和4个街道办事处。

【人口和计划生育数据】年内，全区常住人口109.3万人，全区户籍人口为65.55万人。户籍人口出生为5930人，计划生育率为97.32%，出生率为9.01‰，死亡人口为4623人，死亡率为7.03‰，自增率为1.99‰。

【召开人口和计划生育工作大会】3月27日，通州区2009年人口计生工作会议召开，会议由区委副书记张文山主持。会上，主管人口计生工作的副区长刘淑华作了题为《科学发展，统筹推进，全力推动人口和计划生育工作实现新突破》的工作报告。报告认真总结了全区2008年人口计生工作取得的显著成绩，深入分析了全区人口计生工作面临的形势，全面部署了2009年人口计生工作的目标任务及措施。区委、区政府对荣获“通州区人口计生工作红旗单位”荣誉称号的梨园镇等5个单位；荣获“通州区人口计生工作优秀单位”荣誉称号的潞城镇等10个单位；荣获“通州区人口计生工作先进单位”荣誉称号的区劳动和社会保障局等15个单位；荣获“通州区人口计生工作先进村（居）委会”荣誉称号的永顺镇杨富店村等106个村（居）委会和148名荣获“通州区人口计生工作先进个人”荣誉称号、15名荣获“通州区优秀计划生育协会会长”荣誉称号及10名荣获“通州区计划生育家庭致富带头人”荣誉称号的单位和个人，给予了表彰，并分别向他们颁发了奖牌及荣誉证书。区委副书记、区长邓乃平与乡、镇长、街道办事处主任，签订了2009年人口和计划生育工作目标管理责任书。

【加强利益导向机制建设】以改善民生为重点，把建立利益导向机制作为人口计生工作的重中之重，围绕全区10万多独生子女家庭，积极提供各种优惠、优先、扶持、保障等服务。借助“民生”建设，制定了有利于人口计生工作及计生家庭的经济社会政策。区委、区政府出台了《农村产权制度改善实施意见》，对独生子女家庭争取奖励基金，确保在产权制度改革工作中独生子女家庭经济利益不受伤害。全区共有3095名独生子女在产权制度改革中多得利益241万元；有2709名独生子女在旧村改造中多得利益5316万元；2.3万名独生子女多享受村集体奖励260万元；477名独生子女享受到助学奖励；借力新农合、新农保新政，各单位制定了多渠道的计划生育优先、优惠制度，有1118名独生子女父母优先提前享受养老金；974名独生子女父母享受到医疗费“二次报销”优惠政策；为555名独生子女父母入了养老保险。全区用于对计划生育家庭的各项优先、优惠、扶持、救助资金投入6200万元，计划生育家庭得到了更多实惠。认真落实农村部分计划生育家庭奖励扶助制度。全区奖励扶助对象2388人，特别扶助对象216人，享受低保补助困难计生家庭1543户，扶助资金300多万元。利用市财政2000万元贴息贷款，为600户农村计生家庭发展生产，实现了脱贫致富。

【市人口计生委领导慰问困难独生子女家庭】1月5日，市人口计生委党组书记、主任邓行舟，在通州区副区长刘淑华、区人口计生委主任刘美俊的陪同下，慰问了台湖镇麦庄村计生专干边秀珍及张家湾镇施园村低保计生家庭祁文波。邓行舟主任详细了解了他们的工作情况、身体情况，并为他们送去了节日礼品及慰问金。

【区领导慰问困难计生家庭】2月，区人口计生委在全区广泛开展了“走千家、交百友、送温暖”活动。全区上下各级领导和人口计生部门干部，纷纷到1.7万余户独生子女困难家庭进行走访慰问，分别为他们送去了米、油、水果、年画等节日慰问品。

【大力推进计划生育优质服务工作】2月18日，在区计划生育生殖健康服务中心全面启动了“为城镇无业已婚育龄妇女免费生殖健康体检”计生优质服务活动。该项计生优质服务活动启动后，由区人口计生委为每名户籍在通州区城区内的无业已婚育龄妇女出资110元体检费，区计划生育生殖健康服务中心为4000名城镇无业已婚育龄妇女免费实行B超、乳腺、妇科、血尿常规等项生殖健康体检服务。

【举办“我与国策共成长”征文演讲比赛】从年初到6月底，全区15个乡镇、街道办事处、500余个村居、100多个委、办、局（公司），发动党员、机关干部、企事业职工、协会会员、学生、教师、计生志愿者等，积极开展了“我与国策共成长”征文暨演讲比赛活动。活动中，共收到征文10000余篇。经过区人口计生委评选，最终评选出征文一等奖15篇，二等奖18篇，三等奖146篇，其余为纪念奖，并给予了表彰及奖励。6月9日，通州区人口计生委举行了“我与国策共成长”演讲比赛总决赛。市人口计生委宣教处处长刘凤婷，副区长刘淑华，区委常委、宣传部部长张秀余以及文明办、区直机关工委等单位负责人、各乡镇、街道主管计生工作领导等400余人参加演讲总决赛。

【举办“庆祖国六十华诞、展人口计生风采”文艺演出】9月23日，区人口计生委、区计划生育协会隆重举行“纪念9·25《公开信》发表二十九周年，庆祝祖国六十华诞，展人口计生风采”文艺汇演。来自全区的150名计生志愿者和独生子女代表，自编自演了15个以歌唱党的好政策，弘扬婚育新风、宣传计划生育基本国策的文艺节目。

【举办“计生文艺唱响运河人家”暨《条例》宣传”启动仪式】9月27日，以启动《流动人口计划生育工作条例》宣传为契机，举行通州区“计生文艺唱响运河人家《流动人口计生工作条例》宣传”启动仪式。利用人口文化宣传展现运河儿女风采，展示全区人口计生工作取得的成绩，进一步宣传科学文明的婚育观念，有效推动全区人口和计划生育工作的深入开展。

【加强药械市场综合治理】年内，为加大药具药械市场整治力度，成立通州区计划生育药械市场专项整治行动协调小组，取缔159家无照经营“黑诊所”、药店、成人保健品店，有效规范了计划生育药械市场秩序。

【深入调研指导基层工作】为扎实做好基层基础工作，根据区人口计生领导小组制定的基层人口计生工作目标考核内容和《全国计划生育优质服务先进单位》指标内容要求，由区人口计生委全体委领导班子成员及各科、站、室20多名机关干部组成的“人口计生工作目标管理考核评估调研小组”，历时三周时间，深入到全区15个乡镇、街道办事处计生办和60个村、居，随机走访2400户家庭，采取以“听、查、谈、核、问”的形式，对乡镇、街道及部分村居人口计生工作开展了全面深入地调研和评估。

【生殖健康大课堂进村居】11月6日，区人口计生委在全区范围内全面启动了“生殖健康大课堂进村居”项目活动。在活动中，首都医科大学附属第一医院副主任医师胡萍教授、北京海军总医院张宇教授等有关专家，深入到全区15个乡镇、街道办事处所辖的各村、居委会及机关企事业单位，上门为全区广大妇女开展生殖健康讲座和咨询服务。

【区人口计生委成立共青团支部】12月15日，区人口计生委召开团支部成立大会。会上，宣读了区直机关团工委关于成立共青团通州区人口计生委团支部的批复，全体共青团员重温了入团誓词。区人口计生委现有青年团员8名，30岁以下年轻干部占人口计生委职工总数的20.5%。成立大会由副主任薛美利主持，团工委书记李莉、委机关党组书记张湛军分别代表上级团组织和委党组作了重要讲话，区直机关工委常务副书记陈秋平出席会议并向团支部赠送了书籍，参加会议的还有机关工委副书记高华、委机关副主任金士兰等领导。

顺义区

【概述】2009年，顺义区以大人口统筹为突破，围绕稳定低生育水平这一核心，积极开展计划生育优质服务。全区人口规模继续稳定、人口素质进一步提高，整体工作保持良好势头。年底，顺义区被国家人口计生委评为全市唯一一个“国家人口和计划生育工作综合改革示范区”，被北京市人口计生委评为“人口和计划生育工作模范区”。

基础工作。全面贯彻落实《顺义区加强村级计划生育专干职业化队伍建设的实施意见》，对村级专干任职、选聘、职责、辞退、培训、奖励考核等做了详细具体的规定。19个镇均出台了实施细则，北小营镇率先尝试了“村级确定人选，镇级组织考核，区级打分评判”的村专干选拔程序。全区因年龄、学历和工作能力问题共调整专干86人，村级专干的年龄结构和文化程度得到进一步优化。通过举办第16期村居专干计算机操作技能培训班，对415名专干开展WIS初中期培训。对全区的计生专干、宣传员共计2288人进行了避孕方法知情选择、生殖健康优质服务业务培训。区、镇、村三级通过岗位练兵、外出学习、实地考察、内部交流、知识竞赛、定期答题等丰富的学习形式，强化专干的技术水平和服务能力。

宣传教育。采取多种方式，广泛开展人口计生宣教活动。镇街及区直单位共组织学习区《意见》468场，播放大型电视专题片《生命的呼唤——人口篇》332场，开展集中性宣教活动1187场次，走访慰问独生子女户、村级专干、计生先进人物等3732人，举办计生知识培训、座谈458次，发放宣传品12.7万份。参与“纪念建国六十周年摄影展”，8部作品获奖入册。举办“关爱女孩行动——扶助女孩成长”活动，为84名在读高中贫困女孩，每人发放300元扶助金和一个电子词典。在区广播电台开办了《绿港人口》专题栏目，播出专题18期。开展“我与国策共成长”征文演讲活动，征集征文752篇，参与演讲群众396人。建立人口计生宣传教育QQ群，实现基层宣教动态及时沟通。

利益导向工作。继续完善四级养老保障机制，奖励扶助对象人均每年领取市区镇三级奖励扶助金2112元。村级计生家庭养老保障金发放的村数继续保持100%，124个村增加额度，9530名老人享受村级养老保障金1083.8万元。25个镇街积极出台涉及奖励扶助、新农保补贴、新农合、考学奖励、就业奖励、低保奖励、长效措施奖励、孕检奖等计划生育家庭的倾斜政策48个。民政、劳动、教委等部门按照文件精神，积极落实了对独生子女家庭的优先优惠政策。

流动人口服务与管理。区人口计生委与卫生局联合建立流动人口孕育信息通报制度，协调镇街村居及企业实行流动人口孕检单留存制度。与区市场中心联合推行“合同式”管理模式，规范流动人口计划生育管理和服务。

【人口和计划生育数据】年内，常住人口73.2万人。常住人口出生6828人，其中户籍人口5041人，自然增长率为1.6‰，计划生育率为97%。出生人口性别比保持在正常值范围内。

【完善人口计生工作考核方法】年初，在区长与各镇街领导签订的责任书中，明确了各镇街户籍人口增长比例以及居住半年以上流动人口的调控比例。在公安、流管、劳动等重要职能部门与区长签订的责任书中，增加了人口规模控制的具体内容。在区人口计生领导小组制定的《评估方案》中增加对人口规模、人口素质等大人口内容的考核。在区工业局（经信委）《关于加强重点经济功能区经济指标考核的意见》中将人口计生工作纳入综合工作考核指标，要求14个经济功能区管理机构及企业不得出现违反生育政策现象，且人口宏观调控要达标。国资委对国有企业负责人的年度考核中增加对人口问题的考核。区委、区政府对各镇主要经济发展指标与社会调控目标考核意见细则中，增加常住人口规模控制的考核。考核体系的变化使全区人口规模控制成效显著。年内顺义区常住人口73.2万人。

【召开2009年人口工作会议】2月28

日，首届以“人口”为主题的顺义区人口工作大会在顺义宾馆会议中心召开。市人口计生委副主任丁勇，区委、区政府、区人大、区政协领导，镇街、区直单位行政一把手，计生干部等400余人参加会议。区长与各单位行政一把手签订人口和计划生育目标管理责任书，区委书记张延昆作重要讲话。区委书记张延昆强调：一要牢固树立宗旨意识和服务意识，秉承“为官一任、造福一方、百姓受益”的理念，提高对做好人口计生工作重要性的认识。二要摸清底数，分析结构，为百姓就业、就好业加大教育培训力度，全面提升区域人口素质。三要结合新形势，超前谋划，努力使全区人口资源环境协调发展，确保人口管理服务工作与区域经济高速发展相适应。会后，各镇街纷纷召开会议，落实大会精神，镇街兑现目标管理奖132.7万元，并坚决实行一票否决，做到奖惩分明，取信于民。

【国家人口计生委副主任崔丽到顺义区调研】3月20日下午，国家人口计生委副主任崔丽、宣教司司长张建一行，在市人口计生委主任邓行舟、正局级委员李芸莉、副主任彭彧华和顺义区副区长杨培丽陪同下，来到顺义区调研人口计生工作。调研组听取了区人口计生委主任史振启关于全区人口计生工作总体情况汇报，副区长杨培丽介绍了顺义区经济社会发展情况。随后，崔丽等领导来到顺义区马坡镇白各庄村和庙卷村实地考察新农村建设和人口计生工作，并参观了燕京啤酒集团公司。调研期间，崔丽副主任对顺义区的人口计生工作给予了充分肯定。

【召开2009年少生快富经验交流会】3月31日上午，召开2009年少生快富贴息贷款工作经验交流会。市人口计生委正局级委员李芸莉，市计划生育协会秘书长胡兰，区人口计生委主任史振启，区农委副书记赵凤庭，农村商业银行顺义支行副行长王东海等领导出席。各镇（街）主管镇长（主任）、计生办主任，农村商业银行各支行行长及致富能手代表等百余人参加。会上表彰了2008年度贴息贷款工作先进集体和贴息贷款工作先进个人暨十大致富能手。史振启主任作了少生快富贴息贷款工作报告。三名致富能手和高丽营支行代表作了典型发言。市人口计生委正局级委员李芸莉作重要讲话并高度肯定了顺义区工作。年内，顺义区共利用北京市3000万元贴息贷款，扶持920户独生子女低收入家庭增收致富；利用区级100万元扶持资金，扶助52个农村计划生育低收入户发展生产；利用81万元“幸福工程”款，扶助81个下岗失业计生家庭脱贫致富。

【推广流动人口合同式管理模式】区人口计生委与市场中心协调，规范市场流动人口计划生育“合同式”管理。市场中心将计生工作纳入经济合同内容，对遵守计划生育政策的摊贩给予减少2%和5%摊位费的奖励。35个市场做到“五个一”即：成立一个流动人口计生领导小组；设立一个健康咨询室（台）；配备一名计划生育专兼职干部；安装一个计划生育宣传栏；制定一套计划生育管理办法。计生专干的职责是：负责市场流动人口基本情况信息的采集，登记造册，情况变更；负责查验催办流动人口婚育证明；负责已婚育龄妇女的孕情检查和药具发放工作，并将孕育信息及时通报居住地的镇街计生办。

【实行流动人口孕检单留存制度】流动人口凭居住地介绍信到区生殖健康技术服务中心孕检后，区人口计生委为其出示三份孕检结果，除一份寄回原籍外，还要求流动人口所在单位、村居各留存一份，以便及时掌握流动人口孕育情况。年内，持村居介绍信孕检的流动人口达到100%。对违法怀孕的，实行全区协查通报制度。发现违法怀孕且不采取补救措施的，通报各镇、街、村、居及时做工作。对查实为违法生育的，给户籍地发函，协助征收社会抚养费。

【建立流动人口孕育信息通报制度】区人口计生委与卫生局联合下发《关于流动人口孕产妇围产保健分娩期间查验计划生育相关证明的规定》（顺人口发〔2009〕7号）。明确各助产医院在对流动人口孕妇围产保健时，应当查验其《生育服务证明》，年内共监测流动人口出生1352人。通过以上措施，一些群众主动补办、补验了婚育证明。《流动人口婚育证明》的持证率，由前一年的80%提高到90%以上。

【流动人口享受计划生育优质服务】区人口计生委免费为符合条件的4000多名流动人口进行孕情环情监测，开展生殖健康体检以来，为近万名流动人口提供了免费体检服务。免费孕检1.85万人次，基本项目手术费报销145人。对遵纪守法、带头执行计划生育的流动人口给予物质奖励和精神奖励，表彰150户流动人口计划生育模范家庭。同时，开辟多种途径，方便流动人口领取药具，在市场、商场等流动人口聚集处安装97台避孕套自助发放机和100台安全套自取机。

【开展人口计生系统业务培训】3月5～6日，区人口计生委举办2009年人口计生工作业务培训班，并邀请区发改委梁军副主任作了《顺义区经济社会发展现状及展望》的报告。培训会上，区人口计生委进一步明确了全区加强大人口工作的目标，部署了控制常住人口规模、稳定出生人口性别比、降低出生缺陷发生率、提高农村新生儿入非率等关系全区经济社会协调发展的重要人口调控任务。会议强调计划生育工作要强化利益导向，全面实施治理流动人口和人户分离人员违法生育的有效举措，从政策引导、加强孕前型管理以及严格依法行政等多个方面稳定低生育水平。

【开通人口信息共享系统】年内，顺义区人口信息共享系统建设通过网络安全测试，正式在顺义区政府办公服务平台开通。区委、区政府、区人大、区政协领导，12个数据录入单位以及区发改委、区委研究室领导，可随时登录和查询全区人口出生、死亡、升学、就业、流动、购房、户籍迁入迁出等所有人口变动数据。顺义区人口信息共享系统是由区人口计生委牵头协调，12个政府职能部门参与，集数据、图表为一体的综合性人口数据库。其中包含人口知识、人口研究、人口理论、人口规划、人口法规、人口规模、人口素质、人口结构、人口布局、就业保障、领导参阅、数据分析共12个版块，113张分析图表、34张汇总图表、15张综合图表，以及月报、季报、年报。人口信息共享系统开通后，为跨部门数据查询提供了方便。区教委根据系统内历年的出生孩子人数，制定了全区的教育调整布局规划；区卫生局利用系统内的数据制定了免疫计划；统计局利用系统内的相关数据预测了全区常住人口人均经济发展预期指标。系统的建立和开通实现了人口数据的共享，也为领导决策和部门工作提供了科学依据。

【举办人口文化工作展】区人口计生委历时8个月筹备建成3000多平方米的区大人口文化工作展厅。该展厅形象地展示了人口与经济社会资源环境之间的重要关系，展示了区委、区政府在人口宏观调控、统筹解决人口问题中的有效做法，以及多年来区计划生育工作取得的丰硕成果。主展厅外设8个展室，分别介绍了人的青春期、新婚期、生育期、幼儿期、更年期等人生各个时期的健康知识。展览集知识普及、工作介绍为一体，利用图片、文字、声响、电教设备等多种形式，为观展者提供一个立体的科学婚育文化环境。展厅开放期间，万余名群众和各级领导干部进行了参观。10月15日，市人口计生委主任邓行舟带着机关干部参观顺义区人口文化工作展后，称赞这一展览是一项“很有意义的创新”。

【提高市、区、镇三级奖励扶助额度】年内，全区奖励扶助对象1734人，北京市奖励扶助金增加到每人每年1200元，区级奖励扶助金男孩户增加到450元，女孩户增加到610元。各镇也相应增加了奖扶额度，11个镇的镇级奖励扶助金超过每人每年600元，最高达到800元。全年市级投入208.08万元，区级投入88.29万元，镇级投入70余万元。顺义区领取市、区、镇三级奖励扶助金最多的每人每年可领2610元。

【区、镇出台特别扶助政策】全区在市级为特别扶助老人发放每人每年2400元的基础上，顺义区再为其发特扶金1200元。南法信、北务等镇也参照区级标准为特别扶助对象发放每人每年1200元的扶助金。

【村级计生家庭养老补助金发放过千万元】年内，全区124个村增加了村级计生家庭养老补助金额度，9530名老人共领取1083.8万元。发放额度最高的天竺镇岗山村每人每年7680元。

【各部门兑现计划生育利益导向政策】年内，1005个低保农村独生子女家庭得到每户400元的专项救助金，兑现40.2万元。4362名独生子女学生获得高于一般学生20%的人民助学金补贴，兑现80.5万元。对每招用一名独生子女家庭劳动力的用人单位奖励500元，兑现455人，奖励22.75万元。

【为农村长效措施群众体检】 年内，为农村长效措施群众体检2.02万人次，查出大病患者28人。结合两癌筛查，全区各镇街共检查育龄妇女7.54万人，查出大病72人，都给予了及时治疗。体检有两个特点，一是体检项目增多，增加了生化检查、内科B超、乳腺彩超及TCT宫颈防癌筛查。二是在体检过程中充分体现人文关怀，为群众提供免费的早餐和中餐。加强导医服务和随访服务，在体检登记大厅安放了电视机、VCD，向群众宣传生殖健康知识，并设立咨询台，随时解答群众的问题。

【开展出生缺陷干预工作】 为减少出生缺陷，顺义区实行免费婚检，并为群众免费发放叶酸，预防神经管畸形。通过电台专题、广场电子屏公告、宣传折页、海报宣传画、网站知识版面以及基层的宣传阵地等多种渠道，大力宣传免费婚前健康检查及服用免费叶酸的重要意义。在叶酸的自愿领取、免费发放上，采取“关口前移”的做法，把宣传品放到民政局婚登处，新婚夫妇在领取结婚证的时候就能看到宣传材料。年内，共发放叶酸3600人份，共计2.18万瓶。

【完善计划生育药具仓储条件】 年内，区人口计生委完善区药具站的仓储条件，建起200平方米标准化库房，为167个社区卫生服务站配备了能够分类存放药具的计划生育药具专用柜。25个镇街建立了药具专用库房。区人口计生委下发《顺义区计划生育药具工作管理和服务制度》，包括工作职责，库房管理规范、培训制度等九项内容。对区、镇街药具库房货物托盘、冷藏柜、温湿度计、灭火器、色标牌等设施统一配备到位，库房管理规范、药具质量监测制度展板上墙。

【开展计划生育药具“三进”活动】 区人口计生委大力推进计划生育药具“三进”活动，即免费药具进机关、进企业、进学校。为50人以上的企事业单位设立了免费药具发放点，全区共有药具发放点989个，其中村居488个、社区卫生服务站167个、机关企事业单位334个。为消除免费药具发放盲点，向全区15万个家庭发放《计划生育药具免费发放服务指南》，投资12万元制作650块不锈钢《免费避孕药具发放点》标识牌在村居委会、社区卫生服务站悬挂。

【光明街道计生协开展爱心拍卖活动】 5月16日，光明街道计生协和世纪威娜美容院联合在顺义区东竹园酒店举办“爱在和谐家庭”主题演讲会，婚姻亲子教育专家魏晓峰授课，300多位计划生育协会会员参加。演讲会上，世纪威娜美容院举行了爱心年卡拍卖，拍卖所得的8350元全部用于帮助街道独生子女困难家庭。

【举办“我与国策共成长”征文演讲汇报会】 6月9日，区人口计生委在地税局会议室举办“我与国策共成长”征文演讲汇报会。市人口计生宣教中心主任刘成宝、区人口计生委主任史振启、区妇联主席赵桂清，以及区委、区人大、区政协相关领导出席，镇街计生办主任、计生专干、群众代表等200余人参加。此次演讲活动以“我与国策共成长”征文演讲活动为基础，一、二、三等奖获得者用自己的亲身经历讲述了计划生育政策给不同家庭带来的变化。演讲汇报结束后，市、区领导为14名征文获奖者和6名演讲比赛获奖者颁发了证书。

【开展计划生育药械市场专项整治行动】6月至9月，区人口计生委联合区公安分局、卫生局、工商分局、质量技术监督局、药监分局、流管中心开展计划生育药械市场专项整治行动。这次专项整治行动共检查相关单位46家，查处无证户2户，警告2户，责令整改2户，发放告知书37份，没收国家免费提供的计划生育药具510盒，对无照经营者坚决依法予以取缔。通过各部门自查自纠和集中联合检查，对违法经营者起到震慑作用，计划生育药械市场得到净化。

【举办优生优育知识讲座】6月12日，在顺义宾馆举办优生优育知识讲座，各镇街计生专干、社区医务人员及群众460余人参加。北京大学公共卫生学院妇幼系符绍莲教授针对环境对优生的影响、如何预防出生缺陷等问题为群众做了讲解。

【启动独生子女家庭就业促进计划】6月22日，区人口计生委联合顺义区烹饪协会在南彩镇启动独生子女家庭就业促进计划。组织专业教师为各镇选送的300名独生子女家庭成员进行技能培训，每期50人，连续培训6期。培训期间还举办专场招聘会，为培训人员的就业创造条件。

【全国争当计划生育家庭妇女创业之星活动在顺义区举行】7月10日上午，纪念世界人口日主题活动暨全国争当计划生育家庭妇女创业之星活动启动仪式在顺义区举行。国家人口计生委主任李斌、副主任崔丽，全国妇联书记处书记赵东花、联合国人口基金驻华代表处代表薄纳德等出席。北京市人口计生委主任邓行舟、副主任彭彧华，顺义区区委书记张延昆、区长刘剑、副区长燕瑛等区领导陪同。启动仪式上，国家人口计生委崔丽副主任、市政府侯玉兰秘书长、联合国人口基金驻华代表处薄纳德先生分别致辞，顺义区“少生快富”代表张亚利等三人介绍了利用人口计生部门贴息贷款致富的感人事迹。最后，李斌主任宣布全国“争当计划生育家庭妇女创业之星”活动启动。

【召开市场流动人口计划生育工作会】8月14日上午，区人口计生委与市场经营管理中心联合在牛栏山镇召开市场流动人口计划生育工作会。市人口计生委正局级委员李芸莉、副区长燕瑛、牛山镇镇长王文荣、区人口计生委主任史振启、市场经营管理中心主任贺有余，以及各镇街计生办主任及协管员、部分村专干及流动商户代表近百人参加。会上，市场经营管理中心副主任范爱岭宣读了《关于加强流动人口计划生育服务管理工作的具体规定》，明确将计划生育服务管理工作纳入各市场党政领导检查考核及奖惩内容，明确了对流动人口独生子女商户的奖励办法。

【召开人口和计划生育半年工作总结会议】8月21日下午，顺义区召开人口和计划生育半年工作总结会议，各镇街主管镇长（主任）、计生办主任，区人口计生委科以上干部64人参加会议。会上，现场解读了《2008～2009年北京市区县人口和计划生育工作考核评估方案》，区人口计生委各位领导就主管工作作了上半年工作总结，并提出下半年工作意见。

【燕瑛副区长当选顺义区计划生育协会会长】8月25日，顺义区召开计划生育协会第二次常务理事会。会上，协会秘书长李莉汇报了协会近三年来的重点工作开展情况；通过选举，燕瑛副区长当选顺义区计划生育协会会长。

【李斌主任率全国省部级领导干部研讨班到顺义现场教学】9月5日，全国省部级领导干部人口和计生工作专题研讨班到顺义进行现场教学。国家人口计生委主任李斌，副主任赵白鸽、王培安、崔丽等参加活动，区长刘剑、区委副书记胡尚云、常务副区长王海臣、主管副区长燕瑛陪同。省部级领导干部研讨班学员实地考察并听取了北京市人口计生委主任邓行舟、顺义区区长刘剑关于市、区两级多年来坚持科学发展观积极探索统筹解决首都人口问题的经验与做法。省部级领导干部研讨班的学员们对顺义区在人口问题综合治理、计划生育利益导向、遏制出生人口性别比、降低出生缺陷发生率、应对人口老龄化等方面的工作和做法给予了高度评价。

【召开2009年奖励扶助工作总结会】9月16日上午，顺义区2009年奖励扶助工作总结会在南彩镇河北村人口大院举行。市人口计生委正局级委员李芸莉，副区长燕瑛，区监察局、人口计生委、财政局、审计局、农村商业银行顺义支行相关领导出席。会上，计生奖扶老人代表、计生工作者代表和奖扶老人子女代表讲述了自己的经历和对人口计生工作的感受。市人口计生委正局级委员李芸莉、副区长燕瑛、区人口计生委主任史振启为获奖单位和个人颁发纪念品并作重要讲话。

【加强人口文化阵地建设】9月29日，区级人口文化园在杨镇正式开园。年内，全区共建立镇、村级人口文化园93个。25个村级人口学校示范点统一配备了书架、书、展板。

【召开人口和计划生育队伍建设经验交流会】10月16日，顺义区召开人口和计划生育队伍建设经验交流会，各镇街计生办主任，村计生专干、宣传员代表共计130人参加。会上，两名镇计生办主任介绍了干部队伍建设的经验，四名基层工作者介绍了自己献身国策、为群众服务的事迹。会上，对村居优秀专干、宣传员进行了表彰奖励。

【推进婴幼儿早期阅读活动】开展婴幼儿早期阅读活动以来，争取市区两级投入项目资金94万余元，共向30家幼儿园的早教基地投放7.5万本早期阅读图书。11月17日，在仁和镇礼堂举办婴幼儿早期阅读知识讲座，北京师范大学儿童阅读与学习研究中心讲师孙莉莉讲解了亲子阅读对儿童成长的好处以及具体的操作方法。全区共有1.29万名儿童参加了早期阅读活动。

【举办人口与发展论坛】11月25日，在顺义宾馆会议中心举办2009年顺义区人口与发展论坛。论坛以“推动人口发展、促进社会和谐”为主题，区人口计生领导小组成员、各镇街、各单位主管领导共360人参加，北京市兄弟区县的人口计生委主任应邀出席。论坛上，北大、人大的专家学者就农村劳动力转移、流动人口调控、应对人口老龄化以及出生缺陷干预四个课题作了学术报告，各级领导及与会人员对论坛给予了高度评价。

【开展生育关怀行动】区计生协联合5家大企业和驻顺部队与30个计划生育困难户结对子，长期开展帮扶活动。元旦、春节期间，企业、部队派出员工和战士为他们干农活，并及时送去米、面、油等生活用品。各镇计划生育协会也根据这一主题广泛开展行动，232个独生子女困难家庭得到了帮助。

【秦士友接任顺义区人口计生委主任】12月，区政府下发通知，秦士友接任顺义区人口计生委主任职务。

【北务镇建立困难独生子女家庭专项救助机制】为有效帮助低收入困难独生子女家庭解决实际问题，不断完善救助政策，北务镇建立健全专项救助机制。一是教育救助。解决低保及低保边缘计生困难家庭子女的高中就学困难，符合条件的独生子女家庭每学年补助2000元，直至高中毕业。二是困难救助。低保及低保边缘独生子女家庭长期患大病和重病人员，经过新型农村合作医疗报销和其他保险报销及大病救助后，家庭仍存在困难的，给予适当救助。三是特别扶助家庭救助。符合北京市特别扶助政策的独生子女家庭，镇政府为每人每年补助1200元。

（张红蕊）

昌平区

【概述】2009年，昌平区人口和计划生育工作在区委、区政府正确领导下，以科学发展观为统领，围绕平安国庆大局，以稳定低生育水平、统筹解决人口问题、促进人的全面发展为中心，创新工作机制，推动人口计生事业科学发展，圆满完成各项任务，继续保持良好发展态势。区人口计生委在区委、区政府部门督察考核评比中位居前列，获得优秀等级。昌平区在北京市2009年人口和计划生育工作目标考核中荣获模范区称号。

基础工作。为了贯彻落实国家和北京

市人口计生委适应新形势强基提质工作要求，昌平区强化大小网格属地服务管理机制，捆绑整合计划生育宣传员和流动人口管理员两支队伍，“两员”分片包户，责任到人，共同入户采集、变更信息，做到底数清、情况明、数字准。开发人口信息系统，在部门信息共建共享的同时，利用大小网格队伍入户采集人户分离信息，填补信息空白，完善人口基础数据，全区已完成54.5万全人口信息采集录入。注重建设作风过硬、能力综合的网底队伍，开展区、镇、村三级全员培训和岗位大比武、大练兵活动，提高工作人员的学习能力、服务能力、管理能力、协调能力、创新能力、群众工作能力和信息采集能力。组织计算机操作应用专题培训，建设信息化支撑的网底队伍，提高信息录入、统计分析能力，统一考试合格颁发计算机操作上岗证书，合格率达到95.7%。

综合治理。区委、区政府把人口问题摆在可持续发展战略的首位，不断加强统一领导和综合协调。与各镇（街道）签订人口和计划生育目标管理责任书，与公安分局等22个职能部门签订人口和计划生育综合治理责任书。区政府成立人口研究工作领导小组，建立由16个部门组成的人口研究联席会制度，对区域内人口问题进行务实研究和统筹解决。坚持将人口计生工作纳入对镇（街道）经济和社会协调发展绩效评价考核指标体系；纳入区政府机构改革统筹考虑，批准单独设立流动人口行政科室；纳入新城发展总体规划，在昌平新城建设人口和计划生育综合服务中心；纳入农村集体经济产权制度改革和林权制度改革，落实独生子女父母奖励股，在改革中保护独生子女家庭切身利益。完善跨部门工作机制，按照建设便民、高效服务型政府要求，部门联手，共同建立跨部门工作流程。人口计生与民政、公安部门合作，编制《公民收养子女服务指南》，建立收养子女跨部门工作流程；人口计生与教育、卫生部门合作，编制《优生优育优教服务指南》，建立优生优育优教跨部门工作流程；人口计生与教育、卫生、司法部门合作，完善青少年青春健康服务流程，开展“青苹果之家”互动式主题活动；人口计生与医疗机构解决少女意外怀孕相衔接，与法律服务机构法律援助相衔接，完善青少年青春健康服务内涵。

依法行政。严格执行再生育审批政策，并将依法行政与平安国庆、为群众服务相结合。在全程办事代理工作中，落实“三查一审”制度，严格依法审批。全年共办理一孩《生育服务证》4904例、《独生子女父母光荣证》4311例，批准再生育377例。在社会抚养费征收工作中，以镇（街道）为单位统一征收标准，不设自由裁量权，严格执行罚缴分离制度。按照市人口计生委统一部署，认真开展违法生育清理清查，建立违法生育电子档案。建立党员、干部违法生育组织人事部门登记备案制度，将违法生育情况纳入人事档案。开展计划生育药械市场和非法行医专项整治行动。人口计生、卫生、药监、公安、工商、流管等部门联动，制定方案，明确职责，落实镇（街道）属地管理责任。通过联合执法，取缔无照经营黑诊所、药店、成人保健品店101家，查获非法医疗器械、药品金额近7万元。

利益导向。为保障独生子女家庭在产权制度改革中受益，设立了独生子女父母奖励股。年内，全区已完成72个村，2.1万名独生子女父母享受奖励股。开展“生育关怀、亲情牵手活动”，142名大学生村官、军人、计生工作者组成的志愿者长期结对帮扶独生子女死亡的空巢家庭。对独生子女病伤残、死亡家庭进行区镇村三级慰问帮扶，继续落实奖励扶助和特别扶助制度，开展“阳光助学行动”，为135名当年考取大学、家庭比较困难的独生女孩提供一次性助学金40万元。实施贴息贷款工程，发放计划生育贴息贷款2651万元，结合“一花三果”等现代农业项目，帮助520个农村计划生育低收入家庭创业增收。

流动人口服务与管理。区人口计生委与区流管办密切协作，将流动人口出租房屋管理与流动人口计划生育工作捆绑、并轨进行，摸清了流动人口育龄妇女的底数和情况，录入15.8万名流动人口育龄妇女信息。区人口计生委与卫生、药监、工商、公安等九个部门合作，严厉打击“两非”行为，实现区内“一盘棋”。完善跨地区合作机制，与17个省（自治区）、40个市、200个区县建立合作机制，实现跨省市重点地区“一盘棋”工作格局，与流出地信息互通、服务互动、管理互补。通过联合执法，在全市率先破解流动人口违法生育处理难题，近两年累计处理流动人口违法生育150例，征收社会抚养费238万元。在昌平、东小口、南口地区设立流动人口健康体检站，为外省市人口计生部门出具流动人口孕情监测证明1.5万份。

宣传教育工作。围绕“倡导婚育文明、构建和谐家庭”这一核心，以“婚育新风绿居庸，百合人家金果香”为活动载体，开展有特色、有创意、有品位、有效果的宣传教育工作。创新宣传模式，将《昌平人口和计划生育工作简报》改版为双月刊杂志彩版《昌平人口》。有针对性地设置了人口研究、视察调研、合作交流、政策导向、工作动态、镇街广角等板块，及时反映人口计生动态，在工作中充分发挥学习、借鉴、指导作用，并呈送区委、区政府、区人大、区政协、各委办局及人口计生系统的各级领导参阅，实现了窗口职能的根本转变。在昌平电视台编播《人口、文化、生活》专题节目，每两周在《昌平新闻》之后的黄金时段播出。在《昌平周刊》上每月编辑出版一期《人口计划生育专版》，由黑白改为彩版印刷，社会影响力大增。在昌平政府网、北京旅游联盟网开辟《人口计生宣传网站》，切实做到电视上有影像，报刊上有文章，广播上有声音，网站上有内容，使人口计生政策和知识深入千家万户。特别是以王曙光先进事迹为背景创作的《我的经历》、《苦乐年华》，在中央电视台《新闻30分》及北京电视台《北京新闻》播出后，反响强烈。为加强环境宣教体系建设，投资120万元，建成了一个“环境优美、特色彰显、品位高雅、生动形象”的区级人口文化园。在昌平主要街道的11部大型电子显示屏上每天滚动播出人口计生宣传口号，定期更换宣传内容。清理不规范的人口计生标语口号3100多条，非法医疗广告1600多条，营造了良好的人口文化氛围。加强人口文化体系建设，规范区、镇、村三级人口学校，在各镇（街）建设了18个人口文化活动中心，村（居）432个人口文化活动室。结合益民书屋，建设人口文化图书室（角）113个。每年征订一报三刊2332份（《中国人口报》、《人口与计划生育》、《人生》、《人口文摘》），免费下发到村（居）。制作下发群众喜欢的各种宣传品15万余份进村入户，覆盖了社会的各个层面。为了加强资源体系建设，区人口计生委与区委宣传部、区精神文明办等十多个部门联合，共同开展法律、健康、文艺三下乡活动，举办“我与国策共成长”、“我是女孩我骄傲”等征文、演讲比赛，以及“让独生子女成功飞翔”系列主题讲座。开展“百场电影进村（居）”、“百场人口文化演出进基层”活动，共放映电影204场，演出600场。通过全方位、多层次、广角度和宽领域的宣传，营造了良好的社会舆论氛围，唱响了婚育文明新曲。

协会工作。区计生协坚持以服务群众为本，依托会员之家开展丰富多彩的宣传教育活动。建设标准、规范的8个市级示范会员之家，每个会员之家投入资金5万元，对原有会员之家进行重新装修改造，购置了乒乓球、羽毛球、台球等娱乐设备和电脑、图书等学习设备。各级计生协组织依托会员之家，开展了丰富多彩的宣传教育活动。会员信息计算机管理工作进一步深入，会员信息入机数量达到100%，信息准确率逐步提高。年内，全区会员总数为4.97万名，区级常务理事25名，理事91名，镇级理事177名，村级理事985名。面向骨干会员颁发会员证和收缴会费工作继续逐步推进，全区已颁证会员已达1.13万名。以“生育关怀行动”为主线，广泛开展以帮助因意外伤残、夭折造成的独生子女空巢家庭为重点的“亲情牵手”活动，志愿者给空巢老人带来精神慰藉。牵手形式由每年1~2次走访慰问为主，转变为经常性看望、聊天、帮助做家务劳动为主。以“妇女维权”、“青春健康”等项目为载体，提升计生协工作生命力。计划生育贴息贷款项目取得一定进展，成立了由区人口计生委、农委、财政局和农村商业银行昌平支行领导组成的贴息贷款工作领导小组，各部门进行了明细分工，各负其责，密切合作。区农委、区财政局、农村商业银行昌平支行联合下发了《关于做好2009年计划生育财政贴息贷款工作的实施意见》，《实施意见》全面规范了贴息贷款工作，做到了六个统一：统一贷款对象条件，统一贷款工作流程，统一贷款工作档案资料，统一宣传口径，统一部门分工，统一贴息标准。区人口计生委与农商行昌平支行领导一起组成工作组，深入各个镇街现场协调贴息贷款工作具体问题。全年全区发放贷款2600万元，贷款户560户，其中，从事林果、蔬菜、花卉等种植的293户，从事牛、羊等养殖的76户，从事民俗旅游的53户，从事个体经营的85户，从事其他经营项目的53户。

优质服务。实施“健康生育计划”，在18个镇（街）设立叶酸补充剂免费发放点，向3200名准备生育的准妈妈免费发放叶酸补充剂。区人口学校每周六免费为准备生育的夫妇举办优生优育培训班，全年举办培训班162期，受益人群达1.5万人。为1.55万名农村采取长效避孕节育措施的已婚育龄妇女提供十项免费健康检查，其中区人口计生服务中心检查1.34万人，占总参检人数的86.46%，工作落实率为100%。实施“避孕药具普惠易得”工程，全区设立药具发放点1623个，建立了流动人口药具发放五级工作网络，设立流动人口药具发放站（点）126个，聘请流动人口兼职发药员160名，实现了全区免费避孕药具发放全覆盖，已婚育龄妇女综合避孕率为89.88%。

【人口和计划生育数据】2009年年底，全区户籍人口52.3万人，流动人口66.7万人，人户分离近30万人，属地实际居住人口总数近150万人。全区户籍人口出生5540人，符合政策生育率97.47%，人口自然增长率4.42‰。流动人口出生3078人，其中违法生育254人，符合政策生育率95.43%，低生育水平保持稳定。

【区领导调研计划生育贴息贷款工作】2月17日，副区长苏卫东率区农委、林业局、水务局、气象局、动监局、农业服务中心、小汤山现代农业示范园等农口七个单位的领导到区人口计生委调研，主管副区长方炎陪同。苏副区长在调研时强调：要继续推进计划生育贴息贷款工作，扩大贷款规模，增加贷款覆盖面，政府将在贴息资金上给予大力支持，让更多的计划生育家庭享受到政策带来的实惠和利益。

【开展深入学习实践科学发展观活动】3月16日，区人口计生委学习实践活动正式启动。学习实践活动历时5个月时间，主要开展了学习调研、分析检查和整改落实等三个阶段的工作。3月20日，召开“深入学习实践科学发展观活动暨领导干部作风建设年活动动员部署会”，党组书记、主任李春菊作了动员报告。

【开展廉政防范风险检查工作】区人口计生委在开展廉政风险防范工作中，认真查找风险点，查出“再生育审批、社会抚养费征收、医疗器械和药品采购”单位风险点三项，处级和科级干部风险点41个，全委围绕思想道德、内部管理、岗位职责共制定廉政风险防控措施制定防范措施

6条。

【市人口计生委领导到昌平区调研指导工作】5月7日，市人口计生委党组书记、主任邓行舟一行四人到昌平区调研指导工作。调研组重点听取了人口计生队伍建设情况和重点工作情况汇报，对昌平区工作给予了肯定。

【召开流动人口“大小网格”管理机制研讨会】5月8日，区人口计生委召开流动人口管理软件网络版开发和流动人口“大小网格”管理机制工作研讨会，市人口计生委流管处张瑞霞处长、区流动人口和出租房屋管理办公室副主任李俊平参加。

【举办村级计划生育干部培训班】5月13～16日，区人口计生委举办村级计划生育干部培训班。区人口计生委领导围绕转变工作思路和方法，即从“小人口”向“大人口”转变，从“关注冰冷的数字”向“关注有血有肉的人”转变，从计生专网向公共服务管理网络转变，结合人口计生工作面临的形势、村级计划生育干部工作任务、工作内容进行重点培训。来自全区基层的400余名计生干部参加了培训。

【举办青春健康教育师资培训班】5月19～20日，区人口计生委、计生协与区教委联合举办了为期两天的“青春健康教育师资培训班”，旨在全面推进和规范青少年青春期健康教育，提高全区青少年综合素质。培训采取互动教学形式，由首都师范大学性健康研究中心张玫玫教授、北京市中小学心理咨询室温方教授和北京市第一中学心理教师藏超英老师分别授课，围绕青少年青春健康教育面临的困境、青春期教育的必要性和紧迫性、实施青春期健康教育的内容和方法进行系统讲解，把理念提升、知识传授、方法掌握融于专业培训中。近80名来自全区38所中学的专业教师、德育主任和分管校长参加了培训。

【开展“惠民助企、计生同行”活动】5月22日，区人口计生委与赤峰市人口计生委深化跨地区合作成果，在南口保温瓶厂举办了“惠民助企计生同行”活动，在宣传人口计生知识的同时，在企业中为流动人口搭建就业平台。

【制定独生子女父母奖励股资格确认的规定】6月，区人口计生委组织起草《关于独生子女父母奖励股资格确认的规定》，经农村产权制度改革办公室审核后正式下发文件（昌农改办发〔2009〕2号），明确了独生子女父母奖励股资格确认条件和收回的规定，保证独生子女父母奖励股落实到位。

【国家人口计生委人事司调研村级计生专干队伍情况】7月21日，国家人口计生委“村级计生专干调研组”一行三人，在北京市人口计生委人事处处长杨春雁陪同下，到昌平区就村级计生专干队伍建设情况进行调研。区人口计生委从村级计生专干队伍人员构成、创新用人机制、加强干部培养、健全激励机制、强化监督考核、严格规范管理、加强作风建设以及取得的工作成效等方面，向调研组作了全面的汇报。调研组对昌平区人口计划生育队伍建设工作给予了充分的肯定，并一致认为，昌平区人口计生工作思路清晰，站位高，特别是推行的村民选举和村委会选任制度，以及制作《人口计生专干工作台账》、《人口计生宣传员工作手册》等做法为全国村级人口计生工作提供了可借鉴的经验。

【聘请人口计生工作特约监督员】为进一步服务企业，深化企业人口计生工作，区人口计生委、计生协推出了面向全区企业的公益活动“惠民助企—计生同行”。这项活动中聘请了22名来自昌平区各企业的人大委员、政协代表担任人口计生工作特约监督员。监督员的主要职责是对各级人口计划生育工作进行监督、检查和评议，直接向区人口计生委反映单位职工或基层群众关于人口计生工作的意见和要求，区人口计生委对监督员所在的企业提供系列的公益性服务。这项活动是区人口计生委结合自身职能落实“惠民助企”工作的一项重要举措。

【开展岗位大练兵活动】8月7日，在区人口计生委三楼进行了人口和计划生育岗位大练兵区级考试，共有40余人参加考试。8月11～21日，分别在7个笔试考场和17个上机操作考场，进行了人口和计划生育岗位大练兵村级知识技能竞赛，全区共有483名计生干部参加比赛。9月23日上午，召开了“昌平区人口和计划生育岗位练兵和业务竞赛工作总结会”，市人口计生委规统处臧萝茜处长、各镇街主管领导和计生办人员约100人参加了总结会。会上评出优胜镇街12个，镇级优秀个人16名（其中业务标兵4名），村级优秀个人65名（其中业务标兵14名）。

【区政协领导视察青少年教育工作】9月16日，昌平区政协副主席沈玉宝同50余名政协委员，到昌平“青苹果之家”青春健康教育基地视察青少年教育工作。

【市督导计划生育药械市场专项整治工作】9月22日上午，以市药监局副局长王志勉为组长的市督查组，来到昌平区检查督导计划生育药械市场专项整治工作，副区长方炎代表区专项整治协调小组作工作汇报并陪同到商业街成人保健品商店进行实地检查。

【昌平区介绍作风建设经验】9月25日，在全国人口计生系统作风建设经验交流会上，区人口计生委李春菊主任“以优良的作风保障基层人口计生工作科学发展”为题发言，介绍了昌平区作风建设的经验。

【举办《流动人口计划生育工作条例》知识竞赛】9月28日，区人口计生委举办了《流动人口计划生育工作条例》知识竞赛和新《条例》培训，市人口计生委正局级委员李芸莉出席，流管处张瑞霞处长到场授课。

【区人口计生委举办心理学研究生班】10月16日，昌平区人口计生委举行“心理发展与心理健康咨询”研究生班开班仪式，在全国人口计生系统首次将心理学研究生学历教育引入队伍建设机制，为推动队伍职业化建设迈出了跨越性的一步。45 名机关干部参加学习，13 门研究生课程，学制两年，修完可获得北京师范大学研究生院颁发的《研究生课程进修班结业证书》。通过考试，还可取得国家劳动部下发的《0 ~ 18 岁健康教育指导师》行业资格证书。市人口计生委副主任彭彧华在高度评价这一创新做法的同时，寄语昌平人口计生工作者：要争当适应新时期人口计生工作需要的专业型人才，谱写人口计生事业新的历史篇章。

【昌平“青苹果之家”设施完善】昌平“青苹果之家”建筑面积 470 平方米，设置有“青春期知识获取区”、“培训授课区”、“游戏互动和宣泄区”、“心理咨询和热线服务区”四大功能区。场馆内可容纳 100 余名学生接受青春健康知识学习和组织各种活动，同时依托视听、面询、网站、信箱、热线电话、培训、沙龙、夏令营、问卷调查等九种形式，向青少年及其家长提供健康指导。昌平区区委副书记、区长金树东为昌平区“青苹果之家”题词——“为青春护航”。

【继续开展“阳光助学行动”】年内，为 135 名当年考上大专院校的困难家庭独生子女发放助学金 40 万元。昌平区开展“阳光助学行动”以来，第一批资助的 56 名女孩，已经走入了社会，用自己的知识、智慧、才干回报社会。

【召开“农村部分计划生育家庭奖励扶助工作表彰大会”】11 月 6 日，区人口计生委召开了“农村部分计划生育家庭奖励扶助工作总结表彰大会”，区人口计生委相关领导、各镇（街）计生办主任及各村计生专干 200 余人参加大会。农村部分计划生育家庭奖励扶助制度实施四年来，全区累计有 950 位农村老人领取到市、区两级奖励扶助金，为此，市、区两级财政共投入近 150 万元。为了做好这项利民工作，广大计生工作者本着对党、对人民负责的精神，按照“三级三审核、村级三公示”原则，坚持入户核实，严格把关，保证资格确认准确，做到了不多登、不漏登、不错登，让全区每一个符合条件的老人都能够顺利享受到该项政策。

【举办首届人口论坛】11 月 26 日，区政府在温都水城举办了题为“优化昌平人口环境，打造商务的城市”的首届人口论坛，市人口计生委主任邓行舟、副主任丁勇及各处处长，区委副书记王书合、副区长方炎，区人大、政协委员，人口研究领导小组成员单位等领导出席了此次论坛。论坛由区委副书记王书合致开幕词，副区长方炎作题为“优化昌平人口环境，打造商务的城市”的主题报告，教委、水务局、人保局、统计局、流管委、公安六个部门分别就相关人口问题作了发言。北京大学社会学系教授、博士生导师陆杰华在会上作了精彩点评。

【昌平区与瑞典建立中瑞合作 AKC 基地】12 月 13 日，昌平区与瑞典卡洛林斯卡医科大学家庭与社区医学研究中心（KI/

CeFAM)，签订关于在昌平区建立中瑞合作AKC基地的备忘录。

【三定方案增加主要职责】12月，区人口计生委完成2009年三定方案，主要职责中增加组织昌平区人口基础信息数据库建设的职责，并增加了内设机构流动人口科。

【为计生专干“送健康”】12月，区人口计生委开展为全区计生专干“送健康”活动，利用半个月时间在区医院体检中心为全区488名村（居）计生专干进行了全面的健康体检，包括生化检查、心电图、腹部B超、内科、外科、妇科、男科等13项体检项目，为基层计生工作者送去一份深切的关怀。

【走访慰问计生系统困难户】两节前夕，区人口计生委由党组成员带领机关干部深入各乡镇、街道，进村入户，走访慰问大病困难计生干部、计生专干及独生子女困难家庭94户，送去了12.1万元的慰问金和慰问品，同时鼓励关怀他们的生产、生活情况，帮助他们树立信心，克服困难，走出困境，让计生困难家庭过上快乐祥和的春节。

平谷区

【概述】2009年，平谷区人口计生工作坚持以科学发展观为统领，以“稳定低生育水平、统筹解决人口问题”为主线，以“婚育文明靓桃乡·幸福家庭促和谐”活动为抓手，坚持“小人口”不放松，“大人口”稳步推进，不断创新思路和方法，工作取得了新进展，为全区经济社会又好又快发展营造了良好的人口环境。

综合治理。平谷区委、区政府对人口计生工作高度重视，将其纳入了全区总体发展规划，融入了经济发展、新农村建设、旅游等各项事业的综合决策之中。坚持党政一把手“亲自抓负总责”不动摇；坚持将人口计生工作作为党政领导政绩考核、奖惩、选拔及综合性先进单位评选的重要条件；坚持层层签订目标管理责任书，分线考核，“一票否决”；坚持将人口理论纳入区委党校培训计划，并加强了对基层“两委班子”成员和相关部门领导的培训力度，增强了他们的大人口意识。人口计生工作领导小组及成员单位认真履行职责，在出台政策和为民办实事方面，能够向计生家庭倾斜。实行科学管理，稳定低生育水平。区人口计生委与建设部中国城市规划设计研究院、区委政策研究室联合开展了《树立科学人口观，为平谷区又好又快发展做贡献》的人口问题研究，为区委、区政府科学决策提供了参考。

宣传教育。以“北京平谷国际桃花节”为平台，积极融入新农村建设，全力推出“婚育文明靓桃乡·幸福家庭促和谐”为主题的人口计生宣传教育系列活动。开展

"婚育新风·文明新村"创建活动，全区82个村居达到十星级标准，推进了和谐村居建设；开展争做"桃乡新家庭"活动，916个家庭达到六星级标准，培育了新农民，倡导建设和谐家庭；开展"婚育文明靓桃乡——我与国策共成长"主题教育活动，全区撰写征文、青春寄语2500多份，举办演讲、培训47场；与区书协、美协联合开展了"婚育文明靓桃乡——书画作品征集"活动，征得作品200余件，开设人口文化展室，举办了专题作品展。这些活动参与群众多，影响力大，既宣传了婚育新风，又为"桃花节"增添了新的文化元素，增加了平谷的人文底蕴。以阵地建设为依托，打造全新宣传环境。在城区中心广场建造了京郊首个人口文化园的基础上，打造了42处乡镇人口文化标志性景观、274条人口文化一条街，规范了293所人口学校，在全区范围内形成了"一园一景一条街一学校"的宣传环境框架。同时，还制作了餐具、围裙、床单等宣传品，发放到农家乐民俗旅游点，使计生宣传无处不在，温馨靓丽。以特色宣传为载体，营造浓厚婚育文明氛围。继续在区电视台开设《人口与发展》专题栏目，制作宣传品20余万份，出版发行了《在那桃花盛开的地方》画册；元旦春节期间开展"三下乡"宣传慰问和计生大拜年等活动，邀请书法家现场为群众书写春联，对400余户计划生育困难家庭进行了慰问；18支桃乡计生小剧团深入乡村巡回演出500余场；经常开展知识竞赛、趣味运动会、家长座谈会等群众喜闻乐见的活动，使计生宣传深入人心，平谷区成为了北京市唯一的"全国婚育新风进万家"活动先进区和示范区，并顺利通过国家人口计生委专家组的评估验收。

利益导向。积极创新工作机制，推行平谷特色的计划生育家庭优惠优待"三级承诺制"。年内，镇村两级累计承诺事项近1000件次，补贴资金420多万元；认真做好计划生育家庭扶助工作，现全区有800余人享受计划生育奖励扶助及死亡特别扶助政策；在旧村改造、产权制度改革等事项中向计生家庭倾斜，并积极筹措资金，为千余户贫困计生家庭发放小额贴息贷款2205万元，使他们取得了较好的经济效益。国家人口计生委专门为平谷区拍摄了贴息贷款运作情况的专题片《幸福生活从这里开始》，在中央电视台、北京电视台和中国世界人口日纪念大会上播出，社会反响强烈。

优质服务。建立优质服务体系，满足群众生殖健康需求。年内为6万余名育龄妇女进行免费健康体检，建立生殖健康档案，开展导医服务；发挥了生殖健康讲师团作用，深入村居讲授生殖保健课500余场，并做好全程关爱随访服务工作，服务率达95%以上；推进了避孕节育知情选择工作，落实了长效节育措施奖励机制，全年发放奖励金近15万元。推进药具易得工程，按照"200人1个站点和覆盖最远距离步行不超过15分钟"的建站原则，新建和规范了九类、2108个免费避孕药具发放站，发放网络图8万份，开展免费避孕药具“九进”活动，实现了药具服务全覆盖。实施“健康生育计划”，举办优生优育知识培训班40余期，发放叶酸1.05万瓶；加强了免费婚检的宣传服务力度，完善检查内容，提高参检费用标准，使参检人数上升至1514人，婚检率达35%，远远高于北京市平均水平。

队伍建设。改革选拔任用机制，严把村级计生专干入口关，通过双向协商或竞争上岗，提升了村级计生专干和宣传员的整体素质。在组织70余场计生干部系统培训的同时，强化练兵比武，先后举行征文、演讲、活动组织、基础管理等星级评比活动。强化管理考核机制，逐级出台了计生干部和宣传员管理考核办法，建立完善了计生干部、宣传员个人档案，建立了月、季考核制，坚持持证上岗和述职述评制度，调动了计生干部的积极性、主动性，强化了责任心。在报纸杂志宣传优秀计生干部事迹，及时落实计生专干、协管员、宣传员工资补贴等待遇，尤其是村级计生专干补贴发放工作。

【人口和计划生育数据】年内，全区常住人口42.7万人，比上年同期增加0.1万人；户籍总人口为39.8万人，比上年增加0.1万人；流动人口为3.3万人；全年户籍出生人口3025人，人口出生率为7.61‰，死亡率为7.44‰，自然增长率为0.17‰，计划生育率为96%，综合避孕率为89.18%。户籍人口保持稳定并略有增加，人口城市化水平稳步提高，非农业人口已达户籍人口的48.03 %，较上年增长0.81个百分点。

【组织PADIS流动人口子系统使用培训】为实现流动人口服务管理全国“一盘棋”的总体目标，国家人口计生委于2009年2月启用PADIS流动人口子系统，其信息更加全面，应用范围更加广泛。2月16日，区人口计生委聘请市人口计生委及神州数码公司专家对18名乡镇、街道流管干部进行新系统操作使用方面的培训。此次培训听、看、练相结合，使干部对新系统有了更加深入的了解，为尔后的使用奠定了基础。

【召开人口战略研究研讨会】2月23日，区人口计生委组织召开“2009年人口战略研究研讨会”，建设部中国城市规划设计研究院张文奇教授，副区长魏玉瑞，区委政策研究室白云冰、宫飞两位副主任，区科协倪学东工程师、区人口计生委科长以上人员参加会议。与会人员从人口战略层面，就全区人口与经济发展、城镇化建设等问题进行了讨论，确定了《平谷区人口问题与城镇化研究》为重点调研课题，并深入研讨了课题的调研思路和内容。

【召开人口计生工作大会】3月3日，在教委礼堂召开平谷区2009年人口和计划生育工作大会，市人口计生委副主任丁勇、规统处处长藏萝茜、研究室处长潘银苗，区委副书记、区长邱水平，区人大副主任曹来成、副区长魏玉瑞，乡镇、街道行政正职和主管领导，各委、办局公司行政正职和主管领导，各相关部门主管领导参加大会。会上副区长魏玉瑞作了工作报告，区人口计生委党组书记、主任陈月莲宣读2008年度人口计生工作考核通报及受表彰的先进单位名单，市、区领导为优秀单位和先进单位颁奖。相关部门领导与区委书记、领导小组组长秦刚签订人口计生工作责任书、乡镇（街道）、委、办、局、企事业单位行政一把手与区长签订人口计生工作责任书。市人口计生委副主任丁勇作了重要讲话。

【新婚培训进移动】3月6日，区人口计生委将每周四新婚知识培训课送到了移动公司。培训中以“如何生育一个健康聪明的小宝宝”为主题，向大家讲解了优生优育知识，介绍了免费婚检、免费领取叶酸等优质服务工作，让大家在轻松愉快的气氛中学到了知识。此次培训，共办理新婚培训证36份、发放避孕药具200多盒、宣传材料100多份，收到了较好的效果。

【举办“婚育文明靓桃乡”人口文化宣传活动】4月23日，区人口计生委在熊儿寨乡北土门村举办“婚育文明靓桃乡”人口文化宣传活动启动仪式，中国人口文化促进会常务副会长朱明媚、《中国人口报》摄美部主任刘戈宇、市人口计生委宣教处处长刘凤婷、区人大副主任曹来成、团区委书记王何义出席，平谷区各委、办、局、公司的计生干部代表、各乡镇计生办主任、团委书记及育龄群众代表200多人参加。活动中，三位青年代表发表了青春感言，团区委书记王何义宣读了“我与国策共成长”活动倡议书，与会领导向基层计生干部代表发放了《在那桃花盛开的地方——平谷区人口和计划生育工作发展历程的画册》。随后，桃乡计生小剧团进行了计划生育节目汇演。

【计教联手关爱流动人口子女】4月28日，区人口计生委联合区教委在区第二小学举办“花儿在这里微笑”活动，区第二小学全体师生和部分流动人口代表参加了活动。运动会上，区人口计生委发放了致流动人口一封信和宣传资料，委托孩子带给他们的父母。此次活动，区人口计生委投资3000多元，向流动人口子女发放了笔袋、笔盒及笔记本等纪念品，使孩子们切身感受到：同在蓝天下，都是一家人。

【召开廉政风险防范管理工作动员会】4月30日，区人口计生委召开廉政风险防范管理工作动员会。会上，成立了区人口计生委廉政风险防范管理工作领导小组，对廉政风险防范工作进行了部署，并传达了廉政风险防范管理工作方案。党组书记、主任陈月莲作了动员讲话，强调廉政风险防范管理工作是区人口计生委2009年纪检监察工作的重点内容，要与学习实践科学发展观活动相结合，围绕“管事、管人、管财和执纪执法”的运行过程，按要求建立个人自控机制、科室内部防范机制和组织防范机制。

【对村级计生专干补贴及宣传员工资发

放进行督查】6月11日，区人口计生委对各乡镇（街道）计划生育事业费收支、使用情况，固定资产建账情况和2009年村级计生专干补贴及宣传员工资发放情况进行了专项督查和培训。此次督查培训工作，规范了计划生育事业费的管理使用和固定资产建账，保证了村级计生专干补贴和宣传员工资专款专用、落实到位。

【举办“放飞新的希望——我与国策共成长宣传表彰活动”】7月1日，区人口计生委在区广电中心举办“放飞新的希望——我与国策共成长宣传表彰活动”。市人口计生委副主任耿玉田、市计划生育协会秘书长胡兰、区人大副主任曹来成、副区长魏玉瑞及相关部门领导出席，各乡镇（街道）计生干部及受表彰人员200余人参加了表彰活动。活动中，3位全区演讲比赛优秀青年代表进行了演讲，表达了计划生育政策给人民生活带来的巨大变化和优生、优育、优教的重要性；5名书写青春感言代表发表青春感言，抒发了对青春健康的感悟，对未来的畅想；同时还展示了“青春健康”、“我与国策共成长”等优秀书法作品。活动中对全区征文和演讲优秀作品进行了表彰，80后青年代表表演了精彩的“新民乐”和“年轻朋友来相会”等精彩节目。

【召开上半年人口计生工作会议】7月8日，召开平谷区2009年上半年人口和计划生育工作会议，区人大副主任曹来成、区政协副主席李永来、各相关部门及各乡镇和街道办事处主管领导、计生办主任、区人口计生委科站长参加了会议。会上，区人口计生委副主任张玉国作了《坚持科学发展，扎实推进工作，努力打造平谷区人口发展新环境》的总结报告；区人口计生委主任陈月莲对全区2009年上半年人口和计划生育工作进行了总结，部署了下半年重点工作，并就下半年工作提出实施意见。

【组织统筹解决人口问题计生干部职业化建设培训】7月13～17日，区人口计生委组织城区单位、各乡镇（街道）和区人口计生委机关干部共130多人，在北戴河计划生育干部培训基地进行了为期5天的“平谷区统筹解决人口问题计生干部职业化建设培训”。此次培训，分别由国家人口计生委科研所沈和教授、国家人口计生委优质服务项目办专家郭新华主任、市人口计生委正局级委员李芸莉、市人口计生委宣教处处长刘凤婷、区人口计生委党组书记、主任陈月莲进行授课，使计生干部们拓宽了思路，明确了方向，增强了合力，为各单位、各乡镇（街道）进行多方面的业务协作和资源整合，高标准地完成新时期统筹解决人口问题的各项任务奠定了坚实的基础。

【开展人口与计划生育知识网上答题活动】7月20日至10月30日，区人口计生委组织开展人口与计划生育知识网上竞答活动，全区共有62个单位的6000多名干部职工参与了答题活动。活动中评选出组织奖15名，优秀奖132名，纪念奖5287名。此次活动调动了广大干部职工参与并支持人口计生工作的积极性和主动性，提高了人口计生知识知晓率，营造了较好的宣传氛围。

【国家人口计生委评估平谷区“婚育新风进万家”活动情况】7月30日至8月1日，国家人口计生委“婚育新风进万家”评估小组到平谷区评估“婚育新风进万家”活动开展情况。区人大副主任曹来成、副区长魏玉瑞陪同。评估小组分别到平谷区熊儿寨乡东沟村、北土门村、金海湖镇韩庄村社区服务站实地查看了人口计生环境建设，并与金海湖镇胡庄村10名育龄妇女进行了座谈。通过评估，专家组对平谷区的婚育新风进万家活动给予了高度的评价，并对今后工作提出了要求。

【开展重点地区流动人口监测调查工作】在国家人口计生委组织的全国5个省、市流动人口监测调查工作中，平谷镇是平谷区唯一被抽中的乡镇。此次调查为期一周，时间紧、任务重。区、镇两级领导高度重视，认真部署，对调查员提出明确要求，以入户调查为契机，向流动人口宣传人口计生政策法规，了解流动人口的需求。8月12～16日，调查员带着慰问品和宣传品，深入样本点园田队、赵各庄、西寺渠村，对100户家庭进行入户调查，详细了解他们的工作、生活及居住等情况，填写家庭及个人问卷，为国家重点地区流动人口监测提供了翔实、可靠的数据。

【进行PADIS人事统计子系统信息录入工作】8月18日，为加强人口计生系统信息的管理，实现公共服务网络职业化队伍的规范化，市人口计生委统一部署PADIS人事统计子系统信息录入工作。区人口计生委精心研究落实，抽调乡镇计生办人员全面进行信息采集工作，并对区人口计生机构和人员信息进行录入。年内，全区18个乡镇街道计生办工作人员的信息录入工作全部完成。PADIS人事统计子系统信息的录入，为实现公共服务网络职业化队伍的规范化管理奠定了良好的人力资源基础。

【举办“婚育文明靓桃乡”书画作品展】9月18日，区人口计生委举办“婚育文明靓桃乡”书画作品展开幕仪式，各乡镇计生办人员和书画作者及群众参加，市人口计生宣教中心主任刘成宝，政协副主席李永来，区政协副主席、文联主席刘廷海，区文联秘书长韩维权出席。区人口计生委与区书协、美协联合开展了书画作品征集活动，100多名书画爱好者挥毫泼墨，抒发了对家乡的热爱，对和谐社会、和谐计生、和谐家庭的赞美。活动开展以来，共征集书画作品200余篇，分别评出一等奖各2名，二等奖各4名，三等奖各10名，入展作品50余篇。

【开展《流动人口计划生育工作条例》宣传活动】9月23日，区人口计生委在平谷镇东寺渠市场开展纪念9·25《公开信》发表二十九周年暨《流动人口计划生育工作条例》实施宣传活动，500多名群众参加了活动。活动现场设立宣传咨询站，区人口计生委领导干部向过往群众发放《流动人口计划生育工作条例》、生殖保健知识、避孕药具等宣传服务用品，共发放宣传折页1000多份，避孕药具2000多盒，围裙500多条。活动现场，区人口计生委技术服务中心设立生殖健康义诊室，免费为流动人口进行B超、血压等项目的健康检查，共为100余名流动人口进行了义诊。

【组织新中国成立六十年演讲会】 9月28日，区人口计生委举办了“凝聚智慧、畅谈沟通”演讲会。在新中国成立六十周年即将到来之际，为加强和谐机关建设、创建机关文化、打造一流业绩，向祖国母亲献礼，机关科室推荐出9位代表登台演讲。会上全体干部职工对演讲进行评比，并对获奖者进行了表彰。

【深入开展“平安北京”建设】 为确保新中国成立六十周年庆典活动期间的社会稳定，实现“平安北京”的目标，及时妥善化解人口与计划生育系统内部的各种矛盾，制定并出台了《北京市平谷区人口和计划生育委员会关于深入开展“平安北京”建设全面加强信访工作的意见》、《北京市平谷区人口和计划生育委员会关于成立“平安北京”建设指挥协调领导小组及领导干部承包单位安排的通知》，签订了《维护首都安全稳定实现平安北京目标责任书》，明确各级信访责任人，落实委领导班子成员包乡镇（街道）责任制，区人口计生委与各科站、乡镇（街道）计生办签订了责任书。认真落实信访工作思想认识、组织人员、职责分工和经费保障四个“到位”。通过全系统人员的共同能力，区人口计生系统确保了六十年大庆期间的稳定，得到了市、区相关领导的充分认可，并获得区委、区政府信访排查工作先进单位。

【开展免费药具普惠易得工程】 平谷区出台了《关于规范和拓宽避孕药具免费发放站的实施方案》，对镇（乡）、街道、城口单位、村（居）委会、流动人口聚集地等九类免费避孕药具发放站点，从硬件条件和软件条件进行了规范。规定免费避孕药具发放站、点与覆盖距离最远的育龄群众步行不超过15分钟和每200人1个站、点为原则建站，保证了全区育龄群众能够及时得到免费避孕药具服务，实现了免费避孕药具发放点的全覆盖。

【开展避孕药具“九进”活动】 “九进”活动，即免费避孕药具进机关、进大专院校、进流动人口聚集地、进居民区、进超市、进宾馆、进旅游景点、进民俗旅游户、进卫生技术服务场所，最大限度满足育龄群众对避孕药具的需求。在流动人口较集中的地设立免费药具发放点，为流动人口配备药具展示柜、展示牌、药具宣传展板、免费药具、图书角等，对流动人口同管理、同服务。

【市人口计生委对平谷区人口计生委进行考核评估】 12月2日，由北京市人口计生委党组书记、主任邓行舟带队的考核评估小组对平谷区2008～2009年度人口计生工作进行考核评估，相关部门主管领导、4

位乡镇长和区人口计生委主任、科站长参加了考核评估，副区长魏玉瑞、政协副主席李永来陪同考核评估。考核评估小组听取了区人口计生委主任陈月莲关于2008～2009年度的工作情况的汇报，部分相关部门主管领导做了人口计生工作中的履职情况汇报，并与平谷镇、大华山镇、峪口镇、熊儿寨乡乡镇长就稳定低生育水平、利益导向、计划生育优质服务等工作进行了座谈。市人口计生委考核评估小组对平谷区人口计生委各科站室的相关资料进行了检查，并现场查看了技术服务中心、人口学校、避孕药具库房的建设情况。随后，考核评估小组到金海湖镇胡庄村和大兴庄镇良庄子村进行入户座谈，了解育龄群众对人口计生奖惩兑现、享受健康生育服务和利益导向及群众服务需求等情况。

【召开人口计生工作研讨会】12月12～14日，平谷区召开2010年人口计生工作研讨会，区人口计生委领导、各科站室科站长、各乡镇（街道办事处）计生办主任参加了会议。乡镇、街道办事处计生办主任结合本区域特色工作对人口计生工作进行了总结汇报；区人口计生委各科站长结合市人口计生委考核评估情况对2009年工作中存在问题做了深入分析，并介绍了2010年工作重点。与会人员就人口计生宣传教育、利益导向、优质服务等工作进行了深入探讨。与会人员还到天津市河东区人计生委进行参观学习，对人口计生宣传、流动人口服务管理、婴幼儿早期教育等工作进行了交流。

【召开人口计生工作总结大会】12月25日，平谷区召开2009年人口计生工作总结大会，各相关部门主管领导，各乡镇、街道办事处主管领导、计生办主任和区人口计生委主任及科站长参加会议，区人口计生委主任陈月莲主持会议，副区长魏玉瑞出席会议。会上，区人口计生委副主任张玉国对2009年全区人口计生工作做了总结。峪口镇、刘家店镇、平谷镇、山东庄镇主管乡镇长分别就计划生育优质服务、队伍建设、人口计生宣传教育、计划生育利益导向等工作做了汇报。

【人口战略研究建立“1458”工作机制】年内，区人口计生委在人口战略研究中建立了“1458”工作机制。即坚持“查找问题、选定课题、调查分析、制定措施、成果转化”这样一个工作链条；落实区政府、区人口计生委领导班子、委机关科室、乡镇计生办四个层级的调研网络；建立调研先行、综合协调、季度例会、课题立项、优秀调研报告评比表彰五项制度；坚持把调研成果转化为高层讲座、转化为公共政策、转化为工作思路、转化为文件制度、转化为服务群众的有效手段、转化为宣传材料、转化为问题信息、转化为实际工作的八个转变。建立“1458”工作机制，切实推进了人口战略研究的发展。

【开展违法生育未入户人员清理清查工作】平谷区按照“依法收费、维护稳定、解决问题、利于工作”的思路，认真贯彻落实市人口计生委关于清理清查工作的要求，由区人口计生委、各乡镇、街道计生办负责，法制、统计、信访等相关工作人员密切配合，全面做好清理清查工作，认真排查不留死角。年内，及时妥善地解决了215例违法生育未入户人员的户口问题。

【积极开展独生子女伤残家庭特别扶助工作】按照《北京市独生子女伤残家庭特别扶助制度实施方案》的要求，对本人具有北京市户籍；女方1933年1月1日以后出生、年满49周岁；合法生育（或收养）一个子女或合法生育（或收养）两个子女现存活一个；已领取了《独生子女父母光荣证》；现存活独生子女为三级以上残疾（含），且持有第二代《残疾人证》的独生子女伤残家庭，由政府给予每人每月160元的独生子女伤残家庭特别扶助金。区人口计生委按照特别扶助对象的确认程序，本着统一政策，严格控制；公开透明，公平公正；直接扶助，到户到人；健全机制，逐步完善；政府主导，社会参与的工作原则，对全区49名符合伤残特扶政策人员进行资格确认，保质保量地完成独生子女伤残家庭特别扶助工作，并得到了市领导和扶助对象的充分肯定。

怀柔区

【概况】2009年，怀柔区人口计生工作在市人口计生委的关心指导和区委、区政府的坚强领导下，按照“保增长、保民生、保稳定”的决策部署，紧紧围绕“坚持一个中心、完善两大体系、抓好十项重点工作”的思路，即以“稳定低生育水平、统筹解决人口问题、提高人口素质”为中心，完善技术服务和利益导向服务两大体系，重点抓好宣传教育、优质服务、依法行政、基层基础等十项重点工作，为推进城乡经济社会发展一体化、建设京郊经济强区营造了良好的人口环境。

综合治理。全面落实《怀柔区关于全面加强人口和计划生育工作统筹解决人口问题的意见》，建立“政府带动、部门联动、社会互动”的综合治理工作机制。坚持党政一把手“亲自抓、负总责”，将人口计生工作指标作为政府折子工程督查落实，把年度符合政策生育率列为镇乡、街道年度重要考核指标，层层签订《人口和计划生育责任书》。29个计划生育领导小组成员单位按照职责分工，围绕统筹解决人口问题的六大任务，充分发挥部门职能作用，为人口计生工作提供人才、组织、资金、技术和信息保障。积极调动区计生协会、区科协等社会组织参与人口计生工作的积极性，充分发挥其职能优势和桥梁纽带作用，提供项目、技术、宣传等服务。

宣传教育。以“倡导婚育文明 构建和谐家庭”为核心，以“婚育新风进万家”

活动为载体，不断加强和完善四大体系建设，着力打造“婚育文明照耀明珠城”特色宣教品牌。联合区委宣传部、科委、卫生、人保等部门先后开展了“我与国策共成长”演讲征文、“明珠女孩风采展”、“纪念新中国成立六十周年摄影”作品展等活动。完善“新风春雨”讲师团队伍建设，深入全区308个村（居）为计生家庭提供致富信息与致富手段培训。帮助桥梓镇北宅村、杨宋镇耿辛庄村、渤海镇景峪村、北房镇安各庄村、怀北镇西庄村、喇叭沟门孙栅子村建起“新家庭文化屋”。指导基层新建人口文化园5个，人口文化宣传街（胡同）28条，设立人口文化宣传牌500余块。利用区人口学校开设人口计生知识培训班40余期，培训计生干部3000余人次。编印流动人口计划生育知识、避孕药具知识系列宣传折页、《0～3岁家庭育儿指南》、《孕妇学校教材》等知识读本4万余份，制作“阳光计生”文化衫3000件。全年向市人口计生委上报刊发信息370篇，市级以上媒体采用稿件47篇。编发《怀柔报》“人口·计生园地”20期，怀柔电视台播放各种人口计生专题片、新闻28条，编发《人口与计划生育专讯》22期。参加“纪念新中国成立六十周年摄影展”，共选送作品137幅，其中获一等奖1幅、三等奖1幅、优秀奖13幅。

优质服务。依托区生殖健康技术服务中心，为1万余名采取长效避孕措施的已婚育龄群众进行免费健康检查，共查出血压异常2663人次；各类妇科检查异常3577人次。坚持“凡疑必问，凡病必访”的原则，为体检群众建立健康档案，实行区、镇、村三级随访制度。通过跟踪随访和咨询指导，协调26位病情严重的育龄群众进行了进一步检查和手术治疗，其中宫颈癌2例、乳腺癌3例，均进行了手术，术后效果良好。区人口计生委领导对术后群众进行了走访慰问，送去营养品和慰问金，赢得了群众的认可和赞誉，树立了政府的良好形象。与卫生部门联手，开展“送健康、暖民心、生殖健康伴你行”活动，共为4.86万人进行了生殖健康体检，体检率为87.05%。实施出生缺陷一级预防工程，在全区范围内对符合生育政策、准备生育的育龄妇女，在知情自愿的基础上累计免费发放斯利安叶酸片1320人份，发放叶酸6920瓶。与公安、工商、卫生、质监、药监等部门联合开展药械市场专项整治行动。全区共出动执法人员1204人次，执法车辆377台次，进一步规范了计生药械市场秩序，切实维护了群众的身心健康和生命安全。

依法行政。认真落实市委组织部、市人口计生委等十三部委文件精神，建立了党员干部再生育审批和违法生育情况登记备案制度。深入开展违法生育案件的清理清查工作，加大社会抚养费的征收力度，全年共收缴社会抚养费1036万元，收缴率达到了74%，并全部上缴国库。全区独生子女优待政策得到全面落实，兑现独生子女父母各种奖励费318.69万元，各镇（乡）街道、单位法律法规规定的现金奖励兑现率100%。年内全区奖励扶助年审发放688人，在此基础上，落实《怀柔区独生子女家庭特别扶助制度》，为117名特别扶助对象发放扶助金28万余元，为64名独生子女父母发放养老保险补贴3万余元。

利益导向。制定出台了《怀柔区一非一农部分计划生育家庭奖励扶助制度》，对一非一农部分计生家庭中农业户口的一方给予每人每年1200元的奖励扶助金。制定出台了《关于在农村社区股份合作制改革中设立独生子女父母奖励股的意见》，在产权制度改革中为独生子女父母每人增加25%的奖励股。

协会工作。开展"创建市级示范会员之家"活动，在怀柔镇、北房镇、庙城镇和汤河口镇建立4个示范点。在桥梓、怀北两镇铁路社区成立了"桥梓镇茶坞铁路社区计划生育协会"和"怀北镇怀北铁路社区流动人口计划生育协会"。利用2687.4万元财政贴息贷款和40万元幸福工程项目款为983户计生家庭提供致富资金支持。结合母亲节、5·29会员集中活动日开展纪念活动，组织计生协会员、群众为贫困母亲捐款21479.1元。聘请市级青春健康教育专家指导组成员、景山中学的心理咨询教师刘莹为全区22所中学的教师、校医及各镇乡街道秘书长举办"青春健康项目师资培训班"。在怀柔区酒吧一条街建筑工地举办了"纪念世界人口日二十周年"及预防艾滋病知识宣传咨询活动。

药具工作。投资33万元建设了100平方米标准化药具库房，配置了空调、药具摆放架和空气加湿器等内部设施。修订和完善了《怀柔区计划生育药具质量管理规范》、《怀柔区计划生育药具储运质量管理细则》和《避孕药具库房管理制度》等制度。举办"计生免费药具发放周"活动，层层开展避孕药具知识培训，共培训90余次，培训人员6000多人次。深化避孕方法知情选择，育龄群众综合避孕率达89.08%。不断丰富免费药具品种，深入推进药具"三进"工作和免费药具易得工程，在全区范围内设立免费药具发放点437个，为免费发放点制作国家统一免费标识的发放牌、药具自取架、发放袋700余个。

流动人口服务与管理。怀柔区成立了由计生、建委、卫生、工商、城管、流管办6个部门参与的流动人口计划生育工作领导小组，制定下发《怀柔区关于落实全市"一盘棋"工作意见》、《流动人口计划生育服务管理规范》和《关于进一步加强流动人口计划生育工作意见》等文件，强化出租房屋管理员和镇村两级专（兼）职干部职责，实现区内"一盘棋"。推进流动人口与户籍人口"同宣传、同服务、同管理"，成立流动人口计划生育管理服务中心和人户分离人口计划生育工作站，实行"一站式"服务。利用生殖健康技术服务中心和定点技术服务机构，落实规定项目的免费"四术"及孕检服务，开展免费药具"进市场、进工地、进社区”活动，加强免费技术服务落实情况执法检查。

队伍建设。制定出台了《怀柔区计划生育干部队伍职业化建设实施意见》和《关于村级计划生育干部队伍职业化建设实施细则》，建立完善了任职选聘、岗位竞争、人才储备、科级干部述职等制度，推进干部队伍的职业化进程。区人口计生委以机关文化建设为抓手，积极倡导“快乐学习、快乐工作、快乐生活”理念和“有功不自傲、有过不推诿、有恩不图报、有难不退却”的“四有四不”精神，先后开展了学习实践科学发展观、“五关十廉”、“双治双促”、“为政之风”大讨论、机关学习读书大讲堂、机关公务员“名师名课”系列培训等活动，深入推进“学习型、效能型、服务型、节约型、和谐型”机关建设。年内被评为“怀柔区五好标兵党组”、“怀柔区廉政文化‘六进’示范机关”等称号。

基础工作。建立健全了信访事项办理、定期排查和群众监督违法生育有奖实名举报等制度，开通了信访电话和举报邮箱，畅通了群众咨询、投诉和反映意见的渠道。加强信息规划统计，与卫生、公安、民政、流管等部门建立协作机制，完成了人在户不在育龄妇女登记、出生人口核查、基础信息变更等工作。加强 WIS 系统三级运行维护，统一工作流程，严格信息录入口径。综合分析各项统计数据，完成年度人口与计划生育形势分析。深入基层举办业务技能培训班共 19 期（次），培训 2000 余人，提高了干部的工作能力与服务水平。

【人口和计划生育数据】年内，全区户籍人口总数为 27.8 万人，农业户籍 16 万人，非农业户籍 11.7 万人，流动人口 9.7 万人。全区户籍人口出生数为 2451 人，出生率为 8.84‰；死亡人口数为 1554 人，死亡率为 5.6‰；自然增长率为 3.23‰；计划生育率为 95.31%。全区户籍育龄妇女总数为 7.8 万人，已婚育龄妇女为 5.7 万人，采取各种避孕措施人数为 5.1 万人，综合避孕率为 89.08%。全区结婚总对数为 2786 对。据公安部门年末户籍人口数据显示，0～14 岁人口比例为 11.06%，15～59 岁人口比例为 72.94%，60 岁及以上人口比例为 16%，人口老龄化程度明显加剧。

【召开全区人口计生工作会议】2 月 5 日，召开 2009 年人口和计划生育工作会议，市人口计生委纪检组长李红文，怀柔区区长池维生、区委副书记蔡淑敏、区人大副主任焦振华、副区长朱淑霞、区政协副主席佘建国等领导，区人口和计划生育领导小组成员、各镇乡、街道党政一把手、主管主任及计生办主任，区直委办局行政一把手及专（兼）职计生干部共 240 余人参加会议。会议全面总结 2008 年工作，并就 2009 年工作进行了部署。会上表彰了 52 个先进集体和 100 名文明计生工作者。

【区人大领导到区人口计生委调研】2 月 11 日，区人大副主任焦振华、李凤先和教科文卫委及部分人大代表一行来到区人口计生委就《中华人民共和国人口与计划生育法》和《北京市人口与计划生育条例》贯彻实施情况进行调研，副区长朱淑霞陪同调研。区人口计生委主任杨振富作了贯彻实施情况工作汇报，有关科室负责人对《中华人民共和国人口与计划生育法》和《北京市人口与计划生育条例》的执行情况作了补充说明，人大代表对全区贯彻落实情况表示满意。

【区人户分离人口计划生育服务管理工作站成立】2月16日，区人口计生委设立“怀柔区人户分离人口计划生育服务管理工作站”，为居住生活在城区及周边地区的近万名人户分离已婚育龄妇女建立基础信息库，开具“免费三联单”，协同镇乡开展孕情检查、随访等日常服务管理工作，并将服务管理信息向户籍地进行反馈。

【区生殖健康技术服务中心建成并正式投入使用】3月2日，区生殖健康技术服务中心建成并正式投入使用。服务中心建设历时两年，总投资2106万元，建筑面积3140平方米，是北京市第一家由市发改委立项、市政府投资建成的集宣传教育、技术服务、药具发放、人员培训、信息咨询、优生指导、随访服务、生殖保健“八位一体”的综合服务中心。服务中心实施“33”运作模式。即打造健康体检、家庭保健和青少年健康教育三个中心，为青少年、育龄群众和中老年三类人群提供健康体检、健康咨询和健康教育三项服务。

【开展深入学习实践科学发展观活动】3月19日~12月31日，区人口计生委开展深入学习实践科学发展观活动。经过三个阶段的学习实践，共撰写调研报告5篇，查找和梳理突出问题7个，制定整改措施18项，修订、出台政策8项。通过学习实践活动，逐步构建了计划生育面向全社会、面向全人群、面向生命全周期的优质服务体系，完善了流动人口服务管理、计划生育利益导向、干部队伍建设等机制建设，达到了“党员干部受教育、科学发展上水平、人民群众得实惠”的总体要求。

【国家人口计生委领导到怀柔区调研】3月20日，国家人口计生委副主任崔丽、宣教司司长张建一行来怀柔区调研人口计生工作，市政府副秘书长侯玉兰，市人口计生委主任邓行舟、正局级委员李芸莉、副主任彭彧华，副区长朱淑霞陪同调研。调研组听取了区人口计生委主任杨振富关于全区人口计生工作的汇报，视察了区生殖健康技术服务中心和区人口文化园建设，并实地考察了杨宋镇花园村贴息贷款户徐桂伶的花卉种植大棚及赵怀红的草莓种植大棚。

【“农村长效节育户籍已婚育龄群众健康体检项目”启动】3月24日，“农村长效节育户籍已婚育龄群众健康体检项目”正式启动。该项目被列为2009年怀柔区政府折子工程。为落实好这项惠及广大育龄群众的工程，区生殖健康技术服务中心精心组织技术人员学习培训、聘请老师授课、科学设置体检流程，为全区实行长效节育措施的育龄群众进行测量血压、B超、乳透、生化等免费体检。

【区委书记到区人口计生委调研】3月24日，区委书记王海平到区人口计生委调研并实地视察区生殖健康技术服务中心建设，副区长朱淑霞和区委办、区人事局领导陪同调研，区人口计生委主任杨振富汇报全区人口计生工作。区委书记王海平在对人口计生工作所取得的成绩充分肯定的同时，强调要结合学习实践科学发展观活动，深入研究人口计生问题，探索服务、管理与文化相结合的执政方式，为推进城乡经济社会一体化、建设京郊经济强区创造良好的人口环境。

【生殖健康技术服务中心通过机构校验】3月27日，市人口计生委副主任耿玉田、科技处处长李晓沪以及验收专家组到区生殖健康技术服务中心进行机构检查验收工作。经过专家组听取工作汇报、查看相关资料、实地考察等校验程序，技术服务中心顺利通过了验收。

【全国“新家庭文化屋”代表团来怀柔区参观考察】3月31日，国家人口计生委宣教司副巡视员文铠、宣教司新闻处调研员杨志媛、全国21个省（市）29个区县“新家庭文化屋”代表团成员60余人，到怀柔区人口计生委参观考察。代表团一行参观了区生殖健康技术服务中心，实地考察了区人口文化园和桥梓镇北宅村的“新家庭文化屋”，并与区人口计生委领导就人口文化建设进行了座谈。

【区人大代表审议人口计生工作】怀柔区第三届人大常委会第十七次会议听取审议了区人口计生委主任杨振富关于贯彻实施《人口与计划生育法》和《北京市人口与计划生育条例》情况报告，并全票通过。会议对全区人口计生工作所取得的成绩给予了充分肯定，针对人口计生工作中存在的问题，会议建议：一是进一步加大计划生育法律法规及相关政策的宣传力度，扩大宣传层面，对各类人群实行全覆盖。二是进一步严格依法行政，加大执法力度，要联合相关部门，保证计划生育法律法规落到实处。三是进一步加强流动人口计划生育管理，实行属地管理原则，成立人户分离流动人口管理站，提高对外来人口的服务水平，加强流动人口综合管理，真正形成计划生育齐抓共管的局面。四是进一步提高计划生育优质服务水平，加快区生殖健康技术服务中心建设，最大限度地提高生殖健康技术服务中心的使用率。五是进一步加强计生干部队伍建设，提高计生干部的专业水平，努力实现计生干部的专职性，确保计生工作的质量。六是进一步完善计划生育管理，对于新建小区，要及时明确行政归属，保证计划生育宣传、管理和服务落实到位。

【中国曲协、音协艺术家到怀柔区采风】4月12日，中国曲艺家协会主席刘兰芳，分党组书记、副主席姜昆，著名作曲家李昕，著名作词家车行及曲协精品创作班学员等50余名艺术家到怀柔区就人口计生作品创作采风，国家人口计生委宣教司司长张建、中国人口文化促进会常务副会长兼秘书长朱明媚等领导陪同。曲协、音协的艺术家实地参观了怀柔区人口文化园，并到杨宋镇参观考察了贴息贷款户的花卉种植大棚。

【举办“我与国策共成长”演讲征文活动】年内，区人口计生委与区委宣传部、区文明办、区妇联、团区委、区文委、区教委联合举办“我与国策共成长”演讲征文活动。活动中共收到征文183篇，最终筛选出3篇优秀征文报送市人口计生委。举办演讲比赛94场，参赛选手406人，观众共计9000余人次。5月25日在区人口学校举办了怀柔区“我与国策共成长”演讲比赛决赛，泉河街道的选手刘桐序脱颖而出，并在市人口计生委组织的演讲比赛中获得第二名。

【开展“阳光计生行动”】5月13日，“阳光计生行动”启动仪式在区人口学校举行。会上，就全区人口计生系统深入开展“阳光计生行动”进行部署，重点实施五项实效工程：一是学好理论打基础，筑牢“理论武装工程”；二是完善制度促发展，筑牢“长效保障工程”；三是突出重点抓管理，筑牢“科学决策工程”；四是改善民生促和谐，筑牢“优质服务工程”；五是一心为民谋发展，筑牢“增收富民工程”。

【召开青少年健康项目建设协调会】7月24日，区人口计生委召开怀柔区青少年健康项目建设部门协调会，区妇联、团区委、区教委、区科委、区卫生局、区司法局等单位领导参加。会议听取了青少年健康项目介绍，并就实施方案、展览展示、教育基地等建设进行了充分研讨，提出了建设性建议和意见。

【江苏省太仓市人口计生委来怀柔区参观学习】8月6日，江苏省太仓市人口计生委领导及镇乡计生办主任一行14人到怀柔区人口计生委参观学习。双方就计生队伍建设、计生综治部门职责履行、流动人口服务与管理、网上信息交流通报等计生业务进行了广泛深入的交流。随后，太仓市人口计生委一行参观了区生殖健康体检中心、家庭保健中心、青少年健康教育中心，并考察了区人口文化园和桥梓镇北宅村的生育文化公园、生育文化一条街、生育文化胡同及“新家庭文化屋”建设。

【副区长带队检查药械市场】8月12日~9月1日，副区长朱淑霞带队，区人口计生、卫生、公安、工商、质监、药监等部门联合开展计划生育药械市场专项整治活动，共出动执法人员1204人次，执法车辆377台次，取缔无证行医场所和摊点9家，无证经营计划生育药品的店铺6家。

【市人口计生委领导带队检查药械市场】9月21日，市人口计生委副主任耿玉田带领市计生药械督查组一行，到怀柔区检查指导计生药械市场整治情况，副区长朱淑霞陪同检查。督察组对怀柔区“政府统一领导，部门协调配合，各方联合行动”的做法给予了充分肯定，并就监管范围、网上销售等问题提出了建议。随后，检查组到商业街计生用品商店，实地了解了计生药械销售、管理和市场整治情况。

【区长池维生到区人口计生委调研】8月10日，区长池维生到区人口计生委开展工作调研。池维生一行首先实地考察了健康体检中心、家庭保健中心和青少年健康教育中心建设情况，区人口计生委主任杨振富汇报工作。池维生对全区人口计生工作给予肯定，强调要加快人口计生工作的转型与提升，要加强工作调研，要创新工作体制机制，全区在制定出台任何一项出新政策和重大改革措施时，都要与人口计生国策紧密联系起来，统筹考虑。组织、纪检、人事、财政部门要加强沟通，从人、财、物上给予支持和帮助。副区长朱淑霞、区政府办主任钟百利、人事局局长蒋富、财政局局长张宏宇等领导陪同调研。

【区政协领导到区人口计生委调研】8月20日，区政协主席武占刚一行到区人口计生委调研并实地参观了区服务中心建设，副区长朱淑霞陪同调研，区人口计生委主任杨振富汇报了全区人口计生工作。区政协主席武占刚对人口计生工作所取得的成绩给予了充分肯定，强调要在“稳定低生育水平，维护群众合法权益”的基础上再接再厉，进一步加快创新发展步伐，为怀柔经济快速发展提供有力保障。同时要求全区政协委员要加大对人口计生工作的宣传力度，让更多的人了解计生、关心计生，推动人口计生工作健康持续发展。

【召开人口计生优质服务工作推进会】8月27日，全区召开人口计生优质服务工作推进会，16个镇、乡、街道主管领导和计生办主任参加会议。会议认真总结了全区计划生育优质服务工作开展情况，并对下一阶段工作进行详细部署。副区长朱淑霞在讲话中要求全区人口计生干部要在稳抓基层基础工作的同时，继续创新工作思路和方法，深入开展调查研究，加大优质服务力度，努力争创一流业绩，为全区经济社会发展创造良好的人口环境。

【举办《流动人口计划生育工作条例》宣传活动】9月23日，区人口计生委联合区司法局、区法制办、区流管办在区人口文化园联合举办了“庆祝中华人民共和国成立六十周年暨怀柔区贯彻落实《流动人口计划生育工作条例》”宣传活动。此次活动共发放“人户分离人口计划生育服务指南”、“流动人口计划生育须知卡”等宣传折页2000余份、计划生育杂志3000余册、避孕药具1000余盒，接受群众咨询300余人次。

【启动计生免费药具发放宣传周活动】10月12日，全区计生免费药具发放宣传周活动在渤海镇启动。启动仪式后，16个镇乡、街道以不同形式开展了免费药具发放的宣传活动。活动周期间，共发放宣传品2万余份，避孕套3900余盒。

【市人口计生委领导指导青少年健康教育中心建设】10月21日上午，市人口计生委副主任彭彧华一行实地检查指导区青少年健康教育中心项目建设进展情况，副区长朱淑霞陪同。彭彧华要求要创新发展思路，拓宽宣传服务平台，打造专业品牌，充分发挥人口计生部门职责，努力把青少年健康教育中心建设成为深受怀柔区青少年、家长和老师欢迎的青少年教育基地。

【召开人口问题研究报告会】11月18日，全区人口问题研究报告会在区人口学校召开，市人口计生委研究室主任潘银苗出席。会上，区流动人口和出租房屋管理委员会、区人事局人才服务中心、区民政局老龄工作委员会、区人口和计划生育委员会的领导和工作人员分别作了题为《跨省流入人口现状、趋势与对策》、《加强人才队伍建设，增强区域核心竞争力》、《怀柔区“新时期养老模式”的探讨》、《怀柔区百年人口变动趋势分析报告》的发言。区人口和计划生育领导小组成员单位主管领导、各镇（乡）街道主管领导、计生办主任、区人口计生委全体机关干部100余人参加了会议。

【区人大领导调研人口计生工作】11月27日，区人大主任吴德增一行到区人口计生委调研人口计生工作。吴德增一行首先到区服务中心实地察看医疗设施配备和人员队伍建设等情况，随后听取了全区人口计生工作汇报。吴德增要求区人口计生委要继续围绕中心工作，深入学习实践科学发展观，采取综合措施，进一步稳定低生育水平，综合治理出生人口性别比，进一步完善利益导向机制，切实提高优质服务水平，为怀柔区人口计生事业科学发展做出更多更大的贡献。

【开展人在户不在育龄妇女登记】年内，对居住在辖区内、户籍为外区县或外乡镇的人在户不在育龄妇女进行了摸底，共登记13.59万户，总人口31.32万人，其中人在户不在育龄妇女1.17万人。

（杨振富　常振华）

密云县

【概述】2009年，是密云县创建国家计划生育优质服务先进县之年。在县委、县政府领导和市人口计生委支持指导下，全县以稳定低生育水平为核心，以创建国家计划生育优质服务先进县为目标，组织和动员社会各部门参与，齐抓共管，多措并举，综合治理，纵深推进计划生育优质服务，经过全县干部群众努力，全面完成年度人口和计划生育工作任务，被国家人口计生委评为全国人口和计划生育优质服务先进单位。

组织领导。县委、县政府把人口和计划生育列入全县国民经济和社会发展总体目标及政府重大事项督察范围。实行计划生育目标管理责任制和综合治理责任制。全县各级党政一把手亲自抓、负总责，实行计划生育一票否决、责任追究。发挥人口计划生育领导小组作用，领导小组成员单位职责明确，紧密配合，定期磋商，统筹解决人口问题。建立计划生育利益导向机制，在制定相关经济政策时，统筹考虑人口问题。下发《中共密云县委、密云县人民政府关于落实科学发展观统筹解决人口问题的实施意见》、《密云县人口和计划生育利益导向机制工作意见》、《密云县创建全国计划生育优质服务先进县实施方案》。出台《密云县独生子女家庭特别扶助办法》、《密云县一非一农部分计划生育家庭奖励扶助办法》。加强计划生育资金投入力度，县财政投入计划生育资金1252万元，人均29.04元。流动人口管理与服务投入经费81万元。20个乡镇、街道投入计生经费1033万元，人均达到23.96元。

队伍建设。全面加强计划生育干部队伍建设，为计生工作提供组织保障。全县各镇、街道、地区办事处、机关事业单位设立计划生育办公室，由一名副职领导主管计划生育工作，乡镇共有计划生育专职干部120人，大专以上学历106人，占总数的88%。机关各企事业单位均配备计生专兼职干部。391个行政村（居）配备计划生育专干，其中285人进入村两委班子，占总数的73%。各行政村确保计生专干、宣传员人员、职责、报酬“三落实”。认真落实好市下拨的村级专干补贴经费，在为每人办理意外伤害保险基础上，制定措施，严格考核，奖励先进，按等级发放，确保补贴到位，专款专用。与县民政局联合下发《关于在社区委员会加强人口与计划生育干部队伍建设的通知》，要求在换届选举中为计划生育工作配备素质能力较高的工作人员，以保证有足够精力抓好计生工作。全县各村居按每30～50户设立一名计生宣传员，全县宣传员达到3000余名，形成横到边、纵到底的管理网络。为提高宣传员工作积极性，县人口计生委制定下发《密云县计划生育宣传员管理办法》，县政府每年拨出30万元专项资金作为宣传员补贴基金。

依法行政。年内，调整了密云县推进依法行政领导小组成员单位，完善了依法行政工作制度。加强法制宣传培训，提高执法队伍素质。全年培训计生法制干部1200人次。落实执法责任，加大力度征收社会抚养费。全县开展人口出生清理清查，处理违法生育案件199例，社会抚养费征收率完成87%，比上年提高了13个百分点。落实再生育子女审批政策，全年依法审批再生育一个子女518例。接待群众来信来访598件，信访办结率99.8%。全县按规定足额兑现独生子女家庭的四项奖励，共兑现奖励金483万元，现金兑现率100%。落实了农村部分计划生育家庭奖励扶助制度，按照“三级三审核、村级三公示”和“四权分离”的运行机制，确保奖励扶助金直接进户到人。全县各镇（街）也都加大了投入，县、镇、村全年累计投入各类计生奖励性资金达1513.5万元，受益群众45.8

万人次。

宣传教育。以“倡导婚育文明，构建和谐家庭”为中心，以传播科学、文明、进步的婚育观为主线，坚持“生态密云，和谐计生”工作思路，不断创新宣教形式，拓宽宣教领域，继续推进媒体、环境、文艺、资源“四大体系”建设，加强部门联合，推进宣传教育工作统筹发展，努力营造良好的工作环境。春节期间，全县普遍开展以“佳节喜相逢，和谐计生情”为主题的计生系列宣传活动，各乡镇、街道以“三上门”服务、“计生赶集”、迎新春书法家为百姓写春联、文艺汇演、扭秧歌等多种形式开展宣传活动。累计举办集中宣传活动80场，为9705户计生家庭发放计生宣传品，文艺汇出200多场。召开群众座谈会185次，发放宣传品15万余件。层层组织“我与国策共成长”演讲比赛活动。投资100万元，建成占地1万余平方米的“密云县人口文化雕塑公园”，为群众参加人口文化宣传活动提供了场所。成立县“计划生育生殖健康讲师团”，深入镇村讲座培训近万人次；开展了万人参与的预防出生缺陷知识有奖答题活动，群众生殖健康知识知晓率90%以上。制作集生殖健康、避孕节育和优生优育知识为一体的“新婚大礼包”5000余个、《计生知识口袋书》24万册发放到户。加强人口文化阵地建设，规范了330个村级人口学校并配备优质服务系列图书；加大宣传环境建设，设立大型计生公益广告80余处。加强媒体和户外广告宣传力度，建成了集电台、电视台、报纸杂志、网络于一体的人口计生信息媒体宣传平台，在《檀州采风》、《社会纵横》、《密云新闻》等主要栏目中开设计生专题节目，全年播报电视新闻30余条、广播50余次，专题节目四期。打造手机短信温馨祝福活动，制作计生彩铃，为14万群众发送计生信息。加强流动人口计划生育宣传，开展了“共创美好家园”流动人口计生知识竞赛活动。发放知识问卷一万余份。联合教育、卫生等有关部门开展青春期教育试点工作，形成社会、学校、家庭共同关心青少年成长的良好环境。

基础管理。全县实施育龄妇女信息计算机网络管理，实行人口信息月报制度。为迎接第六次人口普查，做好人口出生的清理清查工作，对2000年1月1日至2009年10月31日的人口出生进行核查。为做好核查工作，召开了公安、教育、卫生等有关部门的协调会，研究制定核查方案，组织人员培训。通过近3个月的清理核实，顺利的完成了核查任务。重点完成“人在户不在”的摸底调查工作，并进行WIS系统录入。通过登记核查，全县人在户不在育龄妇女从原来掌握的2900人上升到7100人，已录入微机6500人。

流动人口服务与管理。落实流动人口计划生育工作全市“一盘棋”格局工作方案，规范工作考核指标，以服务促管理，加大对流动人口计划生育政策宣传，免费技术服务、药具服务，网上信息共享力度。

充分利用全国流动人口计划生育服务管理工作平台，进一步实行户籍地、现居住地共同管理。成立开发区流动人口计划生育的管理站，县人口计生委派驻工作人员负责开展流动人口管理服务工作。印发了致密云经济开发区企业领导的一封信，向驻区流动育龄女职工印发了提示服务的通知书。开展流动人口计生春节行动，送政策上门、送宣传品上门、送药具上门。开展流动人口出生监测工作，强化跟踪管理，实现居住地与户籍地双方沟通、共同管理。采取入户走访的方式对鼓楼街道的100户流动人口家庭进行问卷调查，保质保量地完成了国家人口计生委重点地区流动人口监测试点调查工作。开展“共创美好家园”流动人口计生知识有奖竞赛活动，旨通过宣传、服务促进管理工作上水平。加强综合治理，协调公安、工商、卫生、流管办等职能部门，齐抓共管，综合治理。与县流管办联合印发《关于做好流动人口计划生育服务管理的工作意见》，整合人力资源，建立责任明确、信息互通、工作双赢的现居住地管理工作机制，在全市首先实现流管部门为计生部门填写提供《北京市流动育龄妇女卡片》和《注销名册》，乡镇、街道流管办和计生办每月召开例会、县人口计生委与县流管办定期召开联席会汇总情况，提高了计生部门的信息采集量，解决了两家数据差距大的问题。

优质服务。坚持把优质服务纳入到政府公共服务体系建设的重要内容。落实政府买单、计卫联手、群众受益、免费康检服务的长效工作机制。23家计生定点技术服务机构普遍改善服务环境，增加硬件投入。按照北京市“十一五”时期计划生育服务体系建设，县人口计生委生殖健康技术服务中心围绕“宣传教育、技术服务、优生指导、药具发放、信息咨询、随访服务、生殖保健、人员培训”等职能，坚持以人为本，开展计划生育、优生优育、生殖保健等专业化、公益性服务。与卫生部门联合成立了计划生育/生殖健康讲师团，对全县镇（街道）计生干部、计生专干、宣传员、育龄群众培训71场次，授课人数5529人次，现场咨询486人次，并对826人进行了培训前和培训后的问卷调查。为提高计划生育服务整体水平。组织22家医疗保健机构主管院长、妇产科主任、妇产科医务人员70余人业务培训，提高服务质量。进一步改善就医环境，完善设施，配备避孕药具展示柜、自取架，提高避孕药具的可及性、易得性。各级医疗卫生机构实行计划生育技术服务绿色通道（即免收挂号费，优先就诊、优先检测、优先手术），打造温馨舒适的家庭式服务环境。为提高社区计划生育技术服务水平，组织18名社区计生、卫生服务站医师参加市科技处组织的培训班，各社区服务站履行发放避孕药具、咨询、避孕药具不良反应监测等计划生育服务职能。县人口计生委技术服务中心全体人员参加了全市计划生育技术服务大练兵活动。实施生殖健康促进行动，全县计生免费技术服务率达到100%，体检率达到90%以上。患病治疗率达到86.53%。对妇科疾病治疗实施跟踪随访。全年用于生殖健康体、孕检总投入250万元。在民政局婚姻登记处发放宣传材料，开展了出生缺陷知识万人答卷活动。做好病残儿再生育家庭的优孕、优育、优教工作。对批准生育第二个子女的病残儿家庭制定了优孕、优育、优教指导随访登记。全县避孕方法知情选择率达94%以上，落实避孕措施及时率达95%以上，已婚育龄妇女综合避孕措施落实率达90%以上。

协会工作。全县基层协会组织431个，会员3.9万人，县协会理事45人，常务理事15人。各基层协会志愿者与特困家庭结对子，为他们提供个性化服务。县计生协与中国广播传媒有限公司开展城乡拉手连心，为冯家峪镇中心小学4名特困学生捐资助学，帮助他们完成学业。北京工商行政管理局密云分局计生协与石城镇开展城乡手拉手活动以来，为石城镇12名女孩募集助学资金4万余元，并在生活、学习和就医等方面给予特殊关照。年内，镇、村两级为当年考入大学的199名计划生育贫困家庭的子女提供助学资金24.1万元。以“计生真情暖，爱心进万家”为主题，县、乡镇两级计生协对计划生育特困家庭进行走访慰问，投入资金19.25万元。

【人口和计划生育数据】年内，全县总人口43.12万人，农业人口26.2万人，非农业人口16.9万人。育龄妇女11.96万人，已婚育龄妇女8.86万人。全县有流动人口4.85万人，其中成年育龄妇女1.56万人，已婚育龄妇女7950人。全县常住人口出生3584人，计划生育率95.01%，流动人口计划生育率87.59%。全县人口出生率8.32‰，自然增长率1.71‰。死亡人口2848人。全县已婚育龄妇女综合节育率89.39%。现有一孩育龄妇女6.38万人。全县领取《独生子女父母光荣证》共4.78万人。年内结婚对数2300人。

【开展“佳节喜相逢、和谐计生情”宣传教育活动】元旦、春节期间，县人口计生委下发了《关于元旦春节期间开展人口与计划生育宣传教育活动通知》，指导全县20个乡镇、街道普遍开展以“佳节喜相逢、和谐计生情”为主题的人口计生系列宣传月活动。1月13日，县人口计生委在太师屯镇集贸市场隆重举行“佳节喜相逢、和谐计生情”迎新春大型人口计生宣传活动。宣传月期间，全县开展节日计生宣传活动近80场，共为计生家庭、空巢家庭9705户送去新春祝福，慰问优秀计生专干100多人次，开展“计生赶集”文艺演出200多场，召开节日座谈会185次，发放计生节日宣传品15万余件，总投入资金近35万余元。

【召开创建全国优质服务先进县动员大会】3月9日，县委、县政府召开2009年人口和计划生育工作大会暨创建全国优质服务先进县动员大会，县长刘福志主持会议。市人口计生委正局级委员李芸莉、县委书记汪先永、副县长王春林等领导出席会议。副县长王春林在会上作了题为《全面加强人口和计划生育工作高标准完成创建“国优”任务》的报告。市人口计生委正局级委员李芸莉、县委书记汪先永在会上讲话，对创建工作提出指导性意见。会上，县委书记汪先永、县长刘福志与乡镇党政一把手签订了2009年人口和计划生育目标管理责任书。

【举办“创建国家计划生育优质服务先进县”培训班】3月20日，县人口计生委在县委党校组织召开了“创建国家计划生育优质服务先进县”培训大会，邀请了国家人口计生委优质服务项目办公室郭新华教授作《开展计划生育优质服务的实践与体会》报告，重点强调要突出以人为本，以育龄群众为中心的服务理念，为创“国优”工作顺利开展奠定了坚实的基础。县人口计生委、各乡镇、街道、各村居共450余名计生干部参加了此次培训活动。

【市人口计生委督查叶酸发放工作】3月26日，市人口计生委科技处处长李晓沪到密云县巨各庄镇、密云镇，就免费发放叶酸工作进行督查指导。通过查看巨各庄镇叶酸发放流程、随访登记手册，与育龄妇女亲切座谈，李晓沪处长认为密云县发放叶酸工作做得快捷、细致、严肃认真。她鼓励镇、村干部进一步把这项惠民工程做好、做细，让老百姓真正享受到实惠。据统计，自2008年10月开始，密云县已在全县范围内免费为已婚待孕妇女免费发放叶酸1500人次。

【开展青春期教育进校园活动】为教育青少年，引导学生正确对待两性关系，顺利过渡青春期生理和心理危机，避免非婚怀孕和非婚生育，县人口计生委联合县教委、卫生局开展了青春期教育进校园活动。4月份，邀请县妇幼保健院医务人员对巨各庄镇近千名学生进行了青春期健康教育培训。4月14日，县人口计生委邀请22所中学的心理健康教师和县妇幼保健院保健科的专家共同探讨青少年青春期教育的重点和难点问题，对青春期教育重要性和应采取措施达到共识。与会各部门进行了明确分工，形成齐抓共管的长效工作机制。

【市人口计生委领导调研贴息贷款使用情况】5月5日，市人口计生委正局级委员李芸莉到密云县石城镇就计划生育“三结合”贴息贷款使用情况进行调研。自2002年以来，密云县累计使用计划生育“三结合”贴息贷款7100万元，以扶持种、养殖业、民俗旅游业和为妇女提供就业为重点，共扶持计划生育低收入家庭近2500户，其中75%是独生子女家庭，被扶持户均增收3000元至5万元不等，还贷率100%。此项工作连续被县政府列为为群众办的实事之一。年内，密云县又争取计划生育“三结合”贴息贷款3000万元。市人口计生委正局级委员李芸莉对密云计划生育“三结合”贴息贷款使用情况给予肯定。她指出，计划生育“三结合”贴息贷款是让独生子女家庭优先享受改革发展成果的充分体现，希望密云县进一步把贴息贷款工作做好做实，市人口计生委将努力给予更大的支持。

【举办“我与国策共成长”演讲比赛】 继续深入开展婚育新风进万家活动，县人口计生委、县委宣传部、县妇联、团县委、县教委、县总工会、县计生协联合在全县范围内开展了“我与国策共成长”演讲征文活动。全县20个乡镇、街道普遍开展了演讲比赛，共收到征文300篇，近180名不同年龄段、不同风格的选手参加演讲。通过20多场复赛，最终11名选手脱颖而出入围县域总决赛。县电视台分期对演讲比赛进行新闻报道。同时县人口计生委积极与广播电视台《檀州采风》栏目组合作，制作《檀州采风——我与国策共成长》节目，在县电视频道黄金时段播放，并制作了密云县“我与国策共成长”演讲比赛纪念光盘。6月2日进行了演讲总决赛，县政协主席杜雨田，县委常委、副县长王春林，北京市人口计生委宣教处处长刘凤婷等领导出席活动。来自各乡镇、街道的计生干部、宣传员和育龄群众共300余人观看比赛。决赛评选出一等奖两名、二等奖三名，并由出席活动的领导为获奖选手颁发了奖励证书。

【市人口计生委纪检监察组检查密云县计生行政监察项目】 市纪委驻市人口计生委纪检监察组副组长兼监察处长刘学文，带领市人口计生委法规处、行财处、办公室等处室负责人，对密云县的计生行政监察项目进行了专项检查。检查组一行听取了密云县开展行政效能监察工作汇报，并分别到鼓楼街道云秀花园社区和密云镇大唐庄村实地查看了计生政务公开情况。检查组对密云县依法行政，维护育龄群众计划生育合法权益，建立健全依法行政监督机制，推进政务公开，落实“一法三规”和农村部分计划生育家庭奖励扶助政策，深化“阳光计生”行动等措施给予了充分肯定，并勉励在今后的工作中巩固“国优”创建成果，探索新的机制，在推进计生行政监察工作中为其他区县提供有益经验。

【召开创“国优”工作现场会】 7月13日，县人口计生委在巨各庄镇召开了创建“全国计划生育优质服务先进县”工作现场会。市人口计生委副主任耿玉田、科技处处长李晓沪，国家人口计生委优质服务项目办公室专家郭新华，密云县县委常委、副县长王春林，全县各镇、街主管干部和计生办主任以及县人口计生委科级以上干部共70余人参加。现场会主要围绕创“国优”标准，从硬件设施、基础资料、优质服务环境等方面，查看了巨各庄镇蔡家洼村社区卫生（计生）服务站、镇社区卫生服务中心、豆各庄村以及巨各庄镇计生办的工作情况，听取了镇长汇报。市人口计生委领导从不同的角度对密云县创优工作进行点评，认为密云县的创“国优”工作准备充分，基层基础工作扎实，优质服务氛围浓厚。现场会起到了典型示范作用，以会代训，工作效率高。

【开展计生药械市场专项整顿】 认真贯彻落实《北京市〈关于印发北京市计划生

育药械市场专项整治行动实施方案〉的通知》精神，成立由主管县长任组长、相关单位领导任成员的“县计生药械市场专项整治行动协调小组”。采取不定期的抽查方式，检查各地区、各部门计划生育药械市场专项整治工作情况。同时将计生药械市场专项整治行动评估纳入年度人口计生目标管理责任制考核。利用广播、电视、宣传展板、上门发放宣传资料、制作标语等多种形式开展计生药械市场整治知识宣传，及时揭露和曝光假劣计生药械违法行为。县人口计生、公安、卫生、工商、质监、药监等部门出台计生药械市场整治文件11个，召开专项工作会议19次，组织监督检查235次，出动检查车辆1362次，累计出动执法人员3013人次，联合执法行动取得了阶段性成果。

【组织全体计生专干、宣传员知识考试】8月25～27日，密云县人口计生委对全县乡镇、街道计生专干和计生宣传员共3540余人进行了计划生育基础知识统一考试。考试内容包括：计生相关政策法规、避孕药具与知情选择、计生宣传员的职责和义务等，促进了计生专干、宣传员服务能力和工作水平的提高。

【县人大领导视察人口计生工作】8月27日，县人大常委会组织15名人大代表组成视察组，由赵利亚副主任带队，视察了密云镇流动人口计生工作和河南寨的“国优”创建工作，县委常委、副县长王春林陪同视察。视察组听取了王春林计生工作汇报，对人口计生工作取得的成绩给予充分肯定，针对如何做好新时期的人口计生工作，提出了合理化建议。

【市人口计生委领导检查密云县药械市场专项整治工作】9月20日，市人口计生委副主任耿玉田带领市质监局、北京海关、北京出入境检验检疫局执法大队等相关部门负责人到密云县就计划生育药械市场专项整治情况进行了检查。检查组听取了县人口计生委党组书记、主任吕丽艳关于计生药械市场专项整治行动的工作汇报。检查组对密云县前一阶段的专项整治工作给予了充分肯定，认为密云县专项整治行动启动早、行动快、底数清、成效好，为全市做好计生药械市场整治工作奠定了基础。随后，检查组实地查看了密云县百济堂大药店、檀西扶生药房等计生用品专卖店。

【开展“青春期”健康教育活动】在县教委大力支持下，全县广泛开展“青春健康”项目，邀请专家举办青春期生殖健康知识讲座25场次，受教育青年1.2万人。同时，以学校为载体，将青春健康教育纳入教学内容。县教委推荐9名教师参加了北京市计生协举办的青春健康骨干师资培训班，成为青春健康教育的骨干力量。

【幸福工程项目取得显著成效】幸福工程项目以“治穷、治愚、治病”为原则，采取“小额资助、直接到人、滚动运作、劳动脱贫”的救助模式，帮助贫困母亲发展家庭经济，脱贫致富。年内，县人口计生委协调医疗卫生部门为贫困母亲进行常规性健康体检150人次。采取不同形式举办农业技术培训班、生殖健康培训班，全年共培训800人次。使用幸福工程项目资金30万元，救助贫困母亲193人，98%的项目户实现了脱贫，成为当地致富的带头人。同时，组织全县各级计生协会理事、会员积极开展向贫困母亲献爱心的捐款活动，共募集善款2万余元。

【计生宣传精品入户工程见成效】结合创建“全国计划生育优质服务先进县”活动，年内实施了计生宣传精品入户工程。针对不同育龄人群的需要，累计投资80余万元，编辑印制了《人口和计划生育知识服务手册》24万本，《流动人口服务指南》、《青春期教育读本》各5万册，以及“密云县人口计生政策知识宣传卡”20种共110万张，分别发放到全县广大育龄群众、中学生和流动人口手中。同时投资23万元制作了5000个融“新婚影集”、生育政策、生活常识及优生优育知识为一体的“新婚大礼包”，已为3000多对新人送去了祝福。宣传精品入户工程的实施，使密云县计划生育宣传品覆盖率达到了100%，群众计生政策知晓率达到了98%以上。

【国家人口计生委科技司到密云县检查指导创国优工作】10月15日下午，国家人口计生委科技司司长张士昆等一行12人到密云县就创建全国计划生育优质服务先进县工作进行检查指导。市人口计生委副主任耿玉田、科技处处长李晓沪，县委常委、副县长王春林，县人口计生委党组书记、主任吕丽艳陪同检查。副县长王春林同志介绍了人口社会经济发展整体情况，汇报了创国优工作的综合措施及成效。县人口计生委主任吕丽艳就创“国优”工作具体做法进行了汇报。张世琨司长一行人对密云县创“国优”工作取得的成绩给予了充分的肯定。认为密云县在创国优工作中领导高度重视，创优工作措施扎实有力。生殖道感染干预工程使育龄妇女患病率大幅下降，知情选择及时率达到95%非常不易，密云创国优工作的进展为北京市全面完成创国优任务奠定了基础。随后，检查组察看了县计划生育生殖健康技术服务中心，了解了服务中心的基础设施建设情况及技术服务开展情况。

【举办人口计生图书发放仪式】10月28日，县人口计生委举办图书发放仪式，吕丽艳主任亲手将图书发放到每一位镇街人口计生干部的手中。为普及人口计生知识，丰富群众文化生活，完善基层人口学校建设，县人口计生委投资十余万元，购置了《女性健康手册》、《男性健康手册》、《新婚必读》、《孕期生活指南》等各类图书5000余册，发送至全县20个镇街、395个村（居）委会的人口学校，进一步满足了群众对健康生活、优生优育知识的需求。

【市计生药具管理站领导到密云县调研药具管理工作】11月16日，市人口计生委计生药具管理站站长李兵率调研组到密云县人口计生委调研药具管理工作。调研组听取了药具工作情况汇报，察看了商场、超市及民政局婚姻登记大厅等药具自取架的使用情况。考察了石城镇计生办药具库房，并到石城镇水堡子村检查调研村级药具管理发放工作，与育龄群众座谈了民俗旅游户药具发放点的运作使用情况。李兵站长对密云县药具自取架的人性化设计、药具库房的设施建设以及药具发放工作给予了充分肯定，她强调要拓宽药具发放渠道，增加药具品种，不断满足育龄群众包括流动育龄妇女的需求，把服务工作做得扎实有效。

【国家“幸福工程”考察组到密云县考察工作】11月24日，国家幸福工程组委会负责人、中央电视台各部门计划生育宣传员、市计生协领导等一行100多人，参观考察了西田各庄黄坨子幸福工程项目点。县人口计生委党组书记、主任吕丽艳介绍了全县“幸福工程”项目的实施情况，贫困母亲代表作了典型发言。考察组对密云县救助贫困母亲脱贫致富所取得的成果给予肯定，并现场为贫困母亲代表和全村的小学生捐赠了生活用品和学习用品。

【市人口计生委考核评估密云县人口计生工作】12月10日，市人口计生委主任邓行舟，副主任耿玉田、丁勇，纪检组长李红文及各处室负责人考核评估了密云县两年来的人口计生工作。县委常委、副县长王春林陪同检查。考核组听取了县人口计生委主任吕丽艳工作汇报，查阅了县人口计生委科室基础工作资料，与县财政、民政、卫生、教委、流管办、广电中心等综合部门的负责人及河南寨镇、高岭镇、溪翁庄镇、巨各庄镇的党政一把手进行了座谈，还深入到西田各庄镇疃里村、穆家峪镇大石岭村，入户与育龄群众进行了座谈。考核组一行对密云县人口计生工作和“国优”创建给予好评。

【组织“十佳计生专干”、“十佳计生宣传员”评选活动】为表彰基层计生干部热爱计生、奉献计生的工作精神，年内全县开展评选“十佳计生专干”和“十佳计生宣传员”评选活动。各镇、街依据评选条件，按照“公开、公平、公正”的原则，经过推荐，确定20名计生专干和20名计生宣传员成为“十佳”候选人。《密云生态报》刊登候选人事迹，在全县组织大规模的投票选举活动，经过对近5万张有效选票的认真统计和县“双十佳”评选领导小组的认真研究，评选出“十佳计生专干”和“十佳计生宣传员”，并召开“十佳计生专干”和“十佳计生宣传员”表彰大会，予以表彰。

（刘香敏）

延庆县

【概况】2009年，延庆县人口计生工作在市人口计生委的关心指导下，在县委、县政府的正确领导下，认真贯彻落实科学发展观，紧紧围绕中共中央和市委两个《决定》精神，以稳定低生育水平、提高出生人口素质、促进人的全面发展为根本，以创建全国计划生育优质服务先进县为契机，积极采取多种措施，统筹解决人口问题，全面提升计划生育优质服务水平，推动人口计生工作再上新台阶。一年来，经过全县上下的共同努力，较好地完成了各项工作任务，人口计生事业继续健康、稳定、协调发展。年内，顺利通过验收成为“全国计划生育优质服务先进县”。

法制工作。依法处理违法生育案件和征收社会抚养费；依法审批生育第二个子女278例，办理随父入户13例，换证1例；组织病残儿鉴定21例；办理自愿放弃生二胎计划42例；独生子女父母一次性奖励190例；一次性经济帮助1例。根据《2008~2009年计划生育目标管理责任制考核方案》要求，组织对乡镇、城镇办事处和10个主管口进行半年和全年目标管理检查和考评工作。年内共处理群众来信、来访460余件次，解答群众电话咨询2000余次。本年度新进奖励扶助对象52人，年审符合516人，共计568人享受每人每年1200元奖励扶助金。

宣传教育。年内，围绕创“国优”中心工作，以“倡导婚育文明，构建和谐家庭”为核心，以加强和完善媒体体系、环境体系、人口文化体系、资源体系四大体系建设为重点，以“妫川人口文化和谐行”主题活动为载体，积极开展各类宣传活动。在6个乡镇开展了“让事业在奋斗中闪光——延庆县计生干部风采展示”巡回演讲活动；在全县举办了“我与国策共成长”征文演讲比赛，邀请沃建中教授为第三中学高三学生、家长进行了“让独生子女成功飞翔”专题讲座；全县还举办了“展国策风采，创和谐计生”摄影比赛。各乡镇人口计生宣传活动丰富多彩，张山营镇与康庄镇联合举办了“康张架起联民桥，两岸儿女喜相聚”独生子女家庭才艺展活动；香营乡开展“听呼声、走百家、送服务”大型宣传活动；刘斌堡乡举办“优生优育促和谐、生育关怀暖人心”文艺演出活动；四海镇举办“关爱健康、促进和谐”主题文艺演出；旧县镇开展“关注计生家庭，促进创业发展”计划生育知识竞赛；井庄镇举办了“庆祝第二十个世界人口日文艺汇演”活动；八达岭镇进行了纪念第20个世界人口日知识竞赛；永宁镇举办了“红舞献祖国、红诗忆党情”比赛。年内，在《中国人口报》刊登文章、图片16篇，《人口与计划生育》刊登3篇，《中国人口网》

刊登9篇，《京郊日报》刊登23篇，《北京人口》刊登12篇，市计生动态刊登303篇；广播征文投稿447份；在《延庆报》开设“妫川人口”专栏，每月两期；编辑出版了《延庆人口报》6期发行30万份。此外，投资建设了县级人口文化园、大榆树镇人口文化园，新建了张山营镇张山营村等市级人口文化活动室。

优质服务。在生殖健康服务月活动中，全县应检10.65万人，实检10.54万人，服务率达99%，进行妇科检查2.41万人次。在市农村长效节育户籍已婚育龄群众免费健康体检中，有1.14万人受益。认真实施两癌筛查工作，在永宁镇、延庆镇、康庄镇、沈家营镇共完成2.86万人的检查。对全县近2000名的新婚、待孕及孕产期育龄群众进行巡回培训，多渠道全方位宣传预防出生缺陷知识。对全县已婚待孕和正孕三个月以内的妇女免费发放叶酸，共发放7000余瓶。投资近百万元对社区服务中心和社区/计生服务站进行规范化建设，增设温馨室62个，宣教室15个。年内，进行优生优育等咨询1568人次，各项计划生育手术75例，B超检查843例，化验检查1304例，宣传培训近万人。

药具管理。年内，县人口计生委共调拨各类避孕药具1280多件，总计金额101万多元，完成计划的100%。出资24.3万元重新装修药具站库房，出资近30万元为全县400多个村（居）配备避孕药具免费发放标牌、避孕药具展示柜，为1000多名村级计生宣传员配备了避孕药具存放箱。出资5万多元为各乡镇市级、县级计划生育优质服务示范村49个及200名以上育龄群众的大村配备了单只避孕套自助发放机。印制5万册育龄群众避孕方法知情选择应知应会宣传手册，全年发放避孕药具宣传折页5000多份，发放避孕药具2000多盒。

流动人口服务与管理。年内结合《北京市流动人口全市“一盘棋”实施方案》，制定了《延庆县流动人口“一盘棋”工作方案》，重新修订了《委内科室流动人口服务管理相关职责》，形成《三级流动人口工作规范和工作制度》。并与县流管办联合出台了《关于整合流动人口资源建立联动工作机制的实施意见》。全县11个乡镇组织开展了《条例》培训和街面宣传和市场咨询活动，4个乡镇开展了知识答题，制作编发《流动人口政策服务指南》等宣传折页2万份。在日上、恒生市场等流动人口聚集区建立服务站点8个。慰问困难独生子女20余户，为近7000人次流动人口提供B超等免费生殖健康服务、环孕情检查和长效体检服务，提供青春期性健康教育和生殖健康咨询指导2000余人次，提供免费计划生育手术和技术常规医学检查60余人次。与河南、河北、福建等22个市、县签订了“流动人口计划生育服务和管理双向协作协议书”。

协会工作。年内，围绕“四个平台”，即“生育关怀—拓展独生子女家庭增收致富”、“生育关怀—促进计生家庭身体健康办理独生子女父母养老保险”、“生育关怀—青春健康、预防艾滋病知识宣传”、“生育关怀—‘幸福工程’救助贫困母亲”，全面提升工作水平。积极落实计生财政贴息贷款工作，全县落实到户资金2375万元，扶持965户。运作6个幸福工程项目基地，即四海镇海子口花卉苗木种植基地、沈家营镇魏家营养猪基地、张山营镇田宋营和千家店镇水泉沟养鸡基地、大榆树镇东杏园民俗旅游基地、香营乡双德利民针织品有限公司毛衣加工等，用款户经营良好。

【人口和计划生育数据】年内，全县上报户籍出生2120人，计划生育率达96.37%，全县低生育水平保持了稳定。

【召开人口和计划生育工作会】2月6日，延庆县召开人口和计划生育工作会，市人口计生委纪检组组长李红文，县委书记侯君舒、县长孙文锴等领导出席。县长孙文锴主持会议。主管副县长赵志萍总结2008年人口和计划生育工作，部署2009年人口和计划生育工作任务。县委副书记郭振清宣布《延庆县2008年人口和计划生育事业目标管理责任制考核评估结果》和《关于表彰2008年度人口和计划生育工作先进单位的决定》。县委书记侯君舒、县长孙文锴与县二级班子单位代表永宁镇、四海镇党政一把手签定《2009年度人口和计划生育目标管理责任书》。县委书记侯君舒作了重要讲话。

【开展计划生育财政贴息贷款及幸福工程项目】3月25日，主管人口计生工作的副县长赵志萍主持召开计生财政贴息贷款工作会，通过了延庆县《关于进一步利用财政贴息贷款扶持农村计划生育低收入家庭增收致富工作的意见》。4月16日，召开全县乡镇计生贷款工作会，对贷款工作任务和工作进行全面部署。11月11日，召开乡镇主管、计生办主任和负责贷款的干部贴息贷款工作经验交流会，全年向965户独生子女家庭发放了计生财政贴息贷款2375万元。继续运作6个幸福工程项目基地，用款户经营良好；努力做好生育关怀、亲情牵手工作，累计走访慰问基层计生工作者和贫困、特困、意外伤害独生子女户225名。

【开展生殖健康服务活动】县人口计生委在3月、9月生殖健康服务月活动中，为全县近10万名育龄群众进行了健康体检。在永宁镇、延庆镇两镇为1.1万人进行了两癌筛查。为全县1.2万人进行了农村长效节育户籍已婚育龄群众免费健康体检。为全县已婚待孕和正孕三个月以内的妇女宣传和免费发放叶酸4000瓶。对县21家一、二级医疗机构、64家药品经营单位、13家保健品经营商店进行了清理清查。在恒生市场、日上市场、石河营建材城，为流动人口开展免费生殖健康体检和健康筛查。

【积极开展争创全国计划生育优质服务先进县活动】4月7日，延庆县召开“创建全国计划生育优质服务先进县动员会”，成立了创“国优”领导小组，制定了《创建全国计划生育优质服务实施意见》，正式启动全县创“国优”工作。全县上下围绕着创“国优”工作中心，积极开展各项服务。7月9日，在大榆树镇举行推进创“国优”工作现场会。会上，县人口计生委主任王树勤总结了2009年度上半年全县人口计生工作及创“国优”工作开展情况，大榆树镇镇长梁志杰作了试点乡镇典型发言，副县长赵志萍对上半年人口计生工作给予肯定并总结讲话。10月28日，市人口计生委主任邓行舟一行对延庆县创“国优”工作进行了检查指导，认为延庆县工作“认识高、力度大、工作实、效果好”，达到国家、北京市有关工作要求。年内，延庆县顺利通过全国计划生育优质服务先进县评比验收。

【深入开展学习实践科学发展观活动】4月17日，召开学习实践科学发展观动员会，县人口计生委王树勤作了题为“提升优质服务水平，打造和谐人口环境”动员报告。县人口计生委分阶段、分步骤有序开展年度科学发展观学习实践活动。5月24日，召开领导干部民主生活会。6月18日，召开党员民主生活会。8月底，完成学习实践科学发展观活动的所有规定动作和自选动作，学习活动取得阶段性成果。

【县领导调研指导人口计生工作】5月19日，县人大常委会副主任白元玺率领部分县人大常委、教科文卫委员会委员和代表10人，到刘斌堡乡召开贯彻实施《人口与计划生育法》座谈会。6月16日和7月1日，副县长赵志萍分别到县人口计生委和延庆镇东五里营村调研人口计生工作。11月30日，县政协领导一行11人到县人口计生委指导工作。12月3日，县人大常委会领导到县人口计生委检查指导工作，县人口计生委主任王树勤作了题为“关于落实延庆县第十四届人大常委会第17次会议审议《人口与计划生育法》意见”的报告，县人大主任赵淑君对人口计生工作表示满意。12月14日，副县长赵志萍到县人口计生委进行工作调研，就下一阶段工作做出重要指示。

【举办“我与国策共成长”主题演讲比赛】6月5日，县人口计生委举行“我与国策共成长”主题演讲总决赛。县人口计生委王树勤主任致开场词，市人口计生委宣教处处长刘凤婷参加活动并讲话。来自全县286名选手参加比赛。

【开展半年工作检查】6月8～18日，县人口计生委分成两组，对全县15个乡镇和1个城镇办事处上半年人口和计划生育工作进行检查指导。听取基层人口计生工作主要责任人汇报，走访15个乡镇和1个城镇办的32个村居，与近1000名育龄群众座谈，查找问题，理顺思路，明确措施，为提升全县人口计生整体工作水平创造了条件。

【推进生殖健康技术服务中心建设】7月10，县人口计生委正式启动计划生育生殖健康技术服务中心建设前期立项工作。7月16日，副县长赵志萍主持召开协调会，就生殖健康技术服务中心建设有关问题作了部署。12 月 25 日，生殖健康技术服务中心建设所有前期手续办齐，提交至发改委。年底，县发改委立项并上报市发改委。

【承办“高校专家延庆行，生育关怀进乡村”活动】7 月 15 日，北京市“高校专家延庆行，生育关怀进乡村”主题活动启动仪式在四海镇南湾村举行。此次活动由市人口计生委、市计划生育协会、市直机关工委和首都高校联合会联合举办，县人口计生委承办。市人口计生委党组书记、主任、计生协常务副会长邓行舟，市直机关工委副书记杨公鼎和清华大学教授王承继、中国农业大学教授李天忠、北京航空航天大学教授王娜等7 所高校的专家、教授来到活动现场，开展讲座、培训，与村民座谈，400 多人参加活动。副县长赵志萍、县人口计生委主任王树勤等领导参加了活动。

【国家人口计生委领导到延庆县视察调研】7 月 26 日，国家人口计生委国合司司长郝林娜、副司长汝小美一行 12 人到延庆县慰问，市人口计生委副主任李芸莉、办公室主任胥德琪陪同。

【组织“人口文化年”宣传服务活动】年内，夏都人口文化园精彩亮相。夏都人口文化园坐落在县城中心，占地 300 多亩，水面 500 多亩，年内投入 142 万元进行改建和重修。延庆县还建立了大榆树镇“希望之光”人口文化园，开展了“妫川人口文化和谐行”主题活动，制作各类宣传折页、小册子包等 10 多种。

【开展干部队伍职业化建设试点工作】年内，人口计生干部队伍职业化建设试点工作在沈家营镇、井庄镇取得初步成效。沈家营镇按照《关于进一步加强人口计生调查研究工作的意见》（延人口发〔2009〕3 号）精神，开展了村级计生专干职业化建设的调研及试点工作。4 ~ 11 月，全镇 22 个村全部参与公开竞聘，经笔试、群众测评、干部测评、面试等环节，计生专干竞聘工作圆满完成。井庄镇7 个村也进行了干部职业化试点工作。

【县人口计生委调整职责和编制】10 月 27 日，县编办出台新的“延庆县人口和计划生育委员会职能配置、内设机构和人员编制规定（简称‘三定’方案）”，在“职责调整”中，转变的职责为“加强对全县人口发展战略的研究，加强流动人口计划生育管理和服务，稳定低生育水平”，“增加的职责”为“加强流动人口计划生育管理和服务，稳定低生育水平”，将原“法制科”和“计政科”合并成“法制科”，将“计政科”更名“流动人口管理科”（简称“流管科”）。

【举办“首届延庆人口论坛”】11 月 27 日，举办“延庆县 2009 年人口与计划生育事业发展研讨会”暨“首届延庆人口论坛”。会上对优秀调研报告和论文进行表彰、总结、交流，结集出版了《延庆县人口与计划生育事业发展论文选编》。

**【市人口计生委领导到延庆县评估检

查】12月7日，市人口计生委主任邓行舟，副主任耿玉田、丁勇，驻委纪检组长李红文，及办公室、人事处等16个处室相关人员来到延庆县，就2008～2009年度人口计生目标管理责任制落实情况进行评估检查。县领导侯君舒、孙文锴、郭振清、赵志萍出席汇报会，县委书记侯君舒主持会议。

（张自禄）

九、北京市2009年国民经济和社会发展相关统计资料

（摘自北京市2009年国民经济和社会发展统计公报）

2009年，受国际金融危机的严重冲击和经济周期性调整的影响，北京经济社会发展遭遇严重困难。面对严峻复杂的形势，全市人民在党中央、国务院和市委、市政府的坚强领导下，认真贯彻落实各项宏观调控政策，以科学发展观为指导，以“保增长、保民生、保稳定”为重心，积极采取“调结构、扩内需”等一系列应对措施，全市经济运行呈现见底、复苏、回升态势，社会发展和谐稳定。

一、综合

经济增长：初步核算，全年实现地区生产总值11865.9亿元，比上年增长10.1%，增速比上年提高1个百分点。其中，第一产业增加值118.3亿元，增长4.6%；第二产业增加值2743.1亿元，增长9.7%；第三产业增加值9004.5亿元，增长10.3%。

按常住人口计算，全市人均地区生产总值达到68788元（按年平均汇率折合10070美元），比上年增长6.2%。三次产业结构由上年的1∶23.6∶75.4变化为1∶23.2∶75.8。

表1　北京市2009年经济增长状况

指标	2009年（亿元）	比上年增长（%）
地区生产总值	11865.9	10.1
第一产业	118.3	4.6
第二产业	2743.1	9.7
工业	2191.0	8.8
建筑业	552.1	13.9
第三产业	9004.5	10.3
交通运输、仓储和邮政业	468.5	持平
信息传输、计算机服务和软件业	1107.5	14.5
批发和零售业	1570.9	12.5

续表

指标	2009年（亿元）	比上年增长（%）
住宿和餐饮业	275.5	2.3
金融业	1720.9	13.5
房地产业	895.4	6.9
租赁和商务服务业	816.2	11.5
科学研究、技术服务和地质勘查业	793.7	16.4
水利、环境和公共设施管理业	55.5	-2.6
居民服务和其他服务业	82.7	15.4
教育	405.8	4.6
卫生、社会保障和社会福利业	192.2	6.1
文化、体育和娱乐业	251.1	6.1
公共管理和社会组织	368.6	3.4

税收：全市完成国税、地税税收（费）收入6337.5亿元，比上年增长16.4%。其中，地税税收（费）收入1771.9亿元，比上年增长12.3%。

财政：全市完成地方财政收入（一般预算）2026.8亿元，比上年增长10.3%，增幅比上年回落12.8个百分点。其中，实现增值税、营业税和个人所得税179.7亿元、752.6亿元和177.8亿元，分别增长13.5%、15.5%和3.8%；实现企业所得税430.4亿元，下降13.5%。地方财政支出（一般预算，含中央追加支出）2301.7亿元，增长17.5%，增幅比上年回落1.3个百分点。其中，用于城乡社区事务、交通运输、环境保护支出分别增长72.8%、63.8%和52.1%。

价格：全市居民消费价格比上年下降1.5%。其中，低收入层居民消费价格下降1%；食品价格上涨2.4%，非食品价格下降3.4%；消费品价格下降0.3%，服务项目价格下降5.2%。全市商品零售价格下降2.2%。

表2　居民消费价格涨跌幅度

单位:%

指标	2009年	其中：低收入层	2008年	其中：低收入层
居民消费价格总水平	-1.5	-1.0	5.1	8.9
食品	2.4	0.9	16.1	20.2
其中：粮食	5.6	9.9	8.9	9.5

续表

指标	2009 年	其中：低收入层	2008 年	其中：低收入层
肉禽及其制品	-4.8	-8.1	25.1	28.4
油脂	-16.1	-18.6	21.3	30.6
烟酒及用品	2.2	3.5	6.0	8.8
衣着	-1.6	-1.3	-0.9	1.9
家庭设备用品及维修服务	0.3	1.6	4.4	5.4
医疗保健和个人用品	-0.1	0.2	2.0	1.7
交通和通信	-4.1	-3.0	-2.4	1.0
娱乐、教育、文化用品及服务	-2.4	1.9	-2.0	-0.3
居住	-10.2	-12.5	3.0	1.8

农产品生产价格比上年下降 1.7%。工业品出厂价格下降 5.6%；原材料、燃料、动力购进价格下降 11.4%。固定资产投资价格下降 2.9%。土地交易价格上涨 4%。

12 月份，房屋销售价格延续了下半年以来的快速上涨态势，比上年同月上涨 9.2%。其中新建商品住宅价格上涨 13.9%，二手住宅价格上涨 2.9%。

就业：全市城镇新增就业 42.44 万人，比上年增加 0.47 万人。年末全市城镇实有登记失业人员 8.16 万人，比上年末减少 2.17 万人。城镇登记失业率为 1.44%，比上年末下降 0.38 个百分点。

二、人口、人民生活和社会保障

人口：年末全市常住人口 1755 万人，比上年末增加 60 万人。其中，外来人口 509.2 万人，占常住人口的比重为 29%。常住人口中，城镇人口 1491.8 万人，占常住人口的 85%。全市常住人口出生率为 8.06‰，死亡率为 4.56‰，自然增长率为 3.5‰。全市常住人口密度为 1069 人/平方公里，每平方公里比上年末增加 36 人。年末全市户籍人口 1245.8 万人，比上年末增加 15.9 万人。

人民生活：全年城镇居民人均可支配收入达到 26738 元，比上年增长 8.1%（名义增速）。农村居民人均纯收入 11986 元，比上年增长 11.5%（名义增速）。城镇、农村居民恩格尔系数分别为 33.2% 和 32.4%，比上年下降 0.6 个百分点和 1.9 个百分点。城乡居民居住水平继续提高。城镇居民人均住宅建筑面积 28.81 平方米，增加 0.09 平方米，人均住宅使用面积 21.61 平方米，增加 0.05 平方米；农村居民人均住房面积 39.42 平方米，增加 0.02 平方米。

社会保障：年末全市参加城乡居民养老保险人数为 162 万人。其中城镇居民参保人数 9 万人；农村居民参保人数为 153 万人，参保率为 90%。参加基本养老、基本医疗、失业、工伤保险人数分别为 827.7 万人、938.4 万人、675.7 万人和 747.1 万人，比上年末净增 69.6 万人、67.4 万人、61.4 万人和 80.5 万人。参加农村新型合作医疗的人数达到 275 万人，净增 2.5 万人，参合率为 95.7%，高于上年 2.8 个百分点。全市享受城市最低生活保障的居民为 14.8 万人，享受农村最低生活保障的农民为 8.4 万人。社会保障相关待遇标准有所提高。

年末全市各类收养性社会福利单位 388 家，床位 5.2 万张，收养各类人员 2.5 万人。城镇建立各种社区服务设施 1925 个，其中社区服务中心 176 个。

三、资源、能源、环境与安全生产

水资源：全年水资源总量 20 亿立方米，比上年下降 41.5%。全市总用水量 35.8 亿立方米，比上年增长 2%。其中，生活用水 15.3 亿立方米，增长 4.1%；工业用水 5.2 亿立方米，农业用水 12 亿立方米，均与上年持平。全市万元地区生产总值水耗为 33.06 立方米，比上年下降 7.4%。全市完成节水技改措施 254 项，其中工业节水技改措施 28 项。

能源：1～3 季度，全市能源消费量为 4829 万吨标准煤，比上年同期增长 3.29%。其中，第一产业能源消费量为 81.6 万吨标准煤，增长 8.59%；第二产业能源消费量为 1778 万吨标准煤，下降 2.2%；第三产业能源消费量为 2097.2 万吨标准煤，增长 6.64%；居民生活能源消费量为 872.2 万吨标准煤，增长 6.98%。万元地区生产总值能耗为 0.6345 吨标准煤，比上年同期下降 5.71%。2005～2009 年三季度，全市万元地区生产总值能耗累计下降 23.46%，提前一年达到《北京市国民经济和社会发展第十一个五年规划纲要》中万元地区生产总值能耗比“十五”期末下降 20% 的目标。

环境：全市污水处理率为 80%，其中城八区污水处理率达到 94%，分别比上年提高 1.1 个和 1 个百分点。全市生活垃圾无害化处理率为 95.8%，其中城八区生活垃圾无害化处理率达到 100%。市区空气质量达到二级和好于二级的天数为 285 天，比上年增加 11 天，占全年总天数的 78.1%，比上年提高 3.2 个百分点。

全市城镇绿化覆盖率达到 44.4%，比上年提高 0.9 个百分点。城镇人均公园绿地面积 14.5 平方米，比上年增加 0.9 平方米。林木绿化率达到 52.6%，比上年提高 0.5 个百分点。

安全生产：全年共发生道路交通、生产安全、火灾、铁路交通、农业机械死亡事故 1049 起，死亡 1157 人。与上年相比，事故减少 11 起，死亡人数减少 22 人，分别下降 1% 和 1.9%。亿元地区生产总值生产安全事故死亡率为 0.10；道路交通每万车死亡人数为 2.44 人；工矿商贸从业人员每 10 万人死亡人数为 1.34 人；煤矿每百万吨死亡人数为 0.499 人。

四、城市建设和新农村建设

道路建设：年末全市公路里程 20670 公里；其中，高速公路里程 884 公里，比上年末增加 107 公里。年末城市道路里程 6206

公里。

公共交通：年末全市公共交通运营线路701条，比上年末增加22条；其中轨道交通运营线路9条，增加1条。公共交通运营线路长度18498公里，比上年年末增长2.4%；其中轨道交通线路长度228公里，增长14%。公共交通运营车辆2.4万辆，比上年末增长2.2%；其中轨道交通运营车辆2014辆，增长17.5%。全年公共交通客运总量65.9亿人次，比上年增长11.2%；其中轨道交通14.2亿人次，增长16.9%。

公用事业：全年自来水销售量9.1亿立方米，比上年增长12.3%。其中，生产运营用水1.3亿立方米，增长8.3%；居民家庭用水4.5亿立方米，增长15.4%。

全年北京地区用电量达到739.1亿千瓦时，比上年增长7.2%。其中生产用电610.4亿千瓦时，增长6.4%；城乡居民生活用电128.8亿千瓦时，增长10.7%。

全年液化石油气供应总量32.2万吨，比上年下降0.9%；天然气供应总量64.5亿立方米，增长15.6%。年末共有燃气家庭用户602.6万户，比上年末增长2%；其中天然气家庭用户407.1万户，增长3.7%。全市燃气管线达到10970公里，比上年末增长1.6%。

全市集中供热面积4.3亿平方米，比上年增长1.8%。

新农村建设：全市1700余个村庄实施了“五项基础设施”建设，其中完成街坊路硬化3243万平方米，污水处理工程（含管网工程）286处，改造户厕23.6万座，新建公厕3085座。全市农村更换户用节能灯505.5万只，安装太阳能路灯2.26万盏；建设太阳能公共浴室171处、大中型秸秆气化和沼气集中供气系统33处、户用沼气池2282户。建设粪污治理工程168处。

五、教育、科学技术、文化、卫生和体育

教育：全市共有52所普通高校和117个科研机构培养研究生，全年研究生教育招生7.6万人，在学研究生20.9万人，毕业生5.9万人。全市88所普通高等院校全年招收本专科学生15.9万人，在校生57.7万人，毕业生15.2万人。

全市普通高中招生6.6万人，在校生20.3万人，毕业生7万人；初中招生10.6万人，在校生31.9万人，毕业生10.2万人；普通小学招生10.2万人，在校生64.7万人，毕业生11.1万人；幼儿园在园幼儿24.8万人。各类中等职业教育招生6.9万人，在校生21.8万人，毕业生8.1万人。特殊教育招生861人，在校生7921人，毕业生1734人。

年末全市共有民办小学24所，在校学生3.1万人；民办普通中学85所，在校学生3.8万人；民办普通高校15所（含独立学院），在校学生7.5万人。成人高校25所，在校学生28.1万人（含普通高校成人本专科生）。

科学技术：全年研究与试验发展（R&D）经费支出700.2亿元，比上年增长

12.9%；相当于地区生产总值的5.9%，比上年提高0.3个百分点。

全市科技活动人员47.3万人，比上年增长5.1%。全市专利申请量与授权量分别为5万件和2.3万件，增长15.5%和29.1%；其中发明专利申请量与授权量分别为2.9万件和0.9万件，增长3.3%和41.3%。全年共签订各类技术合同5万项，下降5.3%；技术合同成交总额1236.2亿元，增长20.4%。

文化：年末全市共有公共图书馆25个，总藏量4200万册。全市拥有全国重点文物保护单位98处，市级文物保护单位224处。全市拥有注册博物馆151座，比上年增加3座。年末有线电视用户达到407.9万户，比上年末增长6.5%；有线电视入户率为84.8%，比上年末提高3.8个百分点。北京地区9条院线84家影院共放映电影60万场，观众2139.6万人次，票房收入8.1亿元。北京地区出版报纸259种，出版期刊2898种，均与上年末持平；出版图书17.1万种，增加3.4万种。全市共有国家综合档案馆19个，已开放档案87.2万卷。

卫生：年末全市共有卫生机构6643个，比上年末增加120个；其中医院527个，卫生院117个。卫生机构共有床位8.7万张，其中医院8万张。每千人口（常住人口）拥有医院床位4.58张。全市卫生技术人员达到14.8万人，比上年末减少2283人；其中执业（助理）医师5.7万人，注册护士5.6万人。每千人口（常住人口）拥有执业（助理）医师3.2人，注册护士3.2人。全市医疗机构共诊疗12425.3万人次，健康检查597.9万人次。全年报告传染病发病率356.77/10万，死亡率1.55/10万。

体育：年末全市共有体育场馆6149个。全市共有优秀体育运动员1075人，获得国际性比赛奖牌63枚，其中金牌15枚，银牌10枚。获得全国性比赛奖牌197枚，其中金牌78枚，银牌53枚。

十、荣誉篇

全国2009年度计划生育优质服务先进单位

大兴区　密云县　延庆县

全国人口和计划生育2008年度绩效考核评定结果

北京市人口计生委获人口和计划生育机构队伍与行风建设一等奖，利益导向政策体系建设二等奖，流动人口服务管理三等奖

全国人口和计划生育综合改革第一批示范市（区、州）表彰

北京市顺义区

全国军民共建人口和计划生育工作先进单位和个人

先进集体：北京市石景山区人口计生委

先进个人：宋平　北京市石景山区人口计生委主任

2009年首都文明单位

北京市人口计生委

2009年首都文明单位标兵

北京市人口计划生育宣教中心

2009 年政府法制信息宣传工作先进单位

北京市人口计生委政法处

2009 年市级交通安全优秀管理干部

葛纪军

2009 年北京市政府办公厅信息工作先进个人

潘　涓

2009 年全国人口和计划生育政务信息工作优秀信息员

李坤英

十一、北京市人口和计划生育组织机构和名录篇

北京市人口和计划生育委员会

单位简介

北京市计划生育委员会成立于1981年7月，2003年10月15日更名为北京市人口和计划生育委员会（简称市人口计生委），是负责本市人口和计划生育工作的市政府组成部门。内设机构：办公室、政策法规处、研究室（综合协调处）、规划统计处、流动人口服务管理处、宣传教育处、科技服务管理处、行政财务处、人事处9个职能处室和机关党委（工会）。纪检、监察机构按有关规定派驻。直属事业单位：老干部活动站、信息中心、宣传教育中心、干部培训中心、药具管理站、连心服务中心。北京市计划生育协会挂靠在北京市人口计生委。

党组书记、主任：邓行舟

委员（正局级）：李芸莉

副主任：耿玉田　彭彧华　丁　勇

纪检组长：李红文

地址：北京市宣武区枣林前街70号中环广场B座

邮编：100053

主要职责

（一）贯彻落实党和国家关于人口和计划生育的方针、政策和法律、法规、规章；起草地方性法规草案、政府规章草案和政策规定；会同有关部门提出促进出生人口性别平衡的政策措施；协助有关部门拟订相关的社会经济政策。

（二）拟订本市人口发展规划草案，加强人口规模、趋势、素质、结构等重大问题的战略性、前瞻性研究，提出统筹解决本市人口问题的目标和任务建议，提出人

口与经济、社会、资源、环境协调可持续发展的政策建议。

（三）制定并组织实施本市人口和计划生育中长期规划、年度计划和事业发展规划，对人口和计划生育规划执行情况进行监督和评估，稳定低生育水平。

（四）负责本市人口和计划生育工作的综合协调和综合治理。协调推动统筹解决人口问题目标和任务的实施；负责协调推动有关部门、群众团体履行人口和计划生育工作相关职责，促进人口和计划生育方针政策在教育、卫生、文化、就业和社会保障等工作中的衔接配合。

（五）监测本市人口和计划生育发展动态，提出发布人口和计划生育安全预警预报建议，负责人口和计划生育的信息综合及信息化建设，参与北京市人口基础信息数据库建设。

（六）研究提出本市促进人口有序流动、合理分布的政策建议；拟订流动人口计划生育服务管理规划，负责推动建立流动人口计划生育信息共享和公共服务工作机制，负责流动人口计划生育服务与管理。

（七）制定本市计划生育技术服务发展规划并监督实施；依法管理计划生育技术服务工作，负责公布有关计划生育科学研究、技术服务重要信息；负责计划生育统计、信息分析工作；组织实施计划生育科学研究，指导避孕节育的技术推广和科学普及工作；监督、管理计划生育药具的发放。

（八）组织实施本市计划生育的生殖健康促进计划，提高人口素质，协同有关部门降低出生缺陷人口数量。

（九）制定本市人口和计划生育宣传教育工作规划，组织开展人口和计划生育宣传教育工作。

（十）制定本市人口和计划生育干部队伍建设规划及教育培训规划，并组织实施；指导人口和计划生育公共服务网络体系建设。

（十一）负责本市人口和计划生育工作的国际交流与合作，管理人口和计划生育国际援助合作项目。

（十二）承办市政府交办的其他事项。

领导成员

党组书记、主任　邓行舟：男，汉族，1950年5月出生，中共党员，1969年5月参加工作。毕业于北京市委党校经济管理专业，在职研究生学历。1998年5月任北京市计划生育委员会党组书记、副主任。2003年2月27日任北京市计划生育委员会党组书记、主任。2003年10月17日任北京市人口和计划生育委员会党组书记、主任。

党组成员、委员（正局级）李芸莉：

女，汉族，1950 年 5 月出生，中共党员，1968 年 9 月参加工作。1982 年 7 月毕业于黑龙江大学汉语言文学专业，文学学士。2000 年 7 月毕业于中央党校函授学院经济管理专业，在职研究生，副研究员。1996 年 3 月任北京市计划生育委员会副主任，2001 年 7 月任北京市计划生育委员会党组副书记、副主任。2003 年 9 月 11 日任北京市人口和计划生育委员会党组副书记、副主任。2006 年 12 月任北京市人口和计划生育委员会正局级委员兼副主任。2008 年 7 月任北京市人口和计划生育委员会正局级委员。

党组成员、副主任　耿玉田：男，汉族，1957 年 4 月出生，中共党员，1976 年 4 月参加工作。1983 年 7 月毕业于北京医学院医疗系，医学学士，副主任医师。2005 年 6 月毕业于中国人民大学社会与人口学院，法学硕士。2000 年 9 月任北京市计划生育委员会副主任。2003 年 9 月 11 日任北京市人口和计划生育委员会党组成员、副主任。

副主任　彭彧华：女，满族，1964 年 5 月出生，无党派人士，1987 年 7 月参加工作。1987 年 7 月毕业于首都师范大学文学院汉语言文学专业，文学学士；2003 年 7 月毕业于首都师范大学教科院教育管理专业，教育学硕士；2009 年 7 月毕业于北京大学教育学院教育与经济管理专业，管理学博士。2006 年 8 月任北京市人口和计划生育委员会副主任。

党组成员、纪检组长　李红文：男，汉族，1955 年 5 月出生，中共党员，1974 年 3 月参加工作。1982 年 7 月毕业于东北大学金属材料系精密合金专业，工学学士。1999 年 9 月毕业于市委党校工商管理专业，在职研究生。2005 年 12 月任北京市人口和计划生育委员会党组成员、中共北京市纪律检查委员会驻市人口计生委纪检组组长。

副主任　丁勇：男，汉族，1971 年 11 月出生，中共党员，1993 年 7 月参加工作。1993 年 7 月毕业于山东大学世界经济专业，经济学学士。1998 年 7 月毕业于北京大学政治经济学专业，经济学硕士。2004 年 12 月任北京市政府研究室办公室主任（人事处处长），2009 年 1 月任北京市人口和计划生育委员会副主任。

处室职责

（一）办公室

负责机关政务工作；负责文电、会务、机要、档案等机关日常运转工作；承担信息、信访、议案、建议、提案、安全保密、政府信息公开等工作；负责重要事项的组织和督查工作；负责人口计生工作的国际交流与合作。

（二）政策法规处

负责机关推进依法行政综合工作；起草人口和计划生育方面的地方性法规草案、

政府规章草案；负责行政执法工作的监督、指导和协调；承担行政复议、应诉的有关工作；承担机关行政规范性文件的合法性审核和备案工作；推动完善计划生育利益导向机制。

（三）研究室（综合协调处）

研究本市人口发展战略，提出统筹解决人口问题目标和任务建议，提出人口与经济、社会、资源协调可持续发展以及促进人口有序流动、合理分布的政策建议；协调相关部门推动统筹解决人口问题目标和任务的实施；负责协调推动有关部门、群众团体履行人口和计划生育工作相关职责，促进人口和计划生育方针政策在教育、卫生、文化、就业和社会保障等工作中的衔接配合。

（四）规划统计处

拟订本市人口和计划生育工作的规划与计划，承担相关的监督、评估工作；分析人口发展动态，提出发布人口和计划生育安全预警预报的建议；承担人口和计划生育的信息综合和计划生育统计工作；参与北京市人口基础信息数据库建设；负责人口和计划生育系统的信息化建设和监督管理工作。

（五）流动人口服务管理处

拟订本市流动人口计划生育服务管理办法和政策措施，研究提出流动人口计划生育服务管理工作制度；指导区县建立流动人口计划生育信息共享和公共服务工作机制。

（六）宣传教育处

拟订本市人口和计划生育宣传教育工作规划；协调落实人口和计划生育宣传教育工作；承担新闻发布工作；协调出生人口性别比治理工作。

（七）科技服务管理处

拟订本市计划生育技术服务发展规划，并监督实施；组织实施计划生育科学研究，指导避孕节育的技术推广和科学普及工作；依法承担管理计划生育技术服务工作，监督、管理计划生育药具的发放工作；推动实施计划生育生殖健康促进计划，协同有关部门降低出生缺陷人口数量，协调开展出生缺陷一级预防工作。

（八）行政财务处

负责编报本市人口和计划生育事业经费和基本建设支出的预、决算；审核提出计划生育药具需求计划；指导、监督人口和计划生育经费的管理使用；编制并组织实施计划生育技术服务网络基本建设规划；负责机关及所属单位的财务和资产管理等工作。

（九）人事处

拟订本市人口和计划生育干部队伍建设规划及教育培训规划，并组织实施；指导人口和计划生育公共服务网络体系建设；负责机关及所属单位人事、机构编制、离退休工作。

机关党委（工会）负责机关及所属单位的党群工作。

北京市人口和计划生育委员会直属事业单位

【北京市人口和计划生育委员会老干部活动站】北京市人口和计划生育委员会老干部活动站成立于1997年3月，是北京市人口计生委直属正处级全额拨款事业单位，编制3人。主要职责：负责委内离退休干部的服务与管理；加强离退休干部思想政治建设和离退休干部党支部建设；落实对离退休干部的政治待遇和生活待遇等有关规定。截至2009年年底，北京市人口计生委离退休人员共57人，其中离休干部5人，退休干部47人，退休工人5人。

【北京市人口和计划生育委员会信息中心】北京市计划生育委员会中心计算机室，成立于1988年6月1日。2003年12月，中心计算机室更名为北京市人口和计划生育委员会信息中心，是北京市人口计生委直属正处级全额拨款事业单位，编制8人。主要职责：负责推进全市人口和计划生育工作信息化建设，建立、健全全市人口和计划生育信息系统和数据库基本标准、运行规则；协调和管理委员会政务信息网络建设；负责委员会信息安全管理工作，做好政务信息网络的系统维护及技术支持；做好"首都之窗"的运行维护；参与北京市人口基础信息库建设，负责全员人口个案管理信息系统建设和人口信息资源的日常管理。

【北京市人口和计划生育宣传教育中心】北京市计划生育宣传教育中心成立于1990年1月18日，2003年12月，更名为北京市人口和计划生育宣传教育中心，是北京市人口计生委直属正处级全额拨款事业单位，编制25人。主要职责：负责区县宣传科（站）的业务指导；负责人口和计划生育宣传品制作、发放；负责人口和计划生育科普知识宣传、专题栏目制作；负责大型人口和计划生育宣传、咨询活动。

【北京市人口和计划生育干部培训中心】北京市计划生育干部培训中心成立于1990年3月20日，2003年12月，更名为北京市人口和计划生育干部培训中心，是北京市人口计生委直属正处级全额拨款事业单位，编制19人。主要负责北京市人口和计划生育系统干部教育、培训及相关业务交流工作。

【北京市计划生育药具管理站】北京市计划生育药具管理站成立于1986年12月，是北京市人口计生委直属正处级全额拨款事业单位，编制12人。主要职责：拟订药具管理规章制度和规范；负责编制全市药具需求计划；负责药具订购、仓储调拨、计划统计、质量监测；负责中央财政下拨的药具专项经费的管理及使用；编制申请市财政的药具工作项目经费年度预算；指导区县药具业务工作，组织实施药具业务培训和药具工作评估；开展免费避孕药具的宣传推广和避孕药具科普知识的宣传。

【北京市连心服务中心】北京市连心服务中心成立于1999年10月，是北京市人口计生委副处级自收自支事业单位，编制12人。主要职责：负责系统内各类培训的后勤服务工作；承担北京市人口计生委所属事业单位的物业管理和后勤服务工作；负责外省市人口和计划生育系统来京人员的接待工作。

【北京市计划生育协会】北京市计划生育协会成立于1982年7月，1991年9月核定全额拨款事业编制8人，挂靠在北京市人口计生委。2007年3月编制由8人增至9人。北京市计划生育协会是协助党和政府动员广大群众自觉实行计划生育的全市性非营利群众团体。主要职责：指导区县计划生育协会依据有关法律法规和计生协《章程》开展具有自身特点的工作；开展群众性人口和计划生育的宣传工作，普及有关性与生殖健康、计划生育、避孕节育和预防艾滋病的科学知识；开展人口和计划生育利益导向服务，生育关怀行动和幸福工程工作；反映计生协会会员诉求，维护会员和育龄群众的合法权益；开展国际合作交流和对外宣传工作；开展本市人口计生领域的慈善公益活动。

北京市计划生育协会

会长：赵文芝（待市计生协会第五次会员代表大会选举）
常务副会长：邓行舟
电话：84633512
地址：北京市朝阳区北四环东路93号
邮编：100101

各区县人口和计划生育委员会

东城区人口和计划生育委员会

主任：王力宇
副主任：黄洁　张世红
电话：64027940
地址：东城区美术馆后街12号
邮编：100010

西城区人口和计划生育委员会

主任：宋书彦
副主任：窦淑龄
电话：66114957
地址：西城区宏英园 17 号楼 5 层
邮编：100032

崇文区人口和计划生育委员会

主任：李评修
副主任：冯巧云　赵玉英
电话：67110310
地址：崇文区幸福大街 32 号
邮编：100061

宣武区人口和计划生育委员会

主 任：彭秀颖
副主任：郭燕葵　王美玉
电话：83976044
电话：83976044
地址：宣武区广安门南街 68 号
邮编：100054

朝阳区人口和计划生育委员会

主 任：史素珍
副主任：吴建平　冻小林
电 话：65094604
地 址：朝阳区日坛北街 33 号
邮 编：100020

海淀区人口和计划生育委员会

主任：刘 彦
副主任：王洪星　曹玉明
电话：82510615
地址：海淀区长春桥路 17 号
邮编：100089

丰台区人口和计划生育委员会

主任：张林平（1～7月）
　　　张　玲（7～12月）
副主任：李小娟　于艳丽　王继云
电话：83812871
地址：丰台区文体路2号
邮编：100071

石景山区人口和计划生育委员会

主任：宋　平
副主任：赵玉兰
电话：68878117
地址：石景山区杨庄东路甲65号
邮编：100043

门头沟区人口和计划生育委员会

主任：姜淑琴
副主任：刘成国（1～5月）
　　　　吕永　齐桂平（11～12月）
　　　　亓建军（6～12月）
电话：69844839
地址：门头沟区新桥南大街46号
邮编：102300

房山区人口和计划生育委员会

主任：张广华
副主任：刘玉霞　杜国栓　李书会
电话：69384630
地址：房山区良乡长虹东路4号
邮编：102488

大兴区人口和计划生育委员会

党组书记：陈照立
主任：帅淑敏（1～3月）
　　　甘连义（3月至今）
副书记：洪福源
副主任：任会永　白剑波　郭巍
赵志国（1～3月）

电话：69244788
邮编：102600
地址：大兴区黄村西大街80号

通州区人口和计划生育委员会

主任：轩淑清（1～5月）
　　　刘美俊（6～12月）
副主任：丁宝元　金士兰　薛美利
电话：81587173
地址：通州区玉桥东路40号
邮编：101100

顺义区人口和计划生育委员会

主任：史振启
副主任：张丽君　王学武　孟庆福
电话：89445425
地址：顺义区顺通路AMB大厦三层309
邮编：101300

昌平区人口和计划生育委员会

主任：李春菊
副主任：邱少强　沈茂成　董亚卿
电话：69710342
地址：昌平区煤市口胡同2号
邮编：102200

平谷区人口和计划生育委员会

党组书记、主任：陈月莲
党组副书记、纪检组长：崔守义
副主任：张玉国
副调研员：秦久平
电话：69961337
地址：平谷区新开西街4号
邮编：101200

怀柔区人口和计划生育委员会

党组书记：吕忠义
主任：杨振富
副主任：张俊峰　黄岸英　王月军
电话：69641455
地址：怀柔区兴怀大街16号
邮编：101400

密云县人口和计划生育委员会

主 任：吕丽艳
副主任：李凤良　杨伟兰　李长旺
副处级调研员：朱亚芬
电话：69043413
地址：密云县新西路60号院2号
邮编：101500

延庆县人口和计划生育委员会

主任：王树勤
副主任：郭万良 张月英 林永生
电话：69101529
地址：延庆县东外大街98号
邮编：102100

各区县计划生育协会

东城区计划生育协会

会长：章冬梅
常务副会长：董桂玲
电话：84044480
地址：东城区美术馆后街12号
邮编：100010

西城区计划生育协会

会长：陈蓓
常务副会长：宋书彦
电话：66156612
地址：西城区宏英园17号楼5层
邮编：100032

崇文区计划生育协会

会长：刘玉芳
常务副会长：李评修
电话：67192894
地址：崇文区法华南里26号楼6层
邮编：100061

宣武区计划生育协会

会长：王瑞珠
常务副会长：彭秀颖
电话：63570063
地址：宣武区白纸坊东街甲25号
邮编：100054

朝阳区计划生育协会

会 长：张春秀
常务副会长：史素珍
电话：67302389
地址：朝阳区平乐园小区115号楼
邮编：100022

海淀区计划生育协会

会长：吴亚梅
常务副会长：刘彦
电话：62146653
地址：海淀区大钟寺14号
邮编：100098

丰台区计划生育协会

会长：闫傲霜
常务副会长：张林平
电话：83656363
地址：丰台区文体路 2 号
邮编：100071

石景山区计划生育协会

会长：刘国庆
副会长：宋平
电话：68879051
地址：石景山区杨庄东路甲 65 号
邮编：100043

门头沟区计划生育协会

会长：贾文勤
常务副会长：姜淑琴
电话：69844797
地址：门头沟区新桥南大街 46 号
邮编：102300

房山区计划生育协会

会长：马丽英
常务副会长：张广华
电话：69384686
地址：房山区良乡长虹东路 4 号
邮编：102488

大兴区计划生育协会

会长：于鲁明
常务副会长：帅淑敏
电话：69259060
地址：大兴区黄村西大街 80 号
邮编：102600

通州区计划生育协会

会长：刘淑华
常务副会长：刘美俊
电话：81581096
地址：通州区玉桥东路40号
邮编：101100

顺义区计划生育协会

会长：杨培丽
副会长：史振启　孟庆福
电话：89445405
地址：顺义区顺通路 AMB 大厦三层309
邮编：101300

昌平区计划生育协会

会长：方炎
常务副会长：李春菊
电话：80102230
地址：昌平区煤市口胡同2号
邮编：102200

平谷区计划生育协会

会长：刘汉勤
常务副会长：陈月莲
电话：69961337
地址：平谷区新开西街4号
邮编：101200

怀柔区计划生育协会

会长：朱淑霞
常务副会长：杨振富
电话：69658775
地址：怀柔区兴怀大街16号
邮编：101400

密云县计划生育协会

会长：王春林
常务副会长：吕丽艳
电话：69061973
地址：密云县新西路60号院2号
邮编：101500

延庆县计划生育协会

会长：赵志萍
常务副会长：王树勤
电话：69144703
地址：延庆县东外大街98号
邮编：102100

十二、附录：区县出台的特色文件选编

北京市东城区人口和计划生育委员会
关于聘用东城区社区计划生育工作督导员的通知

（东人口发〔2009〕30号）

各街道公共事务管理办公室（计划生育）：

为加强人口和计划生育队伍建设，夯实基层基础工作，建立并完善新型社区计划生育工作运行机制，落实“阳光计生行动”，东城区人口计生委决定建立东城区社区计划生育工作督导员队伍，负责对全区的社区计划生育工作进行监督、检查和指导。

一、社区计划生育督导员聘用条件

（一）有社区计划生育工作经验、目前已离岗的原社区计划生育主任和社区工作者。

（二）有良好的组织协调能力和与群众交流的能力。

（三）热爱人口和计划生育事业，乐于奉献。

（四）身体健康。

二、社区计划生育督导员工作职责

东城区社区计划生育督导员在东城区社区计划生育工作督导委员会统一组织下，负责督促指导全区社区计划生育委员会和社区服务站做好以下工作：

（一）全面、及时、准确掌握和提供社区人口和独生子女家庭等方面的信息，完成社区计划生育基础信息的采集和录入。负责向居民介绍计划生育公共服务。

（二）协助街道办事处为居民办理《生育服务证》、《独生子女父母光荣证》以及为独生子女意外伤残（或死亡）家庭办理特别扶助等相关手续，开具临时（或长期）《流动人口婚育证明》通知、流动人口《孕情保健检查通知》等文书，发放独生子女父母奖励费，开展查验《流动人口婚育证明》、流动人口计划生育执法检查以及签订流动人口三种责任书的单位和个人的登记工作。依据法律法规规定出具有关证明。

（三）加强对社区居民健康生育的服务与管理，不断完善社区计划生育/生殖健康服务网络，推进生育关怀，为社区群众提供优生优育、避孕节育服务。

（四）对社区开展的“阳光管理”、“阳光维权”“阳光服务”、“阳光扶助”、

“阳光关怀”五个“阳光计生”专项行动进行监督检查，尊重和保障人民群众的知情权、参与权、表达权、监督权，努力解决社区群众关心的计划生育相关问题，增强计划生育基本国策的执行力和公信力。

（五）认真落实完成全区统一组织实施的活动和交办的临时性任务。

三、社区计划生育督导员督导工作机制

（一）对于聘用人员，由区人口计生委颁发“东城区社区计划生育督导员”聘书。

（二）区人口计生委建立东城区社区计划生育工作督导委员会，负责对社区计划生育督导员进行培训，提出工作要求。在督导、检查工作期间，由区人口计生委统一支付社区计划生育督导员劳务、交通补贴。

（三）东城区社区计划生育工作督导委员会定期与不定期组织社区计划生育督导员对全区社区计划生育工作和社区“阳光计生行动”开展情况进行集中督导、专项督导及其他形式的督导，了解社区群众计划生育需求和相关服务的满意度。

（四）社区计划生育督导员及时将督导信息的分析汇总情况报东城区社区计划生育工作督导委员会，并对社区计划生育工作提出意见和建议。

东城区社区计划生育督导员队伍的建立，是落实科学发展观、适应社区管理体制改革的新形势、加强计划生育基层基础工作和队伍建设的重要举措，各街道要加大宣传工作力度，认真做好社区计划生育督导员的推荐工作，努力把优秀的人才充实到东城区社区计划生育督导员队伍中来，以便加快推进社会建设和社会管理体制改革、提升公共服务能力、切实稳定低生育水平，更好地为社区群众服务。

二〇〇九年七月六日

北京市东城区人口和计划生育委员会关于成立东城区社区计划生育工作督导委员会的通知

（东人口发〔2009〕34号）

各街道公共事务管理办公室（计划生育）：

为加强社区计划生育工作，建立并完善新型社区计划生育工作运行机制，加强计划生育队伍建设，落实“阳光计生行动”，东城区人口计生委决定成立东城区社区计划生育工作督导委员会，负责对全区的社区计划生育工作督导员队伍的管理、培训和业务指导。

一、社区计划生育督导委员会组成

主 任：王力宇（区人口计生委主任）

副主任：黄 洁（区人口计生委副主任）

张世红（区人口计生委副主任）

成 员：周晓娟（区人口计生委办公室主任）

王丽军（区人口计生委调研管理科科长）

葛建林（区人口计生委宣教科科长）

周芙蓉（区计划生育协会秘书长）

韩 颖（区计划生育生殖健康指导中心副主任）

金卫平（区计划生育药具管理站副站长）

社区计划生育工作督导委员会办公室设在区人口计生委办公室。

联系人：周晓娟

联系电话：64027940

二、社区计划生育工作督导委员会工作职责

（一）负责组建东城区社区计划生育工作督导员队伍。

（二）负责制定社区计划生育工作督导员工作制度、明确工作内容和要求。

（三）负责社区计划生育工作督导员的培训和业务指导。

（四）负责对区计划生育工作督导员工作情况进行考核评估。

二〇〇九年七月六日

崇文区人口和计划生育委员会　崇文区社会建设工作办公室关于印发《关于在社区建设中建立和完善计划生育工作运行机制的指导意见》（试行）的通知

（崇人口文〔2009〕17 号）

各街道办事处：

为贯彻落实《中共崇文区委崇文区人民政府关于贯彻〈北京市加强社会建设实施纲要〉的意见》（京崇发〔2008〕17 号），推进以改善民生为重点的社会建设和社会管理体制改革，现将崇文区社工委、崇文区人口计生委《关于在社区建设中建立和完善社区计划生育工作运行机制的指导意见》（试行）印发给你们，请各街道遵照执行，试行期间，请结合实际工作情况探索创新，注意总结，并提出意见和建议，以便完善。

附件：1. 崇文区社区居委会计划生育工作实施细则

2. 崇文区社区服务站计划生育工作实施细则

崇文区人口和计划生育委员会　崇文区社会建设工作办公室

二〇〇九年十一月三十日

崇文区关于在社区建设中建立和完善计划生育工作运行机制的指导意见

（试行）

为进一步加强基层基础工作，确保人口和计划生育工作在社区新机制建设过程中，管理不缺位，服务不断档，基础资料不流失，现根据北京市《关于推进社区规范化建设试点工作的实施方案》精神，依照《中华人民共和国城市居民委员会组织法》，提出我区社区计划生育工作运行机制的意见：

一、建立社区居委会、社区服务站分工协作、有效配合的计划生育工作运行机制

（一）根据人口和计划生育工作任务、性质，在各社区居委会设置计生主任；社区服务站设置计生服务岗。

（二）街道办事处指导社区居委会和社区服务站，在社区党组织的领导下，分工协作、有效配合，完成崇文区人口和计划生育各项工作任务，共同促进社区计划生育事业的发展。

（三）社区居委会要发挥自治性、群众性优势，宣传人口和计划生育政策法规，采集和提供社区人口和计划生育信息，发现和反映社区育龄群众需求，引导成立计划生育协会组织，积极开展各种群众性计划生育活动，发动社区成员广泛参与。

（四）社区服务站要发挥专业化、职业化优势，代理代办社区育龄群众的公共事务和公共服务，开展社区计划生育公益事业和多种形式的便民利民服务活动，及时回应社区育龄群众的实际需求。

（五）社区居委会和社区服务站要接受区、街计生部门的业务指导，积极参加培训，定期沟通，接受计划生育业务考核和育龄群众的监督和评议，共同做好社区人口和计划生育工作。

二、社区居委会和社区服务站计划生育工作内容（事项）

（一）社区居委会计划生育工作内容（事项）

1. 开展人口和计划生育法律法规、计划生育、生殖健康以及出生缺陷一级预防等宣传活动，提供优质服务。——宣传

2. 负责与辖区单位开展计划生育共驻共建活动。——服务

3. 负责育龄妇女卡片管理，采集育龄妇女婚姻、生育、措施变更和迁出迁入信息及育龄妇女信息管理和服务系统的录入、上报等工作。——管理

4. 负责计划生育相关报表的报送工作。——管理

5. 组织居民代表对居民及流动人口生育、奖励、扶助、征缴等工作进行评议并提出具体意见。——管理

6. 负责签订流动人口计划生育三种责任书，协助开展流动人口执法检查，督促办理《流动人口婚育证明》。——管理

7. 做好流动人口双向管理信息核查及流动人口出生监测工作。——管理

8. 组织流动人口育龄妇女参加孕检，并开展服务活动。——服务

9. 在社区建立计划生育协会组织，组织开展计划生育居民自治活动。——管理

10. 负责新婚、孕、产妇和生育关怀等重点人群的走访慰问。——服务

11. 做好社区计生宣传员、会员的培训和管理工作。——管理

12. 与社区卫生服务站联合开展计划生育技术服务工作。——服务

13. 开展避孕药具管理与服务。——服务

14. 了解和反映育龄群众的社情民意，通过各种渠道，及时向政府反映育龄群众的意见和需求。——服务

15. 按照政府职能部门的要求和社区育龄群众的需求，为社区育龄群众开展其他计划生育服务。——服务

（二）社区服务站计划生育工作内容（事项）

1. 协助管理育龄妇女卡片，采集、录入育龄妇女婚姻、生育、措施变更和迁出迁入等信息。——管理

2. 协助做好计划生育相关报表的报送工作。——管理

3. 负责办理计划生育公共服务事项及奖励扶助。——服务

4. 协助查验《流动人口婚育证明》，并通报街道。——管理

5. 负责街道社保存档及流动人口育龄妇女计划生育手术报销工作。——服务

6. 做好社区计划生育基础资料管理工作。——管理

7. 免费发放避孕药具。——服务

8. 了解和反映育龄群众的社情民意，通过各种渠道，及时向政府反映育龄群众的意见和需求。——服务

9. 按照政府职能部门的要求和社区育龄群众的需求，为社区育龄群众开展其他计划生育服务。——服务

三、做好社区人口和计划生育工作的相关要求

（一）各街道办事处要在社区新机制建设过程中保证计划生育工作经费和办公硬件设施，指导社区建立健全各项工作制度，推动社区计划生育居民自治建设。

（二）各街道办事处要选用热心人口和计划生育事业，责任心强，有工作经验，群众基础好、业务能力强的人员负责社区人口和计划生育工作。

（三）各街道办事处要按照社区居委会、社区服务站各自的计划生育工作职责

和任务，加强业务培训和指导，通过以老带新、以新助老等协作方式，抓好试点，创新工作，确保社区计划生育工作在社区新机制建设过程中实现平稳过渡，使群众受益。

（四）各街道要结合社区实际，下达落实区《指导意见》的具体实施办法（须上报区人口计生委备案），明确要求，加强日常督导，组织评估考核。指导社区居委会和服务站按照各自的计划生育职责与任务，制定措施，确保各项人口和计划生育工作任务的全面落实。

附件1：

崇文区社区居委会计划生育工作实施细则

（试行）

一、组织开展居民自治工作

（一）社区居民会议和社区代表会议每半年听取计划生育工作计划和完成情况报告，执行社区居民会议的决定，完成社区居民会议提出的各项计划生育任务；不定期地研究计划生育工作、听取计划生育工作安排。

（二）社区居委会根据群众需求和社区实际，研究制定社区居委会计划生育工作计划。

（三）在社区居委会书记、主任的支持下，将计划生育工作融入社区建设和发展之中；协同社区各工作委员会，通过分片包户，做好社区人口和计划生育工作，创建市级计划生育示范社区。

（四）将计划生育工作纳入《社区居民自治章程》和《居民公约》，积极开展宣传教育、引导社区居民遵守计划生育法律法规。

（五）与辖区单位开展多种形式计划生育共驻共建活动。

（六）在社区建立计划生育协会组织；社区居委会书记担任会长，计生主任担任秘书长，并负责填写《北京市社区计划生育协会工作记录》及统计报表。

（七）了解和反映育龄群众的社情民意，通过各种渠道，及时向政府反映育龄群众的意见和需求；监督指导社区服务站开展计划生育工作。

二、宣传服务工作

（一）建立健全社区计划生育宣传员和志愿者队伍，充分发挥计划生育宣传阵地及宣传品作用。

（二）采取多种形式向社区居民宣传人口和计划生育法律法规；宣传避孕节育、优生优育、生殖健康等知识，促进社区人口文化建设。

（三）围绕“三工程·一行动”，依托

“城南驿站”和社区卫生服务站，开展优质服务。

（四）定期开展随访服务，并引导新婚、计划怀孕的家庭享受政府“健康生育计划”项目提供的六项免费服务。

（五）向社区居民免费发放避孕药具，开展咨询服务，填写《避孕药具发放记录》和各类药具统计报表。

（六）组织开展独生子女早期教育和健康教育。

（七）与社区卫生服务站联合开展计划生育技术服务工作。

（八）组织流动人口孕检服务、健康检查以及依法落实免费四术服务。

（九）开展多种形式的社区计划生育便民利民服务活动。

（十）按照政府职能部门的要求和社区育龄群众的需求，为社区育龄群众开展其他计划生育服务。

三、信息采集和统计工作

（一）全面、及时、准确掌握和提供社区人口基本信息。

（二）根据区、街人口和计划生育行政部门要求，收集、提供独生子女家庭和流动人口等计划生育方面的特殊信息。主要包括：

1. 负责户籍人口、人在户不在、流动人口育龄妇女的建卡和撤卡以及婚、孕、产、节育措施变更记录（户籍人口15周岁建卡，49周岁撤卡；流动人口18周岁建卡，49周岁撤卡），负责育龄妇女卡片“首页”和“索引”填写和使用。

2. 负责按月填报育龄妇女“计划生育报告单”和有关报表，向街道计生办通报信息；指导、监督社区服务站开展计划生育信息统计和基础资料管理工作，为社区服务站提供计划生育相关信息，建立与社区服务站信息交换的联系制度。

3. 负责收集、提供独生子女意外伤残（或死亡）家庭等信息。

四、日常管理工作

（一）与社区服务站协同为育龄群众办理计划生育日常事务及奖励扶助。

（二）负责审核计划生育相关证明、材料，并加盖“社区居委会计划生育专用章”。

（三）对申请享受计划生育特别扶助政策的人员开展社区评议。

（四）查验《流动人口婚育证明》，为未办理《流动人口婚育证明》的流动人口发放《限期补办通知书》。

（五）负责签订三种流动人口计划生育管理责任书。

（六）负责社区人口和计划生育工作基础资料管理。

附件2：

崇文区社区服务站计划生育工作实施细则

（试行）

一、在区、街人口和计划生育行政管理部门的业务指导下开展工作。

二、负责宣传人口和计划生育法律法规，提供人口和计划生育优质服务。

三、了解和反映育龄群众的社情民意，通过各种渠道，及时向政府或街道办事处反映育龄群众的意见和要求。

四、协助人口和计划生育行政部门办理各种计划生育公共服务事项，主要任务包括：

（一）负责社区人口和计划生育基础信息的采集、录入，具体工作包括：

1. 配合社区计生主任采集、录入户籍育龄妇女迁出迁入、人在户不在和流动人口计划生育信息，及时做好婚、孕、产、节育措施信息变更，对独生子女意外伤残（或死亡）家庭情况信息做好登记。

2. 配合社区计生主任按月填报育龄妇女“计划生育报告单”和有关报表。

3. 配合社区计生主任做好人口和计划生育信息交换。

（二）负责办理计划生育具体事务，包括：

1. 对无工作单位、无存档单位人员申请办理生育第一个子女的《生育服务证》、《独生子女父母光荣证》的材料进行审核。

2. 根据街道计生办的安排，负责年底一次性发放独生子女父母奖励费（5 元/月·人×12 =60 元/年·人）。

3. 办理街道社保存档及流动人口育龄妇女计划生育手术报销。

（三）免费发放避孕药具。

五、在社区计生主任的指导下做好计划生育基础资料管理工作。

六、按照政府职能部门的要求，为社区育龄群众开展其他计划生育服务。

北京市宣武区人口与计划生育领导小组关于完善人口规模调控机制 促进宣武可持续发展的意见

（宣人口领导小组发〔2009〕2 号）

根据《北京市城市总体规划（2004～2020 年）》和《宣武区“十一五”期间国民经济和社会发展规划纲要》提出的发展要求，针对我区人口与经济、社会、资源、环境之间的内在联系，促进我区协调可持续发展，制定本意见。

一、指导思想及思路

指导思想：以科学发展观为指导，以人口与经济、社会、资源、环境协调可持续发展为目标，以北京城市发展规划确定的宣武区城市功能为定位，形成由区委领导，区政府主导和催化，各部门联动和参与，市场、经济、法律和服务等手段适当共用的人口规模调控长效机制，为建设现代宣武、人文宣武、和谐宣武奠定良好的人口基础。

总体思路：以规划调控人口，以业态优化人口，以住宅减少人口，以户籍管理人口。

1. 重视发挥城市规划、土地利用、重大项目对人口分布的引导和配置作用，控制住宅建设规模。

2. 优化产业结构和业态，谋求产业升级与人口规模调控的双重功效。

3. 加快古都风貌区保护和危房改造，减少人口的存量。

4. 大力加强环境整治力度，拆除违章建筑，减少出租房屋数量和租住人数。

5. 加强户籍整顿，减少人户分离，控制人口迁入。

二、主要调控措施

调控人口规模是一个长期的、复杂的、持续的联动工程，需要全区上下统一思想，提高认识，形成合力，共同调控。

（一）加强规划管理，控制住宅规模，有效限制人口机械增长。切实落实人口在区域经济和社会发展总体规划和战略布局中的基础性、战略性、综合性作用。研究调整住宅项目规划，压缩住宅总量。加大闲置土地的整理力度，促进土地集约利用，不再新批住宅项目，城市建设向公建项目倾斜。

（二）加快产业结构调整，通过产业优化或升级间接实现减少人口需求量。抓住市区财政分税制财政管理体制改革契机，按照核心功能区定位，统筹我区功能发展，细化第三产业业态。政府出台鼓励、引导政策，重点发展高端产业。引进投资项目，要预测其人均 GDP 贡献率和百元产值人口吸附率。

（三）加快风貌保护区修缮，加大危改拆迁，疏解二环内人口。

一是按照《北京城市总体规划（2004～2020 年）》对古都风貌保护的规定，加快对大栅栏、琉璃厂等文物保护区房屋的保护修缮、居民住房改善和房屋资源腾退，加大危改拆迁政策的综合设计，鼓励人口外迁，降低风貌保护区及二环内人口密度。

二是出台综合利益导向政策，有效解决居民在子女入学、低保、劳动就业等户籍利益上的后顾之忧，引导现户籍地已没有住房的二环内居民外迁到现居住地。利用两限房、经济适用房等政策性住房疏解人口。

（四）依法加强对出租房屋管理，减少

违法出租房屋数量。

一是加大对违法建设的清理力度。加强环境整治和城市管理工作，严格清除占用公共道路和绿化用地的小摊点、“门脸房”等，加强对“城中村”、城乡结合部、城市违章建筑、马路市场的整理力度，依法拆除违章建筑；加大打假力度和街面控制力度，取缔无证市场和无照经营的小门店、小发廊、小旅馆等。

二是加强对出租房屋达标情况的检查。按照出租房屋的面积、安全、卫生条件等标准，定期开展联合执法检查，减少不达标的出租房屋数量。

三是强化地下空间的规范管理。成立清理地下空间协调小组及办公室，建立协调联动机制，通过对地下空间、出租房屋开展持续的联合执法，集中整治，清理证件不齐人员。公用地下空间管理单位、职能监管部门，对于政府产权且用于居住人员的地下空间，依法全面彻底进行清理，将清理后的地下空间作为社区公益场所。对于合法利用地下空间开办旅馆、居住、办公、商务娱乐等单位，要严格依暂住证、身份证等有效证件进行人口登记，建立动态档案。关停在地下空间内搞非法活动的经营场所。

（五）提高居民就业能力，有效调控人口流入。

一是发展社会经济、努力开发就业岗位。采取项目管理方式，吸引有劳动能力的低保人员、失业人员以及就业困难群体，承接环境卫生、垃圾分类、废品收购、绿化美化、家政服务等社区公共服务、福利服务、便民利民服务等工作，减少对流动人口的需求。

二是发展老龄产业。鼓励和引导包括医疗护理、养老服务、文化活动在内的老龄产业和老龄产品的发展，促进本地人口就业，间接抑制流动人口增长。

三是建立各部门携手共促就业的机制。形成企业与街道、街道与学校、街道与医院、职介中心与学校、职介中心与企业“手拉手”的就业与用工互助关系。控制政府机关、学校、医院、国资企业所用保安及服务人员使用流动人口数量并加强监督。

四是加强劳动合同法的宣传和执行情况检查。对企业参加社会保险、为流动务工人员缴纳社会保险费工作进行劳动监察，实现保障流动人口合法利益与减弱企业多用工的利益驱动力“双有效”。认真落实好政府已经出台的奖励企业提高本地区就业率的相关政策。

（六）加强户籍清理整顿，减少人户分离。

加强户籍人口管理，减少人户分离，是提高公共财政绩效、公共服务水平、社会治安等社会管理水平的重要基础。在坚持计划生育稳定低生育水平的前提下，落实如下措施：

一是摸清实有人口底数。对“有户无人”和“有人无户”的人户分离人员进行摸底登记，尤其摸清废弃地址人户分离人口底数和情况，建立人户分离人口信息库。

二是严格开具户籍证明手续。开展废弃地址空挂户籍专项清理工作。

三是加强对死亡应销未销户口清理和管理。加强卫生、民政、公安、劳动、街道之间的信息定期交换与协查，开展已死亡未销户人员的清理。

四是严格户口审批手续。严肃户籍管理纪律，对不在本区居住和不符合各类投靠、迁移政策的，一律不予办理入户手续。杜绝以规避计划生育责任为目的的户籍迁移。

五是严格控制集体户口入户。对申报集体户口的，公安宣武分局要进行实地考察，严格办理申报手续。

六是从严掌握新建小区入户。制定新建小区入户控制措施，及时掌握新入住人员情况，尽量减少产生新的人户分离数量。

三、保障措施

（一）建立机构。建立由区领导任组长、政府多部门和办事处主要领导组成的人口规模调控领导小组，下设户籍整顿办公室和流动人口调控办公室（以下简称“两办”），分别由公安宣武分局、区流管办担任，领导、协调、开展人口调控工作。

（二）明确职责。户籍整顿办公室牵头户籍清理整顿，降低人户分离比例。办公室不定期对新生儿入户和户籍迁入进行审查。流动人口调控办公室负责牵头和检查各部门流动人口调控任务的落实。各部门按照在人口规模调控机制中承担的任务，细化相关措施，纳入整体工作中统筹推进，要成立相应的工作机构，主要领导亲自抓，主管领导具体抓，将任务分解到相关科室，责任到人。

（三）建立工作通报制度。户籍整顿办公室要充分利用计算机网络对户籍清理进度进行监测，及时、准确、细致地掌握户籍动迁情况，及时分析各街道人口增减变化情况，每月进行一次情况通报。要建立“人口规模调控信息”，根据信息的密级以文字形式向区委、区政府领导报告，向调控领导小组成员单位通报。领导小组不定期召开人口规模调控通报会或研讨会，沟通情况，完善机制，提出解决问题的措施。

（四）建立健全人口信息系统。研究建立人口发展监测体系，整合全区的各项人口信息，加强政府部门间人口及相关信息共享，构建人口信息集中管理与分级、分部门授权的全区人口信息管理平台，为区委、区政府及各部门决策管理，提供及时的、准确的人口数据。

（五）加强考核。要将人口规模调控任务列入区政府与各部门签订的人口与计划生育责任书，坚持“一票否决”。区委、区政府领导每半年听取各部门汇报，对完成责任书情况进行督察，及时研究、解决重点难点问题。

附件：宣武区完善人口规模调控机制任务分解表（略）

二〇〇九年七月二日

宣武区人口和计划生育委员会　宣武区社会建设工作办公室 宣武区民政局关于印发《宣武区落实北京市人口计生委开展社区计划生育工作者队伍职业化建设试点工作的实施细则》的通知

（宣人口计生发〔2009〕8号）

各街道办事处：

为加强人口和计划生育干部队伍职业化建设，现将《宣武区落实北京市人口计生委开展社区计划生育工作者队伍职业化建设试点工作的实施细则》发给你们，请认真贯彻执行。

附件：《宣武区落实北京市人口计生委开展社区计划生育工作者队伍职业化建设试点工作的实施细则》

二〇〇九年四月七日

附件

宣武区落实北京市人口计生委开展社区计划生育工作者队伍职业化建设试点工作的实施细则

我区是国家人口计生委和北京市人口计生委计划生育队伍职业化建设的试点区。要适应新时期人口与计划生育工作的新需要，社区计生工作者队伍职业化、规范化是基本保证。根据《国家人口计生委关于开展人口计生队伍职业化建设试点工作的指导意见》、《北京市人口和计划生育队伍职业化建设试点工作计划》、《宣武区实施〈北京市社区工作者管理办法（试行）〉细则》，制定本实施细则。

第一条　范围

本细则所指社区计划生育工作者是具备社区工作者资格且经过社区居民代表大会选举当选的社区计划生育委员会主任（以下简称社区计生主任）。

第二条　目标

1. 稳定低生育水平：确保完成市政府向区政府下达计划生育政策符合率等责任指标。

2. 稳定社区计生队伍：确保社区计生

队伍60%基本稳定，使社区计生工作有序衔接、良性循环。

3. 提高人口素质：通过重点开展出生缺陷一级预防干预、0～3岁早期教育、青春期健康教育等工作，提高出生人口素质。

4. 提高职业素质：建立一支具有以人为本理念、掌握人口计生法规政策、生殖健康咨询服务技巧、提供优质服务的职业化队伍，通过优质服务稳定人口数量，提高人口素质。

第三条　步骤

1. 试点工作与社区居委会换届同步进行。街道按照社区换届选举的要求和社区计生主任任职资格统筹做好社区计生主任人选的资格确定、选任的指导工作。

2. 开展职业培训：对于现职和新任职的社区计生主任开展职业培训。自下届起，未通过相关培训、未取得岗位资格的不得担任社区计生主任。

3. 建立优胜劣汰的保障机制。

第四条　组织领导

区级层面：社会建设工作委员会和社会建设工作办公室负责宣武区社区计划生育职业化建设试点工作的宏观协调和管理工作。

区人口计生委的主要任务：

1. 建立社区计生主任备案制度，指导街道计生办建立社区计生主任档案。

2. 负责社区计生主任的培训工作，并将统一制作的上岗证发放给培训合格人员。

3. 负责指导街道计生办对社区计生主任考核并建立考核档案。

4. 负责组织社区计生主任参加国家生殖健康咨询员或者助理咨询员培训及考试。

5. 负责对社区计生工作奖励的督促和兑现。

街道层面：将试点工作纳入街道社区换届领导小组的职责。小组的主要任务是：

1. 按照选用专职工作者的资格、程序负责本街道社区计生主任的选用工作。

2. 社区居委会分工确定计生主任时应征求街道计生主管领导和街道计生办意见。

3. 换届时，应在符合社区计生主任任职资格的基础上，尽量保证连任。

街道计生办的主要任务：

1. 负责对社区计生主任的日常管理、督促、检查、指导工作。

2. 负责为街道换届选举领导小组提供符合连任条件现在岗的社区计生主任信息。

3. 协助街道有关部门和社区“两委”，做好不符合任职条件现社区计生主任依法罢免工作。

4. 负责发放计划生育工作补贴。

5. 对社区计生主任实行每年考核制度，掌握社区居民代表大会对社区计划生育的评议结果。建立考核台账。

6. 负责对任期已满，符合续聘条件人员的资格确认工作。

7. 负责指导社区做好计划生育工作交接。

8. 负责对大社区配备计划生育专职助理员的协调工作。

社区层面：社区计生队伍职业化建设试点工作在社区“两委”领导下进行。主要任务：

1. 社区计生主任须是社区居委会委员。

2. 将社区计生主任纳入居民代表大会进行评议。将评议结果报街道计生办备案。

3. 负责对辞职和被罢免人员向社区居民发布公告。

4. 社区计生主任出现空缺时及时依法进行补选。负责新任社区计生主任与前任工作的及时衔接。

第五条　社区计生工作职责

1. 开展宣传教育。对居住在本社区的常住人口宣传人口与计划生育法律法规，普及人口与计划生育科学知识，开展初级计划生育与生殖健康咨询服务工作。引导和督促常住人口实行计划生育。

2. 落实社区自治。通过参与制定居民自治公约、加强对社区共建单位落实计划生育责任的指导、检查，提高社区公民和辖区单位履行计划生育义务的自觉性，落实计划生育责任。

3. 加强协调和督促。社区计生主任应当自觉接受街道计划生育部门的业务指导，在社区“两委”的领导下，协调和督促社区卫生站依职责开展计划生育优质服务、社区流动人口和出租房屋管理站落实流动人口计划生育管理职责，指导、检查、督促社区计划生育宣传员（协管员）履行好工作职责。

4. 健全基础资料。熟悉本社区育龄人口的婚育、避孕节育、生殖健康等基本情况，坚持每月人口和计划生育信息报告制度。负责逐步建立常住育龄妇女管理信息系统。

5. 维护公民权利。协助街道定期组织育龄群众进行生殖健康检查，定期发放免费避孕药具。督促驻社区单位落实法律法规规定的计划生育奖励政策。

6. 干预违法行为。及时发现和干预意外怀孕和违法生育现象，及时向社区“两委”、街道计生办报告，也可直接向区人口计生委报告。杜绝瞒、漏报违法生育现象。

7. 提出意见建议。及时向上级计生部门反映工作情况，提出工作意见和建议。

第六条　社区计生主任任职资格

1. 拥护党的路线、方针和政策，模范遵守国家的法律法规，政治素质好，责任心强。中共党员优先。

2. 无违反计划生育法律法规的行为，在群众中有威信。

3. 有较强的学习能力，熟练使用常用计算机办公软件，原则上在本届任期内取得生殖健康助理咨询员职业资格。有管理经验、医学、教育从业背景者优先。

4. 一般应具有大专以上学历。具有生殖健康咨询员或助理咨询员以及相应技术职称的优先。

5. 具有本市城镇户口。长期居住在本社区或街道辖区内，具有本市城镇户口的常住宣武居民优先。

6. 身体健康。

第七条　严格职业准入

1. 自下届起，已取得生殖健康助理咨询员以上职称的为候选社区计生主任基本条件之一。已当选的社区计生主任争取在2~3年内通过国家统考，取得生殖健康助理咨询员职业资格，通过率达70%。

2. 原则上连任社区计生主任应取得生殖健康助理咨询员以上的职称。

3. 社区计生主任应接受区、街道计生部门组织的业务培训。初次上岗前，必须接受初任培训，经考试取得上岗资格，持证上岗。

4. 社区计生主任的配备原则上按常住人口1千名左右育龄妇女配备1名。超过1500名育龄妇女的大社区，可根据需要加强计划生育工作力量。费用由街道计划生育专项经费中支付。

第八条　待遇

社区计生主任待遇按《宣武区实施〈北京市社区工作者管理办法（试行）〉细则》有关规定执行。同时享受每年北京市人口计生委的500元专干工作补贴。

社区计生主任为退休人员，享受当年的市人口计生委专干工作补贴。

第九条　评估与奖惩

1. 街道应当加强对社区计生主任的指导，经常督促、检查、指导工作，实施年度考核，考核情况报区人口计生委备案。

2. 对任期三年内本社区没有违法生育且获得计划生育职业咨询员以上职称的社区计生工作者，符合连任条件的，应当连任。

3. 对年度考核连续三年为优秀且社区居民代表会评议有两次优秀等次的，给予社区一次不少于3000元的奖励。本社区年度考核内无违法生育是优秀等次的一票决定条件。逐步达到无违法生育和获得职业咨询技术职称双票决定。

4. 具体评估程序：由街道计生办组织辖区专职计生工作者评估每年的目标管理完成情况，参考街道居民代表会的评议意见，确定考核等次；被考核对象填写考核表。每年优秀指标不超过全区社区计生专职工作者总数的40%。

5. 经费来源：三年优秀一次性奖励由区级人口计生经费支付，工作补贴由市财政支付。

6. 延伸追究：凡享受了上述一次性奖励，被发现在本人任期内人户一致的育龄妇女发生违法生育的，将从现在的工资中扣除领取的一次性奖励。

7. 对有以下行为或过失的社区计生主任，应当依法罢免：

（1）本人违反计划生育政策的，利用工作之便包庇子女、亲属违法生育的；

（2）工作责任心不强，任期内本社区有两年出现人户同在人员出现违法生育行为的；

（3）瞒报、漏报违法生育情况，提供虚假计划生育工作信息的；

（4）有贪污、受贿等违法违纪行为的。

8. 辞职与罢免程序：

社区居委会计划生育专职工作者辞职

的，应按以下程序办理：

（1）向社区“两委”提前2个月提出书面申请。

（2）经社区“两委”同意，应在街道计生办的指导下进行工作交接。社区“两委”应在2个月内按照法定程序补选具有相关资格的社区计生主任，不得出现人员空缺。

（3）协助街道计生办正在办理对违法生育征收社会抚养费程序中的，违法事实清楚的，应待街道计生办向区人口计生委提交材料后，方可辞职。

（4）社区居委会、街道计生办应分别向街道计生办、区人口计生委备案人员变动情况。

（5）由社区居委会向社区居民发布公告。

依法罢免社区计生主任由社区居委会提请社区居民代表会履行相关程序。同时，应参照辞职程序的（2）、（3）、（4）、（5）款办理。

依法被罢免的社区计生主任，不得在本区从事社区计划生育工作。

第十条 本实施细则由区人口计生委负责解释，自发布之日起施行。如国家、北京市、宣武区有新规定的，按照新规定执行。

朝阳区人口计生委关于大力推进朝阳区村级计划生育干部队伍职业化建设的实施意见

大力推进村级计划生育干部队伍职业化建设，是不断提高村级计划生育干部队伍整体素质和工作水平的关键，是加强农村地区社会工作者队伍建设的重要环节，是确保我区低生育水平稳定的重要举措。根据中央、北京市、朝阳区关于解决人口问题的“两个《决定》和一个《意见》”的精神，按照北京市人口和计划生育委员会、北京市农村工作委员会《关于制定下发〈关于加强北京市村级计划生育干部队伍职业化建设的意见〉的通知》（京人口发〔2008〕35号）的要求，结合我区基层工作实际，就大力推进我区村级计划生育干部队伍职业化建设提出如下意见：

一、工作要求

1. 区人口计生委负责全区村级计划生育干部队伍的宏观管理工作，各地区办事处（乡政府）计生办负责本辖区村级计划生育专干的具体管理工作。

2. 村级计划生育专干在村“两委”班子的领导下开展工作，自觉接受乡政府计生办的指导、管理和监督，按照规定权限认真履行职责。

二、任职资格

村级计划生育专干必须具备以下基本条件：

1. 拥护中国共产党，热爱人口和计划生育事业，具有一定的人口和计划生育政策、法律、法规知识；

2. 思想品质好，群众威信高，有较强的组织、协调能力和奉献精神；

3. 本人无违法生育或其他违法违纪行为；

4. 具有高中以上文化程度，身体健康，年龄在45周岁以下人户同在的本村村民；

5. 具有一定的电脑操作水平；

6. 从事计生工作连续3年以上的，文化程度放宽到初中以上，年龄放宽到50周岁。

三、选用机制

村级计划生育专干按照“老人老办法、新人新办法”的原则进行配备，即现已在任的村级计生干部并胜任工作的可继续留用，当出现人员空缺或村委会换届时，应采用选任和聘任相结合的办法选用计划生育专干。

（一）选任：村“两委”班子中有符合从事计划生育工作的人员，一般应担任计划生育专职干部（可兼任妇联主任）；没有合适人选的，按照竞聘上岗的办法，面向全村公开进行聘任。

（二）聘任：各地区办事处（乡政府）成立由副书记或主管乡长为组长的村级计划生育专干选聘工作领导小组，负责本辖区村级计划生育专干的选聘工作。

具体程序如下：

1. 确定配备人数：原则上按照户籍人口数1千人以内配备1名，1千人以上可适当增加到2~3名；

2. 专业考试：对拟报名应试人员，由区人口计生委统一命题，由各村级计划生育专干选聘工作领导小组组织考试，通过笔试者，进入下一程序；

3. 组织测评：对笔试前三名，分别进行民主测评；

4. 面试答辩：重点考察拟任对象的语言文字能力、组织协调能力和对本村情况的了解程度等；

5. 确认录用：根据考试、测评、面试等综合成绩，择优确定拟聘用人选，由村级计划生育专干选聘工作领导小组，负责将拟聘用人选名单在所属村政务公开栏进行七天公示，接受群众监督。

以下情况，可优先录用：

（1）大中专及以上毕业生或具有计算机一级以上证书者；

（2）中国共产党员。

6. 人员聘用：拟聘人选审核合格后，由各地区办事处（乡政府）行文通报并召开计生专干聘用会议，明确工作职责，确定3个月的聘用试用期。对试用期满合格的，予以任职，不合格的，取消录用。

（三）各村级计划生育专干选聘工作领导小组，应将村级计生专干的选用情况及时报区人口计生委备案，区人口计生委对全区村级计生专干进行动态管理。村级计划生育专干聘用证书由市人口计生委统一制作，地区办事处（乡政府）计生办负责发放。

四、工作职责

村级计生专干自觉接受计划生育部门的业务指导，在村“两委”班子领导下开展各项工作：

1. 宣传贯彻人口和计划生育的法律、法规、政策和优生优育、生殖健康等科学知识。

2. 对居住在本村的户籍人口和外省市流动人口违法生育的行为应当坚决制止和纠正，并及时向村“两委”班子、乡计生办报告；杜绝和制止计划生育瞒、漏报现象的发生。

3. 按照上级制定的计划生育管理规范，出具各类计划生育合法证明；协助计划生育行政部门开展有关执法检查；准确采集计划生育基础信息资料，如实上报各类计划生育报表。

4. 落实以“三大工程”为主的生殖健康服务，定期发放免费避孕药具。

5. 进行计划生育工作需要的群众需求调查，认真向上级计划生育部门和村“两委”班子反映群众意见和建议，代表和维护育龄群众的合法权益。

6. 依照计划生育协会章程落实协会组织建设，开展协会各项活动和宣传，推进计划生育村民自治工作。

7. 落实流动人口、人户分离人员的服务与管理。

8. 协助村“两委”班子组织实施本级计划生育目标管理考核方案。

9. 完成计划生育行政管理部门布置的其他工作。

五、管理培训

1. 由区人口计生委和地区办事处（乡政府）计生办负责村级计生专干的岗前培训；

2. 各地区办事处（乡政府）计生办负责对村级计生专干的日常管理和培训工作，关于加强职业教育、岗位培训和继续教育可另行制定相关制度。

六、工资待遇

1. 村级计生专干报酬实行双轨制，分基础工资和工作补贴两部分。基础工资部分由区财政及各地区办事处（乡政府）、村委会统筹解决；工作补贴由市财政负担，每月工作补贴按照每人每月200元发放，年底补贴按照人均每年1600元的标准（以上报人数为依据）根据实际工作情况，分三个档次年底发放，其中最高不超过2000元，最低不低于1200元。

2. 工作补贴的落实坚持按照工作量大小和工作绩效拉开档次、谁工作谁享受、专款专用的原则。

计划生育专干工作补贴属于专项资金，已纳入北京市（级）财政预算，区人口计生委将统一下拨到各地区办事处（乡政府），由地区办事处（乡政府）计生办负责按照实际情况发放到人。应确保专款专用，严禁扣留和挪用。区人口计生委负责定期检查和监督。

七、工作考核

（一）各地区办事处（乡政府）应当加

强对村级计生专干的管理，经常督促、检查、指导工作。

（二）考核与奖惩：

村级计生专干的工作考核，统一由地区办事处（乡政府）计生办负责，按照考核结果发放年底工作补贴。

1. 对从事人口和计划生育工作 10 年以上的村级计生专干离岗时由区人口计生委给予 1000 元的一次性补贴。

2. 对年度考核连续三年优秀的村级计生专干，符合续聘条件的可以不参加续聘竞争，直接办理续聘手续。

3. 有以下情况之一的，终止合同予以取消录用或辞退并扣除年底工作补贴：

（1）工作严重不到位，有违法生育行为的；

（2）未依法办事，执行计划生育法律、法规、政策出现重大错误，造成重大信访的；

（3）上报计划生育数据严重失实，存在瞒报违法生育的；

（4）工作严重弄虚作假，存在欺上瞒下或连续两年在本地区办事处（乡政府）工作考核中不称职的；

（5）未按规定移交、自行损毁或自称遗失计划生育各种工作资料的；

（6）其他经地区办事处（乡政府）计划生育工作领导小组研究认为不适宜再担任计划生育专干的。

八、辞职和辞退

（一）村级计生专干辞职应按如下程序办理：

1. 向村委会提出书面申请报地区办事处（乡政府）审批；

2. 经研究同意辞职，应及时进行工作交接。在新任人选确定之前，村委会应及时指定一名村干部进行代管工作。

（二）辞退村级计生专干应按如下程序办理：

1. 村级计生专干发生被辞退事由，经村“两委”班子研究上报地区办事处（乡政府）审批；

2. 村级计生专干被辞退时，应当向接任者交清所有相关手续和资料。

九、附则

1. 本实施意见由朝阳区人口计生委负责解释。

2. 本实施意见自发布之日起施行。

二〇〇九年四月一日

丰台区人口和计划生育委员会 北京市公安局丰台分局关于建立工作联系机制的实施意见

（丰人口发〔2009〕12号）

为进一步加强和规范户口登记和审批工作，落实责任，堵塞工作漏洞，在第一时间内发现和查处非法办理户口登记问题，进一步推进分局人口系统户政工作及全区生育审批工作规范化建设，努力提高工作水平，特制定丰台区人口和计划生育委员会（以下简称区人口计生委）与丰台公安分局（以下简称分局）人口工作联系机制实施意见。

一、组织领导

成立工作联系机制领导小组，区人口计生委主任张玲、分局副局长贾福清任组长，人口管理处处长文来启任副组长，局属各户籍派出所所长、街乡（镇）计生办主任为小组成员。领导小组下设办公室，区人口计生委副主任李小娟、人口管理处副处长王庆敏为办公室主任，负责带领区人口计生委管理科有关干部、人口管理处户政组相关民警做好此项工作的落实。

二、工作内容

（一）联系机制领导小组工作内容

1. 建立专人负责制度。指定专人负责此项工作的有关数据、情况信息的上报、汇总、分析调研。

2. 建立例会制度。人口计生委和分局各自在本系统每月初召开例会，通报情况以及解决疑难问题的进展情况，分析研究工作中存在的问题，提出解决办法和针对性措施。

3. 建立会商制度。区人口计生委与分局人口处每月召开工作例会互通情况；每季度召开由联系机制领导小组组长参加的沟通协调会并出会议纪要，对本季度工作中出现的问题进行分析研究，发现新动向。遇到重大疑难问题，双方及时会商研究，提出工作意见。

4. 建立催办督办制度。加强对基层单位的监督检查，联系机制工作领导小组代表区人口计生委和分局行使交办权、查办权、督办权，对户籍的办理工作（区人口计生委、分局）进行监督、检查、指导。对不按要求开展工作的，提出催办督办建议，责令整改。

（二）户籍派出所工作内容

1. 建立专人负责制度。各户籍派出所要指定一名内勤民警每月向街乡（镇）计生办提供常住及流动人口自然、机械变动的有关数据。定期向街、乡（镇）计生办提供本地区育龄妇女、出生婴儿迁出迁入育龄妇女的基本情况等资料，协助街、乡（镇）计生办做好育龄妇女、出生婴儿情况的核实工作。

2. 建立联系制度。各户籍派出所遇有双胞胎出生婴儿申报入户或其他有疑问的个案，必须与街乡（镇）计生办进行联系，核实信息。

3. 建立登记制度。各户籍派出所要将每次与街乡（镇）计生办联系的内容逐一进行登记，建立台账。

4. 建立档案制度。各户籍派出所对结办的疑难问题处理情况以及有关材料要按照档案管理规定装订成册。

5. 为解决我区违法生育人员子女的入户问题，户籍派出所和各计生办要共同做工作，公安民警、计生干部共同入户各负其责。民警负责入户的相关政策解释；计生干部负责督促、下达对违法生育人员“征收社会抚养费告知单”及相关政策解释。

三、工作要求

（一）提高认识，加强领导。各单位内勤民警及各街乡（镇）计生办要高度重视此项工作，堵塞工作漏洞。主管领导要亲自抓，严格抓落实。

（二）落实责任，细化分工。各单位要针对此项工作制定各自的相关制度，细化工作措施，明确工作目标，对因工作不认真不细致，出现漏洞或问题的单位将进行倒查。并纳入本系统执法质量考评。

（三）沟通及时，善于总结。对于在工作中发现的问题要及时上报人口计生委管理科及分局人口处户政科，并在工作中善于总结。凡在工作中提出创新性、可行性方法和措施的，联系机制领导小组在大力推广的同时予以奖励，并在执法质量考评中予以加分。

丰台区人口和计划生育委员会　北京市公安局丰台分局

二〇〇九年六月八日

北京市顺义区人口和计划生育委员会　顺义区卫生局关于流动人口孕产妇围产保健分娩期间查验计划生育相关证明的规定

（顺人口发〔2009〕7号）

各镇、街计划生育办公室；各医疗保健机构：

为贯彻落实《中华人民共和国人口与计划生育法》，控制人口数量，提高出生人口素质，更准确地掌握我区出生人口数据，依据《流动人口计划生育工作条例》第五条“公安、工商行政管理、劳动、卫生、交通、建设等部门以及其他有关部门应当配合计划生育行政管理部门共同做好流动人口的计划生育管理工作”及《北京市计划生育服务证管理办法》第三条第二款“卫生、公安、工商行政管理、劳动和社会保障等行政机关配合计划生育主管机关做好《生育服务证》的管理工作”和第七条“已婚育龄妇女在怀孕三个月内，应当持《生育服务证》接受围产期医疗保健服务。计划生育主管机关应当建立与围产期医疗保健部门联系的制度，掌握育龄妇女办理围产期医疗保健及新生儿出生情况”规定，结合我区计划生育的实际情况，经区人口和计划生育委员会、区卫生局研究决定，特作如下规定：

一、各镇、街计划生育工作人员应详细讲解宣传《生育服务证》的作用和重要性，督促落实流动人口孕产妇在怀孕期间到医疗机构检查时需携带计划生育行政管理部门核发的生育服务证明。

二、已婚育龄妇女经人口计生部门批准怀孕第一个孩子或再生育的孕妇怀孕三个月内到各医疗保健机构接受围产期保健服务时，必须持镇、街计生办及以上计生行政机关核发的《生育服务证》，医疗保健机构应在《北京市母子保健健康档案》及孕产妇围产保健登记册上做出标记。各镇、街计生办应与医疗机构建立定期联系制度。

三、孕产妇到各医院产科分娩时，应持本人身份证和《生育服务证明》。同时出具现居住地村、居委会计生专干签署的统一制式的证明信（含外省市婚嫁我区人员）。

四、为准确掌握流动人口在我区的出生情况，各助产医院妇产科责成专人将各村、居委会签署的统一制式的证明信妥善保存，同时填写好出生监测登记表。每季度将统一制式的证明信报区妇幼老年保健院。区人口计生委流动人口管理科负责收集。

五、此项工作列入卫生系统和镇、街道的年度考核指标，与市、区、镇三级对计生专干的年终奖金挂钩；区人口计生委和卫生局每季度考核一次，根据工作完成情况与予适当奖励。

六、本规定自2009年6月1日起施行。

顺义区人口和计划生育委员会　顺义区卫生局

二○○九年五月二十五日

北京市平谷区人口和计划生育委员会
关于深化“婚育文明靓桃乡·幸福家庭促和谐”活动的通知

（平政计生发〔2009〕4号）

各乡镇、街道：

2007年区人口计生委在全区开展了“婚育文明靓桃乡·幸福家庭促和谐”活动。两年来，通过创建“婚育新风、文明新村”和争做“桃乡新家庭”，使婚育文化成为了新农村建设的一部分，促进了人口和计划生育工作，推动了新农村建设。2009年区人口计生委以争做“桃乡新家庭”为重点，继续深化“婚育文明靓桃乡·幸福家庭促和谐”活动。

一、活动内容

继续以十星级“婚育新风·文明新村”的十个标准和“桃乡新家庭”的六个标准为内容开展创建和争做活动。

二、工作目标

2009年在“婚育文明靓桃乡·幸福家庭促和谐”活动中，各乡镇要引导帮助2个以上的村成为“婚育新风·文明乡村”，每个村、居要打造和包装2～3户桃乡新家庭。

三、活动安排

（一）十星级“婚育新风·文明新村”创建活动

1. 活动内容

各单位要在2007年和2008年开展活动的基础上，对没有达到十星级“婚育新风、文明新村”的村、居，要认真查找问题，确定创建目标，通过开展活动促进人口计生工作和新农村建设。

（1）每单位至少要使2个村居达到十星级“婚育新风·文明新村”的标准。

（2）对已经达标的村、居各单位要继续完善和稳定工作成果，使达标的村、居能够起到引领和示范作用。

（3）对“婚育新风、文明新村”进行环境包装的乡镇，要先报方案，经批准后，进行打造。区人口计生委将给予适当的资金帮助。

2. 时间安排

（1）3月底各乡镇要对没达标的各村进行分类，查找问题，帮助制定创建方案。

（2）准备打造“婚育新风·文明新村”宣传环境的乡镇4月底之前把方案上报到宣传站。

（3）4～10月份全面铺开创建活动。

（4）10月份各单位对此项活动进行评估。

（二）争做“桃乡新家庭”活动

1. 活动内容

2009年争做“桃乡新家庭”活动，要

认真结合新农村建设的要求，通过重点打造，逐步完善的形式，扩大活动的影响力和宣传面。

（1）以活动为载体，全面推进活动的开展。各单位要结合创建“桃乡新家庭”的六个标准制定活动方案，制作桃乡新家庭的标准宣传品，发放到每各家庭。把六个标准作为六项工作内容，以基层为重点，分析各村、居的家庭在六个标准在哪方面存在问题，抓住问题点，以活动为载体，开展形式多样的宣传服务活动。

（2）重点打造，树立典型。各乡镇、街道办事处，在每个村、居重点打造2～3个桃乡“新家庭”作为典型户，同时要发挥2008年“桃乡新家庭”的作用，组织典型材料，采取报告、演讲等形式进行广泛宣传，引导更多的群众参与争做“桃乡新家庭”活动。

（3）典型户标准。各村培养打造的典型户要在做到“六新”的基础上，重点完善家庭环境和文化氛围的建设。

家庭环境方面：结合自家庭院的特点，对庭院的进行相应美化和绿化。室内外环境整洁，自觉清扫公共卫生。

文化氛围方面：结合每个家庭的不同特点，以婚育文化为主，营造文化氛围。

2. 时间安排

（1）3月底各乡镇要确定每村的2～3个桃乡“新家庭”典型户。

（2）4～5月份对“新家庭”典型户进行包装。

（3）6～9月份充分发挥典型户的作用，以活动为载体，引导和帮助更多的家庭参与争做活动。

（4）10月份各单位对此项活动进行评估。

三、工作要求

（一）加强领导，高度重视。各单位要高度重视此项工作，把“婚育新风靓桃乡·幸福家庭促和谐”活动作为2009年重点工作之一，认真安排部署，本着务真求实的原则，积极发动基层各村、居深化活动的开展。

（二）做好信息反馈工作，各乡镇要及时把活动信息及进展情况上报区计生委宣传站。

二〇〇九年二月二十五日

北京市平谷区人口和计划生育委员会
关于加强村级计划生育干部队伍职业化建设的意见

（平政计生发〔2009〕5号）

加强村级计划生育干部队伍职业化建设，是夯实基层基础工作，提高基层计划生育干部队伍综合素质的重要举措。为做好新时期的人口和计划生育工作，全面完成统筹解决人口问题的各项任务，进一步推进规范化管理、系列化服务，寓管理于服务之中，现制定平谷区村级计划生育干部队伍职业化建设意见。

一、指导思想

以党的十七大和中共中央、国务院、北京市委、市政府《决定》精神为指导，以《北京市人口计生委、北京市农村工作委员会关于加强村级计划生育干部队伍职业化建设的意见》为依据，以能力建设为重点，以作风建设为基础，加强村级计划生育干部职业化队伍建设，全面实施“强基提质”工程，建立健全规范的村级计划生育干部选拔任用机制、教育培养机制、人才激励机制、管理考核机制和人员退出机制，真正把优秀的人才集聚到计划生育干部队伍中来，努力建设一支密切联系群众、年轻化、职业化，观念新、素质高、能力强的基层计生干部队伍。

二、选拔任用

（一）任职条件

1. 拥护党的路线、方针、政策，熟悉人口和计划生育政策法规等相关知识，具有较强的法制观念，以身作则，模范执行各项人口和计划生育政策、法规。

2. 热爱人口计生事业，有较强的事业心和责任感，有一定的奉献精神，为人正派，作风民主，实事求是，办事公正。

3. 身体健康，群众基础好，家庭和睦，邻里团结。

4. 初聘人员应具有高中以上文化程度，年龄在35周岁以下，有一定的文字和语言表达能力，长期在本村居住，女性；现任村级计生干部续聘，经统一考核合格，在同等条件下优先录用；续聘者特别优秀的，文化程度可放宽到初中，年龄可放宽到45周岁。

5. 有一定的组织协调能力和实际工作能力，善于做群众思想工作。

6. 大中专毕业生或具有计算机一级以上（含一级）证书者，同等条件下可优先录用。

（二）配备原则

村级计划生育干部的配备，原则上按一千人配备1名，一千人以上的大村，依据各村具体情况，适当增加专干人数。

（三）选聘程序

为实现选用能人，优胜劣汰，优化结构，提升素质的目标，对基层计划生育干部的选拔任用方式，要结合各乡镇、街道的实际情况，主要采取选任和聘任相结合的方式。

1. 选任。主要结合村级班子换届，在换届选举中尽可能产生一名具备计生专干条件和能力的女党支部委员或村委会委员负责计划生育工作。

2. 聘任。对党支部委员、村委会委员中没有适合计生干部的，要面向社会公开招聘计划生育干部。竞聘程序如下：

（1）组织保障。区人口计生委负责指导全区的村级计生干部竞聘工作；乡镇成立村级计生干部竞聘工作领导小组，负责本辖区的村级计生干部竞聘上岗工作。

（2）广泛发动。利用广播、公告、会议或网络等多种形式，广泛宣传和公开招聘村级计生干部的任职条件，笔试、面试时间和程序。

（3）组织报名。按照任职条件，在个人自愿，党支部、村委会和竞聘领导小组把关的基础上，组织符合竞聘条件的人员报名，确定参加笔试人选，并发放考试复习题库，通知笔试时间。

（4）组织闭卷笔试。考试内容包括政策法规、避孕节育、优生优育、生殖保健、育龄妇女卡填写、制表、计算机操作等综合知识。

（5）张榜公示笔试成绩和参加面试人员。按考试成绩高低，确定 3 ~5 人参加面试和演讲答辩，并公布参加面试的人员名单和时间。

（6）组织领导小组成员和相关人员参加面试。面试内容：岗位业务知识必答题目和即兴提问答辩，对综合素质进行考查。并现场投票、唱票、宣布被竞聘人员，在村委会公示 7 天。

（7）新招聘的村级计生干部试用期为半年，试用期满，经组织初任培训、考试及考核合格，予以任职，不合格的取消录用。村级计生干部聘期一般为三年，期满重新聘任。聘用证书由市、区人口计生委统一制作，乡镇计生办负责发放。

（四）工作职责

1. 村级计划生育干部接受区、乡镇计划生育行政管理部门工作指导、检查考核，在村党支部、村委会领导下开展工作。

2. 学习、宣传、贯彻、执行人口和计划生育工作的法律、法规、方针、政策等专业知识，积极参加各级组织的各类培训。

3. 依法规范做好各项基础工作，落实常住人口、流动人口、人户分离人员和离下岗职工的信息统计分析、避孕药具发放、随访服务、社会抚养费征收等各项人口计生服务与管理工作。

4. 广泛传播新型婚育文化，倡导婚育文明，利用人口学校，采取多种形式，组织各类育龄群众培训人口和计划生育政策法规等综合知识。

5. 认真落实法律法规规定的各项奖励，及时采集育龄群众需求、建议，积极协调、完善计划生育家庭的利益导向机制，在制定和落实普惠政策时，体现对独生子女家庭的优惠和优待。

6. 规范地管好、用好计划生育宣传员，检查、督促其认真履行职责，高标准完成工作任务。

7. 依照计划生育协会章程，落实协会组织建设，开展协会各项活动，推进计划生育村民自治。

8. 随时与上一级计生部门沟通工作情况，提出问题、意见和建议。

三、教育培训

教育培训是推进计划生育干部素质教育、终身教育，加强能力建设，应对新形势下各种挑战的重要措施，是人口计生事业创新发展的一项治本之策。

（一）岗位培训

依照市人口计生委教育培训规划和公共服务网络、职业化队伍建设的要求，积极参加市人口计生委组织的各类岗位轮训和培训；认真落实本区的年度培训计划，每年对村级以上计生干部进行1～2次集中培训；各乡镇要结合重点工作随时组织培训。

（二）素质教育

加强综合素质教育，既要采取多种形式提高计生干部队伍的职业化综合素质，也要组织开展“爱岗敬业奉献”、“做新时期最可爱的人”等主题教育活动，加强职业道德教育和行业作风建设。

（三）继续教育

依照建设学习型社会、学习型队伍和终身学习的要求，加强继续教育。要积极参加各种进修和学历教育，也要加强自学，不断更新观念，更新知识，转变思路，转变方法，改进作风。

（四）练兵比武

为加强新时期计划生育干部的能力建设，各乡镇要依据队伍存在问题，有针对性地确定练兵比武内容和方式，研究制定具体方案，不断加强组织协调能力、宣传咨询能力、公共服务能力、依法办事能力、基础管理能力、工作创新等能力建设，以适应统筹解决人口问题新任务的需要。

四、工资及福利待遇

（一）村级计划生育干部工资和其他福利待遇原则上由村委会统筹解决。

（二）对在职的、从事计生工作累计满20年，近3年所负责的村无违法生育的村级计划生育干部，给予一次性2000元奖励。

（三）对退下来的老计划生育干部，各乡镇可根据经济状况，按村大小或工作年限长短，适当给予一次性经济补助。

五、管理考核

（一）实行岗位责任制和目标管理考核，取得成绩表彰到人，出现问题，责任追究到人。

（二）坚持定期考评制度。区、乡镇坚持季度或半年进行一次工作考评，对完成情况进行量化打分。半年或年底，计生干部进行述职，由乡镇党委、政府相关人员或村民代表进行民主测评。入户走访，让群众评价计生干部各项工作落实情况。把考核结果作为评优、评先的依据。

六、辞职辞退

（一）村级计划生育干部辞职，按以下程序办理：

1. 向村委会和乡镇计生办提出书面申请。

2. 经研究同意其辞职的，及时进行工作交接，在新人选未确定之前，村委会指定一名村干部代管计划生育工作。

3. 由村委会向全体村民公告。

（二）对有以下行为和过失的村级计生干部予以辞退：

1. 本人违反计划生育政策。

2. 工作责任心不强，连续两年未完成

责任目标。提供虚假信息，瞒报、漏报。

3. 基础信息和基础资料管理混乱。

4. 利用职权包庇子女、亲属违法生育。

5. 有其他违法行为。

未及事项，由乡镇结合各自实际研究确定，本意见自印发之日起施行。

二○○九年二月二十五日

平谷区人口和计划生育委员会
关于计划生育技术服务机构环境建设意见

（平政计生发〔2009〕34号）

各乡镇、街道计生办：

计划生育技术服务机构是为育龄群众提供计划生育优质服务的重要阵地。2009年，我们要继续以科学发展观为指导，认真坚持以人为本的服务理念，继续加强技术服务机构建设，现将建设标准规范如下：

一、指导思想

各镇乡（街道办事处）计生办要依托卫生资源，以技术服务机构现有的条件为基础，按照“四优一满意”的标准，坚持以人为本的原则，加强软、硬件建设，打造美观、温馨、舒适、群众满意的“星级技术服务机构”，营造人性化、规范化的服务氛围，为群众提供优质的计划生育技术服务，满足群众在计划生育避孕节育、优生优育、生殖健康等方面的需求。

二、星级计划生育技术服务机构硬环境建设标准

（一）区生殖健康服务中心和社区卫生服务中心建设标准

各镇乡（街道办事处）计生办在打造星级医疗、保健、计划生育服务机构时，一定要按照《平谷区计划生育技术服务定点医疗机构设置标准的通知》（平政计生发〔2006〕33号）要求进行改造。计划生育手术室要求服务人员、服务对象、污物三通道分开，服务流程科学合理，服务设备先进齐全，能够达到环境优美、技术优良、服务优质、管理优秀、群众满意的“四优一满意”标准。严格按照计划生育技术服务范围进行服务，严禁超范围经营。改建后，环境建设要达到五有，即：

1. 有标牌及引导标志：要悬挂“计划生育技术服务定点医疗机构”、“避孕药具免费发放站”、“计划生育门诊”三块标牌，并在显著位置设立计划生育技术服务引导标志。

2. 有宣教设施：悬挂北京市人口计生委统一配发的4块计划生育生殖健康宣传展板，有计划生育宣传品及发放架，统一配发的标牌、光盘、书籍等齐全，包括：北京市人口计生委统一配发的标牌、区人口计生委配发的设备标牌、《计划生育药具不良反应监测与防治指南》、《知情选择查询宝典》（含光盘）、《咨询技巧一日培训手册》（含光盘）、避孕药具示教盒、中国计划生育学杂志等。

3. 有避孕药具展示柜：展示免费发放的避孕药具，品种要齐全，并配备药具自取设备。

4. 有宣教室或咨询室：配备相应的宣教设备，包括电视机、DVD、宣传光盘、宣传品等。

5. 有服务登记本册，包括：计划生育培训、宣传咨询、随访服务、避孕药具发放四种登记本，记录要规范整洁。

在整体环境布置上要力求温馨，窗帘、床单要颜色美观、干净整洁，墙面及室内布置要温馨舒适，处处体现以人为本的服务理念。

（二）计划生育社区服务站标准

加强社区计划生育服务站“六位一体”功能中的计划生育技术服务能力建设，重点做好避孕节育知情选择的宣传、咨询、药具发放及随访服务等工作。在原有基础上，星级社区计划生育服务站环境建设要达到五有，即：

1. 有标牌：要悬挂“社区计划生育服务站”、“避孕药具免费发放站”、“计划生育诊室”三块标牌，在社区站外显著位置标明技术服务的时间和咨询服务电话。

2. 有宣教设施：悬挂北京市人口计生委统一配发的4块计划生育生殖健康宣传展板，有计划生育宣传品及发放架，统一配发的标牌、光盘、书籍等齐全，包括：北京市人口计生委统一配发的标牌、区人口计生委配发的设备标牌、《计划生育药具不良反应监测与防治指南》、《知情选择查询宝典》（含光盘）、《咨询技巧一日培训手册》（含光盘）、避孕药具示教盒、中国计划生育学杂志等。

3. 有避孕药具展示柜：展示免费发放的避孕药具，品种要齐全，并配备药具自取设备。

4. 有宣教室或咨询室：有条件的社区服务站要单独设立，没有条件的可以和其他房间共同使用。配备相应的宣教设备，包括电视机、DVD、宣传光盘、宣传品等。

5. 有服务登记本册：包括计划生育宣传咨询、药具发放两种登记本，并有相应的工作记录。

在整体环境布置上要力求温馨，窗帘、床单要颜色美观、干净整洁，墙面及室内布置要温馨舒适，处处体现以人为本的服务理念。

三、星级计划生育技术服务场所技术服务人员标准

星级计划生育技术服务机构中的技术服务人员应具备良好的服务意识，尊重群众，保护群众隐私。认真学习计划生育相关知识，语言表达能力好，具有良好咨询服务技能，能够为群众提供良好的计划生育基本政策法规、避孕节育、生殖健康等方面的技术服务与咨询。

（一）避孕节育咨询服务

1. 能向服务对象介绍避孕节育常识和避孕节育方法知情选择的规定。

2. 能提出本社区站避孕药具需求计划，根据群众需求发放避孕药具。

3. 能对服务对象进行计划生育药具和避孕节育术后随访，并做相应记录。

（二）优生优育咨询服务

1. 能向服务对象介绍婚检的必要性、婚检内容和婚检程序。

2. 能向服务对象介绍免费领取叶酸的地点和服用注意事项，讲解孕期保健的常识和孕检的必要性、孕检程序和主要项目。

（三）生殖健康咨询服务

1. 能向服务对象介绍常见生殖道感染的种类和症状。

2. 能向服务对象介绍常见性传播疾病的种类和症状。

3. 能介绍艾滋病的特点和三种传播途径。

4. 能利用科普挂图向服务对象介绍人体解剖和生殖系统知识。

5. 能向服务对象介绍青春期发育知识，讲解经期卫生和遗精的常识等。

6. 能向服务对象介绍新婚期性生理和心理常识。

7. 能向服务对象介绍更年期、老年期生殖系统的变化和可能引起的生理、心理方面的不适。

（四）计划生育政策咨询服务

1. 能讲解北京市生育政策及相关法律规定。

2. 能介绍北京市关于免费计划生育技术服务的规定。

3. 能为流动人口提供计划生育咨询服务。

4. 能向服务对象介绍计划生育手术并发症鉴定的基本程序和主管机关。

（五）生殖健康教育与倡导

1. 能宣讲人口国情知识。

2. 能发放生殖健康宣传品。

3. 能进行生殖健康科普知识宣传。

四、工作要求

（一）加强领导。抓好计划生育技术服务场所建设，领导是关键。要确保资金到位、措施到位，认真拟定服务场所打造规划，根据实际情况，按照要求进行合理布局，改善内部基础设施，添置必需装备，创造温馨优雅服务环境。要对技术服务人员进行教育和培训，提高思想认识，掌握服务技能，以提高群众生殖健康水平、提高人口素质。

（二）制定 2009 ~ 2011 年三年规划。各镇乡（街道办事处）计生办要规划出本地区技术服务场所建设进度，分期分批打造，三年内要将所有技术服务场所打造成育龄群众满意的温馨之家。

（三）以奖代补。打造星级计划生育技术服务机构的资金由各镇乡（街道办事处）计生办自行解决，每年区人口计生委设立专项资金，对打造合格的技术服务场所给予表彰奖励。

五、考核评估

区人口计生委将计划生育技术服务场所建设纳入年度目标管理考核，并将联合卫生部门不定期进行工作指导、监督，对技术服务人员进行业务知识考核，对成绩优秀者进行表彰和奖励。

二〇〇九年七月十四日

图书在版编目(CIP)数据

2010北京市人口和计划生育年鉴/北京市人口和计划生育委员会编．—北京:中国人口出版社,2011.4

ISBN 978-7-5101-0723-8

Ⅰ.①2… Ⅱ.①北… Ⅲ.①人口—工作—北京市—2010—年鉴②计划生育—工作—北京市—2010—年鉴 Ⅳ.①C924.251-54

中国版本图书馆CIP数据核字(2011)第056363号

2010北京市人口和计划生育年鉴

北京市人口和计划生育委员会 编

出版发行	中国人口出版社
印　　刷	北京普瑞德印刷厂
开　　本	787×1092 1/16
印　　张	23.75 插 22
字　　数	580千字
版　　次	2011年4月第1版
印　　次	2011年4月第1次印刷
书　　号	ISBN 978-7-5101-0723-8
定　　价	188.00元

社　　长	陶庆军
网　　址	www.rkcbs.net
电子信箱	rkcbs@126.com
电　　话	(010)83519390
传　　真	(010)83519401
地　　址	北京市宣武区广安门南街80号中加大厦
邮　　编	100054

(人口计生系统内部发行)